国家社科基金
后期资助项目
GUOJIA SHEKE JIJIN HOUQI ZIZHU XIANGMU

清物十志

文人之物的意义世界

The World with Authenticity in Chinese Literati's Things

李 溪 ◎ 著

北京大学出版社
PEKING UNIVERSITY PRESS

图书在版编目（CIP）数据

清物十志：文人之物的意义世界 / 李溪著. —北京：北京大学出版社，2022.7
ISBN 978-7-301-33125-5

Ⅰ.①清… Ⅱ.①李… Ⅲ.①哲学—研究—中国—古代 Ⅳ.①B21

中国版本图书馆CIP数据核字（2022）第107470号

书　　　名	清物十志：文人之物的意义世界 QINGWU SHIZHI : WENREN ZHIWU DE YIYI SHIJIE
著作责任者	李　溪　著
责任编辑	艾　英
标准书号	ISBN 978-7-301-33125-5
出版发行	北京大学出版社
地　　　址	北京市海淀区成府路205号 100871
网　　　址	http://www.pup.cn　新浪微博：@北京大学出版社
电子信箱	pkuwsz@126.com
电　　　话	邮购部 010-62752015　发行部 010-62750672　编辑部 010-62707742
印　刷　者	天津图文方嘉印刷有限公司
经　销　者	新华书店
	720毫米×1020毫米　16开本　22.25印张　408千字 2022年7月第1版　2022年7月第1次印刷
定　　　价	168.00元

未经许可，不得以任何方式复制或抄袭本书之部分或全部内容。
版权所有，侵权必究
举报电话：010-62752024　电子信箱：fd@pup.pku.edu.cn
图书如有印装质量问题，请与出版部联系，电话：010-62756370

国家社科基金后期资助项目
出版说明

  后期资助项目是国家社科基金设立的一类重要项目，旨在鼓励广大社科研究者潜心治学，支持基础研究多出优秀成果。它是经过严格评审，从接近完成的科研成果中遴选立项的。为扩大后期资助项目的影响，更好地推动学术发展，促进成果转化，全国哲学社会科学工作办公室按照"统一设计、统一标识、统一版式、形成系列"的总体要求，组织出版国家社科基金后期资助项目成果。

全国哲学社会科学工作办公室

目　录

序　　　　　　　　　　　　　　　1

第一章　隐　几　　　　　　　　　1

一、正位之佼　　　　　　　　　2
二、今者吾丧我　　　　　　　　7
三、唯我病夫，或有所用　　　　10
四、傲睨千古之姿　　　　　　　15
五、于不可图而图之　　　　　　26

第二章　听　琴　　　　　　　　33

一、太古遗音　　　　　　　　　34
二、泠然至心　　　　　　　　　38
三、无弦得真　　　　　　　　　43
四、幽人自吟　　　　　　　　　50
五、松风竹林　　　　　　　　　60

第三章　挂　剑　　　　　　　　69

一、少年意气　　　　　　　　　70
二、千载悲歌　　　　　　　　　76
三、士死知己　　　　　　　　　84
四、万象顿挫　　　　　　　　　88
五、桃花剑客　　　　　　　　　97

第四章 铭 砚　　105

一、无名之铭　　106
二、质成乎器　　111
三、形化而德全　　117
四、非相待，为谁出　　123
五、真砚不损　　128

第五章 坐 亭　　135

一、看世界　　136
二、虚室生白　　141
三、聚集与持留　　146
四、作为"客人"的栖居　　153
五、天地一野亭　　156

第六章 策 杖　　161

一、扶老　　162
二、孤往　　168
三、醒物　　172
四、味象　　178
五、行远　　183

第七章 友 石　　189

一、石令人古　　190
二、生之痕　　195
三、鬼工不可图　　199
四、与尔为友　　206
五、他山之石　　211

Contents

第八章 玩 古 217

    一、遗世之美 218
    二、博雅之学 223
    三、三代之辩 228
    四、古色之粲 237
    五、骨董之忧 245

第九章 煎 茶 251

    一、冷泉一味 252
    二、茶烟一缕 257
    三、清风一碗 263
    四、嘉期一候 267
    五、真赏一事 272

第十章 种 菜 285

    一、最爱天真味 286
    二、微物观不足 293
    三、走遍人间，依旧却躬耕 298
    四、肉味何如此味长 304
    五、作为造化的墨戏 309

主要参考文献 323

后 记 337

序

《红楼梦》中宝玉曾有过一个著名的说辞："女儿是水作的骨肉，男人是泥作的骨肉。我见了女儿，我便清爽；见了男子，便觉浊臭逼人。"在旁人的眼中，这是出自宝玉一种顽劣的"癖性"，然纵览八十回，观其所喜爱者，却并非只是女儿，而那些被他视为"浊物"的，也不是只有男子。一心想着功名的禄蠹，迂腐的道学家，还有以世俗杀人的婆娘，在他心里，他们的世界是污秽的、庸俗的、丑陋的，甚至宝钗、湘云也因为说了些"混账话"而被他鄙夷过。宝玉并不是单纯依赖性别、年龄、身份去看待身边的人，他眼中的人和事，皆是一些"现象"，而这些"现象"之间唯有清浊之分。

"清"在书中看似出自女儿天性，其背后却是文人对俗世逻辑中的"浊念"长久且艰辛的澡雪。中国哲人很早就领悟到，纾解一个文明世界中这"清"与"浊"的矛盾，乃是人世间中最根本的课题。"浊物"与"浊世"代表着个体和社会的一种存有面貌，而在人的行动和思想上，又被指称为"俗"或者"伪"。这三者并不等同于西方伦理学上的"恶"，或者美学上的"丑"，或者逻辑中的"谬误"和判断中的"假"，但在中国哲人的眼中，它们比道德上的恶更可恶，比形体上的丑更丑陋，比知识上的谬误更难以更正。朱光潜先生曾在《"慢慢走，欣赏啊！"——人生的艺术化》一文中说："世间有两种人的生活最不艺术，一种是俗人，一种是伪君子。'俗人'根本就缺乏本色，'伪君子'则竭力遮盖本色。"又说："文章忌俗滥，生活也忌俗滥。俗滥就是自己没有本色而蹈袭别人的成规旧矩。"这看似平常的说法，却隐含着很深的哲学洞见。它说明，"俗"与"伪"并不是一个道德上和修养上的问题，而是在思维方法、话语方式以及存有状态上丧失了"本真性"的问题。朱光潜还指出"俗"和"伪"都是"最不艺术"的，这更解释了"本真性"存在的艺术性——这一艺术，当然不是某种艺术形式，也不是特定的群体和品味，而是一种清澄的、真实的、自由的存世方式。

"俗"和"伪"这种丧失"本真性"的思维方式事实上出自人的社会秉性所生成的逻辑，任何一个在世间生活的人，都难以避免与这一逻辑照面。苏轼曾说过："人瘦尚可肥，士俗不可医。"在他眼中，这"俗病"是世间最难以疗治的一种痼疾。文人弹琴、品茶的时候，甚至说"不许俗人闻此音""不可与俗人论也"。这很容易让人误解文人的生活高高在上，并不亲近于普通人。其实，这里的"俗"既不是社会群体中的基层民众，也不是文学中民间流行的文体，更不是艺术史中所说的"雅俗"的趣味，它指的是一种"不思"的存在方式，是对现有规则和现象的盲目遵循和模仿，而不能以一个本真的"自我"作为思考和判断的主体去面对世界。

《庄子·齐物论》中有"成心"的说法:"夫随其成心而师之,谁独且无师乎?"成玄英疏:"夫域情滞着,执一家之偏见着,谓之成心。"执于一种偏好,并因之判断他物的"成心",其实是世俗中普遍的处世态度。《庄子·在宥》中还说"世俗之人,皆喜人之同乎己,而恶人之异于己也"。所谓"喜人之同乎己,而恶人之异于己"并不是对"我"的自觉,恰恰相反,正由于不能独处于"自我"的差异性之中,才会以一种成见要求他人同自己一样。相对而言,"伪"的观念不是没有"自我",而是矫饰"自我"。《道德经》云:"大道废,有仁义;智慧出,有大伪。"《庄子·人间世》说:"为人使,易以伪;为天使,难以伪。"显然,"伪"是同"真"相对的,是那些看似聪慧的人利用或遵循现有的规则为自己谋利,而将自我的本真性,也即老子所说的"天"遮蔽于表面高尚的行动之中。

浊世思维产生的一个基础是对差等以及由此构成的社会秩序的确认,这也就是中国话语中的"位"。在此之中的一切人与物,都被赋予了一种身份,一个实现其既定功能或指涉其给定意义的符号 也即"名"。孔子曰:"不在其位,不谋其政。"又说:"名不正,则言不顺;言不顺,则事不成。"浊世与俗世是因循着业已形成的差等(秩序)世界,以身份的形式,作为利益的共同体存在,而以利益共同体构建的意识形态作为其存在价值。在历史上,这一情况从来不是罕有的,可以说它的确立伴随着文明世界的诞生。在先秦的中国,这一世界的保障者和巩固者是礼乐制度。儒家经典中,礼乐的起源被解释为人性中的真挚意念和自然情感。如《论语·八佾》中孔子曰:"人而不仁,如礼何?人而不仁,如乐何?"《礼记·乐记》又云:"大乐与天地同和。"又有《礼记·礼器》曰:"忠信,礼之本也;义理,礼之文也。"在心性的生成上的确如此,然而,由于维护等级秩序亦是礼的制定者的目标之一,礼乐从来不会只是心性义理的问题,早在经典形成之前,它就已必然地通过物质被制度化和习俗化了。在这一物质化的过程中,包括人在内,世间的一切存在都被严格地规定了一种"永恒身份"。"名"通过有价值的物而进行展示、巩固和流传,礼制于是以庞大的体系、遍及一切时间和空间的形式清晰地、广泛地确认了这一展示、巩固和流传,以至于其最后同"天"相联系而被神圣化。

同人捆绑在一起,物当然就在人的意识中有明确的高下之分,这也便奠定了礼制被"俗"化或称为"世界化"的基础。世人对"礼"的认识,未必都是返本追始,去寻找那最初的敬爱之意,而在很大程度上是由"礼"所表现出来的地位的差等性来认识和判断世界的。其中,对"礼器"的规定由于视觉的直观,成为等级意识最为鲜明的根据。在"作器"的过程中,天然质料属性上的差异被人为地加强了:更

具珍稀性的质料被用作精美的装饰，而这一装饰无疑成为更为显贵的人的标识。除此以外，还有物在形式上的大小、美丑以及纹缕雕镂的精细与否，都在人的"所见"之中显现出强烈的名位意义。《礼记·礼器》说"礼以少为贵""以大为贵""以文为贵"，所言正是物的差等性。而通过逐渐深入人心的听觉发生作用的"乐"，在经典中相对于"礼"似乎更为远离差等性，如《礼记·乐记》载"乐者为同，礼者为异。同则相亲，异则相敬。乐胜则流，礼胜则离。……礼义立，则贵贱等矣。乐文同，则上下和矣"；然而此一"同"与"和"，依然是基于对"上下""贵贱"之差等的预设。老子曾深刻地指出"五色令人目盲，五音令人耳聋"的问题，这是人对自然中分别的常识化而导致的世界的割裂。在这个意义上的五音六律之别，"钟鼓管磬，羽龠干戚"之别，同"九鼎五彩""簠簋俎豆，制度文章"的器物之别亦有同理。

值得注意的是，这些表达差等性的"物"本身都是"用物"。这同那种制作时就指明作为"标记"的法器和象征物是不同的。海德格尔在言说作为"用具"的"物"的时候提出，"用"也即意味着"在世界中"，这是人同这个世界打交道的基本方式。也只有通过对"用物"的规定性，人的规定才不是个别的、本体论意义上的，而是以身体的方式存在于时间之中。在礼的体系之中，对物的规定存在于整体，包括时间、空间、程度、关系乃至历史之中。《周礼·春官·司几筵》云"辨其用与其位"，说的正是要以一"世界性"来规定每一件物与每一个人。

在先秦时期，老子和庄子便已意识到物化的礼乐带给人心之割裂与异化。老子说"天得一以清，地得一以宁"，世界不得其清澄和平宁，乃是由于人心与万物不得其"一"，"清"的世界就是一个"存一"的世界。这正是面向当时业已存在的那个"浊世"所发出的声音。事实上，分别心真正的危险并不在于分别本身，而是在于分别之后，人们认定了这种分别，再也无法回到事物的"本真之处"了。老子所说"五色令人目盲，五音令人耳聋"正是此意，而所谓"大制不割""大象无形""大音希声"，正是对世界重新回归那如婴孩般"一"的世界的期许。庄子用了更多的寓言来说这个道理。《逍遥游》中大鹏与斥鷃的小大之辩，庄子与惠施对大树的有用无用之辩，《齐物论》中子綦耳中那没有怒者（发动者）的天籁，庄子梦中没有彼此的蝴蝶，《应帝王》中那个被凿了七窍而死的混沌，都是对世界之"分"的反省。外篇《天道》更明言"礼法度数，形名比详，治之末也；钟鼓之音，羽旄之容，乐之末也"，当礼以物质化形式出现时，带来的就是一种循规蹈矩和功利之心，这也正是庄子所说的"礼相伪也"。

当然，无论是哲学家还是诗人，都无法彻底改变一个制度化的社会中人和思想的这种"被规定性"。只是，对此有所感悟的他们，基于对世界之真意和自我之真性的渴望，从未停止对于这样一个"清泠"的世界的寻找，也从未停止清澄个人内心尘滓的努力。魏晋时期，以"竹林七贤"为代表的士人，以"清谈"作为主体生活方式的名士们，正是要规避一个"浊世"从外在到内在的干扰，从而令个人的语言、举止和生活始终以一种"清"的方式存有于天地间。但是，如阎步克先生在《波峰与波谷》一书中指出的，也正是从魏晋开始，所谓"清途""清官""清议"，这些原本被作为独立于社会的自我价值的观念，却成为区分"贵—贱""士—吏""文—武"的身份之别。这实际上又将一些原本"清"的存有方式，变成了某种身份的标签，而令其存在失去了本己的真意。在东汉以后普遍流行的对名士做派的效仿，包括墓室壁画中将名士之物如隐几、羽扇用作主人像的装饰等，无疑都是这样一种矫饰的"俗伪"的表现。

当隋唐科举制的实行逐步打破了贵族社会的常态，当士大夫有了从中下层出身"平步青云"的可能性，"仕途经济"遂成为社会的主流价值观。新儒家将这种个人的努力同哲理上的天地宇宙，以及政治中的天下万民进行联置，因此个人的行动不再只是对个人自由的追求，也是对群体和谐生活的扶持。但在实践中，考上科举以获得官僚的身份，最终成为仕途上的得意者，常常是现实中十年寒窗最主要的动力。这是以权力所影响的范围来界定个人价值的一种制度。这种"人生模式"不但从身份上规定了人的属性，而且将之内化为个人存在的"意志"。这可谓一个根本性的"浊世"，因为不仅社会本身存在等级，个人为了追求阶层跨越也不得不成为"功名主义者"。虽然由于士大夫必然致仕，令做官看起来只是人生的一个阶段，但不是每个人在宦海的洗礼之后，依然可以以平静完整的身心归隐田园。如白居易"薜衣换簪组，藜杖代车马。行止辄自由，甚觉身萧洒"的闲居生活总是暂时的，而宦海的召唤和庸扰则是无止休的。苏轼曾数次称赏欧阳修在长期的仕途之后还能得"隐"的生命，感叹"士大夫逢时遇合，至卿相如反掌，惟归田古今难事也"，后来他和陶渊明《归去来兮辞》，晚年又数次与李公麟谈过一起归隐之事，可终于还是没能如愿，客死于从被流放的海外归乡的路途上。

然而，在白居易和苏轼的生命中，始终存有着对世俗观念的批判，也从未停止对于世界与我共同的"真性"的追寻。这不是逃避社会、自我放逸，也不是对虚无缥缈的乌托邦的构想，他们的确在现实的个人生活中建立起如此这般的一个"清"的世界，并影响了后世一千年的文人史。姑且称之为"文人"，是由于这一世界的

意义乃是本源地必然以诗意及其语言来显露,而他们所寻找的,绝非一般意义上追求精致品味的"文人情调",也不是以书画作为爱好的"艺术人生",而是一种令世界的真性重回在场的可能,一个令自我存有的意义得以安放的领域,一个足以在这一真实的领域中相互偎依的伴侣。在庄子那里,他的伴侣是一条鲦鱼、一只蝴蝶、一株无用的栎树,这些物本来就在自然中,庄子仿佛是在遁去了现世之用后,同它们"偶然"邂逅的。而受到禅宗的影响,深陷于俗世的唐宋文人,开始充分地、主动地去化解物的"利用",在差等的世界中祛除分别,在一个浊世之内涤洗物与内心上的尘滓。他们也实实在在地认识到,只有不再去分别"自然"与"人造",而是在一个同自我"打交道"的物的世界之中逐渐建立起这一清灵而真实的世界,存在才不是一个虚幻的构想,而具有一种切实的真实性。

因此,本书特别要以"用物"作为中心去探索文人之物的问题。在一个用具之中所显现的"真",才会尤为鲜明地证实,并非中国人偏爱自然,或者喜爱自然的事物,而是当他们持续不懈地以"清"的目光去看待周遭世界时,这些事物天然的"真性"才会被洗练出来,并由此将自身奠基于历史。琴有真音,亭有真趣,石有真风,砚有真手,古董有真赏,清茶蔬食有真味,在文人笔下,这些物之"真"并不是说未经人手改造,而是涤除了那庸俗和虚伪的诸种尘垢之后,在一种存在的本有之中"显现"的真。德国哲学家海德格尔晚期的文章如《艺术作品的本源》等,正是要讨论如何以一种诗/艺术作品的语言澄明出"本己的真理性"来栖居于世的问题。"清"与"真",都可作动词解,如海德格尔所用的"去蔽"与"澄明",存在于物之中的真意在文人的笔下通过诗的语言的揭示显现出来。为了避免"真"在现代哲学语言中易引起的误解,本书仍将其称为清物。需要指出的是,在"清"可作动词的意义上便可理解,文人之物事实上不会是某一种"物",它只能是一种"本真地存有的状态",或称为一种"事"。在本书中,各章的题目皆表达为"物之用"——一种文人之"事"。

由于文人所反省的"俗世面目"事实上是由多种价值面向构成的,本书各章分别面向了中国思想史中的一个主要观念,叙述他们如何在物之中去蔽而存真:前两章"隐几""听琴"主要论述原为礼乐之物的"几"和"琴"如何在庄子的影响下进入文人世界;第三章"挂剑"主要讨论个人的真情与义气同天下公法之间的矛盾;第四章"铭砚"讨论对"名"的公共化与功利化的反省;第五章"坐亭"讨论对空间秩序及主体性问题的反省;第六章"策杖"讨论对生命时间秩序也即"老"的问题的反省;第七章"友石"和第八章"玩古"从人同自然物以及人同历史之物的关系角度反省物的时间性的问题;最后两章"煎茶"和"种菜"讨论文人通过"味"来反思的"真"与"俗"的问题。需要指出的是,文人之物并不是反对诸如礼乐、正名、天下这些价值本身,而是社会对这些价值的物质化的追求显现出了文人所认为的"浊",也即社会的差等性和非本真的思维呈现出僵化、虚伪甚至丑恶的面貌之后,文人们方才开始了对这一面目的抵抗和澡雪的努力。

白居易和苏轼,以及对他们影响至深的先秦"诗人哲学家"庄子和他们所"发现"的东晋诗人陶渊明是本书最关键的几个人物。他们在诗中所涵泳的哲思,以及他们所建立的物的意义世界,塑造了后世一千年文人生活的面貌和逻辑。在这个意义上,陶、白、苏同庄子一样,都并非一般意义上的"文学家",乃是作为诗的哲人立世的。他们的哲学不是以分析的语言直接面向"义理",而是以诗的面孔呈现出一个清物的世界,也只有以此一"清"的世界而呈现的哲学才能显现其"真"。法国现象学家巴士拉在《空间诗学》中说过,诗歌所呈现的是一个现象学的过程,在那里,诗歌的形象通过将灵魂放入居所的方式令人们重新寻找到一个孤独的自我。文人所说的"玩物""涉事",正意味着在物事之内找寻自我真性的一种玩涉。如果说庄子的语言是"寓真于诞,寓实于玄"(刘熙载《艺概》),至陶、白、苏之诗,则为"寓真于事,寓意于物"了。他们将庄子的寓言所指向的哲学问题"现实化",并且在现实的"物"的经验中将《庄子》中不同故事之间的逻辑连接起来。"现实化"并不是"物质化",而是真正地"日常经验化",是一种最终回归"本己"的方式。

正因为文人所面对的是一个物的"世界",艺术化或诗性的书写就显得尤为重要:这是作品对物中之真理性的揭示,意味着自我进入物并显现物的过程。作为一种语言的诗画既不是对史事忠实的记录,也不是一种形而上观念的厘定。向我们扑面而来的,是一个"曾在此"的活泼泼的生命世界。在这个世界中,无需辩驳地排斥物的"有用性"与"逻辑性",它们显现出文人栖居于世界的方式,亦显现出物作为存在者的意义。与并不改变物之状态而自我作为全部所思之主体的"格物"心理不同,文人之物意味着同"此物"切近而完成的自我救赎,这不是用以通达天地的万物,而是在自己生命的此刻相伴的良朋。物在此一相伴之中亦改变了自身的存有形式。《庄子》中那虚构的散木,成为诗人手中的一片顽石、一个木几、一座小亭;《庄子》笔下那大块无形之风,在诗人手中是泠泠的琴音、渺渺的茶烟;而那隐几的真人、御风的仙子,则成为诗人实存的"自身";那无何有之乡、广漠之野,则是诗人与物安居的那片南山、那个小园。庄子笔下那个显现"真"的齐

物世界，以一种更为实在的"物"之存在呈现出来。

　　如果说诗歌在咏物题材上的选择较为自由，那么文人画家在图像中对物的信念及其表达可以说更具一种严谨的哲学性。文人画中的事物，常有一种明显的程式化特点——我们甚至可以比之于西方哲学中的"观念"。同诗歌一样，这些表达并非某个个别事物或某一历史事件的"再现"，而是反省诸观念之后对一种真实性的呈现。文人笔下的铜器之像，绝不会是如博物馆般罗列的一系列器具；而文人"茶事图"也绝不会以茶具的组合或者宋代壁画中"饮茶"的程序来构成。诗歌依然要通过消弭语词的意指性来呈现"清物"的"氛围"，而绘画则呈现出一种直观的静默的存在之世界。"无言"帮助绘画破除了语言的隔障，带来了直觉的锐利，但图像也同时因为直观而很容易遮蔽这一真实性，因为它难以隐遁视觉与物的对象关系，也难以隐遁画面中可见的人与人、人与物之间的对象关系，也即绘画更容易将世界"对象化"和叙事化。文人常常提到他们所珍视的这些物皆有"不可图"的问题。恽南田曾引庄子"天籁"的思想，指出最好的山水画是"于不可图而图之"，真正的文人画都是以一可见的画面而表达不可见的在场；皮日休说太湖石"鬼工不可图"，那种不可规定亦不可图画的形式也正是文人喜爱它的理由。图画描绘这一世界的机杼，正在于化解作为对象的物，实际上就是化解"图画"本身。唐代以后最著名的文人画家，在接受了诗人澄明出的物的"真性"之后，往往独具慧眼地选择了一个个看似平淡却最具"决定性"的瞬间——这一瞬间在叙事中消解了叙事性，令物的真性不再受到"物质化"的拘缚，而在一个清冷甚至荒寒的世界中显露出来。这些画面里经常表现的，是一张闲在一边的琴、正在等待烧开的茶水、空无一人的小亭、倚杖伫立的孤影，这些意象都是从语言到图像对文人意识的一种推进。透过这些静默而待的身影，一个存在之域、一个最真实的世界向着画面外那位同样静默而待的观者敞开了。这一世界又仿佛很遥远，它常常被说成具有"古"的意味，甚至给人一种宋以后的画史并没有特别地"发展"的印象。文人寻找的的确不是"发展"，但也绝不是对历史固有的模拟和崇尚，他们是以清新的灵魂去追摹前人的天工，以遗世的态度去观照古物的世界，以忘我之心去开敞那画面之外的"我"，以看似"不真"的形象去表达最本真的存在。

　　在诗、画以及自我的日涉园居生涯所构成的这个本真的世界中，文人与物之间是不沾不滞的，他们姑且称之为"长物"，一种絮余之物。由于不堪俗用，它们与人之间的关系看上去是淡漠的、散逸的、若即若离的。但恰恰在这样一种看似疏冷不应的关系中，"清物"不会离文人远去。就仿佛那个庄周梦蝶的故事，他们之间亲近但不利用，游戏但无规则，相伴但无拘缚，懂得但不分辩。文人之用将人与物通达起来，将这"清灵"的生命存有带到了此刻。最终，"清物"彼此之间亦在一种空间中自由地往来。这一空间在现实中呈现为他们的书斋和园林，对他们而言，这里不是一个有功能的住处，而是他们整个真实生命所寓居的场所。文人敏锐地感觉到，此间的自我与物的生命是如此地切近，他们常常使用"伴侣""知己"来形容这些物，甚至感到唯有这些物才能与自己相伴：俗世间一切金玉的缘分都可以抛弃，只有那木石的真情不能让人忘却。苏轼《浣溪沙》词说得好："雪沫乳花浮午盏，蓼茸蒿笋试春盘。人间有味是清欢。"这"清欢"不浓郁、不振奋，看上去不起眼，尝起来淡淡的，却涵泳着一种最隽永、最诚挚的感情。

这种真切的感情自然不必也不可能只发生在物上。文人之物，以及他们关于物的诗与画，有许多都是馈赠给友人的"礼物"。通过这种馈赠，文人期盼自己"相知"的那位同样"不俗""不伪"的清灵之人，共享这自由世界、这真挚情感。反过来讲，被馈赠之物当然也必须是具有如此自由之可能的"清物"。这种馈赠本身是排斥利益交往的，因此作为礼物的物的意义以及赠礼的真情，往往要郑重地在诗或铭的往来之中言明。无论是物的东择本身，还是赠礼行为，抑或诗铭所言说的意义，都是士之为"士"的表露。在这个基础上，"利益互惠"的礼物是被警惕的，因为这不但会玷污主人的名声，也会玷污"物"本身，令物身上"清"的意义荡然无存。

但无可否认，无论原初曾被如何苦心地澡雪，"物"一旦进入世俗社会的话语和实践中，便立即有了被"浊化"的可能。自魏晋南北朝之效颦名士，到北宋末年大肆发掘古墓，再到明清时期伪造名画、名砚，抑或跟风制作太湖石"旧石"，这些行为的目的，正是朱光潜先生说的"俗"与"伪"。这是在一种风气的推动下去追逐风雅、标榜身份，中间难免有权力和物质的交换。当这成为普遍的现象时，文人不得不再通过著述来建立文人之物"雅"的标准；可是，一旦标准被建立起来，这种作为"标准"的存在本身，正和礼乐一样提供了他人对其不假思索效仿的依据，不也正是文人口中所说的"俗"吗？这甚至也可以说是本书的一种危险：这些篇章的"道理"及其所言说的物，是否会被认作一种规则或是一个范畴呢？我们唯有从文人之物诞生的原初意识那里作一种澄明的努力：文人所说的清与浊、真与伪、雅与俗，并不是由"物"本身界定的，文人之物乃基于一种世界中本真的存在与感知，而唯有建立如此的"意义世界"，才能真正寻找到"清物"。

我们也不必过于迫切地去澄清。"清物"就像夜行于草间的流萤，只在其意义

被发现的那一个个时刻，突然在历史中闪现幽光，然后悄然隐遁于那无尽的夜色当中。又仿如那棵"绛珠仙草"，在作为"客人"寄于尘世的生命经历之中，面对普遍存在于俗世中的浑浊尘滓，依旧可贵地秉持着自身的真性，追寻着那本来的洁净之"质"。于现世的洪流中，这一显现或许就如昙花，那"洁质"最终无法抵抗俗世的逻辑，但是在见证并深领于此的宝玉心里，这是同自己顽石本质与共的存在，是在人间不可更易的知己。而文人之物的"流传性"，也足以证明这种真性的光芒在心灵史塑造中所具有的韧性。这是一种真正经由被经验的意义世界而传递的坚固的"历史之链"。正如那镌刻于青埂峰下顽石之上的风流故事"无朝代年纪可考"一样，文人并不在这种确证的"历史物质性"上面过分执着。无论是否能够在物质上持久或是流传，当我们将心灵重新投射到文人笔下体会这种"日涉"生活的诗画时，在那时间的远方中曾经存在的物，又重新在此刻呈现出它们的真实和隽永。这"曾在"牵系着那摩挲、玩味的往昔之人，这"重现"又勾连着此刻正阅读、追忆的来者。在历史的长河中，这种"此刻"是少有的，但它所持守的意义世界，却足以被后来的寻道者体味、传续。

第一章

隐 几

一、正位之仪

"几"这个造型简单的汉字属象形而造,原义为一种坐具。[1]从字形里即可以窥到它原始的样貌:一张横直的板下面装有两只斜插的曲足。[2](图1-1)由于其材质以"木"为主,能够在几千年的时间中得以保存而重见于世的先秦几,同辉煌的青铜器比起来,实在算是稀有。但在两周时期,它远不是一件普通的日用物。《仪礼·觐礼》中说:

> 天子设斧依于户牖之间,左右几。

郑玄注:"依,如今绨素屏风也。有绣斧文,所以示威也。斧谓之黼。几,玉几也,左右者,优至尊也。"[3]在《周礼·春官·司几筵》中有更为详细的描述:

> 凡大朝觐、大飨射,凡封国、命诸侯,王位设黼依,依前南乡,设莞筵纷纯,加缫席画纯,加次席黼纯,左右玉几。

郑玄注:"左右有几,优至尊也。"[4]《司几筵》中,在玉几以下,仍有"四几",分别是雕几、彤几、漆几、素几。四几用于不同的场合,并且都是单独置于席的右边。[5]唯有在最重大的朝觐礼中,以最具神圣意义的珍贵材质作为装饰的玉几置于王位左右,同屏风和三重筵席一齐构造了一个庄严肃穆的规整空间。负责掌管几席

---

[1] 几在早期又称作"俎",后世又统称"俎几"。在先秦,"俎"为置物和庖厨之用,而"几"为坐具。从形制来讲,俎高度较低,便于放置物品和切肉,而几高度较高,便于凭依。在同一墓葬中,俎通常和鼎、豆等铜器放在一室,而几通常置于另一室。王国维:《观堂集林》,北京:中华书局,2004年,第158—159页。
[2] 目前先秦的木几多在楚墓出土,形制略有差别,但大体上都是一条横板下插两足而成。聂菲:《湖南楚汉漆木器研究》,长沙:岳麓书院,2013年;聂菲:《楚系墓葬出土漆木几研究》,《中国历史文物》2004年第5期。
[3] [汉]郑玄注,[唐]贾公彦疏:《仪礼注疏》,上海:上海古籍出版社,2008年,第825页。
[4] 同上书,第754页。
[5] 《周礼·春官·司几筵》:"祀先生、昨席,亦如之。诸侯祭祀席蒲筵缋纯,加莞席纷纯,右雕几。昨席莞筵纷纯,加缫席画纯。筵国宾于牖前亦如之,左彤几。甸役,则设熊席,右漆几。凡丧事,设苇席,右素几。其柏席用萑黼纯,诸侯则纷纯,每敦一几。"孙诒让认为《司几筵》所载玉几是"以玉饰几",即《顾命》中以五色玉为饰的华玉几。"雕几""彤几""漆几"皆然,而"素几"乃身无装饰而名之。[清]孙诒让:《周礼正义》,北京:中华书局,1987年,第1546页。

图 1-1　云纹木漆几　湖北随州曾侯乙墓出土　战国

等名物的"司几筵"一职,意在"辨其用与其位"。"用"和"位"正是礼仪之物最重要的属性。礼仪活动中每一物可见的用法和位置,都延伸到一个不可见的社会空间中的"用"和"位",由此每一种社会关系都通过这些物的"用"和"位"在场了。当社会关系——等级制愈分明,礼仪空间中的规定就愈烦冗琐细,在此空间中的每一件物就更为清晰地作为组织中的一个分子而被严格地限定了材质、位置和用法,甚至,这里并不存在"某个物",任何一个物在礼仪中都不可能独立地作为"自己"而存在,它只有同其他物相互配合才能发挥作用。在此一空间中,物完全是依附性的,因此每个人也是依附性的——依附于这一鲜明的秩序,而它自身则被遮蔽于此一秩序之中。

事实上,"几"一直都作为日常物使用,《孟子》就提到过孟子"隐几而卧"之事。[1]但是,在礼仪中人们却对此物的"非日常性"尤为重视。如《左传·昭公五年》的记叙中,楚国太宰薳启强论述圣明的君主在朝聘之礼中要"设机而不倚,爵盈而不饮;宴有好货,飧有陪鼎,入有郊劳,出有赠贿,礼之至也"[2]。这段话的意思

---

[1]《孟子·公孙丑下》中提到了一个"隐几"的故事。孟子要离开齐国,有齐人知孟子之才不可多得,想劝他留下,而孟子态度是"坐而言,不应,隐几而卧"。这是一个日常场景的描述,其中的隐几是一种倚靠而眠的姿态。王作新:《"隐几而卧"诂正》,《古籍整理研究学刊》1994年第1期,吴郁芳:《也说"隐几而卧"》,《古籍整理研究学刊》1994年第4期。
[2] 杨伯峻编著:《春秋左传注》(修订本),北京:中华书局,2016年　第1403—1404页。

是，真正懂得礼仪的君王，不但要做到礼仪之物全备，还要知道如何"行礼"——面前虽陈设了几但并不会倚靠，爵中盛满了酒也不会饮用，这是当时"最高的礼仪"。杜注："言务行礼。""设而不用"并非"去功能"，相反，"非日常性"在这个时候产生了超越一般礼仪之用的约束力。东汉张华《倚几铭》所谓"倚几之设，设而不倚。作器于此，成礼于彼"[1]，它作为"此器"的用具性让位于展示性，从而成就了在"彼"之礼。礼所指向的不是眼前的物，而是一个遥远的意义。意大利哲学家阿甘本谈到仪式庆典时指出符号和装饰在身体上的呈现"无非是对无功用性的无尽展现，并把它置换到对上帝的无上荣耀的崇拜中去"[2]。在《左传》这段文献中，的确是以对物之用的"搁置"而使得礼仪的神圣感"在场"了，由此，社会等级意识也在这个过程中"世界化"了，个体及其思想、感知均被包裹于对"物"与"礼"的认同之中。

更令这种神圣意义得到加深的，是在礼仪中将一个曾经用过的"原物"进行展示和再现。《司几筵》中说"凡吉事变几，凶事仍几"，"仍几"就是先人生前使用过的几。在吉礼中，设"几"需要根据场合和身份而改变，每一次变化都提示人们一种"现场身份"；而在丧礼中，就一定要使用先人原本使用过的"几"，这强调的是一种"承袭身份"。"仍几"的使用同样有位置和身份的要求，但更重要的是引起一种对于过去的"回忆"，令人们在旧物的在场中不断缅怀着逝者，并在这一缅怀之中将其神圣化。[3]《尚书·顾命》篇中，成王临终至丧礼"几"的三次出场即巧妙地表达了此一"承袭"。[4] 成王将崩时，坚持"被冕服，凭玉几"，向众臣授遗命。成王临终遗命，不但没有忘记穿上象征天子的冕服，还要在玉几之前，做出一个凭依之势，这显然并非由于其身体虚弱而不能不将几作为凭依之用，而是以此姿态展示自己王权的威仪以及此时言语的贵重。无论是康王还是众臣，在将死的君王如此的威仪之下，不会不将其嘱托作为治国最重要的法令和守则。在丧礼器物准备时，"几"再次出场，此时，将先王生前所用过的几展示于一个庄肃的礼器系统中，从

---

[1] [唐] 虞世南辑：《北堂书钞》，北京：学苑出版社，1998年，第368页。
[2] [意] 吉奥乔·阿甘本：《裸体》，黄晓武译，北京：北京大学出版社，2017年，第181—182页。
[3]《尚书·顾命》中记载了成王丧礼中器物的用法："牖间南向，敷重篾席，黼纯，华玉仍几。西序东向，敷重厎席，缀纯，文贝仍几。东序西向，敷重丰席，画纯，雕玉仍几。西夹南向，敷重笋席，玄纷纯，漆仍几。"同吉礼一样，丧礼中也是不同的位置对应不同纹饰和材质的"几"。孔安国认为，"牖间南向"是成王生前举行仪式时的座位次序，"此见群臣觐诸侯之坐"；西序东向，"此旦夕听事之坐"；东序西向，"此养国老、飨群臣之坐"；西夹南向，"此亲属私宴之坐"。[唐] 孔安国传，[唐] 孔颖达正义：《尚书正义》，上海：上海古籍出版社，2007年，第729页。
[4] 同上书，第722—740页。

图 1-2
西王母与周公辅成王
山东嘉祥宋山小石祠西壁画像
东汉

而引起对君主威仪的"回忆"。最后，丧礼中，太史向康王进献的策书中再次提到"皇后凭玉几，道扬末命"，这一通过语言对成王凭几顾命影像的再现，再次暗示康王需谨遵遗命，以奉先训，并提示群臣权力传递的合法性。孔颖达疏："言凭玉几所道，以示不凭玉几则不能言，所以感动康王，令其哀而听之，不敢忽也。"[1]"凭玉几"的姿态营造出一种强烈的现场感，象征了君主无可僭越的权力，王权的交接与承认也就在对这一形象反复的彰宣、接受与深化中完成了。

礼仪中功能的"悬置"本身意味着物的象征化，而在这种不断再现的过程中，那些最重要的事物很容易成为一种语言的符号。西汉邹阳《酒赋》中说"君王凭玉几、倚玉屏。举手一劳，四座之士，皆若哺粱肉焉"[2]，这指的已经不是那个仪式的现场，而只以"凭玉几"和"倚玉屏"就构建了一位统御四方的"君主"形象。从叙事到象征的变化暗示了物的"用与位"背后的身份意指，不只是礼序内的君王，更是一个神圣化的天子。同时，图像也以更直观、更可宣教的方式，将权力昭示天下万民。1978年在距武氏祠十多公里的山东嘉祥宋山古墓中发现的汉画像石的第二石，第一层是西王母凭几图，第二层则为周公辅成王。[3]（图1-2）这里画出了站立的样式，正符合《周礼》朝觐礼中"南面而立"的形象。此外，在山东安丘王封村发现的东汉画像石中，有一贵族模样的男主人正襟踞坐于榻上，其后正面设一扇叠屏，一大一小，与榻相连，主人右手执便面，前方凭几，姿态肃穆庄严（图1-3）。这一描绘虽然并没有脱离《周礼》中天子在重要典仪时对屏风和玉几的使用，但是显

---

[1] [唐] 孔安国传，[唐] 孔颖达正义：《尚书正义》，上海：上海古籍出版社，2007年，第740页。
[2] [汉] 刘歆著，[晋] 葛洪辑抄：《西京杂记》卷四录，见本社编：《汉魏六朝笔记小说大观》，上海：上海古籍出版社，1999年，第104页。
[3] 嘉祥县武氏祠文管所：《山东嘉祥宋山发现汉画像石》，《文物》1979年第9期。画像石中凭几形象更为普遍的是正面偶像式的西王母坐像，而在此画中出现的周公辅成王，则有更为清晰的现实的历史文献作为依据。

图 1-3 凭几图 山东安丘王封村画像石 东汉晚期

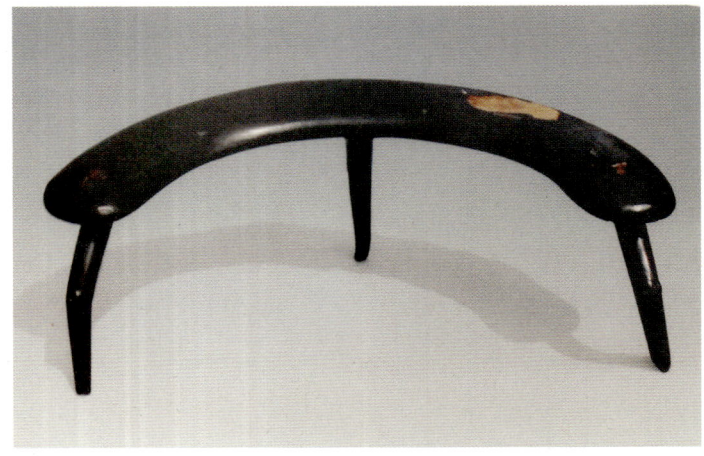

图 1-4
三足漆几
安徽马鞍山东吴大司马朱然墓
三国

然这一图像也是偶像式的,它想要展示的是一个尊贵的君主形象。

随着凭几的符号化,其神圣性所代表的含义也追随着时代的观念。《三国志·毛玠传》说曹操平定柳城,特别将缴获的素屏风、素凭几赠予毛玠,并说:"君有古人之风,故赐君古人之服。"[1] "素屏风"据郑玄对《周礼》的注解,乃指周代大型祭祀和朝觐礼中所使用的绘有黼纹的"黼依",而"素凭几"则是周天子丧礼的专用用具[2],它们为何成为北方的贵族曹操对一个普通臣子毛玠的赏赐?需要注意,曹操称这两件器物为"古人之服",并说因为毛玠有"古人之风"才赏赐于他。据裴松之注《三国志》引《先贤行状》曰:"玠雅量公正,在官清恪。其典选举,拔贞实,

---

[1] [晋] 陈寿撰,[南朝宋] 裴松之注,卢弼集解:《三国志集解》,上海:上海古籍出版社,2012年,第1166页。
[2] 值得注意的是,"凭几"一词此时已经从动词短语演变为了动名词,而普遍代指这种"凭依之几",这一词语意义的产生并非仅指某物,而含有对物的"用与位"所指涉的身份的强调。由于这一物在礼制中的情境已成为历史,也即它成了一种"古物",因而它自身转向了新的意义。

斥华伪，进逊行，抑阿党。"[1]毛玠的"古人之风"，在于他为人清正，为官廉明，为一般人所不及。当贵重的素屏反、素凭几成为古物之后，更具一种超凡的光魅。这一光魅不再是皇权或贵族的专属，而指向了更为普遍的人的内在德行。（图1-4）

二、今者吾丧我

在王权政治和礼序观念中，"凭几"由一日常之物衍化为礼仪之物，在"用"与"位"的规定性中，权力将物规训为身份的符号，并经由对这种符号意义的强化和传递将物连同用物者"自身"锁闭在这一意义的系统之中。面对这一世界，庄子在《齐物论》的开篇，以一种冷峻的态度言说了一个作为"自我"的"隐几者"：

> 南郭子綦隐几而坐，仰天而嘘，嗒焉似丧其耦。颜成子游立侍乎前，曰："何居乎？形固可使如槁木，而心固可使如死灰乎？今之隐几者，非昔之隐几者也？"子綦曰："偃，不亦善乎而问之也！今者吾丧我汝知之乎？汝闻人籁而未闻地籁，汝闻地籁而不闻天籁夫。"[2]

对于这一篇，人们更多讨论的是"天籁"的问题。后文"夫吹万不同，而使其自己也。咸其自取，怒者其谁邪"的天籁，是一个无所役使的自由世界。这一世界并不完全出于"心"的想象或感悟，它首先是从"隐几而坐"这一身体的姿态展开的。那么这种姿态是怎样的？尽管后世有注释者将"隐几"释为"凭几"[3]，但从语境来看，子綦"仰天而嘘，嗒焉似丧其耦"，完全沉浸于神游妙应、自然忘我的状态之中。这与那种在仪式中正襟危坐的样子显然是不同的。郭象注"耦，匹也"，也就是一种相对的状态，司马彪则说"耦，身也，身与神为耦"[4]，隐几的状态正是对凭几那种"身心、物我之间的相对关系"的遗忘。此刻，心如死灰般寂然不动，身如

---

[1] [晋]陈寿撰，[南朝宋]裴松之注，卢弼集解：《三国志集解》，上海：上海古籍出版社，2012年，第1166页。
[2] [晋]郭象注，[唐]成玄英疏：《南华真经注疏》，北京：中华书局，1998年，第23—24页。以下凡引《庄子》原文，皆出自此版本，不另注。
[3] 如成玄英疏云："隐，凭也。嘘，叹也。"南宋林希逸亦有相似之解释："隐几者，凭几也。"王先谦曰："隐几者，必属之肘。所谓由肱枕之。故曰肘可隐也。"[又]刘熙撰，[清]毕沅疏证，[清]王先谦补：《释名疏证补》，北京：中华书局，2008年，第74页。
[4] [清]郭庆藩：《庄子集释》，北京：中华书局，2012年，第49页。

槁木般无生无情，由此，可以进一步想象，他面对着几，不会是正襟危坐，而是轻靠着几，嗒然长嘘，在祛除了对"自我"的知觉之后，"吾"之身心闻得了天籁。

颜成子游对于"今之隐几者，非昔之隐几者也"的提问，进一步说明子綦之"隐几"同其他人的"隐几"是不同的，这也呼应了"汝闻人籁而未闻地籁，汝闻地籁而不闻天籁夫"的对比。[1]吕惠卿说："昔之隐几，应物时也。今之隐几，遗物时也。"[2]此话昭然。"昔之隐几"，指的是因物得时，也就是"吾丧我"中的那个"小我"；所谓"应时"，便是应合一个恰当的"场合"。那些重大仪式中的"凭几"，还有成王顾命时的"凭几"，无疑是此种"应时"之物。权力关系中的尊位被这种在"时"当中的凭几姿态表达出来。所谓"应物"，则是一种对事物的知识性的分辨。王夫之在《庄子解》中认为"昔者子綦之隐几，尝有言以辨儒墨矣，至是而嗒焉忘言，子游见其丧偶之心矣"[3]，言子綦过去隐几时意图分辨名理，故不同于如今"嗒然忘言"之隐几。不光是墨家言名理，礼仪之中的语言或是音乐自然也是以"名理"表达的。对于隐几的子綦而言，那个受到身份和知识规约的"小我"已从他身体中消失，"时间"对他而言也不再有任何流俗的意义，如此"几"自然不可能再是被利用的工具或是身份的表征。

《庄子》中还特别提到了另外一位"隐几"之人——他的好友惠施。在《齐物论》中庄子谈到"昭文之鼓琴也，师旷之枝策也，惠子之据梧也"，在《德充符》中又形容惠施"倚树而吟，据槁梧而瞑"，成玄英疏："未遗筌蹄，耽内名理，疏外神识，劳苦精灵，故行则倚树而吟咏，坐则隐几而谈说，是以形劳心，倦疲怠而瞑者也。"[4]这与南郭子綦"隐几"自然不同。庄子是在讽刺和批评惠子的"据梧"，是由于劳累而不得不依赖于器具。劳累之因在于心整日被缠扰在知识和概念的牢笼之中，不得解脱，故常倦怠，这便是"物役"；身体因为劳累而倚靠着这个"梧几"来休息，又是另一种"物役"——他虽得到一时休息，却无法停止思考和言谈，最

---

[1] 对今昔隐几者的身份，注家中有数种解释。一是认为子綦的状态与从前别的人不同，如郭象注："子游尝见隐几者，而未见若子綦者也。"二是认为子綦与以前的状态不同，如成玄英疏："子綦昔见坐忘，未尽玄妙；今逢隐几，实异曩时。"以上解释，均认为今之隐几者的境界，高于昔之隐几者，也即今者为当下子綦之隐几。
[2] [宋]吕惠卿撰，汤君集校：《庄子义集校》，北京：中华书局，2009年，第18页。
[3] [清]王夫之：《船山全书》第十三册之《庄子解》，长沙：岳麓书院，2011年，第94页。
[4] 成玄英解释《齐物论》中"惠子之据梧"为"以梧几而据之谈说，尤隐几者也"。这自然令人很容易联想到，这种用来凭据的"梧几"，同子綦之几乃是同样的制式。成玄英解释《德充符》中"槁梧"为"夹膝几"。这"夹膝几"似乎是与"隐几"不同了，但从原文看惠子"据梧"显然和"据槁梧"一样，再联想到《齐物论》此段隐几之时"身如槁木"的譬喻，更令人怀疑"槁木""槁梧"和隐几之间的关联性。

后不得不进入沉睡之中。在这种不可止歇的物役之中，人与物最后都因过于疲惫而无法得享天年，故庄子说"其盛者也，载之末年"。

所谓个人生命之"末年"亦是指历史之"末年"。事实上，庄子的"今之隐几者"，实是在说"古之真人"；而"昔之隐几者"，却是"末年盛者"。庄子的语言中，常常出现这样的吊诡，从中可以看到庄子对于古之真人回归人间的一种期许，或者说，他认为古之真人是一种真正的"人间之人"，而所谓的"今人"却并不是真实地以自我存在于天地间的那个我。《人间世》云："古之至人，先存诸己而后存诸人。所存于己者未定，何暇至于暴人之所行！"至人的"存诸己"，亦正是今之隐几者的"吾丧我"。上古时代的至人，在一种自然的状态中，遗世忘时，而经过了那"末年盛者"的时代，则须涤除那个业已"暴人之所行"的外物之我后，才能够存在于"自我之中"。

在这样一种对"末年"的警觉中，庄子的后学开始寻找一种淡漠混芒的真人境界。《外篇·缮性》说："古之人，在混芒之中，与一世而得澹漠焉。当是时也，阴阳和静，鬼神不扰，四时得节，万物不伤，群生不夭，人虽有知，无所用之，此之谓至一。"古人生命处于混芒而淡漠的情状之中，这正是子綦隐几时的"嗒然"之态。彼时之人，虽然有知觉，却无利用之心，虽与万物相处，却不相戕害。这是在人成为"盛者"后再难以回返的理想时代。

《外篇·天运》又用黄帝"张咸池之乐于洞庭之野"的故事来记述这位上古的隐几者：

> 吾止之于有穷，流之于无止。予欲虑之而不能知也，望之而不能见也，逐之而不能及也。傥然立于四虚之道，倚于槁梧而吟："目知穷乎所欲见，力屈乎所欲逐，吾既不及，已夫！"形充空虚，乃至委蛇，汝委蛇故怠。吾又奏之以无怠之声，调之以自然之命。故若混逐丛生，林乐而无形，布挥而不曳，幽昏而无声。动于无方，居于窈冥，或谓之死，或谓之生；或谓之实，或谓之荣。行流散徙，不主常声。世疑之，稽于圣人。圣也者，达于情而遂于命也。天机不张而五官皆备，此之谓天乐。无言而心说。

这段描述中虽包含黄老道家的思想，其写作依然源于《齐物论》。黄帝"倚于槁梧而吟"，思索视觉和精力所"不及"的那个"天乐"的世界，世界仿佛呈现出一种混沌幽冥无形无声的样子，这也正是上古的圣人达于情实、归于无为的自然状态。

三、唯我病夫，或有所用

在玄学盛行的中古时代，曾经的"今之隐几者"已经成为令人向往的"昔之隐几者"，而《庄子》寓言里的真人也逐渐衍化成为一种理想的"形象"。阮籍《达庄论》开篇讲到了一种"庄子式"的个人生活：

> 先生徘徊翱翔，迎风而游，往遵乎赤水之上，来登乎隐垒之丘，临乎曲辕之道，顾乎泱漭之洲，恍然而止，忽然而休，不识囊之所以行，今之所以留；怅然而无乐，愀然而归白素焉。平昼闲居，隐几而弹琴。[1]

那徘徊遨游、恍然行止之态，正是《庄子》里对黄帝的描写，而后面"平昼闲居，隐几而弹琴"则由《庄子》中的真人化为名士的日常——真人的"隐几"之姿加上名士的弹琴雅好，成为这个时代"高士"的经典形象。

但是，当"隐几"成为"名士"的一种标配形象时，它却同"名士"这个称谓一样，在人们的追捧中"堕落"了。这一时期墓室壁画中的墓主像普遍被塑造成了人们想象中的"隐几者"，就说明了这一点。[2]（图1-5）在这些画像中，墓主人皆正面端坐的偶像姿态，身下安置着黑漆的三足几，几与代表名士清谈的麈尾共同出现，成为名士的象征物。然而，象征物的普遍流行却并不能说明其原初意义的在场。那些墓主人正襟危坐的偶像姿态，透露出他们并不理解一位真正的隐几者的"嗒然"之姿，"隐几"只不过是世人浮华与虚荣的一个装饰品罢了。南齐诗人谢朓一次

---

[1] [三国魏]阮籍著，陈伯君校注：《阮籍集校注》，北京：中华书局，2012年，第133—134页。
[2] 如河北安平逯家庄东汉晚期墓中，墓主人正坐于帐中榻上，一手持便面，帐下设有屏风。这一形象同安丘东汉画像石上的主人像非常接近，但是其身下凭几的形制却并不一样，近似三足漆几。后来，西至甘肃酒泉晋朝时期的西凉墓，东至朝鲜黄海南道安岳郡五菊里东晋永和十三年（357）冬寿墓，北至北京石景山区八角村魏晋墓石棺后壁，南至云南昭通后海子东晋霍承嗣墓，男性主人都正面端坐于榻上，榻后为屏风，一手执麈尾，另一侧在身前凭依黑色的三足漆几。张朋川：《酒泉丁家闸古墓壁画艺术》，《文物》1979年第6期；洪晴玉：《关于冬寿墓的发现和研究》，《考古》1959年第1期；吕品生、段忠谦、贾卫平：《北京市石景山区八角村魏晋墓》，《文物》2001年第4期；李明：《云南昭通后海子东晋霍承嗣墓葬艺术研究》，《四川文物》2019年第4期。

图 1-5
朝鲜安岳 3 号冬寿墓主人像
高句丽王朝（4 世纪中叶）

参加士族"席上赋诗"的聚会，抓阄抓到"乌皮隐几"，遂有诗云："蟠木生附枝，刻削岂无施？取则龙文鼎，三趾献光仪。勿言素韦洁，白沙尚推移。曲躬奉微用，聊承终宴疲。"[1] 倘若同阮籍笔下的隐几生活相比，谢朓眼中的隐几，无论多么追求材质的素朴，也不过是贵族"承终宴疲"的"用物"，它的索然无味就如这首应酬场合写的诗一样。标榜名士身份的虚浮心态带来了"隐几"在图像和生活中的双重符号化，意味着《齐物论》中那位"吾丧我"的隐几者被遮蔽，而一个追求名位的"我"又现身了。在这个"我"的身上，任何有意义的"物"皆失去了其本来的真实，而成为虚名的标记。

"隐几"在最本来的意义上是一种境界，这个意味在中唐诗人白居易的笔下才

---

[1] [南朝宋]谢朓撰，曹融南校注：《谢朓集校注》，北京：中华书局，2019 年，第 388 页。

得到了充分的书写。元和五年（810），白居易39岁时曾写过一首《隐几》，诗中表达了他的一种生命的情状：

> 身适忘四支，心适忘是非。既适又忘适，不知吾是谁。百体如槁木，兀然无所知。方寸如死灰，寂然无所思。今日复明日，身心忽两遗。行年三十九，岁暮日斜时。四十心不动，吾今其庶几。[1]

这首诗处处都是玄言。除了题目外，"隐几"并没有在诗中作为一件实物真正出场，诗人更多地是说，在遗忘了身心外物之后，他存在于一种"寂然无思"的"适"的状态中。这种状态或许有物的"介入"，但并非由物催动的；在这一状态中，一切外在的感受和内心的判断都被"遗忘"。这一遗忘令他在40岁可以"心不动"，他真正可以在世事的变幻前少有困惑，以一种独立的自我存在于世了。

这一思想奠定了他五年之后贬谪生活中对物的理解。元和十年，白氏因上表请求严缉刺死宰相武元衡的元凶得罪了朝中权贵，被贬江州司马。他来到江州的庐山，在山脚下建起了一座草堂。翌年，白居易为草堂中自己最钟爱的三件器具作歌谣，总称《三谣》。其序云："予庐山草堂中，有朱藤杖一，蟠木机一，素屏风二。时多杖藤而行，隐机而坐，掩屏而卧。宴息之暇，笔砚在前，偶为《三谣》，各导其意，亦犹《座右》《陋室铭》之类尔。"这三样素朴的家具，是白居易江州生涯中最重要的伴侣。其中，"朱藤杖"扶助远行，"素屏风"遮风安眠，而"蟠木几"则是白日坐榻读书时的倚靠。杖、屏风和几三物在历史上本都具有礼制的意义，而白居易通过书写为它们建立起一种平等的真实义。在他眼里，这种书写堪称自我内心的铭刻。其中《蟠木谣》这样写道：

> 蟠木蟠木，有似我身。不中乎器，无用于人。
> 下拥肿而上轞菌，桷不桷兮轮不轮。
> 天子建明堂兮，既非梁栋；诸侯斫大辂兮，材又不中。
> 唯我病夫，或有所用。用尔为几，承吾臂、支吾颐而已矣。
> 不伤尔性，不枉尔理。尔快快为几之外，无所用尔。
> 尔既不材，吾亦不材，胡为乎人间徘徊？

---

[1] [唐] 白居易著，朱金城笺校：《白居易集笺校》，上海：上海古籍出版社，1988年，第314—315页。以下凡引白居易诗文，皆出自此版本，不另注。

蟠木蟠木，吾与汝归草堂云来。

一开始白居易便说木几的材质"蟠木"和"我身"有一个相似性："不中乎器，无用于人。"这显然来自《庄子》。《人间世》中，一匠人携学徒走至一参天大树旁，学徒只见其高大繁茂，观者络绎不绝。但是老匠人毫不以为意，继续前行。徒弟怪而问之。匠人答说这是散木，"以为舟则沉，以为棺椁则速腐，以为器则速毁，以为门户则液樠，以为柱则蠹"。此谣中讲述蟠木的用处也正是用了这样的排比。蟠曲之木不能做成权贵的宫室、车马，当然它更不可能成为任何一种高贵身份的象征，它和我自身一样是"不材"的。"不材"意味着不能为"器"——被身份、制度和功能所规定的"用物"。不过，诗人说，蟠木几对"我"这位被贬江州、同样无用的病夫或可有一些"小用"——"承吾臂、支吾颐而已矣"。他仍将其用作"几"，除此之外，"无所用尔"。这正呼应了诗人对自我"病夫"的称呼。相对于以华美的型材彰显身份之用，甚至以制作巧妙应合身体之用，蟠木几之用都显得十分羸弱，亦即其制作的目的性是模糊的。同样，"我"这位病夫，在社会政治中是卑微的，甚至在身体机能上也不健全。正由于彼此的这种"相似性"，蟠木几才能以如此的方式为"我"所用。在这种"快快之用"中，蟠木几并不是一个"相物"的对象[1]，而是一个好友，一个伴侣。唯有如此对待木几，才能"不伤尔性，不枉尔理"。在同蟠木几相伴而不相物之中，白居易最后道出了"吾与汝归草堂去来"，这应合了《逍遥游》结尾庄子对不知该如何处置那棵无用大树的惠施的建议："何不树之于无何有之乡，广莫之野，彷徨乎无为其侧，逍遥乎寝卧其下？不夭斤斧，物无害者。无所可用，安所困苦哉！"诗人和蟠木几这对相互依偎的伴侣，以彼此对世俗世界的无用之身，自由地徘徊于草堂这个自适的世界之中。

"卧"是常出现于白居易诗中的一种姿态。日本学者埋田重夫曾指出，在唐代的诗人中，白居易对姿态的吟咏远著多于他人，并且，他所表达的身体姿态，都有种"视点下降"的特点，也即一种"接近大地的坐卧姿态"。[2]他之所以如此频繁地描写自己闲坐或者闲卧的姿态，与他要在此种"混沌的、忘却了'四肢五体'存在的境界"中，"将人生中不可避免的欲望、妄念、烦恼、悲哀都加以克服"的

---

[1] 在《人间世》中，这棵栎社树托梦给匠人说："若与予也皆物也，奈何哉其相物也？而几死之散人，又恶知散木？"这里提到了，认识到物与我皆为"物"并且皆处于有限之生命中，人才能够意识到"相物"本身的悲哀。
[2]〔日〕埋田重夫：《白居易研究：闲适的诗想》，王旭东译，西安：西北大学出版社，2019年，第69页。

想法有关。[1] 而从《三谣》可以看到，白居易认为自我与这个世界之间的关系，并不仅仅是由自我的身体和意志所决定的，物作为其中的一个朋友、一个伴侣、一个闲静中坐卧时的存在者，实际上也是他自身在此刻意义的厘定者。这是一种相互的定义（inter-defination）。"物"在与人的关系中常常被认为是一种转换意义的"媒介"，或是一种表达意义的隐喻，但是在白居易的诗中，物自身就是一个意义的世界，"我"并不是依托于物或物我特性上的相似而呈现某种境界，而是基于"我"与物之间这种不相利用也即不互为工具的关系，彼此共存于一个区别于世俗的世界里。由于工具性和对象性的消解，这样的关系，如隐几者和隐几之间，显现出一种独特的亲密感，那种经由"位置"建立起来的身份的差等及对礼仪的考虑也在这种亲密中被化解了。由此可以想象，这位隐几者绝不会是正襟危坐的，在此他与他人或物的关系都不是"相对"的，而他自己所在的世界却可以容纳天地间的一切自在之物。

当然，这个世界不止囿于草堂之内。在《庐山草堂记》中，白居易便点出了草堂外部的山水泉石，亦同草堂内一样，是一个隐几者在场的世界：

> 乐天既来为主，仰观山，俯听泉，傍睨竹树云石，自辰及酉，应接不暇。俄而物诱气随，外适内和。一宿体宁，再宿心恬，三宿后颓然嗒然，不知其然而然。

来到此地"为主"的碧山清泉、竹树云石，自早及晚与"我"的感官相接，而"外适内和"。经过三宿之后，在这山水之间，一个"颓然嗒然，不知其然而然"的隐几者现身了。"噫！凡人丰一屋，华一箦，而起居其间，尚不免有骄矜之态；今我为是物主，物至致知，各以类至，又安得不外适内和，体宁心恬哉？"在这庐山脚下，他成了物的"主人"。这主人不是占有之意，那些清醒地追逐名利的人，那些理智地彰显自己身份的人，实际上都无法成为"物之主"，而唯有在此与山中风物"外适内和，体宁心恬"，于一种"不知其然而然"中，方才成了物的主人。因为这里是诗人"一生中第一次使心灵感到安'易'的'居'所"[2]，也是他获得心灵自由的濠梁之所，他不需要去分辨物我，却如在"濠上"一样体验到了万物的生命世界对

---

[1] 〔日〕埋田重夫：《白居易研究：闲适的诗想》，王旭东译，西安：西北大学出版社，2019年，72—73页。
[2] 同上书，第179页。

他的开启。

当白居易离开草堂后,这个世界已经凝驻于他的内心。他说:"身出草堂心不出,庐山未要动移文。"(《别草堂三绝句》)其实他不止是"心"不出,他的身体虽然离开了那个实际的空间,但是那种"内适外和"的隐几状态,连同整个"草堂"的意义,都延续于他此后的整个生命之中。开成元年(836),65岁的白居易在洛阳的履道里写下《隐几赠客》云:

> 宦情本淡薄,年貌又老丑。紫绶与金章,于予亦何有。有时犹隐几,嗒然无所偶。卧枕一卷书,起尝一杯酒。书将引昏睡,酒用扶衰朽。客到忽已酣,脱巾坐搔首。疏顽倚老病,容恕惭交友。忽思庄生言,亦拟鞭其后。

这首诗道出晚年的白居易对宦途和闲隐生活的选择。在年老的时候,容貌渐朽而朋友渐疏,眼前的印绶与往昔的富贵都如一片轻云。在洛阳这个退隐的空间中,陪伴自己的唯有一卷书、一杯酒,还有那有时如嗒然隐几般无所碍的自在。这时他突然想起《庄子·达生》所言:"善养生者,若牧羊然,视其后者而鞭之。"履道里是白居易人生最后的安"易""居"所,在这里的平宁,是肇始于早年被贬谪后在庐山草堂中的物之思,以及那在山野泉石间的"颓然嗒然"之感。

四、傲睨千古之姿

白居易诗中这种对隐几姿态的描写,令他的生命境界得以以一种"可视的"方式进入图像的世界。在晚唐的时候,出现了描绘白居易生活的《重屏会棋图》的母题,而在目前可见的五代周文矩所绘宋摹本中,前景中四人在弈棋、观棋,他们头戴官帽,垂足而坐。据清代学者吴荣光考证,周文矩所画的这四人正是南唐中主李璟四兄弟。[1]而在他们身后的屏风上,前朝诗人白居易正侧卧在床榻上,倚靠一几,

---

[1] [清] 吴荣光:《辛丑销夏记》,杭州:浙江人民美术出版社,2012年,第153—154页。

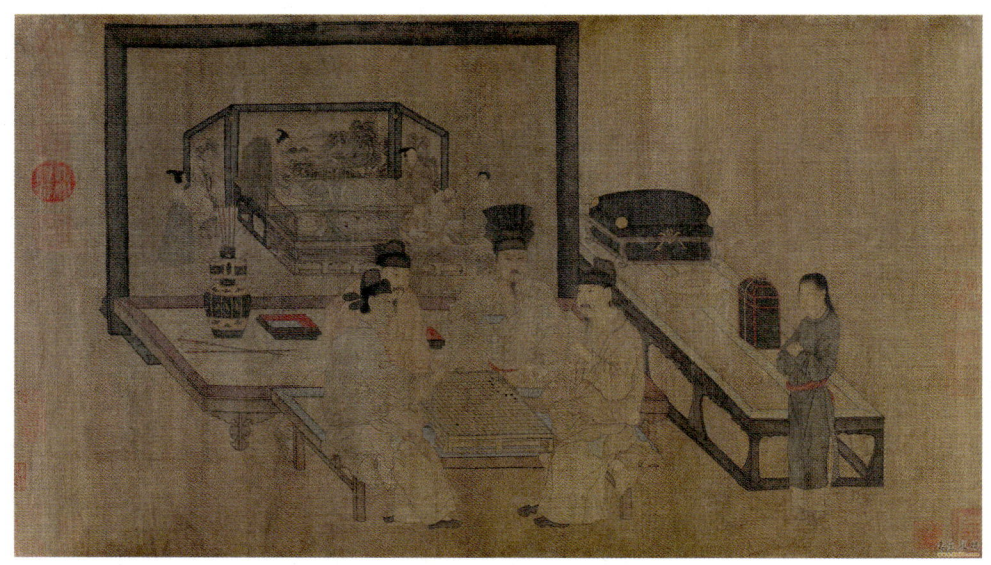

图1-6 周文矩 重屏会棋图 绢本设色 故宫博物院

榻畔设有一面"山字"山水屏风（图1-6）。[1] 这一形象在姿态上显然有别于魏晋时期那些墓主人隐几图，一个清雅的书斋之中侧卧的闲适身影，正是此时的贵族和士大夫心中理想的自我写照。

晚唐收藏家张彦远笔下也描绘了一个著名的"隐几者"形象。据张彦远《历代名画记》记载，东晋画家顾恺之在瓦棺寺壁"首创"维摩诘像，"有清羸示病之容，隐几忘言之状"[2]。"清羸示病"乃《维摩诘经》中所说维摩诘有恙之事实，但同时也近似于南郭子綦"嗒然丧耦""身如槁木"之态，而"隐几忘言"显然也出身庄子之语。张彦远还评价顾画："对之令人终日不倦，凝神遐想，妙悟自然，物我两忘，离形去智。身固可使如槁木，心固可使如死灰，不亦臻于妙理哉！所谓画之道也。"这几句话几乎是从成玄英对《齐物论》的疏证中照搬过来。[3] 维摩诘的忘言之状，令人更容易想到的典故应当是《维摩诘经》中，面对文殊菩萨的"不二法门"之问，维摩诘默然不语，文殊赞其"善哉！善哉！乃至无有语言文字，是菩萨真入不二法门"。而张彦远却立即想到《齐物论》中那闻天籁的隐几者，可知他所见的维摩诘像当是"隐几"的姿态。

---

[1] 这幅画出自白居易的《偶眠》一诗。这一主题从唐代就开始有人创作，有人认为此主题画作的流传恰巧说明其诗"能尽人情物态者"。[宋]阮阅编：《诗话总龟》，北京：人民文学出版社，1987年，第224页。
[2] [唐]张彦远：《历代名画记》，杭州：浙江人民美术出版社，2011年，第30页。
[3] 成玄英疏云："子綦凭几坐忘，凝神遐想，仰天而叹，妙悟自然，离形去智，嗒焉隳体，身心俱遣，物我（无）〔兼〕忘，故若丧其匹偶也。"

图1-7
敦煌莫高窟第103窟
维摩诘经变
盛唐

"隐几"的维摩诘并不是从唐代才开始的图式。根据学者的考证，南北朝的维摩诘像既有与当时的墓室中墓主人像一样的正面端坐的隐几形象，也有与文殊对坐的侧身像，一手持麈尾，身下有一隐几，身后有帷帐。[1]从唐代以后，维摩诘的图示很少再出现正面像。敦煌莫高窟盛唐第108窟的维摩诘经变壁画中，维摩诘左臂倚靠着三足漆几坐于设有法书屏风的榻上，身体前倾，双目炯然。（图1-7）这似乎同晚唐张彦远所说的"清羸示病之容，隐几忘言之状"仍有距离。而原藏日本东福寺的宋本《维摩诘像》的维摩诘，则真正如张彦远的描述，如一个清雅的名士，身体微微倚靠着三足木几，呈现出一种淡然超尘的神情。[2]（图1-8）

晚唐到北宋《维摩诘像》的变化，或许有白居易的影响。白居易在入仕前便深研佛理，尤其受洪州禅的影响，在日常生活中领悟佛教并将其同庄子的思想合一。

---

[1] 参见张保珍：《维摩诘"隐几"图像考》，《四川文物》2020年第2期。
[2] 参见邹清泉：《虎头金粟影：维摩画像研究献疑》，《故宫博物院院刊》2010年第4期。

图 1-8
(传)李公麟
维摩演教图
纸本墨笔
京都国立博物馆

他写于元和五年的《隐几》诗中"寂然无所思"的说法便来自佛教。元和六年为母丁忧期间,他有诗云"身着居士衣,手把南华篇",亦可窥一斑。他在庐山草堂写的《蟠木几》中说自己是"唯我病夫",后来他也常常在诗中如同一种"生活日志"般强调自己"病"的情态[1],这除了他自身体质的原因之外,也很容易令人联想到维摩诘"示疾"的形象。在苏州任刺史期间,他在《苏州重玄寺法华院石壁经碑文》中更述其坚定的信念:"证无生忍,造不二门,住不可思议解脱,莫极于《维摩诘经》。"晚年在洛阳更加频繁地以"维摩诘"自比。白居易并不只是从精神上倾慕维摩,而是在诗中以生活的各种形态构建了他心中的"维摩人生"。如大和七年(833)他的《自咏》诗云:"白衣居士紫芝仙,半醉行歌半坐禅。今日维摩兼饮酒,当时绮

---

[1]〔日〕埋田重夫:《白居易研究:闲适的诗想》,王旭东译,西安:西北大学出版社,2019年,第111—126页。

季不请钱。"在他心里自己既可做佛门之维摩,又可做道家之隐士,而那种生活就是"半醉行歌半坐禅"。一年后他又写了《早服云母散》:"晓服云英漱井华,廖然身若在烟霞。……净名事理人难解,身不出家心出家。"净名居士,亦指维摩诘,而他以在家之身去体会出家之心,正是受到维摩居士的指引。[1]

白居易将维摩诘"自我形象化",以及对维摩诘和道家义理的合诠,使得《庄子》中那个"隐几者"和佛教中那个默然而坐的"维摩诘"在他身上合一了,维摩诘隐几像由一个炯炯欲辩的形象转变为一个具有香山居士特色的嗒然"闲适"之像。可以看到,在这种由诗到画的转译中,"面容"是不重要的,甚至作为道具的"物"也不是最重要的,身体的姿态开始成为表达的关键——因为在文人的世界中,"是谁"并不通过面容和符码来言说,而是由物与自我的存世状态来显现的。

相似的问题还可以在五代时期的另一幅作品中看到。南京大学收藏的由徽宗题写的五代王齐翰《勘书图》(又名《挑耳图》)中,一扇占据画幅中央的山字屏风上绘着全景山水,屏风前置一长条大案,上陈箱匣书卷。案旁设一黑漆椅子,椅子并不像汉魏主人像一样置于屏风下的中央,或者对称排列,而是侧靠在画面的右下方。人物也不在屏风中间,而随几案在一侧,前设小案,案上有展开之卷。画中高士双目微闭,身体微倾,在凝神剔耳,全身的姿势十分惬适(图1-9)。许多题跋者将画中人譬喻为道家的真人形象,如苏辙在此图卷后题跋云"羽衣丈夫,据床剔耳,胸中萧然,殊可喜也"[2],将画中人物描写为一派庄子笔下道家真人之风。乾隆乙酉皇五子永琪的题诗亦云:"天籁无声万窍空,座上谁叹独倾耳。七尺屏风围远山,一卷素书开棐几。"他从画中人的姿态也想到了那"闻天籁"的隐几真人。[3]不过,画中人所坐的椅子,透露出了当时发生在中原的坐具的变革。[4]这种椅子同后世的

---

[1] 服食丹药是道教之习,白居易后来在对佛经的精研和深悟中,逐渐放弃了服丹。他晚年的《不二门》诗云:"两眼日将暗,四支渐衰瘦。束带剩昔围,穿衣妨宽袖。流年似江水,奔注无昏昼。志气与形骸,安得长依旧。亦曾登玉陛,举措多纰缪。至今金阙籍,名姓独遗漏。亦曾烧大药,消息乖火候。至今残丹砂,烧干不成就。行藏事两失,忧career心交斗。化作憔悴翁,抛身在荒陋。坐看老病逼,须得医王救。唯有不二门,其间无夭寿。"他领悟到丹药并不能救自己于病老,而只有维摩诘的"不二法门",才是真正令人解脱的正道。
[2] 《宋画全集》编辑委员会:《宋画全集》第5卷第1册,杭州:浙江大学出版社,2008年,第170—173页。
[3] 此卷因主题本为"挑耳",后徽宗题名时易为《勘书图》,故引起后人对其真伪的讨论。如永琪题跋中说:"《挑耳图》工妙难拟,斐然古色霜缣里。底须真赝互雌黄,睿思宝墨宣和玺。"程立宪、邓瑞:《略谈〈挑耳图(勘书图)〉的流传》,《中国典籍与文化》2007年第1期。不过,此图对真人萧然意境的展现已在时间的流传中得到了确信,这令其真赝反而成为次要的问题。如卢文弨题识"有夫拥书意萧散,不受文字相牢笼。卷轴纵横棐几净,山水障子开屏风。直伸两膝脚不袜,右手剔耳如发蒙。或题'勘书'或'挑耳',二者名实何缘同。天有两眼照万古,我生亦仗双青瞳",说的便是此意。
[4] 杭侃:《试论唐宋时期椅子在中原地区的传播》,《故宫博物院院刊》2019年第4期。

图 1-9　王齐翰　勘书图　绢本墨笔　南京大学

日常座椅有所区别，实际应当是佛门中用来入定的"绳床"。[1]苏辙曾有《画枕屏》一诗："绳床竹簟曲屏风，野水遥山雾雨蒙。长有滩头钓鱼叟，伴人闲卧寂寥中。"[2]绳床伴着竹簟、曲屏风，屏风上所画的是野水遥山、孤舟渔父，而在人间的诗人已进入《逍遥游》中那个寂寥的广漠世界。这景象几乎可以看作对王齐翰这幅画的题写。中晚唐时已有许多喜好佛理的士大夫家中使用绳床的例子。[3]白居易自己家内便设有绳床，他在写自己生活的《秋池》诗中说："洗浪清风透水霜，水边闲坐一绳床。眼尘心垢见皆尽，不是秋池是道场。"[4]"眼尘""心垢"这样的辞藻来自佛门，但诗人的闲坐状态却几乎同隐几之时难以分辨。他还有一首《爱咏诗》云："辞章讽咏成千首，心行归依向一乘。坐倚绳床闲自念，前生应是一诗僧。"对诗人而言，"绳床"并不是一件苦修的器具，他坐在上面吟诗，是以一种日常的闲适实践着佛门的

---

[1] "绳床"之名在魏晋时期的典籍中就已出现。《晋书·艺术传·佛图澄》："乃与弟子法首等数人至故泉源上，坐绳床，烧安息香，咒愿数百言。"《高僧传》卷十载竺法慧"晋康帝建元年至襄阳，止羊叔子寺。不受别请，每乞食辄赍绳床自随，于闲旷之路则施之而坐"。唐贞元十三年（797）的《济渎庙北海坛祭器碑》列出祭祀器物有"绳床十"，下注"内四倚子"，这说明当时的人认为"倚子"乃是绳床的一种。黄正建认为，因为绳床有靠背可倚，所以逐渐有人称这种床为"倚床"；又因为这种倚床后来用于一般百姓家，不再使用蒲团类垫子，所以渐渐脱离了"绳"字。黄正建：《唐代的椅子与绳床》，《文物》1990年第7期。当然，也有一些证据显示绳床的使用范围比椅子要大，不过学者普遍还是将二者看作一类事物。[美]柯嘉豪：《佛教对中国物质文化的影响》，赵悠、陈瑞峰、董浩晖、宋京、杨增译，上海：中西书局，2015年，第215—235页。
[2] [宋]苏辙：《栾城集》，上海：上海古籍出版社，1987年，第302页。
[3] 如《旧唐书·王维传》记王维晚年"在京师日饭十数名僧，以玄谈为乐。斋中无所有，唯茶铛、药白、经案、绳床而已"。
[4] 再比较他的另一首《自远禅师》："自出家来长自在，缘身一衲一绳床。令人见即心无事，每一相逢是道场。"无疑，在他的生活中绳床所展露的"道场"的气氛，是同禅师一样的。"长自在""心无事"的趣味，很难不令人联想到"隐几"诗中"身适忘四支，心适忘是非""方寸如死灰，寂然无所思"的自我写照。

教义。[1] 此外，晚唐诗人钱起《避暑纳凉》诗有句云"木槿花开畏日长，时摇轻扇倚绳床"[2]，诗人在庭院中的绳床上纳凉，如同隐几一样轻倚其背，一手不时摇扇，这显然不符合佛门中"结跏正坐，项脊端直；不动不摇，不萎不倚；以坐自誓，肋不挂床"[3]的标准坐姿，而有些像是魏晋名士隐几摇白羽扇的姿态。在图像中，描写佛门故事的《维摩诘像》普遍使用了文士生活中的隐几，而描写文士生活的《勘书图》却使用了佛门的绳床，在这种"物"的境域的融合中，背后起着推动作用的，是《维摩诘经》中的不二境界，更是《庄子》中那个隐几真人的境界。

与《勘书图》中超然忘我的"绳床"不同，在当时的另一些写实绘画中椅子已经成为贵族生活中非常常见的器具了。五代顾闳中的写实主义绘画《韩熙载夜宴图》中，椅子和屏风已成为彼时上层阶级的时髦家具，而为之所取代的"几"则多数只行使了"庋物"的功能。[4] 到了北宋皇家的帝后画像中，"坐椅图"正式取代了"凭几图"，成为主人尊贵身份的新名片。（图1-10）《帝后坐椅图》的出现，或许和椅子传入宫廷初期的严格礼制有关。平日皇帝上朝一般仍使用"龙床"，宫内虽有椅子，或称杌子，却只在少数仪式场合出现，而一般地位的妃子、大臣等均不许坐椅。[5] 从"隐几"到"椅子"的变化中，我们可以看到同魏晋相似的情况：一方面，新发展的坐具由于同某种流行的哲学思想的密切关联，含有远离世俗的清远高洁人格的喻意；另一方面，这一新事物却成为贵族专用之物和画像上的标记物。只不过，在魏晋的时候，对于"直木凭几"和"三足隐几"，人们似乎都有证据认为是三代就在传用的"古物"，因此它们身上有一种特别的古风，令人仿佛可以远离这个浑浊的现实世界。而"绳床"虽被一些诗人同寂然无心的隐几态度联系在一起，人们

---

[1] 美国学者吴同认为，椅子在中原地区广泛流行起来是对舒适的"自由"和"个人主义"的追求，然而对于文人士大夫而言，自由从来就不是不加反思的个人解放，新事物只有可以纳入他们自身所认同的思想传统中时，才是可接受的。Wu Tong, "From Imported 'Nomadic Seat' to Chinese Folding Armchair," *Journal of the Classical Chinese Furniture Society*, 3.2(Spring 1993), pp.38-47.
[2] [唐] 钱起著，王定璋校注：《钱起集校注》，杭州：浙江古籍出版社，2015年，第256页。
[3] [隋] 智顗：《摩诃止观》，王雷泉释译，北京：东方出版社，2018年，第86页。
[4] 孙机：《汉代物质文化资料图说》（增订本），上海：上海古籍出版社，2011年，第252—253页。
[5] 在北宋，这种舒适的坐具最初只有地位很高的皇室成员才能使用。《宋史·哲宗昭慈圣献孟皇后传》记载："刘贵妃与孟后朝太后，孟后坐金漆椅，妃亦设此椅。左右不服，乃呼太后出矣，妃起立。（左右）暗撤之，妃再坐而仆。"[元] 脱脱等：《宋史》，北京：中华书局，1985年，第7166页。又，陆游在《老学庵笔记》卷四中也记载："往时士大夫家妇女坐椅子、兀子，则人皆讥笑其无法度。梳洗床、火炉床家家有之，今犹有高镜台，盖施床则与人面适平也。或云禁中尚用之，特外间不复用尔。"这都说明在宫廷中妃子和士大夫家的妇女都不坐椅，而皇后坐椅无疑就显示了高贵的身份。不过，这种限定对远离官场的平民家庭并不适用。南宋时期的墓室壁画广泛出现的"开芳宴"题材中，商人阶层的墓主人夫妇均是坐椅的形象，这代表着墓主人的尊贵身份，也代表着商人家庭中男女主人较为平等的地位。宿白：《白沙宋墓》，北京：文物出版社，2002年，第103页。

图 1-10 宋仁宗皇后像 绢本设色 台北故宫博物院

却非常清楚这是新近经由佛门而传入中原的器物。

尽管没有明确的证据说明当椅子普及以后,文士阶层开始对其有所回避,但是在宋代以后的诗歌中,"椅子"是很少出现的意象,"隐几"的意义却被保留下来。元代张雨所题赞的《倪瓒像》(图 1-11)便呈现了一位高古闲散的隐几者的形象。[1]画的正中是一床榻,在床榻右侧有黑漆香几,这是当时一种较为日常的陈设,上设酒尊、砚山、香鼎各一。榻的左侧是一仆童持尘拂立于几侧,另有女婢持古铜洗、水器等物。榻上设一蟠曲原木所制的三足梧几,榻后横卧一屏风,上写云林笔意,

---

[1] 这幅画在《清閟阁遗稿》中有记录:"云林遗像在人间者甚多,大抵皆形似。上有张伯雨题赞。云林古衣冠,坐一连床,据梧几,握笔伸纸,搜吟于景象之外。几上设酒尊一、砚山、香鼎各一。床倚画屏,藉以锦茵,置诗卷盈束。一苍头持长柄尘拂,立几侧,一女冠左持古铜洗,右持斛水器及巾帨之具。"[元] 倪瓒:《清閟阁集》,杭州:西泠印社出版社,2010 年,第 369 页。

图1-11　张雨　倪瓒像　纸本设色　台北故宫博物院

云林着古衣冠坐于榻上，右臂倚几，髟旁诗卷盈束，神态高渺闲逸。隐几坐榻、山水屏风，这些图示都同晚唐五代的《重屏会棋图》和《勘书图》有许多相似之处。[1] 不过，同《重屏会棋图》中那个想象的白乐天也不同，《倪瓒像》的作者是和倪瓒熟识的好友，其所要再现的是一个走下屏风的友人的真实样态。张雨在画幅左侧题跋：

> 产于荆蛮，寄于云林，青白其眼，金玉其音。十日画水五日石而安排滴露，三步回头五步坐而消磨寸阴。背漆园野马之尘埃，向姑射神人之冰雪。执玉拂挥，予以观其详雅；盥手不悦，曷足论其盛洁。意匠摩诘，神交海岳，达生傲睨，玩世谐谑。人将比之爱佩紫罗囊之谢玄，吾独以为超出金马门之方朔也。

图中的诸物，如拂尘、水瓶、水匜等，均体现了倪瓒性洁成癖的特点，那么，他的身体所倚靠的这座蟠木几，无疑也具有"清洁"的特点。他的"好洁"不只要涤除物件表面的尘垢，更要洗掉那意义的尘垢。一切有可能涉及追名逐利的庸俗之事之物之人，都被排除在他的生活之外，因此也可以说是他选择了古代的蟠木几。倪瓒有一首《次曹都水韵》恰似此画的写照："萧闲馆里挑灯宿，山麓重敷六尺床。隐几

---

[1] 日本学者板仓圣哲认为，倪瓒像的这一范式可追溯于唐代的《维摩诘像》，而后者可以作为之后所有隐士的标杆。然而，从绘画的主旨来看，这幅文士题材的作品更像是学习前人笔下白居易形象的结果。区别于唐、宋本《维摩诘像》中较为精致的曲几，此画中出现的是白居易所描述的天然而成的蟠曲木几，而画家身边的山水画也同敦煌第108窟维摩诘像中的法书屏风不同，而更近似《重屏会棋图》对白居易生活的想象。[日]板仓圣哲：《张雨题〈倪瓒像〉与元末江南文人圈》，见《区域与网络——近千年来中国美术史研究国际学术研讨会论文集》，台北：台湾大学艺术史研究所，2001年，第205—207页。

图 1-12　倪瓒　安处斋图　纸本墨笔　台北故宫博物院

萧条听夜雨，竹林烟幕煮茶香。"[1]在一个幽静的夜里，屋内昏黄的灯光照在床边的山水屏风之上，诗人的目光并不在画面上，他倚着木几，闲适地听着夜雨的声音，任身旁的温茶升出淡淡的香气。他还写过一首《萧闲馆夜坐》："隐几忽不寐，竹露下泠泠。清灯澹斜月，薄帷张寒厅。躁烦息中动，希静无外聆。窅然玄虚际，讵知有身形。"[2]这处"萧闲馆"是倪瓒笔下的山水空间，亦如白居易的庐山草堂、苏轼的雪堂一样，是他旷然自适的隐几场所。这位静坐的画家，仿若《齐物论》中忘我的真人，他不向外"求"，只在此一虚静的世界中，聆听着天际的妙音；又仿若《逍遥游》中上古时代冰肌玉骨之姑射仙人，傲睨游于此一莽莽的山水天地间。

这傲睨千古的"隐几"之姿不只是倪瓒的自我认知，也是倪瓒对他志同道合的友人的认识。它还出现在倪瓒许多写其他场所的诗之中，如："春草轩中隐几坐，中有袁髯闲似我。欲浮清海狎群鸥，拟向鸥夷借轻舸。二月水暖河豚肥，子苦留我我怀归。半舲雪浪薰香茗，扫榻萧条共掩扉。麝煤茧纸膏粱笔，宝绘题品神逸洗。"[3]

---

[1][元]倪瓒:《清閟阁集》，杭州：西泠印社出版社，2010年，第213页。
[2]同上书，第7页。
[3]同上书，第121页。

这是一次在春草轩中的雅集,倪瓒说,主人袁华在轩中隐几而坐的闲适样子,和他十分相像。显然,倪瓒已经把自己"隐几"的样子作为一种"范式",因此使我们更加确认《倪瓒像》乃是依照着倪瓒的认同描绘的。还有一次,在给友人子俊画了一幅《松江山色》图后,他题诗道:"穷冬舟过吴淞渚,千里交欢少嵇吕。范张一室小如壶,鸡黍时时慰羁旅。阿兄弹琴送飞鸿,读书颇有沉潜功。阿弟煮茶敲石火,满江春雨听松风。图书四壁醒愁睡,隐几嗒然忘世虑。扁舟一叶五湖游,身与闲云共来去。"[1]这首诗既是一首题画诗,也是在说这位朋友的日常。据诗意可知,图所画乃松江之渚的一个冬日,兄弟驾着一叶扁舟,在舟中一小室里,兄长弹琴,阿弟煮茶。在琴与茶、春雨松风中,在四壁的图画书卷中,他们宛如嗒然忘物的隐几者,与江上白云共来去。(图1—12)

经过晚唐到元末的变迁,当椅子在中国取代几成为主要的坐具之后,"隐几"在一种反思中成为"文人"的固定形象。而这时,古代的蟠木几重新回归了文人空间,不过在这里,它不是作为一件"古代名物",而是作为同一个忘我的天地世界相往来的千古之物。在晚明,文人追寻倪瓒的高风,一种称为"云林几"的器具,

---

[1] [元]倪瓒:《清閟阁集》,杭州:西泠印社出版社,2010年,第121—122页。

成为书斋中流行的物件。高濂在《遵生八笺》之《起居安乐笺》"高子书斋说"中记载了这种"吴中云林几":"左置榻床一,榻下滚脚凳一。床头小几一,上置古铜花尊,或哥窑定瓶一,花时则插花盈瓶,以集香气;闲时置蒲石于上,收朝露以清目。或置鼎炉一,用烧印篆清香。冬置暖砚炉一,壁间挂古琴一,中置几一,如吴中云林几式佳。壁间悬画一。"[1]同倪瓒的书斋一样,这里无物不清,无物不雅,它们都同斋中的天际真人一起"共在"于此一世外的空间中。

五、于不可图而图之

在《勘书图》和《倪瓒像》中,主人公于山水屏风旁隐几而卧的图示,皆暗示着真正的隐几者与绘画之间的关系:在文人的世界中,画中山水是他身体所栖居、精神所傲睨的天地。因而,与其说他是在"观赏"绘画,不如说他是如子綦一般,在"身如槁木"的忘我状态之中,在旷远渊静的心斋里,"闻听"着整个山水的世界。这些绘画的欣赏者,或许正如《重屏会棋图》所描绘的,是对隐几的境界"虽不能至,心向往之"之人,但是对一幅山水画而言,这位真正的天际真人却是不必在场的。倪瓒画中寂寞的山水、素朴的空亭,都暗示着画面之外那逍遥遗世的身体、那如冰雪一样的灵魂。

《宋书·隐逸传》中说南朝宗炳"澄怀观道,卧以游之",是后世山水画的观照方法之肇始。或许同南朝士人一样,宗炳也是在"隐几"之中"卧游"的。[2]在《画山水序》中,宗炳描述他面对山水图画时的情境:

> 于是闲居理气,拂觞鸣琴,披图幽对,坐究四荒。不违天励之藂,独应亡人之野。峰岫峣嶷,云林森渺。圣贤映于绝代,万趣融其神思。余复何为哉,畅神而已。[3]

---

[1] [明] 高濂:《遵生八笺》,杭州:浙江古籍出版社,2017年,第318页。
[2] [唐] 张彦远:《历代名画记》,杭州:浙江人民美术出版社,2011年,第104页。
[3] 南朝士人多隐居山林,或在宅中营建园林,以隐几高人自居。如《南齐书·孔稚珪传》中说孔稚珪"不乐世务,居宅盛营山水,凭几独酌,傍无杂事"。在山水园林之中"凭几独酌",远离世俗杂事,是当时隐士的理想生活。

先有"闲居理气""坐究四荒""独立无人之野",而后见"峰岫峣嶷,云林森渺",这正与隐几者"嗒然若丧其耦",而后闻听天籁之意类似。宗炳称之为"畅神",庄子称之为"逍遥",这是人忘记同世界对立的自我,在一个广袤的天地之间畅游的自在情状。

当把目光投射到"空间"中的画时,会发现山水画早期的形制也为"隐几"提供了条件。在北宋末年全面转变为卷轴画之前,绘画主要是画在墙壁上或是画屏上,安置于床榻旁或是同床榻相连。当山水画置于卧榻之畔,卧眠于此的人便有"如入其境"的感觉。李白有一次在朋友府上看到一组山水画屏,提笔写下《当涂赵炎少府粉图山水歌》,有句云"峨眉高出西极天,罗浮直与南溟连。名工绎思挥彩笔,驱山走海置眼前",而此时的诗人正是"此中冥昧失昼夜,隐几寂听无鸣蝉。长松之下列羽客,对座不语南昌仙"[1]。置于居室内部画屏上的山水,仿若拔地而起的海上仙山,而此时一旁隐几的诗人,在幽冥中倾听着空寂之音,已经不知时间的存在。这首诗告诉人们一位画面之外的隐几者的存在,而这位隐几者和几在画面之中是不可见的。也正是由于在画面中不可见,方令这一隐几者在场了。这其实正是"隐几"所要说出的意义:隐几者只有去掉一个相对于物的"我"之时,才能令自我同世界自在地往来。倘若画面中出现一个隐几者,画面外的目光便被引向他,在这一"相对"之中,观者成为那个"役者/怒者",而与世界自在往来的"隐几"状态便被锁闭了。因此,唯有当画中没有一个索求"凝视"之物时,隐几者的在场才成为可能。隐几者的在场意味着存在的真实之境的敞开,这可以说就是山水画在历史中衍化的一种"目的"。

这种对凝视之物的"解构",唐代时就出现了一个典范性的"作品":元和年间白居易在庐山草堂内,为自己营建了一个隐几的空间,也用两面素屏风提示了"画"对于文人的意义。在为他最钟爱的"草堂三物"所写的《三谣》之中,有一首《素屏谣》。他隐几而卧时,身畔正是这两扇素屏风。"素屏素屏,胡为乎不文不饰,不丹不青?当世岂无李阳冰之篆字,张旭之笔迹,边鸾之花鸟,张璪之松石?吾不令加一点一画于其上,欲尔保真而全白。"仿佛对着一个老友倾诉,又仿佛是一段内心的独白,这一连串的设问,流露出他对于通常意义上的"艺术作品"的无意。无论是文饰还是丹青,无论是当时名家的篆字、草体还是花鸟和松石画,在他看来都会影响到素屏的"全白"。这样,这一面本来是等待被写上书画作品的素屏,

---

[1] [唐] 李白著,瞿蜕园、朱金城校注:《李白集校注》,上海:上海古籍出版社,2016年,第646—647页。以下凡引李白诗,皆出自此版本,不另注。

反而由于这首歌谣,成为白居易自己的一种"作品"。经由他对流俗的书画之"功"的反思,亦包括对艺术家之"名"的反思,他在素屏上——当然,也是在与蟠木几共在的这个草堂里,以及这个香炉峰下的空间里——有意地"构建"了一个无功无名的意义世界。[1]

接下来,"吾于香炉峰下置草堂,二屏倚在东西墙。夜如明月入我室,晓如白云围我床。我心久养浩然气,亦欲与尔表里相辉光",在香炉峰下的草堂里,这扇倚靠在东西墙而围合成寝卧空间的素屏,在白居易看来就好像清风明月陪伴着自己。他说自己的心在这里可以长久地养成浩然之气,"浩然之气"本出于《孟子》,但在白居易看来,养气的目的,不是达成修身治国的理想,而是同这如清风明月一般的素屏"表里相辉光"。无论是清风明月这自然中的平常之物,还是这朴实无华的素屏,在何种意义上可以具有"表里的辉光"?这看似是令人费解的。白居易这里提出了他作为"文人"的独特见解。在前一段,白居易已经道出了,真正的辉光并不是那高明的艺术作品,也不是那华美的文饰,而是一种"真",这种真所显现出的样子是"全白"。这个"白"不是素屏自身的颜色,而是《庄子》中所说的"虚室生白,吉祥止止"。崔譔注:"白者,日光所照也。"[2]在对"有",包括对"艺术的语言"反思后的虚空世界中放出光明,正是素屏的"真性"所在。

白居易在此谣的后半段又提到了当时使用屏风的情况:"尔不见当今甲第与王宫,织成步障银屏风。缀珠陷钿帖云母,五金七宝相玲珑。贵豪待此方悦目,晏然寝卧乎其中。"在中唐时遍布都城的"甲第与王宫",都使用着极为名贵的屏风,它们都有一种足以"悦目"的特点,而贵族豪门似乎不在这样的屏风之下就难以安寝。从白居易所言我们能感受到这种追逐物质的焦虑感,似乎就是人的本性。而白居易却说:"素屏素屏,物各有所宜,用各有所施。尔今木为骨兮纸为面,舍吾草堂欲何之?"这句话呼应了《蟠木谣》的结尾:"尔既不材,吾亦不材,胡为乎人间徘徊?蟠木蟠木,吾与汝归草堂去来。"素屏和蟠木几一样,对于那追求明堂大辂的世界,对于那追求华丽装饰和名家笔迹的世界而言,是不相应的,但在草堂之中,在白居易对自我与素屏风、蟠木几的相似性的理解中,成了诗人最亲密的朋友,成了草堂最重要的存在者。它们唯有在草堂这一空间才得以"存在",因为这里有一位理解

---

[1] 见拙作:《内外之间:屏风意义的唐宋转型》,北京:北京大学出版社,2014年,第157—166页。我们甚至可以说,白居易是第一个提出"艺术是什么"这个问题的人,因为他已经如杜尚一样解构了艺术作品中的艺术家"制作"的问题。当然,他同杜尚不同的是,杜尚令一个日用的商品进入博物馆而成为艺术作品,而白居易的世界是一个自然的逃离一切"建制的"自由世界。

[2] [清] 郭庆藩:《庄子集释》,北京:中华书局,2012年,第156页。

它们的主人，同时，它们也定义了这位主人自身。

当然，这一世界不止囿于草堂之内。正如白居易"清风明月"的譬喻，素屏作为存在者存在于一个自在的没有界限的世界中。他在同年所写的《香炉峰下新置草堂即事咏怀题于石上》中，也描述了一个如此这般活色生香的世界：

> 香炉峰北面，遗爱寺西偏。白石何凿凿，清流亦潺潺。有松数十株，有竹千余竿。松张翠伞盖，竹倚青琅玕。其下无人居，悠哉多岁年。有时聚猿鸟，终日空风烟。时有沉冥子，姓白字乐天。平生无所好，见此心依然。如获终老地，忽乎不知还。架岩结茅宇，斫壑开茶园。何以洗我耳，屋头落飞泉。何以净我眼，砌下生白莲。左手携一壶，右手挈五弦。傲然意自足，箕踞于其间。兴酣仰天歌，歌中聊寄言。言我本野夫，误为世网牵。时来昔捧日，老去今归山。倦鸟得茂树，涸鱼反清源。舍此欲焉往，人间多险艰。

这首诗写的是一个自然世界，这里的松竹飞泉、猿鸟白莲的自在，不是出于人的反省，而是天然如此。但诗中的写作同《三谣》却颇有相近之处。白居易说"平生无所好，见此心依然"，如同说"尔怏怏为几之外，无所用尔"，这些事物是令"无所好"的白居易心有安处之物。"言我本野夫，误为世网牵"，面对"怏怏为几"的蟠木，他称自己是同样无用且不健全的"病夫"，而面对这清旷的山水世界，他又说自己是被世网所牵的"野夫"。他所寻求的是一种归栖之感。最后他说"舍此欲焉往，人间多险艰"，这同素屏"舍吾草堂欲何之"也是一般意思。同素屏由于其无功、无名的"全白"只有与草堂共在一样，诗人说，对我这个本属于山野之人来说，也只有这山水的世界才是生命最终不知还的归栖之所。（图1-13）

在庐山草堂内外，"隐几"不再是一种方外之人的想象，而是自然和居所中真实的安适生活，是最身畔之屏风和最幽远之林泉的观照方式。白居易以素屏风和蟠木几明确了绘画同观赏者之间的关系：观画者看似面对的是一个视觉的媒材，但实际上他应当想象自己是那位隐几而卧以闻天籁的真人；或者唯有作品有如素屏一般不着痕迹地呈现时，那位画面之外的隐几者才得以在场。在这个意义上，白居易可以说是中国画史上一位重要的艺术家和评论家，尤其是对山水画而言——尽管他本人既未曾画过山水，少数评论画的诗文也罕有关于山水的。而后世文人对山水画的理解，也并不是单纯从一个"画山水"的画家那里出发的，首要的是何人才堪称山

图 1-13　文徵明　浒溪草堂图（局部）　纸本设色　辽宁省博物馆

水世界中那位"颓然嗒然"的隐几者。于是，在白居易身后不久，画家们便将他隐几的姿态同山水画联系在一起了。郭熙《林泉高致》中云："盖仁者乐山，宜如白乐天《草堂图》，山居之意裕足也；知者乐水，宜如王摩诘《辋川图》，水中之乐饶给也。"[1]可知白居易《草堂图》在北宋中期或许更早，就与后世文人山水画之圭臬《辋川图》并称，尽管在今天的视野中，《辋川图》主要描绘的是一个场景，而不重描写人物，但描绘白居易草堂的《重屏会棋图》却着重描写了诗人最有代表性的"卧"的身体姿态。

同样在被贬谪之地，当苏轼于黄州开始营建自己的"雪堂"时，他自然也想起了自己所倾慕的乐天的隐几世界。在以白居易的诗命名的"东坡"旁边的废圃中，他建起了一座小宅。由于小宅建于大雪之时，苏轼索性在屋子的四壁都画满了雪，"起居偃仰，环顾睥睨，无非雪者"。他说起在屋里自己的生活是"隐几而昼瞑，栩栩然若有所适而方兴也"。[2]这无疑表达了苏轼在这个世界中的畅然，他仿佛那嗒然忘我以闻天籁的南郭子綦，又如梦见蝴蝶而不知彼此的庄周。他说自己"真得其所居者也"，这正是他所要的那个忘记小我之忧愁，与世界往来无碍的隐几之居所。这幅雪的状貌究竟如何，我们不得而知，但我们很容易想起白居易那无字无画的素屏风，他们作为"隐几者"的曾经的在场被他们的文章记录了下来。

对他们而言，作为隐几者乃是一切画之前提，而画作是否臻于妙境，首先要看其画者是否可嗒然忘我而令此一隐几者在场。在一首题文与可竹画的诗中，苏轼说：

与可画竹时，见竹不见人。岂独不见人，嗒然遗其身。其身与竹化，

---

[1]〔宋〕郭熙：《林泉高致》，北京图书馆正德元年明抄本。
[2]〔宋〕苏轼著，〔明〕茅维编：《苏轼文集》，北京：中华书局，1986年，第410页。以下凡引苏轼文，皆出自此版本，不另注。

无穷出清新。庄周世无有，谁知此疑神？[1]

第一句所言"见竹不见人"，乃是说画竹时，那个与竹相对的自我已经不存在了。非但自我不存在，连"身"这个物质化的存在也被遗忘了。（图1-14）在如此的"不见"和"遗忘"之中，我身便如隐者般与物俱化，而此刻的画作才不会被作为自我之对象的物以及作为物之对象的自我所限定。正如苏轼所说，"论画以形似，见与儿童邻。赋诗必此诗，定非知诗人"（《书鄢陵王主簿所画折枝二首》其一），"形似"（imitation）即"必此"（to be），当"此"成为诗画的限定时，它便不是真的"艺术的语言"，唯有"身与竹化"之时，竹画的世界才会以一种本真的清新开启自由的无穷领域。

那么，倘若此身不存了，这一"竹"也即他身上曾在的忘我凝神的状态还会有吗？苏轼最后看似说此竹不复有了，但他已经以此诗暗示了自己作为文同之作的理解者，令此一"隐几者"的胸中之竹又复现了。就此画而言，无论是作为画家还是读画的诗人，此一"隐几者"的存在都是不可见的。而正由于"不可见"，当那些真正的诗人观察此一纯粹之物时，"无穷出清新"又是分明存在的。白居易的素屏和苏轼的壁画，由于其形制本身就不具有流传的属性，早已必然地不可见于世了。甚至苏轼所书写的文同之竹，其原作也不是今天可以看到的那一幅。但是他们所提出的这个隐几者"存在"之世界的理想，在后世画家的理解和表达中却始终清晰明了。恽南田评王石谷《山水图》时曾说：

> 幽情秀骨，思在天外，使人不敢以凡笔相赠，山林畏佳（佳cuī），大木百围可图也。万窍怒号，激謞叱吸，叫譹宎咬，调调刁刁，则不可图也。于不可图而图之，惟隐几而闻天籁。[2]

南田这里用《齐物论》中那段对风声的描写言说"可图"与"不可图"："山林畏佳（佳），大木百围"，这是一个能够被再现的景象；"万窍怒号，激謞叱吸，叫譹宎咬，调调刁刁"的天籁之境，是不能被图像再现的。山水画从来不只是一个观摩和辨赏的对象，其所表达的意义也从不止于画面内部的"可见"之物。如何从"可见"通

---

[1] [宋] 苏轼著，[清] 王文诰辑注：《苏轼诗集》，北京：中华书局，1982年，第1522页。以下凡引苏轼诗，皆出自此版本，不另注。
[2] [清] 恽寿平：《恽寿平全集》，北京：人民文学出版社，2015年，第322页。"佳"疑为"隹"之误。

图 1-14
文同
墨竹图
绢本墨笔
台北故宫博物院

达那无所凭依而不可见的"天籁"世界，文人画等待的是一位"幽情秀骨，思在天外"的隐几者。拨开了"画"的面纱，从这可观的山林中间，从隽秀的笔墨之外，他听到那发自天际的妙想，投入那无声无色的造物者的世界当中。这位同此画照面的"可能的"隐几者，令画家并"不敢以凡笔相赠"。南田又题王石谷《山水册》云："平沙空阔处，隐几听江声。此石老往来白门道中，得江山真境也。"[1] 艺术家与观画者，其胸臆必在同一世界中，作画者作为一位同样的隐几者，从最初那不可图的天际之处，以绝俗的心胸和超凡的笔墨去寻找作品的"真境"，同时，也是寻找那位深领此情的读画人。

隐几者的"不可见的在场"，在以博物馆作为绘画主要展示空间的今天，自然地被遗忘了。当作品陈列而放，观众也随时去注目一幅幅作品时，他们目中所及，只是满眼的"山水图景"，隐几者身处的那个寂然的世界，早已随着这可见者背后的"不可见"而消失了。唯有我们自己成为当世的隐几者，抑或偶尔读到画上的题画诗时，才会发现他们曾经如此真实地存在过。

---

[1] [清] 庞元济：《虚斋名画录》，上海：上海古籍出版社，2016 年，第 837 页。

第二章

听 琴

一、太古遗音

在中国人的心中，琴是一件极为独特的器物。正如今天对它的称呼——"古琴"，琴之独特部分在于它是"古"的。扬雄《琴清英》说："昔者神农造琴，以定神禁淫僻去邪欲，反其天真者也。"蔡邕《琴操》又认为："昔伏羲氏之作琴，所以御邪僻，防心淫，修身理性，反其天真也。"嵇康的《琴赋》也说"情舒放而远览，接轩辕之遗音"，琴所发出的是那传说中上古时代圣人遗存下来的旷远之音。苏轼《舟中听大人弹琴》还叹道："自从郑卫乱雅乐，古器残缺世已忘。千年寥落独琴在，有如老仙不死阅兴亡。"琴是那上古雅乐历经千年历史芳华的孤独的遗物，它在音乐的世俗化中始终守持着自我的雅正。

其实，根据历史文献和考古材料，琴的历史并没有后代说的那样"古"，最初也并不是一种正宗的"雅乐"。甲骨卜辞和金文中都没有"琴"字，但已有表示乐器的"庸（镛）""鼓""磬""庚（钲）"等。"三礼"中通常被认为成书年代较早的《仪礼》中乡饮酒礼、乡射礼、燕礼、大射礼等重要礼仪场合则皆有"瑟"而无"琴"。[1] 在《诗经》中琴出现于贵族较为私人的宴乐活动，或是表达男女的感情，且都是琴、瑟并称，如《周南·关雎》之"窈窕淑女，琴瑟友之"，《郑风·女曰鸡鸣》之"琴瑟在御，莫不静好"，《小雅·鹿鸣》之"我有嘉宾，鼓瑟鼓琴"。从出土器物看，目前最早的"琴"出土于湖北随县战国早期的曾侯乙墓。[2]（图2-1）在此琴被发现之前，湖北当阳春秋晚期的曹家岗5号墓已经出土过两张

---

[1] 郭沫若由此认为"琴瑟不古"，琴、瑟是春秋才传入的乐器。郭沫若：《十批判书》，北京：人民出版社，2012年，后记第377页。音乐史家李纯一提出《左传》襄公二年和十八年说择美槚（楸）、榟（椿）以为颂琴"，认为琴在春秋时已广泛流行，且是作为"颂"的伴奏出现的，"由此逆推，估计它们（琴、瑟）的出现不会晚于西周"。李纯一：《中国上古出土乐器综论》，北京：文物出版社，1996年，第455页。近年出土的清华简《周公之琴舞》中有"成王徲愆，琴舞九卒"之言，被学者普遍认为同《诗·周颂·敬之》相似，并且与《诗·郑风·子衿》毛传所说的"古者教以诗乐，诵之歌之，而弦之舞之"相互印证，这似乎也为琴在西周初年就已经进入礼仪系统提供了新的证据。然而李守奎在考证了大量考古和出土文献的证据后，认为"琴"作为弦乐出现于战国及以后的文献，《周公之琴舞》也不是周初文献的移录，而是战国楚地经过改写的《诗经》遗篇。李守奎：《先秦文献中的琴瑟与〈周公之琴舞〉的成文时代》，《吉林大学学报（社会科学版）》2014年第1期。
[2] 从形制上看，此琴为十弦琴，半箱式，背面只有一个雁足，琴面也无琴徽。与之相似形制的琴在湖北荆门战国中期楚墓、湖南长沙五里牌战国晚期楚墓以及后来的长沙马王堆西汉初期墓葬中亦有出土。这种楚琴虽被普遍认为与后来"全箱式"七弦琴之雏形属于不同的类型，但是从它在墓葬中传达的信息亦可与传世文献相互印证。郑珉中：《七弦琴的原始阶段初探——与吴钊君商榷》，《故宫博物院院刊》1995年第4期；王洪军：《上古琴、瑟研究》，《交响——西安音乐学院学报》1997年第1期；王子初：《马王堆七弦琴和早期琴史问题》，《上海文博论丛》2005年第4期。

图 2-1　素漆十弦琴　湖北随县曾侯乙墓出土　战国

"瑟",而如青铜鼓和大型的编庸则是在商代的墓葬中已经有发现了。在曾侯乙墓的 125 件乐器中,琴的数量只有 1 件,和主人的棺椁一起放在了在东室,而同墓出土瑟 12 件,其中 5 件在东室,同室乐器还有 1 件鼓、2 件笙、1 件五弦器(均钟),没有大型青铜乐器,显然这些都是贵族的"私人之乐"。[1]

"琴"的地位的提高同儒家"乐教"观念的奠立有密切的关系。在春秋早期,除了原本的"钟鼓之乐"在礼仪场合向外宣教,"琴瑟之乐"由于与人的这种亲密关系,成为儒家眼中君子的修身之乐。[2]《礼记·曲礼》中说:"君无故,玉不去身;大夫无故,不彻县;士无故,不彻琴瑟。"根据郑玄的注,并不是说只有"士"才能用"琴瑟",事实上君、诸侯、士都作为"君子"的一员而琴瑟不离身。[3]《左传·昭公元年》中说:"君子之近琴瑟,以仪节也,非以慆心也。"[4]对一个"君子"而言,琴瑟不是表达燕乐中的"慆心"之乐,而是"仪节"之乐;这一"仪节"也并不是那种演奏于公开场合的礼乐之仪,而是"君子之仪",这说明琴瑟已脱离了贵族阶

---

[1] 而另外 7 件瑟则同编钟、编磬、鼓等大型乐器一起置于中室,其中还有曾震惊于世的世界最大的曾侯乙墓编钟,表现出祭祀、飨宴等大型礼仪中的"钟鼓之乐"。随县擂鼓墩一号墓考古发掘队:《湖北随县曾侯乙墓发掘简报》,《文物》1979 年第 7 期;湖北省博物馆编:《曾侯乙墓》,北京:文物出版社,1989 年,第 164—166 页。
[2] 美国学者夏含夷曾指出,在西周中期以后,诗歌和原本的公共礼仪逐渐分离,从而更能够反映出诗人内心的想法。[美]夏含夷:《由颂词到文学》,《孔子之前:中国经典诞生的研究》,黄圣松、杨济襄、周博群等译,上海:中西书局,2019 年,第 160—161 页。
[3] [清] 孙希旦:《礼记集解》,北京:中华书局,1989 年,第 1015 页。
[4] 这句话实际上也说明此时琴主要是用来娱乐的乐器。《庄子·让王》中,孔子问颜回为何不仕,颜回回答说:"不愿仕。回有郭外之田五十亩,足以给饘粥;郭内之田十亩,足以为丝麻;鼓琴,足以自娱;所学夫子之道者,足以自乐也。回不愿仕。"这里的"琴"并非"夫子之道",乃是"自娱"之物。

图 2-2　礼仪之乐　山东沂南北寨村汉画像石

层的附庸,而变为以"德行"来规定的"君子"的象征。《荀子·乐论》中则进一步说:"君子以钟鼓道志,以琴瑟乐心。"[1]所谓"志",乃是外向的抱负;而所谓"心",则是内在的修养。礼乐之所以能够移风易俗,使民和睦,是透过外在的宣扬理想和内在的感化人心共同达成的。(图2-2)

但是,随着琴成为一件重要的修养心性之物,它开始同代表德行典范的圣王之间产生了联系。在孔子的时代,"无为而治"的舜[2]被塑造为第一个鼓琴歌诗的圣王。《韩非子·外储说左上》中说:"有若曰:'昔者舜鼓五弦,歌《南风》之诗而天下治。'"[3]与五弦琴一起歌咏的《南风》,表达的是天下贞吉和美丰饶的信息。《孔子家语》载孔子引舜所歌辞曰:"南风之熏兮,可以解吾民之愠兮。南风之时兮,可以阜吾民之财兮。"[4]《史记·乐书》又说:"舜弹五弦之琴,歌《南风》之诗而天下治……夫《南风》之诗者,生长之音也,舜乐好之,乐与天地同意,得万国之欢心,故天下治也。"[5]"琴"与"无为而治"的舜的联系,或许同

---

[1] [清] 王先谦:《荀子集解》,北京:中华书局,1988年,第381页。
[2] 舜的形象,见于《论语·卫灵公》:"子曰:'无为而治者,其舜也与?夫何为哉?恭己正南面而已矣。'"如顾颉刚先生所言,舜是在春秋时期才被"构建"为一个无为而治的圣君的。顾颉刚:《与钱玄同先生论古史书》,《顾颉刚古史论文集》第1册,北京:中华书局,1988年,第102页。
[3] 关于这个说法,《风俗通义》中说见于《尚书》,实际上今文和古文《尚书》皆无,乃出自《尚书大传》,亦无法认为其早于韩非子。[清] 王先慎:《韩非子集解》,北京:中华书局,1998年,第265—266页。
[4] [清] 陈士珂辑:《孔子家语疏证》,南京:凤凰出版社,2017年,第227—228页。
[5] [汉] 司马迁:《史记》,北京:中华书局,1982年,第1235页。

舜家族的乐官身份有关。舜的父亲名"瞽叟",也就是盲人,上古乐官常常是目盲之人。[1]失去了视觉,并不意味着听觉的敏锐,而是意味着对世界的认知处于没有某种被分割的目的性,从而去对象化的自然的"全体"的状态中。在此状态中,万物自然生长,《南风》便得自这种自然的"全体"。在著名的"四方风"甲骨中就已出现"南方曰因风曰凯"[2],这种风乃是代表生长和温暖的夏日之风,它进入圣人的耳中又被弦而歌之,万物便得到化育,天下便得以和治。"鼓五弦歌《南风》",便成了舜之为南面圣君最为著名的形象。

被神圣化的琴,逐渐成为一种"德音"的载体。《韩非子·十过》中说,晋国的乐师师旷不愿从晋平公之命弹"清徵",原因是"古之听清徵者,皆有德义之君也。今吾君德薄,不足以听"。平公不听,师旷无奈援琴而鼓,引来了玄鹤"延颈而鸣,舒翼而舞"。平公大悦,又想听"清角",师旷说这是黄帝合鬼神战蚩尤之乐,"今主君德薄,不足听之,听之将恐有败"。平公不听,师旷鼓琴后飞沙走石,平公果然因惊吓过度病倒了。[3]这个故事中的琴显然已非一般的个人乐器,它不但是一种德音,而且具有通达上古圣王的神性。当然,真正具有神圣性的并不是作为"器物"的琴本身,而是上古圣王所作的"古曲"。当这一"制作"足够遥远,而它的制作者又足够神圣时,它便仿佛不是人作的,而是从秉性中召引出某种自然"现象"——"清徵"之于玄鹤,"清角"之于飞沙走石,皆是如此。从那遥远的自然时代传承下来、可以引发自然之共鸣的"古曲",除了需要一位切近自然、技艺高明的乐师来演奏,还需要一位有德的"听者"。倘若是德薄之人,便"不足以听之",否则就会带来祸患。"听琴"因此成为一位君子接近上古圣王之道的判定标准。

至西汉对"古史"中"作物"的构建成为风气后,又出现"神农作琴""伏羲作琴"的说法,这"作"同样源于那"不作"的自然世界。《淮南子·泰族训》中说:"神农之初作琴也,以归神;及其淫也,反其天心。夔之初作乐也,皆合六律而调五音,以通八风;及其衰也,以沉湎淫康,不顾政治,至于灭亡。"[4]对比《礼记·乐记》中的说法,琴的历史被推向"更古",其实这种建构是由于琴更近

---

[1] 如《吕氏春秋·古乐》说瞽叟"乃拌五弦之瑟,作以为十五弦之瑟。命之曰《大章》,以祭上帝"。许维遹:《吕氏春秋集释》,北京:中华书局,2009年,第126页。
[2] 李学勤:《商代的四风与四时》,《中州学刊》1985年第5期。
[3] [清]王先慎:《韩非子集解》,北京:中华书局,1998年,第64—55页。
[4] 刘文典:《淮南鸿烈集解》,北京:中华书局,1997年,第672—673页。

于"自然"。[1]上古圣王作琴是为了"归神",因此琴中有一种"天心",也即《琴操》等提到的上古的"天真"之道,这是音乐滥俗之后被违背的;而舜的乐师夔最初制"乐"则是以"通八风"为目的的"合六律而调五音",其根底亦是自然之风,但统治者沉湎音律,也会导致灭亡。显然在"琴"与"乐"的对比之中,琴更近于自然的天道。《淮南子·主术训》还说"不言之令,不视之见,此伏羲、神农之所谓为师也"[2]。制作琴的伏羲、神农,在古代的身份正是听风之"师"。他们在一片混沌茫昧之中,在一片辽远的旷野之中,听到了天地间的天真之音。

二、泠然至心

在这样一种区分中,"琴"同礼乐中的金石乐悬便不再只是功能上的区别,而是一种本自"天道"还是"人道"的区分了。"人道"的思想本自儒家尤其是荀子的思想,而《礼记》中则经由对修身的强调令琴成为"士无故不撤琴瑟"的常伴之物;"天道"在先秦儒家的解释中,常常同制历度律联系起来,可是音律是一切乐器所共有的,何以由琴独占呢?琴在汉以后成为那太古的天真之道所独传的乐器,这不能不回溯至道家的思想中。奠定道家思想的老子,作为熟知天文地理的"史官"描述了一种原初的"天真"。《道德经》第十四章云:

> 视之不见名曰夷,听之不闻名曰希,搏之不得名曰微。此三者不可致诘,故混而为一。其上不皦,其下不昧,绳绳不可名,复归于无物,是谓无状之状,无物之象。是谓惚恍。迎之不见其首,随之不见其后。[3]

---

[1] 事实上,在汉人引述的先秦《世本》诸版本中,已经出现了"伏羲作琴"和"神农作琴"两种说法。但其先秦本已不见,仅见于汉人的引述。然而在汉代诸书对《世本》的引述中,关于何人作琴有很多说法,可见其神话虚构过程中的混乱。如在清人王谟、孙冯翼、秦嘉谟、陈其荣、张澍萃、雷学淇、茆泮林等所辑的《世本》本子中,张、雷、茆三个本子说,伏羲作琴、瑟;孙、秦、陈、张、雷、茆六个本子说,神农作琴;王、孙、秦、陈、茆五个本子说,伏羲作瑟;王、张、雷、茆四个本子说,神农作瑟。[汉]宋衷注,[清]秦嘉谟等辑:《世本八种》,北京:中华书局,2008年。
[2] 刘文典:《淮南鸿烈集解》,北京:中华书局,1997年,第274页。
[3] [三国魏]王弼著,楼宇烈校释:《王弼集校释》,北京:中华书局,1980年,第31—32页。

这"无物"之象，无法通过分别的感官认识到，只能将其混而为一。王弼注老子所言"大音希声"云："听之不闻名曰希，不可得闻之音也。有声则有分，有分则不宫而商矣。分则不能统众，故有声者非大音也。"[1]一切的音响都必然存在"分贝"和"音阶"，这就是"分"。而老子所谓"大音希声，大象无形"，实为一物，就是这视之不见、听之不闻的惚恍。倘若发挥一点想象力，这"无状之状，无物之象，无声之音"不正是那太古的"圣人"耳中所即吗？那甚至并不是"听"来的，而是以一种纯然的初始状态同这个世界相接时所得到的存有。故此章又说："执古之道，以御今之有，能知古始，是名道纪。"在老子心中，能够统摄当下一切的，是那上古时期最原初的智慧。

第二十五章又云：

> 有物混成，先天地生，寂兮寥兮，独立而不改，周行而不殆，可以为天下母。吾不知其名，字之曰道，强为之名曰大。大曰逝，逝曰远，远曰反。

"先天地生"的混成之道，显现出寂寥的样子，乃是源于其本身的整一。老子云"大制不割"，它不被分以差等，化以小用，故可秉持独立而不会消亡。而一旦分出万物万象，人们就会沉浸于分别心的追求中，淡忘那原初的"道"。老子要寻找的，正是那业已远逝的、无法用听觉获取的、没有分别之声的大音，这甚至可以说是一种回忆，是对那在"礼乐文明"的世界中已经被遗忘的远古时代的回忆，是对人与天道最原初的相接之途的回忆。

在《庄子·齐物论》开篇，"天真之音"以一种更生动精彩的语言描写出来。"嗒然隐几"的南郭子綦，对站在一旁的子游说道："今者吾丧我，汝知之乎？汝闻人籁而未闻地籁，汝闻地籁而不闻天籁夫！"子游说不知，子綦于是将天地间的风声向他描述了一番：

> "夫大块噫气，其名为风。是唯无作，作则万窍怒呺。而独不闻之翏翏乎？山林之畏佳（隹），大木百围之窍穴，似鼻，似口，似耳，似枅，似圈，似臼，似洼者，似污者，激者，謞者，叱者，吸者，叫者，譹者，

---

[1] [三国魏] 王弼著，楼宇烈校释：《王弼集校释》，北京：中华书局，1980年，第31—32页。

实者，咬者，前者唱于而随者唱喁，泠风则小和，飘风则大和，厉风济则众窍为虚。而独不见之调调之刁刁乎？"

这一段婉转绝妙的描写，大概就是子綦所闻之声吧？"是唯无作，作则万窍怒呺"，风透过那自然山林围成的形状各异的窍穴，发出各种或诡谲或激荡或吟叹的声响，这些声响因为风的情状与孔窍相和，但并不是风自己发出的声音。子游于是说"地籁则众窍是已，人籁则比竹是已"，但依然不知"天籁"为何，子綦回答：

夫吹万不同，而使其自己也，咸其自取，怒者其谁邪？

天籁是没有那个"怒者"的，万物自然而得，自由取足，又何须那个发声者呢？但同老子不同，庄子其实并无意塑造一个超越一切物事的天道世界。虽无发声者，并不代表绝对的"无声"，如果把"天籁"认为是声音的消遁，子綦又何须"隐几而听"呢？这是一种"咸其自取"的状态，是万物真意的自在体现，而今之隐几者，正是在隐几之中闻得了天籁。当作为礼乐的"人籁"早已成为文明世界的主流，被作为正统秩序的代表时，庄子看到了人籁中自然之性被压制被遮蔽被役使，而希求回归到那自然而然的世界中。他接下来说："非彼无我，非我无所取。是亦近矣，而不知其所为使。"没有声音的"发出"，也因此没有发声与聆听的分别，万物与我都处在一种无分别的自由之中，这就是"天籁"的世界。

"天籁"和"人籁"的分别在于以何种情状去"听"。《庄子·人间世》讲述颜回问孔子什么是"心斋"，孔子回答说：

若一志，无听之以耳而听之以心；无听之以心而听之以气。听止于耳，心止于符。气也者，虚而待物者也。唯道集虚。虚者，心斋也。

庄子关于心性修为的看法，正起于他对"听"的看法。可以看到，与隐几而卧的南郭子綦一样，庄子认为，心斋并非一个"概念"，也不是一种纯粹的冥想，而是一种"听"的状态。但是，听并非用感官之耳，因为用耳朵听到的东西最可蒙昧于人；甚至也未必用内在之心，因为用心听到的东西也可能是一种"符"。成玄英疏："符之言合也，言与物合也。"与物合，意味着依然有"我"的存在。林希逸《庄子鬳斋口义》中说："心斋在内。一志者，一其心而不杂也。听之以耳，则听犹在外；听之以心，则听犹在我；听之以气，则无物矣。"[1]在这心斋之中，要祛除的不但是作为外物的声，还有一个与外物相合的"我"。只有在气中，既没有声，也没有形，也就没有内外、物我的分别。"听之以气"，才是真正没有物我分别的意识而到达"一志"之境，才可以做到至人那样"虚以待物"。在此意义上，天籁的机枢并不在于它是乐器还是山林之响，而是在于它的作者与听者是否处在一种"心斋"的状态，故庄子之"天籁"亦可谓一种"无心之籁"[2]。《庄子鬳斋口义》中又说："说者或谓此言地籁自然之声，亦天籁也，固是如此，风非出于造化，出于何处？然看他文势，说地籁且还他说地籁，庶见他血脉纲领。"[3]"地籁"并非"亦天籁"，"天籁"作为世界的真理性，乃是于无心之处在大地的群籁之中自然澄明出来的。

有趣的是，在后世，此一天真之声以人的乐器"琴"首先显现出来。在庄子那里，"琴"常是"齐物论"的反面教材，如《齐物论》中就说："道之所以亏，爱之所以成。果且有成与亏乎哉？果且无成与亏乎哉？有成与亏，故昭氏之鼓琴也；无成与亏，故昭氏之不鼓琴也。昭文之鼓琴也，师旷之枝策也，惠子之据梧也，三子之知几乎，皆其盛者也，故载之末年。"昭文鼓琴，与惠子据梧一样，都是对器物的一种操纵和利用；当利用到达极致，便是衰颓的开始。昭文终不鼓琴，他便进入一个"无成与亏"、无有"怒者"的天籁世界。然而，正是此一"不鼓琴"的理想，逐渐将琴引入了超越一般器物的"无成与亏"的深静世界中。

到了魏晋之际，嵇康的《琴赋》说："然非夫旷远者，不能与之嬉游，非夫渊静者，不能与之闲止，非夫放达者，不能与之无吝，非夫至精者，不能与之析理也。"这一旷远、渊静、放达、至精之士，正是《庄子》中那个"不物于物"的至人。琴对于人而言，并非演奏、制作的对象，而是相与遨游、行止的伴侣。嵇康说"众器之中，琴德最优"，琴不只在乐器里，甚至在一切"器"中成了最有德性者。琴地位之转变，在于"琴德"的变化。嵇康批评了汉代以来以哀乐为主旨的音乐思想，"推其所由，似元不解音声，览其旨趣，亦未达礼乐之情也"。在嵇康看来，琴音本无喜怒哀乐，而是"性洁静以端理，含至德之和平"，然而正是由于其清平静

---

[1] [宋] 林希逸著，周启成校注：《庄子鬳斋口义校注》，北京：中华书局，1997年，第62—63页。
[2] 王博：《庄子哲学》，北京：北京大学出版社，2004年，第77页。
[3] [宋] 林希逸著，周启成校注：《庄子鬳斋口义校注》，北京：中华书局，1997年，第15页。

图 2-3
嵇康与阮籍
南京西善桥南朝画像砖
"竹林七贤与荣启期图"

和,才可以"感荡心志,而发泄幽情",不同性情之人听之,可产生不同之感效。[1] 唯有那齐物的至人,方能够体会琴中那超越哀乐的旷远深静。故在《琴赋》的最后,他总结说:

> 乱曰:愔愔琴德,不可测兮,体清心远,邈难极兮,良质美手,遇今世兮,纷纶翕响,冠众艺兮,识音者希,孰能珍兮,能尽雅琴,唯至人兮。

如天籁一般,琴音亦是"不可测""邈难极"的,而能够真正理解琴道的,只有那太古时代的"至人"。(图 2-3)

---

[1] 嵇康在另一篇名作《声无哀乐论》中,专门论证了声音自身没有哀乐之情这一道理。其实,用哀乐之同情来施行教化,也未必是礼乐的意图。其中的根本矛盾在于,儒家将礼乐教化的目标指向整个社会,也即多数民众。一方面,如《荀子·乐论》中说:"且乐者,先王之所以饰喜也;军旅铁钺者,先王之所以饰怒也。先王喜怒皆得其齐焉。是故喜而天下和之,怒而暴乱畏之。先王之道,礼乐正其盛者也,而墨子非之。"这些有明显的喜怒哀乐之情的音乐,能够在引导民众情绪上起到很好的作用。但是另一方面,儒家也面对着"郑卫之音,使人之心淫"的问题,而郑卫之音恰恰是一种颇受民众喜爱的音乐,相反,那雅正的阳春白雪却罕有人能够理解。这时候,面对多数人的教化就陷入了一种困境,于是《荀子》不得不再对君子个人提出了要求:"故君子耳不听淫声……君子慎之。"又说:"君子乐得其道,小人乐得其欲。以道制欲,则乐而不乱;以欲忘道,则惑而不乐。"这实际上又把音乐的教化功能返归于自身的教化,也即只有当君子得道,并以道来制乐时,乐才能反过来施行教化。这种明显的逻辑谬误,恰恰证明了哀乐之情都来自人自身,也完全可以在自我的修为中逐渐得到控制。[三国魏]嵇康著,戴明扬校注:《嵇康集校注》,北京:中华书局,2014 年,第 140 页。

三、无弦得真

在庄子写"天籁"后七百年，嵇康写《琴赋》后一百余年，琴史上最为发人深省的陶渊明"无弦琴"之典，成为最终将琴从众乐当中解脱而出的法门。其事在史书中最早见于沈约在南齐永明六年（488）完成编撰的《宋书·隐逸传》："潜不解音声，而畜素琴一张，无弦，每有酒适，辄抚弄以寄其意。"[1]其后，唐贞观二十二年（648）时，由房玄龄等主持重修的《晋书·隐逸传》又有描述，言陶渊明"性不解音，而畜素琴一张，弦徽不具，每朋酒之会，则抚而和之，曰：'但识琴中趣，何劳弦上声！'"[2]史书中说渊明"不解音声"，然自北宋苏轼以来，许多学者都注意到，陶渊明的不少诗文都曾记述他其实深知"琴事"。[3]如在《与子俨等疏》中，他就写道："少学琴书，偶爱闲静，开卷有得，便欣然忘食。"归隐之后的诗作《答庞参军》云："衡门之下，有琴有书；载弹载咏，爰得我娱。"这都说明他自小就习琴、识音。《归去来兮辞》中又说"乐琴书以销忧"，《闲情赋》也说"曲调将半，景落西轩。悲商叩林，白云依山。仰睇天路，俯促鸣弦"。他在辞官之后亦常常弹琴以消烦忧。他的好友颜延之在他去世之后所写的《陶徵士诔》中，也记叙他的日常生活乃"陈书辍卷，置酒弦琴"[4]。琴同书卷和酒一样，伴随着陶渊明的一生，是他生活中最亲密的伴侣。[5]（图2-4）

"无弦琴"的故事，大抵并不真切，而是被构造出来的。[6]《晋书·隐逸传》说陶渊明自己曾解释过无弦琴中所寄之"意"——"但识琴中趣，何劳弦上声"，这便是一种以庄子思想为基础的意义的构造。《齐物论》中昭文"不鼓琴"的故事，正是在说人对一个相物的世界的逃离。郭象注云："夫声不可胜举也。故吹管操弦，虽有繁手，遗声多矣。而执籥鸣弦者，欲以彰声也，彰声而声遗，不彰声而声全。

---

[1] ［梁］沈约：《宋书》，北京：中华书局，2000年，第1523页。
[2] ［唐］房玄龄等：《晋书》，北京：中华书局，1996年，第2463页。
[3] 苏轼《渊明无弦琴》中说："渊明自云'和以七弦'，岂得不知音，当是有琴而弦弊坏，不复更张，但抚弄以寄意，如此为得其真。"
[4] ［南朝宋］颜延之：《陶征士诔》，李圭校注《颜延之诗文选注》，合肥：黄山书社，2012年，第180页。
[5] 关于陶渊明"不解音声"的详细辨析，可参考陈怡良：《陶渊明"不解音声"与"无弦琴"析疑》，《田园诗派宗师——陶渊明探新》，台北：里仁书局，2006年；范子烨：《艺术的灵境与哲理的沉思——对陶渊明"无弦琴"的还原阐释》，《北京大学学报（哲学社会科学版）》2010年第2期。
[6] 此观点亦可见［美］田菱：《重塑隐士：早期传记作家对陶渊明的建构》，徐俪成译，《中文学术前沿》第10辑，杭州：浙江大学出版社，2016年。

图 2-4
陈洪绶
陶渊明归去来图（局部）
绢本设色
火奴鲁鲁艺术博物馆

故欲成而亏之者，昭文之鼓琴也；不成而亏之者，昭文之不鼓琴也。"冯友兰先生《论庄子》中说："像郭象的说法，作乐是要实现声音（'彰声'），可是因为实现声音，所以有些声音被遗漏了，不实现声音，声音倒是能全。……据说，陶潜在他的房子里挂着一张无弦琴。他的意思大概就是像郭象所说的。"[1] 这里并不只有声音的问题，还有语言的问题。《庄子·外物》篇说"筌者所以在鱼，得鱼而忘筌；蹄者所以在兔，得兔而忘蹄；言者所以在意，得意而忘言"，"言意之辨"在魏晋之际，乃是思想史的一个大课题。"得意忘言"的义理，直接启发了陶渊明《饮酒》诗中的名句"此中有真意，欲辨已忘言"。很明显，这句话正是《晋书》"但识琴中趣，何劳弦上声"的参照，而渊明抚无弦之琴，亦是在"酒适"的状态中而得趣的。朱光潜先生在谈到这个典故的旨趣时说：

---

[1] 冯友兰：《论庄子》，见《哲学研究》编辑部编：《庄子哲学讨论集》，北京：中华书局，1962 年，第 124 页。

这故事所指示底，并不是一般人所谓"风雅"，而是极高智慧的超脱。他的胸中自有无限，所以不拘泥于一切迹象，在琴如此，在其他事物还是如此。昔人谓"不着一字，尽得风流"为诗的胜境，渊明不但在诗里，而且在生活里，处处表现出这个胜境，所以我认为他达到最高的禅境。[1]

"无弦琴"所体现的，是陶渊明超逸非凡的智慧和尽得风流的存在。而诗人要寻觅的，是通过诗的语言将被逻辑（是非）的语言和功利的思维所遮蔽的物性敞开，从而透出一个现成存在的真实世界，朱光潜先生称之为"最高的禅境"，实际也是庄子所说的那个"无何有"的世界，是一个生命存有的"真实之境"。

在唐代，"无弦琴"已成为著名的诗典，但诗人们并非不知道这个故事未必真实。唐代大诗人李白的诗句中便已多次出现无弦琴的典故，如《戏赠郑溧阳》云："陶令日日醉，不知五柳春。素琴本无弦，漉酒用葛巾。清风北窗下，自谓羲皇人。何时到溧里，一见平生亲。"《赠崔秋浦三首》其二云："崔令学陶令，北窗常昼眠。抱琴时弄月，取意任无弦。见客但倾酒，为官不爱钱。东皋多种黍，劝尔早耕田。"《赠临洺县令皓弟》云："陶令去彭泽，茫然太古心。大音自成曲，但奏无弦琴。"这几首提到无弦琴的诗句，一首说"素琴本无弦"，一首说"取意任无弦"，还有一首说"但奏无弦琴"，分别用了"本""任""但"，这都是人内心的体会，可以看出，李白并没有认定"无弦琴"确有其事；然而在读过史书之后，诗人对陶渊明的精神世界却心有戚戚，"无弦琴"反而成了他眼中展现陶渊明人格的最具典范意义的"物象"。

但是，无弦琴的故事如果仅仅是陶公风范的表达，那么它和许多典故一样，只能表达一个被向往的"道理"，却无法如庄子的天籁一般作为一种"存在"而切入真实的世界中。直到中唐"夙慕渊明"且深谙庄禅思想的诗人白居易那里，"无弦琴"才真正"进入"了他的日常生活中。[2] 与渊明尚不可明的琴艺不同，白居易是一位的确精通于琴事，一生也频频用诗来表达琴事的诗人。同前辈李白不同，白居易不再将"无弦琴"的典故作为一种"意趣"的展现或是引借，而是转向了在现实的生活中营造一个"无弦琴"式的世界。他的琴诗大多写于40岁以后，虽在宦海浮沉，

---

[1] 朱光潜：《陶渊明》，《诗论》，北京：北京出版社，2014年，第310页。
[2] 尽管白居易的学陶也被说成"终不近也"（[宋]黄庭坚，郑永晓整理：《黄庭坚全集辑校编年》，南昌：江西人民出版社，2011年，第1026页），但在他这种平淡浅俗的语言中，"无弦琴"的故事开始剥离玄言与模仿的窠臼，从存在的视角被引入了诗人对日常生活的表达之中，从而令人仿若寻到了陶渊明在诗史中的第一位知己。

那种"太古心"却逐渐在他真实的生活和琴趣中显露。白居易的诗不是直言其"无",而是在"事"之中,去"涤除"那个可能的名相、功效与自我。

首先,"无弦"要回避的是"音声",而非"弦"本身,因而一张静默的"琴"便可以描绘为无弦。在一首《废琴》诗中,他说:

> 丝桐合为琴,中有太古声。古声淡无味,不称今人情。玉徽光彩灭,朱弦尘土生。废弃来以久,遗音尚泠泠。不辞为君弹,纵弹人不听。何物使之然,羌笛与秦筝。

所谓"废琴",就是无人所弹的琴,称之为"废",恰恰就是"无弦"之意。在白居易笔下,"琴"不由人之心境而转换为"太古",琴声自身就具有一种古意。这声音是"淡无味"的,它是《庄子》中的真人"嗒然丧耦"之时所听到的天地间的泠泠之音,但已随着时间的变迁和人心的浮动而遗落了。比白居易稍早的刘长卿,也在他著名的《听弹琴》诗中说过这种古今之论:"泠泠七弦上,静听松风寒。古调虽自爱,今人多不弹。"[1]古琴所弹者多为古调,那静远幽独的声音,是今人所不爱的了。这首诗同上引白居易诗意很相近,但是白居易特别指出,今人不再听古声的原因是,盛唐以来流行的乐器羌笛与秦筝欢快动情的曲调更能够吸引人,在声色犬马中浮荡的人心已经不再能回到那种混芒而淡漠的"至一"之中了。

上引诗在白居易诗集中被列为"讽谕",其中白居易似乎有种"人不听"的遗憾,而在他多数闲适诗中,他又觉得淡漠的琴音是不必有人听的。元和十三年一个夜晚,在刚建好的庐山草堂中,他独自弹琴,写下一首《夜琴》诗:

> 蜀桐木性实,楚丝音韵清。调慢弹且缓,夜深十数声。入耳淡无味,惬心潜有情。自弄还自罢,亦不要人听。

他又一次用了"淡无味"的说法,但这不是一张废琴,是一张用蜀桐木和楚丝制成的良琴。这样一张良琴似乎应是有一位"知音"的,但白居易不求"知音"。相反,他非常享受这样深夜独自抚琴的过程。琴本来就不是弹给"他人"听的,其本意就在寻求心灵与天地的感通,了解此意之人,便为知音,而最好的知音当然就是自

---

[1] [唐] 刘长卿著,储仲君笺注:《刘长卿诗编年笺注》,北京:中华书局,1996年,第111页。

己。此时,耳中那无味的淡远,以及琴音中来自天际的幽深之情,都幻化在这深夜独坐的寂寥当中。

这样的体味可以说常见于其诗句,如《清夜琴兴》:

> 月初鸟栖尽,寂然坐空林。是时心境闲,可以弹素琴。清泠由木性,恬淡随人心。心积和平气,木应正始音。响余群动息,曲罢秋夜深。正声感元化,天地清沉沉。

在白居易所有的诗中,抚琴都须在一个特别的情境之下:夜深人静,月露初华,诗人独坐于一处空地,缓缓地抚一首清曲。他自言"是时心境闲,可以弹素琴"。心境之闲,是由于没有外物的扰动。这个空寂的深夜空林,看似是一个时间、一处地点,实际上由于外物的安栖,时间与空间也在这里消暝了。与一般音乐不同,琴意最在一个"静"字,这一点在嵇康《琴赋》中已有所表露。刘向《琴说》也说:"弹琴之法必须简静,非谓人静,乃其指静。手指繁动谓之喧,简要轻稳谓之静。"[1] 古琴的指法,泛音清泠,恰似"剥啄扣门",空灵中显寂静;散音清正温平,有如天地宽广,风水悠荡,不动人心;按音多有吟、猱,在空口回旋游荡,绰、注又如"归家觅水",淡然远去。三者皆着意于静。静难入耳,那么古琴所求为何?一般音乐如筝琵入耳,乃以音律、音色、音调的变化,以感动人心;而古琴要超越的正是这差异与变化,吟、猱、绰、注的指法虚灵悠远,都要在"静"中澄明那没有分别的幽淡之境。

而白居易与嵇康不同的是,除了表现琴音之静,他还强调真正的"琴"是没有弹者和听者的分别的,他们在一个深静邈远的世界中相接。这种想法显然就来自"无弦琴"的故事。在白居易的诗中,常常可以见到对这种关系的反省。如《松下琴赠客》云:

> 松寂风初定,琴清夜欲阑。偶因群动息,试拨一声看。寡鹤当徽怨,秋泉应指寒。惭君此倾听,本不为君弹。

此琴曲固有听者,但弹者并非为这听者而弹。虽然白居易客气地说"惭君此倾听",

---

[1] 见[明]蒋克谦辑:《琴书大全》,中国艺术研究院音乐研究所、北京古琴研究会编:《琴曲集成》第5册,北京:中华书局,2010年,第197页。

但在他心中持有一种"知音由人不由己"之念，抚琴绝非为了取悦他人，而是在体味天地万物的妙境。这妙境在那初定的松风中，在那将阑的夜气中，在那偶然试拨弦的群动欲息中，此妙意又何须他人知晓？

正如那隐几的子綦所聆听的没有怒者的天籁一样，白居易的琴亦是这样一种"无心之籁"。他的诗中常以一种切身的情状体会这种"无心"之意。他描述自己的新年生活说："新年多暇日，晏起寨帘坐。睡足心更慵，日高头未裹。徐倾下药酒，稍爇煎茶火。谁伴寂寥身，无弦琴在左。"（《郡斋暇日辱常州陈郎中使君早春晚坐水西馆书事诗十六韵见寄亦以十六韵酬之》）这首诗里，除了"无弦琴"的典故，其他的事都真实地发生于他的周遭世界，而非陶渊明的世界中。这些事也都是极寻常的，因此和它们一起书写的"无弦琴"，好像也真的存在一般。深领琴旨的白居易当然不会矫作地去"做"一张无弦琴放在家里，他的琴是有弦的。但是，当他的世界并不是忙碌的、井井有条的，而是寂寥的、闲散的、慵懒的时候，他的琴也就展现出了"无弦琴"的意义。它并不作为某种目的而存在，当目的性被悬搁，它的存在只在它自身。白居易在这首诗中令"玄言"彻底隐蔽于存在的状态之中。他称这种状态为"慵"：一种无事可做、无所欲求的状态。尽管他也经常用"无用"来形容自己的这种状态，但这并非主体自身的"不是"或"无能"，而是诗人主观上的"不欲是""无有为"。

白居易在长庆三年（823）从杭州写给苏炼师的一首诗中说："明镜懒开长在匣，素琴欲弄半无弦。犹嫌庄子多词句，只读逍遥六七篇。"（《赠苏炼师》）"半无弦"的说法本身就是对"无弦"的回避，通过这种回避并非言说琴没有弦，而是说自己"无意于弹琴"。当周遭的器物都是"不在手"的，这个时候最适合读《庄子》；读《庄子》，也不将其作为经典通读，而是只读最切合己意的《逍遥游》等几篇。在这首诗中，物的"不在手"的状态，实际上是人的"心不在焉"，他已如庄子笔下的大树，悠游、慵懒、无待于一个无何有的广漠之野中。次年，白居易写下一首《琴》诗："置琴曲几上，慵坐但含情。何烦故挥弄，风弦自有声。"这里并不专注于说人"无意于"弹琴，而是提到了一种"自有声"的状态，白居易称为"风弦"。比起李白的"忽闻悲风调，宛若寒松吟"、刘长卿的"泠泠七弦上，静听松风寒"等名句，白居易似乎更为切近《齐物论》中子綦的世界，他说这"风声"并非人弹奏的模拟的声响，而是在一种"慵坐"之中自然而出的音声。同年他写了《好听琴》："本性好丝桐，尘机闻即空。一声来耳里，万事离心中。"他慵于弹琴，开始在"听"之中体味远离尘机的无事之心。又过了一年，在苏州刺史任上，他在《船夜援琴》中说:"鸟栖鱼不动,月照夜江深。身外都无事,舟中只有琴。七弦为益友,两耳是知音。心静即声淡,其间无古今。"坐于此处,只有琴与"我"相伴,无需任何听众,我耳便是"我"的知音。在此,已经没有那曾经的对人心不古的幽怨,唯有超越时间牵绊的永恒的静默。他不是在弹琴,而是在"听"一个深静的"我"。

大和三年,白居易回到洛阳履道里居住后,专门写过一首《咏慵》:"有官慵不选,有田慵不农。屋穿慵不葺,衣裂慵不缝。有酒慵不酌,无异樽长空。有琴慵不弹,亦与无弦同。家人告饭尽,欲炊慵不舂。亲朋寄书至,欲读慵开封。常闻嵇叔夜,一生在慵中。弹琴复锻铁,比我未为慵。"他说,日常之事固然都是有用的,但是"我"面对这些事物时往往选择"慵"。他还举出了善琴的嵇康的故事,说嵇康弹琴亦不专心于此,还兼做铁匠,这种"不专心"已经算是一种"慵"了,但是他毕竟还弹琴,还有事忙,比起诗人自己"有琴慵不弹,亦与无弦同"的状态来说还是不够"慵"。这看上去实在有点消极了。但他所描写的"慵"的状态,却由于这种消极而充满了平静与自在。

两年后,在一个静谧的夜晚,白居易在履道里写下一首《听幽兰》:

琴中古曲是幽兰,为我殷勤更弄看。欲得身心俱静好,自弹不及听人弹。

弹琴固然亦可进入"心手合一"的境界,但比起弹琴之"动",听琴更可营造一种身心"静"好的情状。这并非源于懈怠——也可以说是一种懈怠。弹琴者动而听琴者静,弹者须通晓音律,识得琴谱,又要手挥五弦、操作乐器,因此《庄子》说昭文、师旷、惠施"皆其盛者也,故载之末年",相对地,听者则没有任何"技术"上的要求,只要泰然自若,无所念求,垂手以待音生,这不正是《齐物论》中那位隐几而坐、"今者吾丧我"的听者子綦吗?

白居易的诗对于"琴"的表达是有选择的,他的诗几乎言及了"琴"的诸种可能,无论是动情地描写"废琴",渲染自己和琴之间"慵"的状态,指出"风弦自有声",还是对"自弹"和"听琴"的阐释,实际上都指向了其心中琴意的至高理想——无弦琴。他对于"琴事"的书写,是在对日常的叙述中蕴含着一个哲学式的反省过程。这些反省最终呈现于他的生活世界中,而这一世界也如陶诗和无弦琴的典故一样,从此开始在历史中被书写和传诵。

图 2-5
弹琴与听琴
四川雅安高颐阙砖雕
东汉晚期

四、幽人自吟

当无弦琴的至高境界印刻在文人心中之后,将其意义引入绘画是很自然的事。但绘画对一种诗意的恰当表达,一直是艺术的难题。德国诗人莱辛在《拉奥孔》中谈到诗和画的关系时说:"诗的艺术是形象在时间中被安排的,画所表达的则是一个最真切的瞬间的形象。"[1] 视觉所呈现的东西是即时的,是空间的,更为坚实而静默。顾恺之曾说"手挥五弦易,目送归鸿难",这说明他不但理解了琴意,更明白绘画在表现琴意时所受到的限制。嵇康笔下的"手挥五弦,目送归鸿"是一个连续的动作,而用绘画来表现时,人物姿态的再现是容易的,只需要画家具有较好的绘画技术,但那随着远去的归鸿缥缈于天地间的内心,不是一个"鸿"的"符号"就能够表述的,需要把握一个动势的瞬间,在画面中直观地呈现。在图像中,尽管西汉墓中就出现了宴乐中奏琴的形象,但是"琴意"在绘画中的表达要从"听琴"典故的引入开始。在四川雅安东汉晚期的高颐阙上有一组浮雕,左边抚琴者扬首舞袖,双手挥弦,姿态自得,而右边的听琴者则端坐静听,以袖掩面。(图 2-5)在两人中间抚琴者目光所及之处是一只飞雁,令人想起嵇康笔下的"飞鸿"。在较之略晚的甘肃敦煌佛爷庙湾 39 号西晋墓照壁画中,这一形象更为生动,手挥着七弦琴的抚琴者双袖飞舞,头则陶醉地转向另一侧,一旁的大雁飞向苍穹,人们甚至能从画面中听到琴音游荡在空气中;而远隔一门的另一墙上相对的听琴者则以袖抚耳,凝神聆听。(图 2-6)这两幅画中,"弹"与"听"的姿态都如此明确而富有神采,这正来自魏晋时

---

[1]〔德〕莱辛:《拉奥孔》,朱光潜译,北京:商务印书馆,2013 年,第 19 页。

图 2-6 伯牙抚琴、子期听琴 甘肃敦煌佛爷庙湾 39 号西晋墓照壁画

期人们对琴意的认识。[1]

随着陶渊明"无弦琴"典故的传播,图画中的"听琴"故事开始呈现不同的情态。首先,不难理解,与唐代以来的诗歌语言直接引述"无弦"这一意象不同,绘

---

[1] 但如果仔细看西晋墓两幅画作的场景,即可发现二者并非一整幅画,中间其实还隔着另两块砖,上面绘有祥瑞的神兽。这一整面照壁墙的其余画面,也多为描绘神瑞之作。那么可以初步判断,这两块砖并没有什么特别之处,它们只是为了表现古代流传下来的一种神仙典型。这种意义模式在同时期的墓室壁画,如南京西善桥"竹林七贤与荣启期"砖画中亦可看到。其中抚琴的春秋贤士荣启期与"七贤"亦非同时代之人,描刻此图的人也根本不在意他们是不是同一时代,而是将其作为一种神仙的符号,象征着墓主人也可以同样得道升仙。参考 Audrey Spiro, *Contemplating the Ancients: Aesthetic and Social Issues in Early Chinese Portraiture*, Berkeley, Los Angeles and Oxford: University of California Press, 1990, p.9。

画无法直接使用一个直观的"无弦"的形象。这是由于，在诗歌中，"无弦"的典故在语言中经过诗人对情境的描写，所指涉的是一种流淌出的状态，这种状态当中，无弦琴作为一件物其实是不必在场的。但是倘若在一幅画中描绘某人抚弄"一张没有弦的琴"却无法表达出这种状态，图像强烈的意指性，也即对"有"的肯定，会将那"不拘泥于一切迹象"的无弦琴变成一种庸俗刻板的印迹。于是，如白居易笔下对"身心皆静好"的"听琴"的赞赏这一主题，自然成为最初表达"无弦琴"的方式。故宫博物院藏的北宋《听琴图》（图2-7），是描绘"无弦琴"的一个早期经典例证。此图有徽宗瘦金体亲笔题名，在画史上可谓风光百世。画面中间正坐着一位身着道衣的抚琴者，对面两边各为一身着官服的人物，二人一微仰首一略俯身，都表现出认真聆听的样态。这幅画面表现的环境无一不透露出这位"艺术家帝王"的情趣[1]，精致的高几上设净瓷熏炉，炉烟正袅袅而出；抚琴者正坐于画面中央，着宽衣道袍，执手抚琴。他的正面是一块奇谲的湖石，样态颇似另一幅徽宗院画中的祥龙石，上面是古鼎中淡雅的花枝。两处清供，加上人物恬然的表情，画面中那幽深静谧的琴趣已跃然纸上。尤为点睛的是占据画面大幅中段的古松，显然，徽宗深晓唐人诗中指涉"琴趣"的物象"松风"。画面最上方是徽宗宠臣蔡京的题诗："吟徵调商灶下桐，松间疑有入松风。仰窥低审含情客，似听无弦一弄中。"这首诗并没有引述"听琴图"最流行的伯牙、子期的典故，第一句先说了"松风"的环境，第二句说作为有情之客的"听琴者"听到的琴意：这位高妙的抚琴者，对"琴"的理解和表达已经到了"无弦琴"的胜境。

在这幅画中，显然有意营造了一种"平等"的情状——抚琴者并没有以任何明显装饰表达自己的帝王身份，并且，这幅画本来是他作为主人在弹琴，他却将此图题为《听琴图》，说明他心底追慕古人那高山流水觅知音的意趣。遗憾的是，当后世之人认识到这幅画所表达的正是琴史上最被斥责的"王门"之事，尤其主人公是一位直接导致靖康之耻的亡国之君时，这幅画的形象便难免蒙上了一层灰霾。[2] 历史上戴逵破琴的故事颇为著名。《晋书·戴逵传》中载，太宰、武陵王司

---

[1] 已有前人定此图为徽宗的"自写真"，现当代鉴定家徐邦达等认为这不是徽宗亲笔所画，而是画院画工的代笔，谢稚柳、张珩、郑珉中则认为是徽宗真迹。参见谢稚柳：《赵佶听琴图和他的真笔问题》，《文物参考资料》1957年第3期，郑珉中：《读有关宋徽宗画艺文著的点滴体会——兼及〈听琴图〉为赵佶"真笔"说》，《故宫博物院院刊》2003年第5期。但无论如何，画中所画的中心人物乃徽宗是学者们的共识。
[2] 有艺术史家指出画面中两位臣子的位置烘托出抚琴者的上位，这是明显的帝王位阶秩序的表现，但这个表现在后世文人的图绘如陈洪绶的《琴会图》中也出现过，应当只是一种构图的需要。王正华：《〈听琴图〉的政治意涵：徽宗朝院画风格与意义网络》，《艺术、权力与消费：中国艺术史研究的一个面向》，杭州：中国美术学院出版社，2011年，第77页。

听琴图

吟徵調商竈下桐
松間疑有入松風
仰窺低審含情客
以聽無絃一弄中
　　　臣京謹題

聽琴圖

图2-7
赵佶
听琴图
绢本设色
故宫博物院

马曦听说戴逵善于鼓琴，便派人去请，戴逵却当着使者的面把琴摔破，说："戴安道不为王门伶人！"宋末的诗人郑思肖在题顾恺之《戴逵破琴图》时说："独抱洋洋太古心，王门何苦欲相寻。狂来宁可破琴去，不许俗人闻此音。"[1]将王门视为"俗人"，看起来实在过于傲慢，此前苏轼也认为，比起戴逵，不问贵贱长幼，凡来听者皆为之弹琴的阮籍更"达"（《戴安道不及阮千里》）。但不可否认，"王门"同一般的贵族尚有些不同。"王门"是在世俗的身份结构中认定的最高层级，要为整个国家负责，因而至少不被历史允许脱离世俗、进入"独抱太古心"的自由中，也不被允许获得平等的"知音"，这种政治观念在"艺术家帝王"徽宗成为亡国之君后显得更具有一种悲剧的真实性。

徽宗之后，君臣之间的"听琴"很少再成为绘画的主题了。在元人王振鹏的《伯牙鼓琴图》（图2-8）中，一清癯长髯的抚琴者，对面是一垂首支腿听琴人，二人皆坐于石上。这幅画没有"松林"作为背景，只是一个极为简单的场面，画中的两位主要人物左右并置，显出彼此之间亲和自在的关系，他们在琴音中的知心也便跃然纸上。这虽同样是一幅画院的作品，但就"琴趣"之中的平等观而言，却是比徽宗《听琴图》更好的表达。不过，受收藏此画的长公主之命而为之作题的赵岩，却在诗中写道："王郎笔墨自宫商，坐上钟期意未忘。却似无弦琴更好，高山流水共苍茫。"[2]诗人看上去并不认可这幅画对"琴意"的表达，他说，画中的听琴者并没有"忘记"宫商的琴音，还没有达到与天地共一的"无弦"境界。这当然是一种苛刻的批评。不过，诗人显然熟悉唐代以来对"知音"故事的反思：真正高明的琴意，不在人之知音，而在琴之无弦。这首诗已提出了一个新的表达"无弦琴"的方式，即"高山流水共苍茫"。"高山流水"本来是伯牙、子期故事里的意象，但是当知音以"人物"的图画表现出来时，可视形象之间的鲜明对立，那明确的"弹"与"听"的动态，就很容易引起"意难忘"的联想。而唯有在一片"苍茫"之中，也即以高山流水来表达琴意，才能真正接近"无弦琴"这至高的意境。

宋末至元初，不少诗人都对"听琴图"的表达提出了质疑。刘因在题《子期听琴图》中说："琴瑟自吾事，何求人赏音。绝弦真俗论，不是古人心。"[3]绝弦的故事出自汉代《说苑》，本是说伯牙在子期死后恸于无人可知他的琴意而断弦，而刘因

---

[1] [宋] 郑思肖：《郑思肖集》，上海：上海古籍出版社，1991年，第218页。
[2] 浙江大学中国古代书画研究中心编：《元画全集》第1卷第2册，杭州：浙江大学出版社，2012年，第150—152、285页。
[3] [元] 刘因：《刘因集》，北京：人民出版社，2017年，第97页。

图 2-8　王振鹏　伯牙鼓琴图　绢本墨笔　故宫博物院

在题此画时却说真正的"琴"是君子个人之事，并不需要一个"听者"，而绝弦的故事怕是根本不理解"琴"作为太古之音的本意。郑思肖的《伯牙绝弦图》题诗也说："终不求人更赏音，只当仰面看山林。一双闲手无聊赖，满地斜阳是此心。"[1]此画描绘了伯牙绝弦之后，在仰面"看"山中，体悟着山间的清音。诗人认为"赏音"并不是弹琴的目的，在山林之间，一双百无聊赖的闲手所表达的才是真正的琴意。虞堪《题盛子昭画〈会琴图〉》又说："二子弹琴故有期，空山石上坐移时。至音不着人间听，却许松风涧水时。"[2]琴会有时意无时，而那天地之间的至音就在这面向松风涧水的此刻显现。

《二十四诗品》中有"实境"一品，亦勾勒出了如此境界：

取语甚直，计思匪深。忽逢幽人，如见道心。清涧之曲，碧松之阴。

一客荷樵，一客听琴。情性所至，妙不自寻。遇之自天，泠然希音。[3]

---

[1] [宋] 郑思肖：《郑思肖集》，上海：上海古籍出版社，1991年，第206页。
[2] [明] 虞堪：《希澹园诗集》，清《文渊阁四库全书》本。
[3] 《二十四诗品》本传为晚唐的诗论家司空图所著，经朱良志考证，其著者实为元初诗人虞集。"实境"这一品对知音母题的引述及其观念，亦非常近似于元代初期流行的图像和思想。朱良志：《二十四诗品讲记》，北京：中华书局，2017年，第151页。

所谓"实境",即是说一种真实的"景象"。《华严经》云:"等观众生心,不起诸分别。入于真实境,如是业应作。"这一真实境,寓意"即目所见""目击可图",乃因对内在意象的直接观照而自在呈现。最具典型意义的"实境"中,便有"荷樵""听琴"这"二客",钟子期据说是樵夫,这当然也是源自知音的故事。在这寓居于山水之间的"二客"耳中,那种"清涧之曲,碧松之阴"的妙意不需要去寻求,那幽冥的道心也无须去审思,与天道相接的泠然希音就那样自然而真实地呈现出来。这"实境"已非常近似一种"图像"了,而这图像所表达的意味又同刘岩和郑思肖等元人的题画诗所向往的"山林""松涧"是一致的。那泠然的希音并不是从一个弹者与听者的锁闭场景中来,若那样反而将观者推离开画面而无法进入对"琴"自身意义的领会中;只消山水之间的清涧、碧松,已足以"写出"天地之间的琴意来了。

可以看到,元代初年文人对"二人弹/听琴"图像有一种普遍的反思,他们大多认为倘若要表达琴旨,图绘需要消解掉目前流行的对弹范式,而将琴意融入天地的广袤世界之中。从这一反思中可以很清晰地看到诗人白居易的影子,也就是说,他们都论及了对"无弦琴"的一种姿态的呈现,这也为此后文人画趋向无弦琴的图像定下了基调。

事实上,在北宋中期,文人已经从另外一个典故中寻到了"无弦琴"被描绘的可能性。李公麟曾为好友赵景仁画过一幅《赵景仁弹琴舞鹤图》,苏轼为此画题诗云:"清献先生无一钱,故应琴鹤是家传。谁知默鼓无弦曲,时向珠宫舞幻仙。"(《题李伯时画赵景仁琴鹤图二首》其一)其《韩非子·十过》中有师旷鼓琴而玄鹤来舞的故事,"鹤"乃千年灵物,"琴鹤"的主题一直都是对技法高妙的琴师可以以音通神的一种表达。苏轼这首诗里的"珠宫"也取自道教仙境,但他却没有形容琴声的美妙,而是说这位清贫的清献先生所弹的,是已化入天际的静默的"无弦曲"。从诗意中我们可以猜测,这幅画中的主人公应当并没有弹琴,而是默然而坐,旁置一琴,在这种无声的幻境之中,他如同庄周在梦中化作栩栩然的蝴蝶一般,与那仙家的灵鹤一起自在遨游。李公麟和苏轼共同的朋友黄庭坚,也为此画写了一首充满禅趣的赞:"无山而隐,不褐而禅。听松风以度曲,按舞鹤而忘年。铿尔舍琴而对吏,忽坌入而来前。察朱墨之如蚁,初不病其超然。"[1]这幅画

---

[1] [宋]黄庭坚著,郑永晓整理:《黄庭坚全集辑校编年》,南昌:江西人民出版社,2011年,第1383页。

虽然没有画山，却有一种隐的味道；没有僧人，却有一番禅意。"铿尔舍琴而对吏"大概是诗人的一种想象，因为画□人并没有弹琴，黄庭坚便将戴逵拒绝为王门弹琴的故事引入其中，亦在强调画中人之超然绝俗之意。

张丑《清河书画舫》卷十一载，元季王蒙曾为钱以良画其书斋成《琴鹤轩图》，王蒙的亲族沈梦麟在入明后受钱以良之托，曾为此画写《琴鹤轩记》，并有歌曰："大音寥寥兮，听者其谁？新声哇淫兮，我心伤悲。琴兮，琴兮，微斯人，吾谁与归！"再歌曰："有鹤兮高飞，声泠泠兮来海湄。感琴声而来下，嗟吾人兮曾不如一羽之微。"他还补充说："歌毕，以良乃下榻西斋，扶予入偃息。予乃陶然一觉，不知东方明矣。"[1]后来，张丑得此名卷，喜不自胜，便将自己的书斋改名为"琴鹤轩"。汪砢玉《珊瑚网》卷三十七记载，沈周也曾临王蒙《鹤听琴图》，后有沈周自述临此图的缘由："余见王叔明画《鹤听琴图》，喜其命意高古，尝临摹三四帧，殊自会心。昨于友人处见梁楷亦有《鹤听琴图》，雪中洞壑，意趣超旷。始知古人一树一石，必有所本，固非流俗率意妄诞而无忌惮也。归卧北窗下，怀思无已，乃想象援笔，观者幸勿诮其效颦焉。时天顺癸西七月廿日也。沈周。"[2]沈周谈到王蒙所画的《鹤听琴图》，言此母题"命意高古"，遂临摹了几幅。后又见到梁楷之作，其场景是在雪中绘一洞壑，大抵有人在洞中鸣琴，旁有仙鹤立，这让沈周感到一种超旷的"意趣"。这种意趣不是率意妄为，正源自渊明"归卧北窗下"的诗境。

台北故宫博物院现藏一传为文徵明的《鹤听琴图》（图2-9）[3]。画中松风桐阴中有一茅斋，斋中两人对坐闲话。斋前一童子携琴正走过来，旁边一鹤闲立于芭蕉石畔。同宋画对这一"母题"的表达不同，这幅画中并没有人在"弹琴"，鹤也没有"听"琴而起舞，然而闲鹤却令幽隐的庭院更添一分静谧感。画上题云："茅檐灌莽落清阴，童子遥将七尺琴。流水高山堪寄兴，何须城市觅知音。徵明。"[4]从诗意之中，我们同样可以体会到，一个真正领会琴意的人无须去寻找"知音"，其"知音"就在这山水之间。这一"鹤"的描写，也有着白居易诗的影子。白居易在

---

[1] [明] 张丑：《清河书画舫》，上海：上海古籍出版社，2011年，第542—543页。
[2] [明] 汪砢玉：《珊瑚网》卷三十七，《文渊阁四库全书》本。事实上，沈周（1427—1509）一生中唯一经历癸酉年是1453年，乃代宗景泰二年，他年仅26岁。而英宗天顺年间并无癸酉。故此画和题记或非沈周所作。
[3] 《石渠宝笈三编》名之为《携琴访友图》。
[4] 图见吴诵芬、童文娥、谭怡令编：《明四大家特展·文徵明》，台北：台北故宫博物院，2014年，第84页。这首诗同明吴宽为传唐寅作《临流试琴图》所题诗"乔柯如玉落清阴，僮子遥将七尺琴。流水高山堪寄兴，底须城市觅知音"几乎一致，却未见画学文献著录。后者有《虚斋名画录》卷八、《石渠宝笈》卷四十等著录，但图与题诗皆明显羸弱，应为造伪者抄袭吴诗。

图2-9 文徵明 鹤听琴图 纸本浅设色 台北故宫博物院

杭州作《琴》诗"何烦故挥弄,风弦自有声"的同时,也写过《鹤》诗:"人各有所好,物固无常宜。谁谓尔能舞,不如闲立时。""琴"自然取"无弦琴"之意,而"鹤"则自师旷弹琴鹤舞的典故取其意,说鹤"闲立"之时或许比因琴起舞更为自在——并且,这更可以表达"无弦琴"的趣味。

文献中也有文徵明画过《鹤听琴》图的记载。《虚斋名画录》卷三载,文徵明这幅画与张梦晋的同主题作品合裱为一张长卷,卷前有吴奕题引首。两图皆为友人钱秉良(号友琴)而作。张梦晋图约作于正德三年(1508),后有张灵(梦晋)、吴宽、朱存理、唐寅题跋。当时,钱秉良也曾持卷请文徵明题诗,还未题成此图便遗失了,过了二十年后,钱秉良又辗转购得,再付文徵明,徵明深愧不已,遂欣然题诗,后又补一图,"以终前诺"。文徵明之诗云:

> 斜光离离度梧影,衡宇无尘昼方永。高人拂拭紫瑶琴,转轸鸣弦意闲整。
> 廉折春温一再行,坐令尘梦瞿然醒。调高不恨知音稀,声清却入皋禽听。
> 耸身延颈寂无言,俯首含情若相领。我闻舞乐凤仪廷,亦闻鼓瑟群鱼泳。
> 物灵德盛信有孚,气至声和自相应。古乐无存古道非,灵禽尚抱千年性。
> 乃知至理在吾心,展卷令人发深省。岂惟琴鹤故同清,要是声情两相称。
> 一笑人禽付两忘,主人自寄松间兴。[1]

这首诗里自然也有前代诗人心底的琴音之"清",这清平温廉之音可以令那在世俗中翻滚的"尘梦"遽醒。"古乐无存古道非,灵禽尚抱千年性。"那琴演奏的古乐早已不存,而琴中的古道也已不在世人心中了,如今,唯有向着这灵禽而发,才能与其身上所涵纳的千年之性相合。这"古"的意旨,就在这《鹤听琴》展卷间令人沉思。"岂惟琴鹤故同清,要是声情两相称。"那清绝之琴与鹤,又如何能相应相称呢?这清之中有着彼此之情,但这情不是互为因由的,而是存有古道的两个生命的际会。尾句"一笑人禽付两忘,主人自寄松间兴"又回到了无弦琴的意旨之中,琴意之中的人与鹤都在一笑之中付与忘却,而一个独存的"我"在刹那间显现于天地间那松风之中。

---

[1] [清]庞元济:《虚斋名画录》,上海:上海古籍出版社,2016年,第156—157页。

五、松风竹林[1]

  题画诗已经道出了作为人生最高旨趣的无弦琴的实现，无需一个在场的弹琴或听琴者。甚至，对存在者及其关系的强调可能会遮蔽无弦琴所强调的真意。这真意本身就是一种"存在"，但唯有人与事物以及人与人之间的对象性被消解之后才得以显现。存在（此在）可以显现于没有琴的高山流水之间，并不是宋元人才有的认识。左思有《招隐》诗说："杖策招隐士，荒途横古今。岩穴无结构，丘中有鸣琴。白云停阴冈，丹葩曜阳林。石泉漱琼瑶，纤鳞或浮沉。非必丝与竹，山水有清音。"[2]在那没有结构的岩穴中，在白云停歇的山岗上，在游鱼沉浮的石泉间，充满了庄子笔下那旷然古今的天际真音。正如刘勰在《文心雕龙·明诗》中所说，"庄老告退，山水方滋"，当探讨庄老玄言的风气逐渐褪去，脱离语言的"筌蹄"，对令生命与天地万物自由往来的山水之观照则刚刚开始。《宋书·隐逸传》中宗炳在家中"卧游"满壁的山水时，谓人曰："抚琴动操，欲令众山皆响。"宗炳观览山水，不单因其起伏之势、悦目之景，更因其应物之情可与"琴"共鸣。《文心雕龙·知音》又说："夫志在山水，琴表其情，况形之笔端，理将焉匿。"[3]山水画形成之始，山水之形同琴音之情就已经联为一体了。以琴音带动画面中的山木作响，恰似古代的王师借《南风》之歌而听风之音，将这满壁的山水置于室内，其最终的意图并非视觉上的"观"，也非品味上的鉴赏，而是回到《齐物论》中南郭子綦隐几而卧以闻天籁的情状。而那位卧于床榻之上画幅之旁的人，实际上已将自身"隐"于那绵渺的山间，此刻的他垂目静听，在领略那山间无有怒者却"万窍怒号"的音响。

  如果说宗炳的时代，与山水画相蕴荡的是那充盈着情绪的"抚琴动操"，那么到了唐宋以后，以山水画本身的语言去表达天地之清籁，已成为文人的共识。林希逸在《庄子鬳斋口义》中说：

    诗是有声画，谓其写难状之景也，何曾见画得个声出！自激者至咬者

---

[1] 此节同第一章第五节"于不可图而图之"意旨一致，可相互参证。
[2] [晋] 左思：《招隐》，逯钦立辑校：见《先秦汉魏晋南北朝诗》，北京：中华书局，1983年，第734页。
[3] [梁] 刘勰著，黄叔琳注，李详补注，杨明照校注拾遗：《增订文心雕龙校注》，北京：中华书局，2012年，第555页。

八字，八声也；于与喁，又是相和之声也。天地间无形无影之风，可闻而不可见之声，却就笔头上画得出，非南华老仙，安得这般手段！[1]

这是很值得深思的见解。庄子的语言并不是说理，或者说，他明白无论如何说明，都不可能道出那世界中存在本身的真谛，他在寻找用一种特别的语言，去表达"言外之象"。在诗和画已经在寻求着表达这一无声世界的时代，林希逸意识到，庄子可谓明白此一"诗画"意义的第一人，庄子的语言才是可将此天籁境界"显现于世"的至真至诚之言。

林希逸说庄子是将"天地间无形无影之风，可闻而不可见之声""就笔头上画得出"，正是由于对他而言，用山水去表达这天地间的无心之籁已成为文人的共识。如自五代巨然以来的《万壑松风图》的主题，便涌动着《齐物论》那"山林之畏佳，大木百围之窍穴"中所发出的声响。美国艺术史家苏珊·尼尔森（Susan Nelson）在谈及李唐的《万壑松风图》时，注意到这幅画在构图上虽然常常被与北宋范宽的《溪山行旅图》相比较，但是它的主题却是"占据前景的巨大的松树呼啸的风声，同上方暗礁上的树丛呼应，并且在水流的飞溅中得到加强"[2]。她认为，这种如峭壁般的"背景幕"增强并且集中了音效，就像在如今有专业音响设计的音乐厅中，音乐家背后不规则的墙面一样。这的确是一种关于"听"的绘画。但是，中国艺术中的"听"，不是要描绘某个具体的物所发出的声效，南田曾有画跋云："绘风易，绘声难，昔人画树多偃枝低丫，以状风势。此图独画流云奔涌，与岩林石泉相激荡，万窍怒号之态，洒然洞目，若闻吹万之声出指腕间，可以补前人所未备也。"[3]此画亦然。这千岩万壑并非"为了"突出水流的背景，而是以山之万窍与空中流云一起激荡出的"反虚入浑"的世界全体；这巨松与飞瀑亦不是有声有形的音响，而是一位隐几者耳中"超然象外，得其环中"的"真音"。赵孟頫《题洞阳徐真人〈万壑松风图〉》云："谡谡松下风，悠悠尘外心。以我清净耳，听此太古音。逍遥万物表，不受世故侵。何年从此老，辟谷隐云林？"[4]那游于尘俗之外的太古之音，正在眼前触目的这丘壑松风之间

---

[1] [宋] 林希逸著，周启成校注：《庄子鬳斋口义校注》，北京：中华书局，1997年，第15页。
[2] Susan Nelson, "Picturing Listening: The Sight of Sound in Chinese Painting," *Archives of Asian Art*, Vol. 51 (1998/1999), pp. 30-55.
[3] [清] 恽寿平：《恽寿平全集》，北京：人民文学出版社，2015年，第467页。
[4] [元] 赵孟頫：《赵孟頫集》，杭州：浙江古籍出版社，2012年，第23页。

图 2-10　李唐　万壑松风图　绢本墨笔　台北故宫博物院

回荡。（图 2-10）

  宋元以后，当"无弦琴"成为生命的至境时，倘若不借助题画诗，绘画如何在图像中直接呈现这种"清净耳""太古音"之意？明代吴门沈周和文徵明的许多作品都思索了这个问题。在他们笔下，除了铺陈于画面大部的清旷山景、古松和流

图 2-11
沈周
苍崖高话图（局部）
纸本墨笔
台北故宫博物院

水之外，还常有文人身畔的一张"停琴"。台北故宫博物院藏有沈周《苍崖高话图》（图 2-11），画面左部被云雾缭绕的苍莽群山所覆，山脚几株高拔峭立的长松，松下溪岸两客相对而坐，脚下是潺湲的流水，身畔停放着一张素琴。沈周自题："长松落落不知暑，高坐两翁无俗情。琴罢清谈犹半响，不妨新月印溪明。"[1] 此图表现的是琴罢之后的清谈，琴音看似在这一刻已经"退场了"，但是这张停琴幽远的清趣以及两翁的"不俗"回荡在整个苍崖流水间。同样藏于台北故宫博物院的文徵明以王

---

[1] 何炎泉、陈阶晋、陈韵如编：《明四大家特展·沈周》，台北：台北故宫博物院，2014 年，第 24 页。

图 2-12　文徵明　茂松清泉图　纸本浅设色　台北故宫博物院

蒙笔意所写《茂松清泉图》(图2-12)，同沈画构图颇为类似，唯高崖峭壁在画面左部，画中二客姿态闲适，静听流水，而在红衣客身后的琴则幽然而卧。[1]画上乾隆御题："横琴不鼓有余情，听取潺湲弦外声。茂树嘉阴默相对，肯谈俗事拟斑荆。"显然无论是画家自己还是题跋者，都十分明了这"停琴"之意：苍崖之幽远，松间之清吹，脚下之潺湲，以及言谈之玄远，与交谊之清真，皆由此一"闲琴"点出了。

倘若只有一位人物的"停琴"，则更像是画家自我同山水松风共在的写照。台北故宫博物院还藏有沈周另一幅《抱琴图》，远处披麻皴绘群山层峦，山下清流引入近景的堤岸，岸上两株垂柳轻飏，柳下独坐一位文士，身着宽袍，双手叠抱腿上素琴，静默地望向画面右下的空处。(图2-13)沈周自题："川色峦光照容颜，柳风不动鬓丝闲。抱琴未必成三弄，趣在高山流水间。"[2] 风不动，琴不鸣，然而那太古不散的朴拙真音潜藏在这旷远的高山流水之中。沈周还有一幅《蕉阴横琴》扇面（图2-14），画中人物同《抱琴图》很相似。不同的是，人物上方并无山水，只有一株硕大的芭蕉。

---

[1] 画上题"嘉靖壬寅四月"，即1542年，时文徵明七十三岁。见吴诵芬、童文娥、谭怡令编：《明四大家特展·文徵明》，台北：台北故宫博物院，2014年，第44页。
[2] 何炎泉、陈阶晋、陈韵如编：《明四大家特展·沈周》，台北：台北故宫博物院，2014年，第38页。

自题云："蕉下不生暑，坐生千古心。抱琴未须鼓，天地自知音。"[1]一株蔽日的绿蕉，便在心中生出千古的深静；一张默然不响的琴，便在怀中蕴荡出天地间的妙音。

在画中"琴"只是一个引子，山水亦只是一个幻想，所"听"者未必是那切实的风声、水声，而是一种绝尘于胸的万古之音。在文人画中，除了山水以及松树，"竹"的主题也常常被联想为那幽远寂寥的清音。文徵明曾作《听玉图》并题诗云：

虚斋坐深寂，凉声送清美。杂佩摇天风，孤琴泻流水。寻声自何来？苍竿在庭圮。泠然如有应，声耳相诺唯。竹声良已佳，吾耳亦清矣。谁云声在竹？要识听由己。人清比修竹，竹瘦比君子。声入心自通，一物聊彼此。傍人漫求声，已在无声里。不然吾自吾，竹亦自竹耳。虽日与竹居，终然邈千里。请看太始音，岂入筝琶耳。[2]

图2-13　沈周　抱琴图　纸本墨笔
台北故宫博物院

深夜寂然无声，静坐虚斋，闻得清泠的声音徐徐传来，仿若一人在弹空灵的《流水》。顺着声音而去，原来是垣墙边的几竿苍竹，那音在耳畔，仿佛有回响。这回响并非我心所求，只是终日与竹同居，心清神幽，那来自太古深处的无声玉音便来同我一道邈然而入无边的远方。

清初的恽南田对这"画中之音"也极有体会，曾说"《雍门琴引》云：'须

---

[1] 何炎泉、陈阶晋、陈韵如编：《明四大家特展·沈周》，台北：台北故宫博物院，2014年，第17页。
[2] [明] 文徵明：《文徵明集》，上海：上海古籍出版社，2014年，第11—12页。

图 2-14　沈周　蕉阴横琴图扇面　纸本设色　台北故宫博物院

坐听吾琴之所言。'吾意亦欲向知音者求画中之声,而知所言也。"[1]他常常称高明的鉴画者为"赏音"[2]。他的"赏音"是一种独立于万物之表的寂寞,一种孤处于荒天古木中的自足。南田最欣赏米芾与"元四家"的画境,曾说"吾尝执鞭米老,俎豆黄倪,横琴坐思,或得之精神寂寞之表"[3]。在他看来,从米芾到倪瓒、黄公望的文人画传统,与其说意在表现某种山水意象,不如说欲令那位画面外"横琴坐思"、寂寞无为的真人"现身"。他还曾以元人曹云西笔意摹倪云林《清閟阁图》的景趣,上自题云:"以云西笔法写云林清閟阁意,不为高岩大壑,而风梧烟筱,如揽翠微,如闻清籁。停琴坐忘,殊有傲睨万物之容。"[4]他有意提到"不为高岩大壑",这正是针对宋代以来的山水所言的,而在倪瓒的笔下,世界并不表现为实体感的"山水";画面中的淡漠枯笔有如风烟涌动,又如寂寞之野,在此之间几竿修竹,一株秀梧,中有一空空草亭,并无一"琴"或一"听者"在场。在南田眼中,正是在这一无人的翠微世界中,画面之外出现了那位"停琴坐忘"的姑射神人,于幽篁之中露出傲睨万物的真容,寻得一寂寞永恒之境。他还有《摹柯敬仲乔柯修竹》赞云:"竹树交参,坡石映带。我思古人,悠然来下。泠风相荡,答以天籁。于此盘游,岑寥

---

[1][清]恽寿平:《恽寿平全集》,北京:人民文学出版社,2015年,第334页。
[2]如题《乱石鸣泉》云:"其皴擦渲点,气韵神逸,非明眼不能辨。""秋宵秉烛,薄醉抽毫,与赏音相参证也。""此图即秋山萧寺意。其写红林点色,得象趣之外,视山樵本,不妨出蓝。因雪崖先生称翰林冰镜,故一操《高山》,博赏音倾耳之听也。"同上书,第377、347页。
[3]同上书,第361页。
[4][清]李佐贤:《书画鉴影》卷二十三,清同治十年利津李氏刻本。

图 2-15　恽寿平　仿古山水册十开之六　纸本墨笔　私人收藏

之野。"后面又题:"笔笔有天际真人想,若纤毫尘垢之点,便无下笔处。"[1]这幅仿元代柯九思画竹之作所呈现的,是《齐物论》中那个荡去一些尘俗的天籁世界,是《逍遥游》中那人与树相伴而眠的寂静之野;没有描写传统山水画的岩壑,仅梧桐修竹,自有"清籁"生于天地间。(图 2-15)

第三章

挂　剑

一、少年意气

若要在"武"与"文"之间寻找一个共同的器物,那一定非剑莫属。文人以文定名,但唯有这种兵器在历史中一直与文人相伴。先秦两汉时,学书与学剑并为蒙学两大重要的内容,《史记·刺客列传》中说,荆轲"好读书击剑,以术说卫元君,卫元君不用",《司马相如列传》也说其"少时好读书,学击剑,故其亲名之曰犬子"。汉之后,剑术虽在社会上式微,但其作为文人身畔之物从未自历史中退隐。到唐代,剑已经同文人身边的"琴"并举,如杜诗有"雄剑鸣开匣,群书满系船"(《秋日夔府咏怀奉寄郑监李宾客一百韵》)、"正枕当星剑,收书动玉琴"(《瞑》)等句。戏曲小说中描写应试赴考的举子随身之物,常常是"左琴剑,右书箱";《红楼梦》中宝玉怡红院的房间墙壁为一些挂壁之物专门设了凹槽,所悬挂的也是琴、剑、瓶、炉这几样。高濂《燕闲清赏笺》中有"琴剑"一节,将二者并说:论琴云"琴为书室中雅乐,不可一日不对。清音居士谈古,若无古琴,新琴亦须壁悬一床。无论能操,总不善操,亦当有琴";论剑云"吾辈设此总不能用以御暴敌强,亦可壮怀志勇。不得古剑,即今之宝剑,如云南制者,悬之高斋,俾丰城隐气,化作紫电白虹,上烛三台斗垣,令荧荧夜光,烁彼欃枪彗孛,不敢横焰逞色,岂果迂哉"。[1] 琴和剑悬于室中,未必可用,却皆存一种不可不在的"意气",令文人空间从世俗空间中超脱出来,可以说,它们皆是洽定文人自身之物。

不过,比起平居可弹的琴,剑并不是文人日日经涉之物。在文人的生活中,它其实是被"悬置"的。《燕闲清赏笺》中说:"自古各物之制,莫不有法传流。独铸剑之术不载典籍,故今无剑客而世少名剑。以剑术无传,且刀便于剑,所以人知佩刀而不知佩剑也。"[2] 文震亨《长物志》中也说:"今无剑客,故世少名剑。即铸剑之法亦不传。古剑铜铁互用,陶宏景《刀剑录》所载'有屈之如钩,纵之直如弦,铿然有声者',皆目所未见。近时莫如倭奴所铸,青光射人。曾见古铜剑,青绿四裹者,蓄之,亦可爱玩。"[3] 汉代以后,职业的剑客就已经基本消失了,而剑术在唐代也已失传,甚至剑术的失传使得铸剑之术也失传了,以至于明代最好的宝剑只能从崇尚"武士道""剑道"的邻国日本进口。偶有古铜剑面世,则被当作珍宝收藏起

---

[1] [明] 高濂:《燕闲清赏笺》,杭州:浙江人民美术出版社,2012年,第125—126页。
[2] 同上书,第118页。
[3] [明] 文震亨、[明] 屠隆:《长物志 考槃馀事》,杭州:浙江人民美术出版社,2011年,第120页。

来,而识者甚少。清代徐岳《见闻录》卷四说到其外祖父家收藏了一把宝剑,一晚他在灯下读史时,"忽啸于壁上,祝之,剑出匣三寸许,跃跃鸣动,急以牲血饮之而止",只可惜"剑术无传,不逢识者辩之耳"。[1]晚明的曹学佺在《剑笑》序中说"藏者可用,用者可藏也"[2],古剑"御暴敌强"之用已然不存了,但剑中那"壮怀志勇"的精神依然不灭。即便无法得到古剑,文人们也将当时所产宝剑高悬书斋,坐卧望之,时时可见"丰城隐气",如"紫电白虹",在夜晚的时候则荧光烁烁,映照于苍穹之间。

剑身上这种"志气"最初源于人们对历史之名的一种天然的渴望。《史记·范雎蔡泽列传》中记叙了当时的一种价值观:"夫人之立功,岂不期于成全邪? 身与名俱全者,上也。名可法而身死者,其次也。名在僇辱而身全者,下也。"生命诚可宝贵,但在先秦的时候,"名"的意义更高于生命。那时,以身赴死者不是个别的,而是一个庞大的武士群体,他们年轻、勇武,不惜慷慨赴死,渴望成就大业。[3]司马迁在《太史公自序》中说,司马氏在赵国的先人"以传剑论显",也就是说传授剑术在当时乃是一种可以显名的特长或职业。《史记·刺客列传》中专门记述了身负特殊任务的武人的行动,并言:"自曹沫至荆轲五人,此其义或成或不成,然其立意较然,不欺其志,名垂后世,岂妄也哉!"他们乃是由于身上一种原真的意气而最终"名垂后世"的。此"立意较然,不欺其志"的秉性,在先秦是一种普遍的人格追求。孔子言:"诗三百,一言以蔽之,曰:'思无邪。'"正是此意。

同《诗经》中"关关雎鸠"对爱情之"志"的兴发一样,持剑,是对立世之"志"的隐喻,这一时期留下的文字激荡出最具豪情的少年意气。屈原在《九章·涉江》中自述:"余幼好此奇服兮,年既老而不衰。带长铗之陆离兮,冠切云之崔嵬。"剑在春秋时被称为"奇服",是对成为社会普遍常识的"服章制度"的一种反叛,是睥睨世俗的一种表现。即使在描写神祇时,屈原也借用了这一"奇服"的装扮。《九歌》开篇《东皇太一》描述上皇"抚长剑兮玉珥,璆锵鸣兮琳琅",这是最令人

---

[1] [清] 徐岳:《古剑》,《见闻录》卷四,清刻本。
[2] [明] 曹学佺:《剑笑》序,《石仓文稿》卷一,明万历刻本。
[3] 顾颉刚指出,在春秋战国时期,尤其是攻伐剧烈的战国,所谓"士"实际上都是有慷慨赴死之精神的"武士"。后来逐渐因两集团之对立,而有新名词出现:文者谓之"儒",武者谓之"侠"。顾颉刚:《武士与文士之蜕化》,《史林杂识初编》,北京:中华书局,1963年,第85—89页。余英时对比西方骑士与中国的"侠"之后说,骑士在西方社会是一个严格的阶层概念,并且有一套繁复的礼仪;而中国的"侠"主要凭借的是一种无形的精神气概。事实上,武士群体亦有其规则和秩序,而后世的"侠"在很大程度上乃是由于文学的想象而被塑造为一种"精神"。余英时:《侠与中国文化》,《中国文化史通释》,北京:生活·读书·新知三联书店,2011年,第243页。

仰慕的神灵的在场，是一个奇谲幻丽的景象。宋玉《大言赋》有句："方地为车，圆天为盖。长剑耿介，倚天之外。"[1]这种漫溢着高越之情的描绘，楚人尤长之。

"年既老而不衰"，这句话不仅是屈原具体的生命过程中崇尚少时的指涉，更是对葆有历史本来面目的"天真"之隐喻。生命在向着终点奔驰，但这种天真不会衰朽；命运会因"不合时宜"而多有坎坷，但这把象征着少年意气的长剑，在屈原跳入汨罗江的那一瞬，也不曾离弃。那时的人们对少年的印象也是英武的、雄壮的，涌动着一种超拔的气概。在长沙子弹库1号墓出土的战国楚国帛画《人物御龙图》中，一高冠美髯男子腰佩长剑，身姿挺拔，手执缰辔，驾驭着一条盘旋巨龙。他那飞动的飘带，和坚毅的佩剑相得益彰，再加上飞龙的意象，正是《楚辞》中遗尘超物、缥缈幻丽的生命精神的写照。（图3-1）

剑的浪漫色彩，随着这浪漫的人格和浪漫的历史而愈发彰显。它仿若一个反叛的少年，永远带来惊奇和伟名。史书中关于剑止风、穿火、刺山、击神等故事目不暇给，剑甚至成为可助江山稳固的神器。[2]宝剑化龙是流传最广的故事之一。在早期，"龙"的意象并非如后来那样代表着威权和吉祥，和剑作为兵器的最初用途一样，它是有神力的，同时也是危险的。[3]《吕氏春秋·恃君览·知分》记载，楚国次非有一次行船，船突然被两条大蛟缠住，非常危急。他果断下水，用一柄从吴国干遂得到的宝剑斩杀蛟龙，挽救了全船人的性命。[4]而《史记》《汉书》记载的汉高祖拔剑斩白蛇的故事则更为有名，这恐怕也是采集"民间传说"加以改编，以表现高祖的英雄气概。至武帝以后，无论是龙还是剑，都逐渐神化为最高权力的象征和执行者。董仲舒《春秋繁露·服制像》云"剑之在左，青龙之象也；刀之

---

[1] [梁] 萧统编：《文选》，上海：上海古籍出版社，2019年，第1479页。
[2] 据陶弘景《古今刀剑录》记载，秦始皇曾用北祇铜铸二剑，命李斯刻名"定秦"埋于阿房宫阁下和观台下；汉武帝则铸八剑，长三尺六寸，铭曰"八服"，小篆书，埋于嵩、恒、霍、华、泰五岳之下。这无疑都是以帝王的威权来表示剑确实具有巩固江山的神力，几乎和传说中黄帝的"九鼎"是一致的。[梁] 陶弘景：《古今刀剑录》，见黄宾虹、邓实编：《美术丛书》四集第四辑，杭州：浙江人民美术出版社，2013年，第334—335页。
[3] 斩龙者（dragon-slayer）的故事在很多神话中都有，较为著名的是北欧神话中，英雄齐格弗里德（Siegfield）就是用奥丁的神剑格拉姆（Gram，愤怒）的碎片杀死居住在地下、守护财宝的巨龙法夫尼尔（Fafnir）的。在基督教的传说中，麦克尔、圣乔治也都以杀死龙（dragon）作为自己的功绩。中国文献中也出现过恶龙，如《晋书·张华传》中有一个"二剑化龙"的故事，说西晋初年斗牛间有紫气冲霄，张华请人在豫章丰城卜得宝剑干将、莫邪，原本二剑分给两人，后在延平津忽然跃出剑鞘，于河中化为二龙，终合一体。这个故事大概在两晋已形成，在《水经注》中，说襄阳太守邓遐拔剑斩杀久踞沔水、贻害百姓的巨蛟，又把这一蛟龙和张华所言的干将、莫邪化龙的故事连在一起，云"张华之言不孤为验矣"。
[4] 许维遹：《吕氏春秋集释》，北京：中华书局，2009年，第553页。

图 3-1
人物御龙图
战国帛画
湖南省博物馆

在右,白虎之象也"[1]。"龙"在《周易》中是"天行健"的象,华夏民族最具神力的图腾被化为一件手中之物,成为充满生命阳刚之气的精神指征。

  神话往往是一个基本定型甚至开始衰颓的成熟文明对一种少年经历的想象。维柯在《新科学》中说,许多民族在历史的萌芽期,都具有一种诗性的智慧,那里面充满了童年的朝气和想象力。[2] 剑客的历史颇具这种诗性的气质,那中间充满了生命的活力与奔腾的想象。中国文化被梁漱溟先生称为一种"早熟的文明",似乎在中国的社会中,社会理性的思绪早早取代了想象。然而,当汉代以降剑客在诸子的批判之下在社会生活中逐渐式微以至于销匿,少年剑客的意气却并未在文学的书写中被遗忘,它感召着文人在理性的社会模式之中保存一颗昂扬激迈的少年之心。司马迁《刺客列传》的写作,本身就带有如此的倾向,其中张扬的是早期的武士群体

---

[1] [清] 苏舆:《春秋繁露义证》北京:中华书局,2009 年,第 553 页。
[2] [意] 维柯:《新科学》(下),朱光潜译,合肥:安徽教育出版社,2006 年,第 220—221 页。

的生命力，凝固的是那少年意气带给后人的记忆。这记忆带来的是涌荡的激情，并不必通过任何思想家的理性代言。尼采在19世纪末针对理性发出了对"权力意志"的呼唤，他希冀以酒神般放达的激越的生命存在，取代那完美和理性的显现。有侠骨的诗人们几乎都有好酒的事迹，在酒之中，人性挣脱开了理智的枷锁、社会地位的捆缚，甚至对存在本身的畏惧，生命的内在力量得到了充盈和绽放。

  唐代的诗人颇多表现侠客情怀的诗篇。诗风空灵的王维，也有"新丰美酒斗十千，咸阳游侠多少年。相逢意气为君饮，系马高楼垂柳边""出身仕汉羽林郎，初随骠骑战渔阳。孰知不向边庭苦，纵死犹闻侠骨香"（《少年行四首》其一、其二）的名句。而飘逸洒放的李白，《唐才子传》说他"喜纵横，击剑为任侠。轻财好施"，他更是唐人中书写剑客至多者。如《结客少年场行》中有句："少年学剑术，凌轹白猿公。珠袍曳锦带，匕首插吴鸿。由来万夫勇，挟此生雄风。"何等潇洒豪迈？《少年行二首》其一有句："击筑饮美酒，剑歌易水湄"，"少年负壮气，奋烈自有时"。何等慷慨英武？在他笔下的少年侠客，充满了张放的个性和果决的行动力。又如另一首《少年行》：

  君不见淮南少年游侠客，白日球猎夜拥掷。呼卢百万终不惜，报仇千里如咫尺。少年游侠好经过，浑身装束皆绮罗。兰蕙相随喧妓女，风光去处满笙歌。骄矜自言不可有，侠士堂中养来久。好鞍好马乞与人，十千五千旋沽酒。赤心用尽为知己，黄金不惜栽桃李。桃李栽来几度春，一回花落一回新。府县尽为门下客，王侯皆是平交人。男儿百年且乐命，何须徇书受贫病？男儿百年且荣身，何须徇节甘风尘？衣冠半是征战士，穷儒浪作林泉民。遮莫枝根长百丈，不如当代多还往。遮莫姻亲连帝城，不如当身自簪缨。看取富贵眼前者，何用悠悠身后名。

这首诗所描述的少年游侠，真仿佛一个三代之士，没有贵贱高低的观念，更没有受过礼教的束缚。他身着绮罗，满面风光，千金好酒，日日笙歌，王侯公门皆平等相交，看重富贵荣华，而无论身后之名。李白笔下的少年侠客，其志气甚至比司马迁的人物更肆情，而其对世俗的蔑视也更桀骜。

  在唐代，对侠气的崇尚几乎成为整个社会的一种现象，也诞生了许多传奇，在《酉阳杂俎》《北梦琐言》等笔记中多有关于侠客的记述，杜光庭《虬髯客传》、裴铏《聂隐娘》《昆仑奴传》等故事流传尤广。与先秦的故事不同的是，唐传奇里面的故事往往说的不是为个人报仇，而是所谓"替天行道"。当社会机制受到掌权者的私欲和政治体制的辖制而不能行公义时，侠客的故事便成为人们伸张正义的寄托。唐诗中经常有"十年未曾试"的说法，如贾岛《剑客》诗云："十年磨一剑，霜刃未曾试。今日把示君，谁有不平事？"[1] 十年"不用"并不代表此物不可用，而是意味着对自身志气的葆藏和磨砺。白居易为自己收藏的唐代铸剑名师张鸦九之剑写的乐府名作《鸦九剑》中也有相似之说：

> 欧冶子死千年后，精灵暗授张鸦九。鸦九铸剑吴山中，天与日时神借功。金铁腾精火翻焰，踊跃求为镆铘剑。剑成未试十余年，有客持金买一观。谁知闭匣长思用，三尺青蛇不肯蟠。客有心，剑无口，客代剑言告鸦九。君勿矜我玉可切，君勿夸我钟可刺。不如持我决浮云，无令漫漫蔽白日。为君使无私之光及万物，蛰虫昭苏萌草出。

十年未试，却长思用之，身在闭匣，却不肯蟠伏，期待着终有一日将无私之光照及万物，期待着为天下大道而行正义。陈寅恪认为，诗中"剑成未试十余年"，疑为乐天自喻之语，"盖乐天此篇以鸦九之剑，乐天自身及其新乐府作品融而为一，诚可谓物我两忘，主宾俱泯矣"。又说最后四句"实不仅为此篇之主旨，新乐府五十首之作，其全部旨意亦在于斯"。[2] 当然，十年既是实指，亦隐喻着自汉代以来代表士人的"剑"在黑暗匣中的漫长等待。而白居易对"无私"的强调，显然意指被前人所诟病的"私剑"，剑之用为个人和主公变成用为天下之义，这是"士"从剑客到士大夫身份的转变，也意味着剑从"用物"到"意象"的变化。在这种转变中，文人笔下的剑，既是一种"全然的神话"，又是他们个体生命意志的写照，少年的意气超越了一切世俗意义的寻找，绽放出最具激情和气魄的生命华章。

---

[1] [清] 彭定求等编：《全唐诗》，北京：中华书局，1960年，第6619页。
[2] "考乐天于贞元十五年己卯由宣州解送，可视为剑成之始。自此迄于元和四年己丑赋新乐府之时，其间已逾十年矣。"陈寅恪：《元白诗笺证稿》，北京：生活·读书·新知三联书店，2001年，第305、304页。

二、千载悲歌

明代陈继儒《岩栖幽事》中列举文人之物的性情时说"剑令人悲"[1]。悲是剑之为物最深刻的本质。与剑同列的，有琴，有石，有竹，有雪，都可谓赏心乐事，剑在它们中间看起来甚为独特。它是雄放的、激昂的，又是失意的、落寞的。剑的悲剧性在于它的不得其用，在汉代以后，它在日常的生活中始终安静地挂在墙上或是躺在匣内。唐人有句"古琴藏虚匣，长剑挂空壁"（李白《淮南卧病书怀寄蜀中赵征君蕤》）、"忧眠枕剑匣，客帐梦封侯"（李贺《崇义里滞雨》），长久的期许最终变成永久的悬置，少时的壮志终成夜晚独自醉饮时的忧愁；宋人也有"瓮里故书前世梦，匣中孤剑少年心"（何梦桂《夜坐有感》），"荆州看印心尚烈，洪州看剑头如雪"（陈杰《曩从玉泉道人见寿亭侯印大可方二寸并解池龙》），包含着对少年时期"青云之志"的留恋，剑已化作对前尘如梦的空幻之感的哀叹。"古剑挂壁""匣中剑鸣"不但变成一种自我命运的隐喻，也成为文人日常生活中的一个真实景象。

曾经以豪迈之情书写少年侠客的李白，在天宝三载（744）被排挤出长安后，写下《行路难》，感叹："金樽清酒斗十千，玉盘珍羞直万钱。停杯投箸不能食，拔剑四顾心茫然。"少年时满心的志气，曾经英姿勃发的样态，都化为拔剑四顾时的茫然。安史之乱后面对朝廷败局，他更是无奈地写下《独漉篇》："雄剑挂壁，时时龙鸣。不断犀象，绣涩苔生。国耻未雪，何由成名？"尽管雄心未已，却只能挂在墙上等待身上长出斑驳的苔痕，这是一个曾有壮志的少年到中年后无用于世的悲哀。而他的好友杜甫辗转三年终于在成都的草堂落脚时赋诗云："壮年学书剑，他日委泥沙。事主非无禄，浮生即有涯。"（《暮春题瀼西新赁草屋五首》其四）[2] 早年学书剑的豪气，后来却成了历史的尘烟，此时的事主者都只为了俸禄庸碌一生，再无那"为知己者死"的奇士。唐代开始，《宝剑篇》就成为良才不遇、壮志难酬的悲情主题。[3] 李商隐晚年便有诗"凄凉《宝剑篇》，羁泊欲穷年。黄叶仍风雨，青楼

---

[1] [明] 陈继儒：《岩栖幽事》，明《广百川学海》本。
[2] [唐] 杜甫著，[清] 仇兆鳌注：《杜诗详注》，北京：中华书局，1979年，第1612页。以下凡引杜甫诗，皆出自此版本，不另注。
[3] 唐武则天时名将郭元振还专门写过《宝剑篇》，诗的最开始说"君不见昆吾铁冶飞炎烟，红光紫气俱赫然。……良工咨嗟叹奇绝"，言其是一把锻炼精良的"可用之才"，只可惜"何言中路遭弃捐，零落漂沦古狱边"，没有获得慧眼赏识。最后，诗中说这把剑"虽复尘埋无所用，犹能夜夜气冲天"，它依然在磨砺自身，等待统治者回心转意。这奠定了此后《宝剑篇》自喻良才不遇、壮志难酬的悲情基调。

自管弦。"(《风雨》)理想与意气在冰冷的现实面前,慢慢化作那被遗弃的、漂泊无依的泥沙。

剑"不得其用"的悲情隐喻,并不只出于个人际遇,而是在大历史的话语中逐渐沉淀的。后人云"说剑者多,而其术遂不可得而传也"[1]。"说剑"就是通过对剑之意义的阐释,说服人们合理用剑,甚至放弃用剑,这是先秦两汉时期诸子最广泛的话题之一。"说剑"的理由主要有个人道德和国家治理这两个层面。老子《道德经》第三十二章明确提出:"夫兵者,不祥之器,物或恶之,故有道者不处。"道家贵柔,贵身,而剑作为杀人武器,虽不能在战争中禁止使用,但从"道"的角度看自然是反天性的。第五十三章中,老子还严厉地批评当时的人用剑来显耀身份的风气:"服文彩,带利剑,厌饮食,财货有余,是谓盗夸。非道也哉!"佩剑最初有着明确的等级要求,但在春秋之时,剑已经由于这种上手之"利"和价值贵重而被君主王侯富贾争相重金以求,老子视其为不合于道的"盗夸",王弼称其为"窃位"[2]。

在法家看来,个人之"剑"的坏处在于它同国家之"法"有着根本的矛盾。韩非子曾屡次批评当时聚养剑客死士的"私剑"的现象,将其列为"八奸"之一。《韩非子·孤愤》说:"其可以罪过诬者,以公法而诛之;其不可被以罪过者,以私剑而穷之。是明法术而逆主上者,不僇于吏诛,必死于私剑矣。"[3]私剑就是私刑,不利于国家公法的实行,也不利于天下之主权威的保障。故《韩非子·五蠹》中又言:"儒以文乱法,侠以武乱禁,而人主兼礼之,此所以乱也。……废敬上畏法之民,而养游侠私剑之属。举行如此,治强不可得也。"[4]他极为反对当时私人养士的传统,认为这类似于靠武力威胁和利益诱惑集结的帮派,使得民众不再"敬上畏法",危害政权的巩固和法律的施行。

儒家从个人修身的层面,认为剑是一种"匹夫之勇",倘若不是为了天下道义,便不值得提倡。《论语·子罕下》里孔子虽也称赏"勇",所谓"知者不惑,仁者不忧,勇者不惧",但《论语·阳货下》中当子路问"君子尚勇乎?",孔子回答说:"君子义以为上。君子有勇而无义为乱,小人有勇而无义为盗。"[5]"义"是勇的前

---

[1] [明] 郑鄤:《峚阳草堂诗文集》卷八,民国二十一年活字本。
[2] [三国魏] 王弼著,楼宇烈校释:《王弼集校释》,北京:中华书局,1980年,第142页。
[3] [清] 王先谦:《韩非子集解》,北京:中华书局,1998年,第81页。
[4] 同上书,第449—450页。
[5] 程树德:《论语集释》,北京:中华书局,1990年,第625、1241页。

提，倘若有勇而无义，那还不如没有。在《孟子·梁惠王章句下》中，孟子和梁惠王也讨论了"勇"的问题：

> 对曰："王请无好小勇。夫抚剑疾视曰：'彼恶敢当我哉！'此匹夫之勇，敌一人者也。王请大之！《诗》云：'王赫斯怒，爰整其旅，以遏徂莒，以笃周祜，以对于天下。'此文王之勇也。文王一怒而安天下之民。《书》曰：'天降下民，作之君，作之师，惟曰其助上帝宠之。四方有罪无罪惟我在，天下曷敢有越厥志？'一人衡行于天下，武王耻之，此武王之勇也。而武王亦一怒而安天下之民。今王亦一怒而安天下之民，民惟恐王之不好勇也。"[1]

在孟子看来，治理国家要有安天下之民的天子之勇，而不是用剑来杀人的匹夫之勇；个人之义乃是小义，而天下之义才是大义。对于"匹夫之勇"和"天子之勇"的区分，实际上正是将为个人之事而行动的道义转化为具有"安天下之民"意义的仁义，从而从国家的角度来建立一种普世的价值观。[2]

可以看到，诸子"说剑"的根由都在于作为武器的剑和旨在杀人的剑客的存在不符合普世的"道"：这一"道"可以是人性之本，可以是天下大义，也可以是国家之法。总之，当将"道"立于个人意志之先的时候，剑的存在就自然受到批判和抑制。而三者之中，尤以法家最不能容纳其存在。由于对法家的推崇，秦始皇在统一天下前后推行"任法而不任人"，在灭六国时"隳名城，杀豪杰，收天下之兵，聚之咸阳，销锋镝，铸以为金人十二，以弱天下之民"（贾谊《过秦论》）。为了削弱地方势力，国家政权必须销毁武器，并用武力控制带剑的豪杰游侠群体。在诸侯重立的汉初，游侠又重现于世，后武帝时期"罢黜百家，独尊儒术"后，儒家"公义"的意识形态和法家"公法"的治理观念的结合，构成了汉代以后政治形态的主体。

在历史话语中，剑客和游侠的评价也在发生变化。司马迁在《史记·太史公

---

[1] [清] 焦循：《孟子正义》，北京：中华书局，1987年，第114—117页。
[2]《庄子·杂篇》中专门有《说剑》，一般被认为是汉人的伪篇，思想的结构和《孟子》此篇十分相似。故事讲的是赵武王好剑，蓄剑客三千人相互残杀，"国士轻死"，后太子请庄子来劝服。庄子以"三剑"言其义：一为"天子之剑"；一为"诸侯之剑"；一为"庶人之剑"。以不同眼界治国者，胸中的剑就有不同。运筹帷幄之人，必将以天下而用天下；而目光短浅之人，则只会看到"剑可杀人"之用。

自序》中解释《孙子吴起列传》的书写缘由时已明言武人思想之要旨："非信廉仁勇不能传兵论剑，与道同符，内可以治身，外可以应变，君子比德焉。"[1]剑是君子比德之物，这一"德"所保障的既是人性之本，也是天下大义、国家之法，而武力本身应当服从于君子之德，这正是汉代儒家的基本思想。事实上，这一思想同《史记·刺客列传》中以"名"和"义"为先的说法已颇为不同，说明司马迁自己的思想中也存在着矛盾。司马迁在《史记·游侠列传》中说汉游侠朱家、郭解等"虽时扞当世之文罔，然其私义廉洁退让，有足称者"[2]。到了东汉班固《汉书》评价郭解等人时，则是"况于郭解之伦，以匹夫之细，窃杀生之权，其罪已不容于诛矣"[3]，已经完全转向负面的评价了。

在汉代尽管依然有佩剑之风，但剑作为"兵"的杀伐性被进一步批判直至被彻底否定。《礼记·乐记》中说武王"散军而郊射，左射狸首，右射驺虞，而贯革之射息也。裨冕搢笏，而虎贲之士说剑也"[4]。通过武力定国之后，便开始反对武力，即使在郊射之礼时也只射小型的动物，而那种需要穿戴铠甲的正式的郊射就停止了；通过加官晋爵，原本军中的勇士也不再用剑了。与此相呼应的是董仲舒《春秋繁露·服制像》言明了服制中的文武之高下："君子显之于服，而勇武者消其志于貌也矣。故文德为贵，而威武为下，此天下之所以永全也。……故武王克殷，裨冕而搢笏。虎贲之王说剑，安在勇猛必任武杀然后威。是以君子所服为上矣，故望之俨然者，亦已至矣，岂可不察乎！"[5]对于代表"文"的君子而言，其服饰的作用不是使用武力，而是一种德；不是为了耀武扬威，而是表达一种"望之俨然"的威仪以消解勇武者的志气。在这一意义上，代表武威的"剑"便成为一种非必需的服饰了。

此时在儒家的话语中，剑唯一遗留的"实用功能"在于防身。如《汉书·隽不疑传》中隽不疑面对渤海国守卫解剑的要求就曾大方地说："剑者，君子武备，所以卫身，不可解。"[6]然而，连"防身"这个基本的"用处"也是儒家批判过的。《孔

---

[1] [汉]司马迁：《史记》，北京：中华书局，1982年，第3313页。
[2] 同上书，第3183页。
[3] [汉]班固：《汉书》，北京：中华书局，1962年，第3699页。
[4] 关于此处"说剑"的解释有两种说法。马明达认为，"说剑"就是"论剑"，指的是令虎贲之士开始学习剑的人文内涵（《试解"虎贲之士说剑"》，《文史知识》2000年第2期）；林友标认为"说"通"脱"，这同"贯革之射息也"意思一致（《虎贲之士说剑——"说剑"释义》，《武术科学》2008年第2期）。
[5] [清]苏舆：《春秋繁露义证》北京：中华书局，2009年，第154页。
[6] [汉]班固：《汉书》，北京：中华书局，1962年，第3035页。

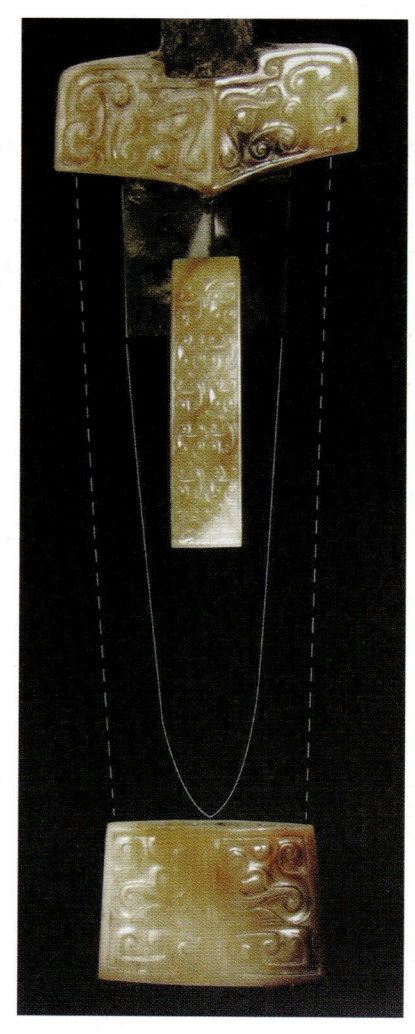

图 3-2　玉具剑　江苏甘泉姚庄 102 号汉墓出土　西汉　扬州市博物馆

子家语》中有一则故事说，子路有一次见孔子，身着戎服拔剑而舞，说："古之君子，以剑自卫乎？"孔子见状叹曰："古之君子，忠以为质，仁以为卫，不出环堵之室，而知千里之外，有不善则以忠化之，侵暴则以仁固之，何持剑乎？"[1]这里的"孔子"之言，既否定了剑在防身上的实际意义，又否定了将剑这一外物作为衡量"君子"的标尺；只有内在德行才可以定义"君子"，也才能真正做君子的"固身"之物。

自西汉开始，装饰华美的玉具剑成为诸侯王身份和威仪的象征——金属利剑已经被"玉"的贵重与温润进一步掩蔽了实用性。[2]（图 3-2）不过，这种奢侈的饰物依然逃不过"说剑者"的口诛笔伐。刘向《说苑·反质》中说，经侯去拜见魏太子时很傲慢地"左带羽玉具剑，右带环佩，左光照右，右光照左"，坐了一会儿，太子假装看不见他的剑。经侯忍不住问："魏国亦有宝乎？"太子说："主信臣忠，百姓上戴，此魏之宝也。"经侯还未明白太子的意思，又问。太子说："徒师沼治魏，而市无豫贾；郄辛治阳，而道不拾遗；芒卯在朝，而四邻贤士无不相因而见。此三大夫，乃魏国之大宝。"经侯默然不应，解剑而去。[3]事实上，不只是玉具剑无法象征德行，如果没有在真正的行动中被证实，那么一切"物"对德行的象征都是虚幻的。到了更晚的晋代常

---

［1］［清］陈士珂辑：《孔子家语疏证》，南京：凤凰出版社，2017 年，第 71 页。
［2］"玉具剑"指在剑柄与剑鞘上有玉饰镶嵌的剑，今考古中多有出土。如班固《汉书》卷九十四载匈奴单于在甘泉宫朝觐天子，汉官以比诸侯王更高规格接待，所赐之物中便有"玉具剑"。孟康注曰："摽首镡卫尽用玉为之也。"
［3］［清］刘向：《说苑》，北京：商务印书馆，2018 年，第 970—971 页。

用有宝石装饰的"木剑"[1]，看起来是实用的彻底式微，而实际上至此剑的象征意义已极为细弱，几乎没有继续佩戴的必要了。

在不断的"说剑"之中，世人从将剑作为奇服转而视其为"君子之衣服"，又从"君子之衣服"转为文房之物，到终于进入匣内不再取出或被挂在了墙壁上。这两次变化，昭示着剑逐渐同社会倡寻的价值观剥离，而终于从政治生活中消失了。不再佩剑在此似乎喻示着一个人乃至一种文明的"成熟"：成年人的理性取代了少年的意气，社会的理性取代了个体的想象力。这一理性可以说得到了统治者以及广大士大夫的认同。即便在歌咏宝剑的诗中，也能够见到"劝君慎所用，无作神兵羞"（白居易《李都尉古剑诗》）、"平生莫铘剑，不报小人仇"（张祜《书愤》）这样的继承"说剑"思想之语。诗里的这些剑客，似乎已经将"天下"纳入了自己胸中。但是一个实际的天下显然并不容这些侠客的存在，对统治者而言，无论目的为何，他们的存在本身就是安定的隐患。剑客偶然的刺杀行动的失败，固然有其悲剧色彩，但当他们不容于世之时，剑的悲剧感则成为一种代表存在本质的意象。这"悲"并不是由于"剑术"或者剑客群体的消失，事实上，工具化的物的消失，以及社会的一个群体的消失乃是历史之必然，并不值得过于伤怀。真正令文人感到悲惋的，是那生命中本来存有的"意气"，是那在历史和自我的少年时曾经显现的令人难忘的"志"的光芒。

无论思想家和国家意识形态如何从"理性"的角度出发去认识"剑"的问题，无论社会生活中的人们如何服从礼法、修正德性，都不能消除生命那本有的少年之"志"。当"志"由于社会理性的压抑而不得不被收起时，其"记忆"就变成一种强烈的情感。后世最为著名的"荆轲刺秦"的故事，正是在这种情感中逐渐构化出来的。（图3-3）这是一次"失败"的刺杀，甚至这一行动的正义性也并未得到多数史家的认可，但它比成功且正义的刺客事迹如曹沫劫持齐桓公、专诸刺杀吴王僚更为著名，司马迁的描写篇幅也明显多于其余四人。除了刺杀对象乃是建立了更大历史功业的秦王外，更重要的是这一失败的行动前后所彰显出的历史之志。一种普遍的看法是司马迁在《史记》的写作中着意于书写悲剧人物。[2]尽管不少儒家学者都

---

[1]《晋书·舆服制》："汉制，自天子至于百官，无不佩剑，其后惟朝带剑。晋世始代之以木，贵者犹用玉首，贱者亦用蚌、金银、玳瑁为雕饰。"此处关于汉代的说法并不准确，汉代臣子不允许带剑上殿，因此萧何"剑履上殿"才被视为一种特别的恩宠。
[2] 可参见刘兴林：《司马迁的生命意识与〈史记〉的悲剧精神》，《武汉大学学报（哲学社会科学版）》1999年第6期；田林、任强：《近二十年〈史记〉悲剧性的研究综述》，《湖北第二师范学院学报》2018年第4期。

图 3-3　荆轲刺秦王　山东嘉祥武氏祠东汉画像石

批评过司马迁,但是他文字的"独雄千古"却是不可否认的。清人吴见思说:"刺客是天壤间第一种激烈人,《刺客传》是《史记》中第一种激烈文字,故至今浅读之而须眉四照,深读之而刻骨十分。"[1]司马迁对荆轲和高渐离两次击筑和歌的描写尤其令人难忘:前段说"荆轲嗜酒,日与狗屠及高渐离饮于燕市,酒酣以往,高渐离击筑,荆轲和而歌于市中,相乐也,已而相泣,旁若无人者";刺秦前在易水之上,高渐离击筑,荆轲和而歌,"为变徵之声,士皆垂泪涕泣。又前而为歌曰:'风萧萧兮易水寒,壮士一去兮不复还!'"这些文字令荆轲故事染上了浓烈的悲剧色彩,印入后世诗人的生命情怀之中。陶渊明在《咏荆轲》中写道:

> 燕丹善养士,志在报强嬴。招集百夫良,岁暮得荆卿。君子死知己,提剑出燕京;素骥鸣广陌,慷慨送我行。雄发指危冠,猛气冲长缨。饮饯易水上,四座列群英。渐离击悲筑,宋意唱高声。萧萧哀风逝,淡淡寒波生。商音更流涕,羽奏壮士惊。心知去不归,且有后世名。登车何时顾,飞盖入秦庭。凌厉越万里,逶迤过千城。图穷事自至,豪主正怔营。惜哉剑术疏,奇功遂不成!其人虽已没,千载有余情。[2]

这首诗用了很多笔墨描绘一种慷慨的悲剧感。"萧萧哀风逝,淡淡寒波生。商音更

---

[1] [清] 吴见思、[清] 李景星:《史记论文 史记评议》,上海:上海古籍出版社,2008年,第52页。
[2] [晋] 陶渊明:《陶渊明集》,北京:中华书局,1979年,第131页。以下凡引陶渊明诗文,皆出自此版本,不另注。

流涕，羽奏壮士惊。"未出发前这环境的惨淡、歌声的哀凄，都预示着这一行动结局的悲壮。在诗的最后，陶渊明笔锋再转，说虽然荆轲个人的生命消逝了，但他把一抹鲜亮的"余情"留在了历史之中。在"说剑"的风气中，此时已"没"的不只是荆轲的肉身，还有整个侠客群体的现实存在，但以平淡天真著称的渊明，却对荆轲身上那感荡心志的力量尤为敏锐。后人论渊明，常常提到他如此的"两面"。顾炎武《日知录》云："栗里之征士，淡然若忘于世，而感愤之怀，有时不能自止而微见其情者，真也。"[1]龚自珍《己亥杂诗》中说："陶潜酷似卧龙豪，万古浔阳松菊高。莫信诗人竟平淡，二分《梁甫》一分《骚》。"[2]梁启超在《陶渊明之文艺及其品格》一文中也谈道："须知他是一位极热烈极有豪气的人。……可见他本来意气飞扬不可一世。中年以后，渐渐看得这恶社会没有他施展的余地了。他发出很感慨的悲音。"[3]

不过，陶渊明的"高情"不是由于"没有施展的余地"而发此感慨，正如他对荆轲之"惜"其实也并不是因为他没有建立奇功。他的诗并非那种愤愤不平的格调，而是在慷慨之中有种淡然真旷。最后的笔锋落在了"情"上面，他深知荆轲其人的这种慷慨豪气，乃是人生命最本真的状态；也正由于有这种本真的人情，荆轲的故事才最具历史的感召力。"本真"也正是渊明为人作诗的特色。朱光潜先生说："隐与侠有时走极端，'不近人情'；渊明的特色是在处处都最近人情，胸襟尽管高超而却不唱高调。他仍保持着一个平常人的家常便饭的风格。'"[4]人人都能体会到荆轲身上的英雄之气，却唯有陶渊明体察到了这种穿透历史的平常之情；他的体察源于自己对生命本质的把握。"忆我少壮时，无乐自欣豫。猛志逸四海，骞翮思远翥。"（《杂诗》其五）他对年少时的印象是心存壮志，没有求取的喜乐却自然地欢欣。"纵浪大化中，不喜亦不惧。应尽便须尽，无复独多虑。"（《神释》）看遍世情后他徜徉于天壤之间，不为一己一时的得失而忧虑，甚至不为生死的问题所困扰，这一豪迈的情怀不正是先秦剑客的精神吗？事实上，无论是咏田园松菊还是《咏荆轲》这样的慷慨之歌，陶渊明都表现出他"最近人情"的一面。或者说，陶渊明对自然和历史，有着相似的认识：荆轲故事之"名垂后世"，不只在于司马迁所说的"不欺其

---

[1] [清] 顾炎武：《顾炎武全集》，上海：上海古籍出版社，2011年，第748页。
[2] [清] 龚自珍著，刘逸生、周锡馥校注：《龚自珍诗集编年校注》，上海：上海古籍出版社，2013年，第753页。
[3] 梁启超：《陶渊明》，北京：商务印书馆，1929年，第7—8页。
[4] 朱光潜：《陶渊明》，《朱光潜全集》第3卷，合肥：安徽教育出版社，1987年，第261页。

志"，还在于"最近人情"，这同门前之柳、南山之菊一样，源于历史对人身上最本真的质性的肯定。在陶渊明之后，尽管历代都有人不断地批判荆轲，批判司马迁对荆轲的书写，但是在文人心底的荆轲，始终是那真性业已黯淡的时代对自我的一种隐喻和期许。

三、士死知己

剑术无所传，剑客无所用，但是剑在其锋芒隐没之后的几千年时间中，依然是君子"所尚"。如果一切文人之物都可以说是文人品格的印证，它们中间深藏着文人的自我，也因为这个原因，这些"物"皆是文人的"知己"，那么"剑"作为知己的独特之处就在于，在它曾经被使用的年代，它就是为知己者而存在的。

《史记·刺客列传》豫让为智伯报仇的故事中有一句常被侠义小说引用的话——"士为知己者死，女为悦己者容"。前面这句后人用来指涉友情的话，原本来自先秦普遍存在的"养士"传统。三家分晋，智氏失败，智伯被杀。赵襄子与智伯的仇恨最深，把智伯的颅骨制作成饮器。智伯的家臣豫让遁逃于山中，发誓说："嗟乎！士为知己者死，女为悦己者容。今智伯知我，我必为报仇而死，以报智伯，则吾魂魄不愧矣。"[1] 在先秦的时候，剑客一般有两种，一种是如郭解这样的"布衣之剑"，他们不为别人所养，有着独立的身份，是施恩不图报的"原侠"[2]。更多的是受雇于人的侠客，所谓"士为知己者死"指的就是这种侠客。陶渊明说"燕丹善养士，志在报强嬴。招集百夫良，岁暮得荆卿。君子死知己，提剑出燕京"，荆轲和燕丹子也正是士与主人的关系，荆轲刺秦也是"士死知己"的行为。

但豫让对智伯，以及荆轲对燕丹的感情，当然绝不仅仅是单纯的雇佣关系。李白说侠客"赤心用尽为知己，黄金不惜栽桃李"，侠客乃是以自己全部的赤诚之心对待主人，而他们之所以如此做也是由于主人发现了他们的才能，曾同样真诚地对待他们。豫让不惜一切为主报仇显然并不是智伯的命令，而是豫让自主的选择；而

---

[1] [汉] 司马迁：《史记》，北京：中华书局，1982年，第2519页。
[2] 汪涌豪：《中国游侠史论》，上海：上海人民出版社，2016年，第51页。

燕丹子心中，"养士"不是为了取悦自己，而是为了得到一个可以帮助自己实现历史目标的"知己"。他们所做的惊人之举，都是由于这样的"知己"情谊。司马迁在《史记·游侠列传序》中说："而布衣之徒，设取予然诺，千里诵义，为死不顾世，此亦有所长，非苟而已也。故士穷窘而得委命，此岂非人之所谓贤豪间者邪？"[1]在一般的认同中，"穷窘而得委命"似乎是低人一等的，但司马迁却歌颂了这样一种"千里诵义"的"知己"关系。王充《论衡·命义》中也说："遇其主而用也。虽有善命盛禄，不遇知己之主，不得效验。"[2]"遇其主而用"不是出于对个别命令的执行，乃是在"知己"的关系形成之后的"效验"。然而，在什么意义上就可以称之为"知己"呢？对于"能力"的认可仅仅是表层的，荆轲"疏于剑术"却担当了刺秦的大任，"知己性"显然具有比"术"更高的价值。豫让所谓"臣闻明主不掩人之义，忠臣不爱死以成名"，成就历史之"名"是这一行动的结果，而"义"才是主臣关系的核心。对士而言，"义"实现的途径是"信"。司马迁接着指出："要以功见言信，侠客之义又曷可少哉！""信"代表了行动上履行诺言，所谓"言必行，行必果，已诺，必诚"，"信义"的价值是远远高于利益、生命，乃至"名"的。

"知己"的观念将主臣的等级关系转变为一种道德以及历史的价值，也可以反过来讲，道德以及历史的价值，在先秦的时候并不能说是一种普遍的原则。在武士的群体中，这实际上是在一种"知己"的关系之中实现的。不同于先天的秉性和道德，"知己"的关系一定是被培养的，这也正是《论衡》所说的"知遇之恩"的含义。这一关系常被比之于《战国策·楚策》中伯乐和千里马的故事：

> 夫骥之齿至矣，服盐车而上太行。蹄申膝折，尾湛胕溃，漉汁洒地，白汗交流；中阪迁延，负辕不能上。伯乐遭之，下车攀而哭之，解纻衣以幂之。骥于是俯而喷，仰而鸣，声达于天，若出金石声者，何也？彼见伯乐之知己也。[3]

"知己"需要三个方面的培养：一是士本身就是兼具个人能力和信义的"忠勇之士"，也即"千里之骥"；二是养士者具有伯乐一样的眼光，可以发现蒙遭不遇的千里马；

---
[1][汉]司马迁：《史记》，北京：中华书局，1982年，第3182—3183页。
[2][汉]王充著，张宗祥校注：《论衡校注》，上海：上海古籍出版社，2010年，第28页。
[3]何建章注释：《战国策注释》，北京：中华书局，1990年，第590页。

三是位于高位的主人对身处卑贱的士献出最宝贵之物和最真挚的敬意，以表达自己对千里马之看重。三者皆备，先秦的"知己"关系便面向历史展露出夺目的锋芒。

随着武士阶层的消逝，随着君臣关系在天下范围内被厘定，"知己"的含义也渐渐发生了改变。汉武帝后，养士的风气被抑制，作为核心主臣关系的君臣之间遂罕以"知己"相称，臣子也不会因为是"知己"而死，而是"君叫臣死，臣不得不死"。董仲舒所书《士不遇赋》中列举古代"茕茕而靡归"之廉士，殷有卞随与务光，周有伯夷与叔齐，到春秋战国的伍子胥与屈原，皆为一国之贵族、辅政之文臣，非公卿家族所养之武士了。而董仲舒时代之"士"，则为儒生和官僚阶层，其所向往知遇之恩却难以上古的"知己"言之了。"士为知己者死"成为表示彼此极为信任的朋友关系的俗语。刘向《说苑·复恩》中说鲍叔牙死了，管仲举上衽而哭之，泣下如雨，旁边的人劝解说："他并非您的父子，为何如此悲伤？"管仲回答说："吾尝与鲍子负贩于南阳，吾三辱于市，鲍子不以我为怯，知我之欲有所明也。鲍子尝与我有所说王者，而三不见听，鲍子不以我为不肖，知我之不遇明君也。鲍子尝与我临财分货，吾自取多者三，鲍子不以我为贪，知我之不足于财也。生我者父母，知我者鲍子也。士为知己者死，而况为之哀乎？"[1] 鲍叔牙对管仲来说，是平等相交的"知己"，管仲此时已经将先秦"养士"之知己转化为对友人的慧眼相识，而自愿将其纳入生命之所信。二人之间这一信义当然亦具有深远的历史意义，但是他们并非由于这种"名"的面向而成为知己。"知己"不再是所谓豢养千里马的伯乐，而完全基于彼此的认同。存在的价值在于"知–己"，能够对自我有真知之人，便可以看作另一个在历史中的自我。

武士用剑为知己者达成事功以守诺，而吴国公子季札赠剑的故事则表达了文人心底对朋友的信诺。《史记·吴太伯世家》载季札出使鲁国过徐国，徐君面露想要其宝剑之色但未明说，季子心中默许，后季子出使回来欲以剑相赠，徐君却已亡故，最后他把宝剑挂在了徐君坟墓边的树上。[2] "季札挂剑"故事的图像在山东和四川地区的汉画像石中都有出现并附以榜题（图3-4），足见此故事在当时流传之广。[3] 刘向《新序·节士》中还记载徐国人为此而歌之："延陵季子兮不忘故，

---

[1][汉]刘向：《说苑》，北京：商务印书馆，2018年，第245—246页。
[2][汉]司马迁：《史记》，北京：中华书局，1982年，第1459页。
[3]如汉画像石山东嘉祥宋山第四石、武氏祠左石室后壁小龛西壁画像，见俞伟超主编：《中国画像石全集》之《山东汉画像石》，郑州：河南美术出版社；济南：山东美术出版社，2000年，第58页。

图 3-4　季札挂剑画像砖　山东省石刻艺术博物馆

脱千金之剑兮带丘墓。"[1]剑遂在人们心中凝聚了强烈的"不忘故人"之意。比起为了"知己"需以武力拼命的"信",季札之"信"无关政治,无关名利,甚至无关世人,而更意味着对自我心志的肯定,对那超越生命限度、存于天壤间的承诺的恪守,因此它更多地被视为表达一种最笃定真诚的"朋友之信"。

李白曾写《陈情赠友人》说士人之间的"友道":

> 延陵有宝剑,价重千黄金。观风历上国,暗许故人深。归来挂坟松,万古知其心。懦夫感达节,壮士激青衿。鲍生荐夷吾,一举致齐相。斯人无良朋,岂有青云望?临财不苟取,推分固辞让。后世称其贤,英风邈难尚。论交但若此,友道孰云丧?

这两个故事道出了汉代以后士人对朋友之间"信""义"真谛认识的变化。延陵季子以剑许故人无需"说出",只需要心里曾暗许,纵千金之剑,纵身不在世,亦必信守其诺;鲍叔牙荐管仲为相不为"青云之望",没有对一己名利的追求,只要友人有天下之才便肯倾囊相助。这二者同"言必行,行必果,已诺,必诚"和"不欺其志,名垂后世"刺客虽有相似之处,但其行动的目的已不再是某个集团的利益。"信"以内心的笃诚作为"诺","义"以天下的安平作为"志",所谓"万古知其心""后世称其贤",这是一种被时间所知晓、被历史所纪念的永恒友道。

作为延陵季子"信物"的剑,后来成为知己的象征,在友人远行时常常被作为持赠之物,以表别离甚至是"永诀"的伤感。江淹《古意报袁功曹》云:"从军出陇北,长望阴山云。泾渭各流异,恩情于此分。故人赠宝剑,镂以瑶华文。一言凤独立,再说鸾无群。何得晨风起,悠哉凌翠氛。黄鹄去千里,垂涕为报君。"[2]面对

---

[1] [汉]刘向编著,石光瑛校释:《新序校释》,北京:中华书局,2017年,第869页。
[2] [南朝]江淹著,[明]胡之骥注:《江文通集汇注》,北京:中华书局,1984年,第107页。

即将厮杀于边疆的友人，江淹以泾渭分流暗示着这或许是最后的相见，那雕镂着华文的宝剑，诉说着即将分别的恩情。李白《赠易秀才》云："少年解长剑，投赠即分离。何不断犀象，精光暗往时。蹉跎君自惜，窜逐我因谁？地远虞翻老，秋深宋玉悲。空摧芳桂色，不屈古松姿。感激平生意，劳歌寄此辞。"别离之际，无言话凄凉，投剑以赠，从此天涯各一方。面对这即将远去的"知己"，作为投射到对方身上的"自我"的心志，却也是此时此刻最想说出的：江淹如凤鸾独立，卓荦不群，李白如古松高拔，傲然群芳，这是他们对自我的存在最为感慨的时刻。投剑之时，这不可更易之志超越了一时的分合，如剑中的寒光，凝汇于此刻的悲情里，也凌照于历史的天空中。

四、万象顿挫

"剑"作为一种理想生命形态的隐喻，不只内沁入唐人的精神和情感，也外化为他们的艺术世界。在盛唐时期玄宗的梨园教坊，有一位擅剑舞的公孙大娘，成为启迪唐代艺术精神的关键人物。杜甫有著名的《观公孙大娘弟子舞剑器行》，在序中他提到："昔者吴人张旭，善草书书帖，数尝于邺县见公孙大娘舞西河剑器，自此草书长进，豪荡感激，即公孙可知矣。"唐代"草圣"的书写灵感，便从这位舞娘而来，这在当时大抵已是一种佳话。杜甫在诗中描述大娘舞剑的场景：

> 昔有佳人公孙氏，一舞剑器动四方。观者如山色沮丧，天地为之久低昂。爟如羿射九日落，矫如群帝骖龙翔。来如雷霆收震怒，罢如江海凝清光。绛唇珠袖两寂寞，晚有弟子传芬芳。临颍美人在白帝，妙舞此曲神扬扬。

公孙大娘的《剑器》之舞乃是一种西域来的舞蹈。在序中杜甫提到他年轻时曾在郾城观公孙大娘舞当时西域传来的剑器浑脱舞，其姿态"浏漓顿挫"，后来公孙氏来到京城成了梨园教坊的舞者，其技艺在当时"一人而已"。[1]与一般舞蹈注重姿态

---

[1] 关于唐代的《剑器》舞的详细研究，见王永平：《唐代"剑器"舞考》，《青海师范大学学报（哲学社会科学版）》1990年第3期，任中敏：《敦煌曲初探·剑器舞考》，任中敏著，张长彬校理：《敦煌曲研究》，南京：凤凰出版社，2013年。

的柔美婀娜不同，公孙大娘是"仗剑执械"而舞《剑器》[1]，其姿态有如疾风迅箭，又如惊雷万钧，顿挫之中锋芒内藏。这种蓄积于身体之内的力量，在她舞动时激荡出巨大的气势，足令四方观者"如山色沮丧"，甚至令天地"为之久低昂"。在唐代以前，学剑术是为了用于实际战斗，而《剑器》舞这种撼人的力量却不是为了实用，那是身体的艺术所积蕴而发的魅力。甚至在某种意义上，正是由于不以"用"为唯一目的，剑才同身体内在的力量和节奏合一了。（图3-5）

公孙大娘的舞剑并不只长于"气势"。杜甫诗中说她"矫如群帝骖龙翔"，她的舞姿带有如王羲之书法一样"矫若游龙"的韵律，"来如雷霆收震怒，罢如江海凝清光"，动作如行云流水，亦有种萧散开合的韵致。这都是书法行笔时的妙谛。徐渭有首《张旭观公孙大娘舞剑器》即从这种韵的角度去说书法：

  大娘只知舞剑器，安识舞中藏草字，老颠瞥眼拾将归，腕中便觉蹲三昧。大娘舞猛懒亦飞，秃

---

[1] 参考刘淑丽：《公孙大娘〈剑器〉舞新探——从舞曲、舞容、着装等角度考察》，《文史知识》2021年第5期。

图3-5 陈洪绶 公孙大娘舞剑图
绢本设色 私人收藏

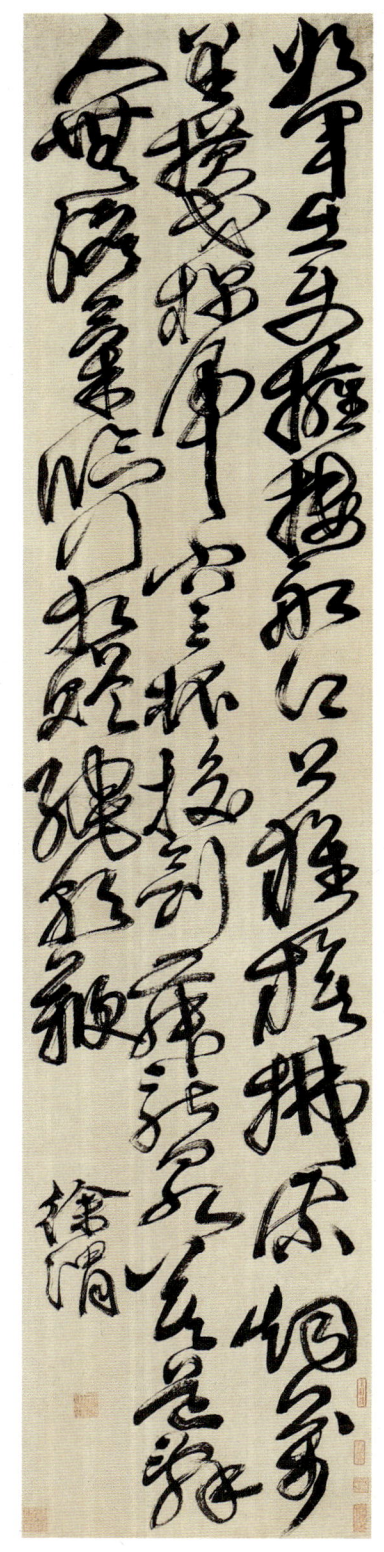

图 3-6　徐渭　草书李白诗
沈阳故宫博物院

尾锦蛇多两腓，老颠蛇黑墨所为，两蛇狰怒斗不归。红毡粉壁争神奇，黑蛇比锦谁印低，野鸡啄麦翟与翚，一姓两名无雄雌。老颠蘸墨卷头发，大娘幞头舞亦脱，留与诗人谑题跋，常熟翁来索判频，常熟长官错怪人。[1]

舞剑与行书者，二人一红粉，一老僧，但在诗人眼中，他们的艺境臻于化境，难分彼此。在草圣笔下，化龙之剑变作舞动缠斗的黑蛇，内里抖动着腕中的真气。徐渭说起自己的学书历程："余玩古人书旨，云有自蛇斗、若舞剑器、若担夫争道而得者，初不甚解，及观雷大简云，听江声而笔法进，然后知向所云蛇斗等，非点画字形，乃是运笔，知此则孤蓬自振，惊沙坐飞，飞鸟出林，惊蛇入草，可一以贯之而无疑矣。"[2]运笔的内力，就同舞剑时蓄势待发之状一样，健拔轩昂而舞动于妙音。他有一枚"袖里青蛇"小印，正是说草书变幻之韵，其抖动的节奏，如"黑白世界中所隐藏的飞舞旋律"[3]，正似于剑气那种挥洒自如的笔致。（图3-6）

李白《草书歌行》[4]也曾强调当时与张旭齐

---

[1]〔明〕徐渭：《徐渭集》，北京：中华书局，1983年，第159页。
[2] 同上书，第535页。
[3] 朱良志：《南画十六观》，北京：北京大学出版社，2013年，第307页。
[4] 苏轼曾认为此《草书歌行》是伪作，《东坡题跋》（《丛书集成》本）卷二"诸集伪谬"条中说："近见曾子固编太白集，自谓颇获遗亡，而有赠怀素草书歌及笑矣乎数首，皆贯休以下词格。"清王琦《李太白诗集注》亦从此说。郭沫若考证后认为：李白的《草书歌行》"当作于长流夜郎，遇赦放回，于乾元二年（759年）秋游零陵时所作"，苏轼等人之说当为臆断。转引自吴企明：《〈草书歌行〉是李白写的吗》，《江苏师院学报（哲学社会科学版）》1980年第1期。

名的怀素草书中的这种舞动之韵："吾师醉后倚绳床，须臾扫尽数千张。飘风骤雨惊飒飒，落花飞雪何茫茫。起来向壁不停手，一行数字大如斗。恍恍如闻神鬼惊，时时只见龙蛇走。左盘右蹙如惊电，状同楚汉相攻战。"在李白眼里，怀素的草书如龙蛇疾走，又如大军交战，灵变如神鬼出没，洒脱如风云变幻。李白在诗最后说"张颠老死不足数，我师此义不师古。古来万事贵天生，何必要公孙大娘浑脱舞"，他觉得张旭的书法还要得意于公孙大娘的浑脱舞，而怀素则是天生而为，无需师法他人，更胜一筹。事实上，唐段安节《乐府杂录》中记载："开元中，有公孙大娘善舞剑器，僧怀素见之，草书遂长，盖准其顿挫势也。"[1]似乎怀素也曾经受到公孙大娘舞剑器的启发。书家从公孙大娘的舞剑中所习得的，并不是一种外表的体势，而正是生命本然的精神。据李肇《国史补》（又称《唐国史补》）记载，"（张）旭言：'始吾见公主担夫争路，而得笔法之意。后见公孙氏舞《剑器》，而得其神。'旭饮酒辄草书，挥笔而大叫，以头揾水墨中而书之，天下呼为'张颠'。醒后自视，以为神异，不可复得"[2]。"担夫争路"是一种形体之间的张力，而"公孙氏舞《剑器》"则内化为一种生命的气象和神韵。而张旭自己是同怀素一样在大醉之中书写，醉意味着将一切笔法之成规尽数忘却，只以自己的精神去挥洒笔墨，因此他会发自生命本能地忘我大叫，醒来之后也不能再重复。这就是"得其神"的意思。《颜鲁公文集》中载有《雷简夫江声帖》："唐张颠观飞蓬惊沙、公孙大娘舞剑，怀素观云随风变化，颜公谓：'竖牵法、折钗股，不如屋漏痕。'斯师法之外，皆其自得者也。"[3]说的正是此意。刻意传模笔法，不若有如屋顶漏雨的自然之痕，而无论是张旭、公孙大娘还是怀素，其艺术的成就皆有师法之外的"自得"。[4]颜真卿的书法深受张旭的影响，其描述当为不虚。

而与张旭、怀素、李杜同一时期，大画家吴道子的艺术亦同剑法有关。吴道子在唐朝画家中以线条著称，这同书法一样，皆是飞舞的艺术。唐小说《独异志》中就有吴道子为将军裴旻刚过世的母亲"以神鬼为题绘制东都天宫寺墙壁"的故事，道子说自己已许久不作画，请裴将军"舞剑一曲"，方可"庶因猛励，获通幽冥"，于是裴旻脱掉丧服，换上常服，"走马如飞，左旋右抽，掷剑入云，高数十丈，若

---

[1] [唐]段安节撰，亓娟莉校注：《〈乐府杂录〉校注》，上海：上海古籍出版社，2015年，第166页。
[2] [唐]李肇：《唐国史补》卷上，明《津逮秘书》本。
[3] [唐]颜真卿：《颜鲁公文集》卷二十一，清《三长物斋丛书》本。
[4] 陈志平认为，张旭草书一变魏晋钟王"中正之雅"的古法，是受到了唐自天后末年《剑器》入《浑脱》等西域舞蹈做法而始"犯声"的影响。陈志平：《张旭悟笔因缘考辨》，《文艺研究》2014年第9期。

电光下射",围观者数千人,"无不悚栗"。道子看后,援毫图壁,不一会儿即成,其画"魔魅化去,飒然风起,为天下之壮观。道子平生所画,得意无出于此"。[1] 这一段记叙未必为真,然而裴旻的剑舞在当时的确颇为有名,颜真卿名帖《赠裴将军》中有句"剑舞若游电,随风萦且回",杜甫笔下的公孙大娘也曾效法其剑舞[2]。《唐朝名画录》中记载了一段类似的故事:当时玄宗李隆基驾幸东都洛阳,将军裴旻以金帛请吴道子在天宫寺为自己母亲作画,吴道子封还金帛,并请裴将军舞剑。裴旻"因墨缞为道子舞剑,舞毕奋笔,俄顷而成,有若神助",后来张旭又书于天宫寺一壁,当时城中士人皆云:"一日之中,获睹三绝。"[3]

这段故事据学者考证实为杜撰[4],但吴道子曾经从深受公孙大娘舞剑启迪的张旭学习书法,在较为可信的张彦远《历代名画记》中曾数次提及。如卷二"论顾陆张吴用笔"说:"国朝吴道玄古今独步,前不见顾、陆,后无来者。受笔法于张旭,此又知书画用笔同矣。张既号'书颠',吴宜为'画圣'。神假天造,英灵不穷。"[5] "书画同源"常被认为是文人画之创见,且自元代赵孟頫提出"石如飞白木如籀,写竹还于八法中。若也有人能会此,方知书画本来同"以后才成熟的观点。事实上,吴道子将张旭的草书化入绘画,正是文人画中"心手合一"观念的先行者。张彦远记载说曾有人问他吴道子为什么不用界笔直尺便能"弯弧挺刃,植柱构梁",他回答说:

> 守其神,专其一,合造化之功,假吴生之笔。向所谓意存笔先,画尽意在也。凡事之臻妙者,皆如是乎,岂止画也?与乎庖丁发硎、郢匠运斤,效颦者徒劳捧心,代斫者必伤其手,意旨乱矣,外物役焉,岂能左手划圆、右手划方乎?夫用界笔直尺,是死画也。守其神,专其一,是真画也。死画满壁,曷如污墁?真画一划,见其生气。夫运思挥毫,自以为画,则愈失于画矣。运思挥毫,意不在画,故得于画矣。不滞于手,不

---

[1] [唐]李冗:《独异志》卷中,见本社编:《唐五代笔记小说大观》,上海:上海古籍出版社,2000年,第931页。
[2] 《明皇杂录》载:"时有公孙大娘能为《邻里曲》及《裴将军满堂势》《西河剑器》《浑脱》,妍妙皆冠绝当时。"可知公孙大娘当时学过裴旻的剑舞。
[3] [唐]朱景玄:《唐朝名画录》,见黄宾虹、邓实编:《美术丛书》二集第六辑,杭州:浙江人民美术出版社,2013年,第14页。《太平广记》亦载:"开元中驾幸东洛。吴生与裴旻、张旭相遇,各陈所能。裴旻舞一曲,张书一壁,吴画一壁,都邑人士,一日之中,获睹三绝。"
[4] 李栋良:《吴道子观裴旻舞剑作画考证》,《美术教育研究》2017年第19期。
[5] [唐]张彦远:《历代名画记》,杭州:浙江人民美术出版社,2011年,第26—27页。

凝于心，不知然而然，虽弯弧挺刃、植柱构梁，则界笔直尺，岂得入于其间矣？[1]

这一段用庄子的思想来说吴道子的画。张彦远区分了"死画"和"真画"：倘若借助工具作画便是被外物役使而乱其意旨，只能作出死画，而吴道子的画是"守其神，专其一"，这正如庖丁解牛中"神遇而不以目视，官知止而神欲行"，令绘画不再是自我"作"出，而是以神行之，而后见生气。其后，张彦远又区分了"失于画"和"得于画"：如果每画一笔都要事先想清楚画什么，这就是"失于画"；而吴道子作画时不将心思放在画之对象上，故能"不滞于手，不凝于心，不知然而然"，这正是《庄子》的境界。后来《宣和画谱》卷二评价说："道子解衣般礴，因用其气以壮画思，落笔风生，为天下壮观。故庖丁解牛，轮扁斫轮，皆以技进乎道；而张颠观公孙大娘舞剑器，则草书入神；道子之于画，亦若是而已。"[2] "解衣般礴"也是《庄子》里的故事，说的是宋元君命人让画史前来作画，有一人姗姗来迟，入殿不趋、受揖不立，再命人看，此人王"解衣般礴，裸"，宋元君感叹"可矣，是真画者也"。"真画"不看其绘画的技法，而看其人作画是否进入了无彼无我的状态中。杜甫《饮中八仙歌》形容"张旭三杯草圣传，脱帽露顶王公前，挥毫落纸如云烟"，说的亦是此一"解衣般礴"的境界。

以书法作为一个中介，绘画同舞剑中的身体的动势相联系，令其不再是一种"再现"的艺术，而是以画笔表达心神。《历代名画记》卷一评价吴道子说："唯观吴道玄之迹，可谓六法俱全，万象毕尽，神人假手，穷极造化也。所以气韵雄状，几不容于缣素，笔迹磊落，遂恣意于墙壁，其细画又甚稠密，此神异也。至于传模移写，乃画家末事。"[3] 当书画同身体的姿态和动势融为一体，心神借着身体的动势恣意挥洒而游于无穷之造化，乃绘画的至高境界，而谢赫"六法"中师法前人"传模移写"的作画法便成了"末事"。[4] 甚至，比起谢赫"六法"中居首位的"气韵生动"，在张彦远眼中吴道子是"气韵雄状""笔迹磊落"：前者之"生动"，在人物之

---

[1] [唐] 张彦远：《历代名画记》，杭州：浙江人民美术出版社，2011年，第27页。句读有改动。
[2] 王群栗点校：《宣和画谱》，杭州：浙江人民美术出版社，2012年，第19页。
[3] [唐] 张彦远：《历代名画记》，杭州：浙江人民美术出版社，2011年，第17页。
[4] 需要注意的是，张旭的草书和吴道子的画的舞动之势同唐代的书画形制有很大的关系。《唐朝名画录》说三绝中张旭是"亦书一壁"，李白《草书歌行》说怀素"家家屏障书题遍"，吴道子绘画"援毫图壁"，他们主要是书写作画于墙壁或是屏风之上，比起平放的绢纸，这种作画的形式显然令身体的自由舞动更为可能。

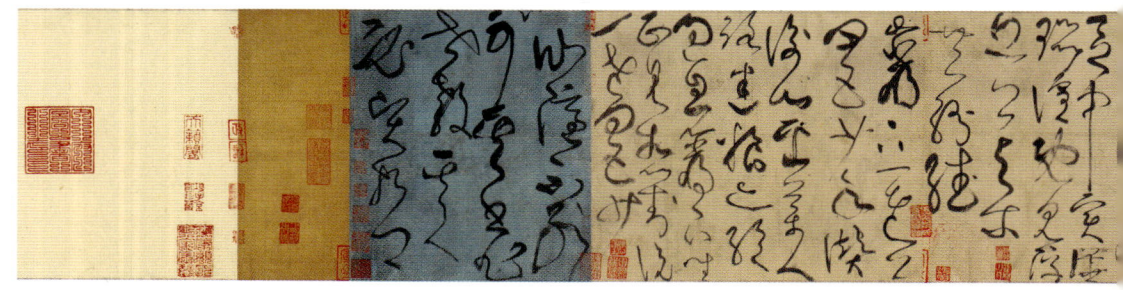

神态;后者之"雄状""磊落",在线条的刚劲和舞动。这是很值得深思的见解。这意味着吴道子正是绘画审美从中古时期以神韵为中心转向宋元文人画时代以"笔意"和"体势"为中心之机杼,前者主要是人物鸟兽画,而后者尤以山水为代表。

《历代名画记》卷九中已说到吴道子对山水画的贡献:"学书于张长史旭、贺监知章。学书不成,因工画,曾事逍遥公韦嗣立为小吏。因写蜀道山水,始创山水之体,自为一家。"[1]吴道子在今天以画人物著名,即便在北宋晚期的《宣和画谱》中也被归为"道释",但在这一段记叙中,张彦远认为他是"山水之体"的开创者,并且其山水的成就来源于张旭、贺知章的草书。《唐朝名画录》中还记载,明皇思念嘉陵山水,命李思训和吴道子分别画之,于是有了"李思训数月之功,吴道子一日之迹,皆极其妙也"之名言。这虽然也可能是杜撰,却已经透露出当时的评论家对吴道子山水画乃为一种意在笔先的"真画"的认识。

吴道子用笔的神妙,也是文人画思想的奠基者苏轼对其倍加推崇的原因。苏轼《王维吴道子画》曾将吴道子和王维并论,说"吾观画品中,莫如二子尊",又说:"道子实雄放,浩如海波翻。当其下手风雨快,笔所未到气已吞。"在苏轼眼里,道子绘画的特点是笔势的雄放和迅疾,这正是草书书写的特点,也是公孙大娘剑舞的特点。尽管他认为吴道子"仍以画工论",而王维则因为是一位有深思的"诗老"而能够"得之于象外",但是吴道子超乎同时代其他画家的"神俊"处,正在他的用笔。与苏轼同时期的山水画家郭熙在《林泉高致》中说:

> 欲夺其造化,则莫神于好,莫精于勤,莫大于饱游饫看,历历罗列于胸中,而目不见绢素,手不知笔墨,磊磊落落,杳杳漠漠,莫非吾画,此

---

[1] [唐] 张彦远:《历代名画记》,杭州:浙江人民美术出版社,2011年,第144页。

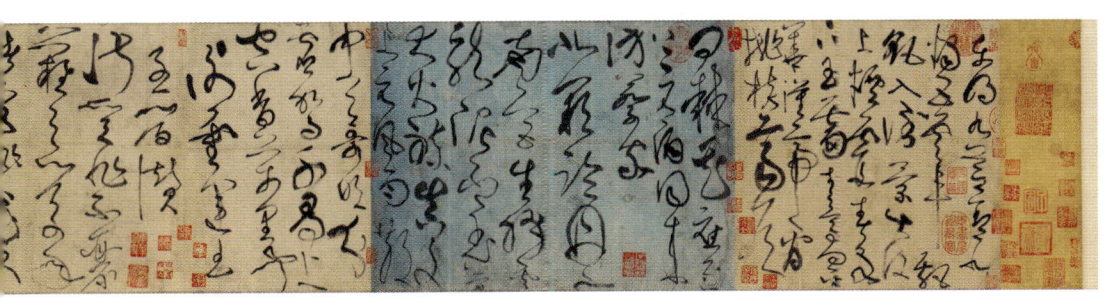

图 3-7　张旭　古诗四帖　辽宁省博物馆

怀素夜闻嘉陵江水声而草圣益佳,张颠见公孙大娘舞剑器而笔势益俊者也。[1]

郭熙谈到他自己绘画的经验,首先是将自己的生命不断融入大千世界,而令世界同眼和手为一而不分彼此。郭熙认为,这种境界同怀素夜闻嘉陵江水声、张颠见公孙大娘舞剑器而笔法大进是同样的道理。这正同于石涛所说"山川与予神遇而迹化"(《画语录》)的世界,乃是文人艺术所追求的至高境界。

但这还并不是艺术精神的全部内容。韩愈在《送高闲上人序》中提及张旭狂草时写道:

> 往时张旭善草书,不治他技。喜怒窘穷,忧悲愉佚,怨恨思慕,酣醉无聊不平,有动于心,必于草书焉发之。观于物,见山水崖谷,鸟兽虫鱼,草木之花实,日月列星,风雨水火,雷霆霹雳,歌舞战斗,天地事物之变,可喜可愕,一寓于书。故旭之书,变动犹鬼神,不可端倪,以此终其身而名后世。[2]

同那些以剑自喻心志的唐代诗人一样,张旭的草书并非只是出于他的艺术天赋和灵感,而是他在日常之事中所得情感的流露。他从公孙大娘的剑舞中所感受到的,或许既有意气风发的少年豪情,也有志不得酬的慷慨悲恨,还有对世间不公的"不平之鸣"。在这个意义上,张旭本人亦可被称为"诗老"了。(图 3-7)当然,真正的"诗老"还要数提笔塑造了这个"公孙大娘"意象的"诗圣"。很多人疑惑杜甫为何

---

[1] [宋] 郭熙:《林泉高致》,北京图书馆正德元年明抄本。
[2] [唐] 韩愈著,马其昶校注:《韩昌黎文集校注》,上海:上海古籍出版社,1986年,第303页。

以如此多笔墨写一舞娘，王嗣奭在《杜臆》中言："此诗见剑器而伤往事，所谓抚事慷慨也。故咏李氏，却思公孙，咏公孙，却思先帝，全是为开元天宝五十年治乱兴衰而发。"[1] 再看《观公孙大娘弟子舞剑器行》的下半部分：

> 与余问答既有以，感时抚事增惋伤。先帝侍女八千人，公孙剑器初第一。五十年间似反掌，风尘澒洞昏王室。梨园弟子散如烟，女乐余姿映寒日。金粟堆前木已拱，瞿唐石城草萧瑟。玳筵急管曲复终，乐极哀来月东出。老夫不知其所往，足茧荒山转愁疾。

杜甫写公孙大娘舞剑，回忆那雄健豪迈的盛唐之风，无不充满了对绝代风华和王朝命运的哀惋，令人"穆然深思"。杜甫之诗被严羽《沧浪诗话》评为有"沉郁"之风，正源自他忧国忧民，对时事常怀感慨的诗人之情。文学评论家巴尔赞说伟大的文学作品应有一种"充满精神的悲观"[2]，杜甫的诗也如他形容公孙大娘之舞的"浏漓顿挫"、张旭之书的"豪荡感激"，正是剑身上那富有生命力量的悲剧气质最好的写照。

无论是张书、吴画、杜诗还是那留在诗人回忆中的公孙剑舞，都不只是一种艺术形式的表达。人生的起伏、家国的兴衰以及茫茫宇宙中个体生命的无奈，将曾经如虹之少年意气和一世风华洗尽。这样无法在现实当中纾解的郁怀，流溢于文人笔下的诗书画之中。苏轼因乌台诗案被贬黄州，几年后离黄州赴汝州路过当涂时，曾访友人郭祥正，大醉后在其墙壁上画了一幅《竹石图》，郭祥正大喜，即赠一双宝剑并诗予苏轼。苏轼回诗云：

> 空肠得酒芒角出，肝肺槎牙生竹石。森然欲作不可回，吐向君家雪色壁。平生好诗仍好画，书墙涴壁长遭骂。不嗔不骂喜有余，世间谁复如君者。一双铜剑秋水光，两首新诗争剑铓。剑在床头诗在手，不知谁作蛟龙吼。（《郭祥正家醉画竹石壁上郭作诗为谢且遗古铜剑》）

---

[1] 转引自 [唐] 杜甫著，[清] 仇兆鳌注：《杜诗详注》，北京：中华书局，1979年，第1818页。
[2] [美] 雅克·巴尔赞：《我们应有的文化》，严忠志、马骁骅译，杭州：浙江大学出版社，2009年，第66页。

图 3-8　苏轼　潇湘竹石图　绢本墨笔　中国美术馆

此《竹石图》画出的深藏于东坡肺腑中的锋芒棱角，是向着雪白的墙壁不吐不快的心肠，这种"任性"常常被房屋主人诘责，唯有知己才得欣赏。东坡把双剑挂在床头，手中持着友人和自己的诗篇，超拔千古的意气与那发出青光的宝剑交织在一起，在冥冥中发出呐喊。（图 3-8）

五、桃花剑客

今天，或许是吴门画派的熏沐，或许是吴侬软语的浸润，或许是玲珑湖石的澡雪，吴地清丽雅淡的气质已深入人心，让人几乎忘记了这里曾经是出产宝剑的地方，曾经是豪侠辈出的地方。《周礼·考工记》言："吴、粤（越）之剑，迁乎其地，而弗能为良，地气然也。"《汉书·地理志》也说："吴、粤（越）之君皆好勇，故其民至今好用剑。"在先秦的王霸之中，吴越的宝剑最为著名，其民亦善于用剑，其地也因此有了"古侠地"的美名。后人如李白就有诗云："燕南壮士吴门豪，筑中置铅鱼隐刀。感君恩重许君命，太山一掷轻鸿毛。"（《结袜子》）明代朱载堉也有"吴门客子侠气雄，啸歌掀髯谁与同。古剑佩灵湖海上，孤琴托兴烟霞中"（《赠钱从聘之郧阳》）的赞美。在诗人眼里，人们对吴门侠客的怀念常常就是一种对先秦时代的想象，那是一个离现实颇为遥远的梦境。

在明代吴门那一群温文尔雅的君子中，也隐藏着豪侠之人。唐寅，他的几位近友几乎一致地以"剑侠"来描述他。祝允明在《梦墨亭记》中形容他:"子畏天授奇颖,才锋无前,百俊千杰,式当其选。形拔而势孤,立竣则武狭……"[1]一次,祝允明梦到他,说"唐生白虹宝,荆砥凤磨磷。江河鲲不徙,鲁野遂戕麟"(《梦唐寅徐祯卿亦有张灵》)[2]。在祝允明的潜意识里,唐寅就如白虹宝剑,经过荆棘磷石的磨砺而愈发光芒奕奕。由于对唐寅为人慷慨之钦佩,祝允明还曾把自己珍藏三十年的两把宝剑赠送给他。[3] 同样是"江南四才子"的徐祯卿评价说:"唐伯虎,真侠客!十年与尔青云交,倾心置腹无所惜。击我剑,拂君缨,请歌《鹦鹉篇》。为奏朱丝绳,胡为扰扰苍蝇之恶声?我今蹭蹬尚如此。嗟尔悠悠世上名。"(《唐生将卜筑桃花之坞谋家无赀贻书见让寄此解嘲》)[4]在徐祯卿眼里,唐寅是对朋友推心置腹的真侠客,如侠客一样饱受命运的摧折,也如侠客一般因真性情而在世间传名。唐寅的亲家王宠也在为唐寅桃花庵作的诗中称之为"夫子嵇阮辈",又言其"老鹤志霄汉,雄剑奔兜鍪"(《唐丈伯虎桃花庵作》)。[5]诗中的唐寅,仿若一个豪气盈天、睥睨一切的持剑侠客,尽情绽放生命的炽烈与真挚。而唐寅也同样以古之英雄对待知己的态度对王宠说:"我观古昔之英雄,慷慨然诺杯酒中;义重生轻死知己,所以与人成大功。我观今日之才彦,交不以心惟以面;面前斟酒酒未寒,面未变时心已变。区区已作老村庄,英雄才彦不敢当;但恨今人不如古,高歌伐木天沧浪。感君称我为奇士,又言天下无相似;庸庸碌碌我何为,有酒与君斟酌之!"(《席上答王履吉》)[6]在唐寅心里,侠客之本色正是"义重生轻死知己",然而当时之才杰,却相交以面不以心。唐寅谦称自己庸碌,但字里行间皆是对古代侠客、英雄的崇慕以及同朋友相交以心的慷慨之气。[7]

唐寅本出身布衣,家中做酒馆生意,自言少年时"居身屠酤,鼓刀涤血""穿

---

[1] 其中的"青萍"剑祝允明尤其视为至珍,曾写《宝剑篇》赞其云:"我有三尺匣,白石隐青锋。一藏三十年,不敢轻开封。无人解舞术,秋山锁神龙。时时自提看,碧水苍芙蓉。家鸡未须割,屠蛟或当逢。想望张壮武,揄扬郭代公。高歌抚匣卧,欲哭干将翁。幸得留光彩,长飞星汉中。"后来又有《咏床头剑》云:"三尺青萍百炼锋,流年三十未开封。藜床且作书生枕,只恐中宵跃卧龙。"将宝剑赠唐寅后几年,祝允明觉得日夜思念此剑,于是又写了一首《为唐子畏索剑》,希望唐寅将"青萍"借给自己把玩:"手解青萍昔赠君,仗来多少截妖氛。知君道就□□后,把与东人划白云。"[明]祝允明:《怀星堂集》,杭州:西泠印社出版社,2012年,第93、132、158页。
[2] 同上书,第582页。
[3] 同上书,第84页。
[4] [明]唐寅:《六如居士集》,杭州:西泠印社出版社,2012年,第304页。
[5] 同上书,第305—306页。
[6] [明]唐寅:《唐寅集》,上海:上海古籍出版社,2013年,第36页。
[7] 对唐寅的研究中,不少学者都注意到了唐寅的这种侠气。如邓晓东在《唐寅研究》中提到唐寅少年就有做豪杰的志向,并认为这种志向"助长了他的功业之心",养成了他慷慨却乖张的性情。邓晓东:《唐寅研究》,北京:人民出版社,2012年,第99页。

土击革，缠鸡握雉，参杂舆隶屠贩之中"[1]。而他才学奇高，常恃才傲物，颇有游侠之气。中解元后，他进京赶考，有题画赞颂诗云："秋月攀仙桂，春风看杏花。一朝欣得意，联步上京华。"(《题画三首》其二）[2]后来又有《把酒对月歌》云："李白能诗复能酒，我今百杯复千首。"[3]诗中颇有李白笔下剑客的豪情。但是，这种如剑的豪情，似乎也喻示着他此后生命的悲剧。他的青云之志很快在科场弊案后被斩断，婚姻随即又遭不幸。回到苏州后他画了一幅《桐阴清梦图》（图3-9），以白描手法，画高高的清桐之下，一人在躺椅上闭目向天，惬意而眠。上题云："十里桐阴覆紫苔，先生闲试醉眠来。此生已谢功名念，清梦应无到古槐。"[4]他在如此年轻的时候就已经断绝了功名的念头，开始一段"如清梦般"的"生死场"。而后，在《与文徵明书》中，三十一岁的他以荆轲、司马迁自拟：

图 3-9　唐寅　桐阴清梦图　纸本墨笔　故宫博物院

　　窃尝闻之，累吁可以当泣，痛言可以譬哀。故姜氏叹于室，而坚城为之隳堞；荆轲议于朝，而壮士为之征剑。良以情之所感，木石动容；而

---

[1]〔明〕唐寅：《唐寅集》，上海：上海古籍出版社，2013年，第221页。
[2]同上书，第103页。
[3]同上书，第22页。
[4]浙江大学中国古代书画研究中心编：《明画全集·唐寅卷》，杭州：浙江大学出版社，2018年，第250—251页。

事之所激，生有不顾也。昔每论此，废书而叹；不意今者，事集于仆，哀哉！哀哉！此亦命矣！俯首自分，死丧无日，括囊泣血，群于鸟兽。而吾卿犹以英雄期仆，忘其罪累，殷勤教督，罄竭怀素。缺然不报，是马迁之志，不达于任侯；少卿之心，不信于苏季也。[1]

对自己的悲剧命运，他也只有无奈和哀叹。剑客的生涯乃是个人的选择，而他的遭际却是飞来之祸，难免更多出几分悲愤伤怀。他后来留下一首《蒲剑》诗云："三尺青青太古阿，舞风砟破一川波。长桥有影蛟龙惧，江水无声日夜磨。两岸带烟生杀气，五更弹雨和渔歌。秋来只恐西风恶，削破锋棱恨转多。"[2] 从诗中即可看出，那少年时的意气风发已被接连不断的厄运磨成了满腹郁怀。他后来常常和友人张梦晋、祝允明在雨雪中扮作乞儿，鼓节唱莲花落，得钱后就买酒在野寺中痛饮。这正是出于对高渐离击筑、荆轲高歌于市的同情和共鸣。唐寅扮乞儿饮酒时还说："此乐惜不令太白知之。"[3] 在他心里，自己生命的快意唯有李白《少年行》中的生命境界差堪仿佛：

> 击筑饮美酒，剑歌易水湄。
> 经过燕太子，结托并州儿。
> 少年负壮气，奋烈自有时。
> 因声鲁句践，争博勿相欺。
>
> 五陵年少金市东，银鞍白马度春风。
> 落花踏尽游何处，笑入胡姬酒肆中。

可是，李白笔下的少年，没有风萧水寒的悲情，唯有击筑饮酒、剑歌而行的豪气；没有壮志未酬的感慨，唯有白马踏花的潇洒。同样的豪气，同样的潇洒，唐寅却是在悲惋中寻找着浮生之乐。文徵明有一首《简子畏》道出了唐寅的感觉："落魄迂疏不事家，郎君性气属豪华。高楼大叫秋觞月，深幄微酣夜拥花。"[4] 唐寅自诩无家之

---

[1] [明] 唐寅：《唐寅集》，上海：上海古籍出版社，2013 年，第 221 页。
[2] 同上书，第 91 页。
[3] [明] 蒋一葵：《尧山堂外纪》，北京：中华书局，2019 年，第 1417 页。
[4] [明] 唐寅：《六如居士集》，杭州：西泠印社出版社，2012 年，第 290 页。

图 3-10 唐寅 沛台实景图 纸本墨笔 上海博物馆

人,这既是由于时事所迫,也本于个人性情。他的胸底充盈豪杰之气,只愿在高楼与月共饮,在深夜与花同眠。晚明诗人尤侗《桃花坞》也有类似的感叹:"桃花坞,中有狂生唐伯虎。狂生自谓我非狂,直是牢骚不堪吐。渐离筑,祢衡鼓,世上英雄本无主。"[1]他说像是高渐离、祢衡这样的人乃是不食人禄的布衣(闾巷)之侠,他们的英雄之举,并不是为了"主人",而是由于他们自己的英雄气。唐寅的理想正是成为如此不受束缚之人。这种观念在当时的士大夫中不能说没有,但是在科举制度面前,无论出于个人价值还是生计的考虑都很难拒绝为官。唐寅远离官场的命运是偶然的、无奈的,但是这无家、无主的境况,却使他在遭遇了如此的命运之后,逐渐形成了自我的意识。"世上英雄本无主",这样的无依附感,并非生命脆弱的体

---

[1] [明] 唐寅:《六如居士集》,杭州:西泠印社出版社,2012 年,第 308 页。

现,而是生命真实面目的写照。唐寅、祝允明扮乞儿唱莲花落,正在于斯;他们爱剑、歌咏侠气,也在于斯。

唐寅建桃花坞,正是为了找寻一个"无家之家"。一次社中诸友于园中小聚,唐寅作《社中诸友携酒园中送春》:"眼底风波惊不定,江南樱笋又尝新;芳园正在桃花坞,欲伴渔郎去问津。"[1]这里正是他那漂泊的心灵的桃花源,一个安顿自我的所在。唐末五代灵云志勤禅师曾有一首著名的法偈:"三十年来寻剑客,几回落叶又抽枝。自从一见桃花后,直至如今更不疑。"深染佛教智慧的六如居士要在此做一个"桃花剑客"。《维摩诘经》云"智庄慧为剑,既破烦恼贼","剑"是佛经中持以斩断烦恼邪魔之物。唐寅的好友在诗中所说他生命中的"妖氛""魑魅""扰扰苍蝇之恶声",除了影射现实中的恶人恶事,也是在说人内心的魔障。他的桃花坞却以一个真实的"显现",以一种遁世而开真的存在,截断世间的一切"有为"之法。他最广为传唱的《桃花庵歌》道:

> 桃花坞里桃花庵,桃花庵下桃花仙;桃花仙人种桃树,又摘桃花换酒钱。酒醒只在花前坐,酒醉还来花下眠;半醒半醉日复日,花落花开年复年。但愿老死花酒间,不愿鞠躬车马前;车尘马足贵者趣,酒盏花枝贫者缘。若将富贵比贫贱,一在平地一在天;若将贫贱比车马,他得驱驰我得闲。别人笑我太疯颠,我笑他人看不穿;不见五陵豪杰墓,无花无酒锄作田。[2]

他的生命真实地存在于这桃花庵中、桃树之下。那富贵车马的驱驰看似得意,背后却是受人役使的一生;那建功立业的豪杰们,也不知埋骨何处。少年时的豪情

---

[1] [明] 唐寅:《唐寅集》,上海:上海古籍出版社,2013年,第50—51页。
[2] 同上书,第21页。

图 3-11　唐寅　溪山渔隐图　纸本墨笔　故宫博物院

依旧,却不再为了仕途的目的;真正的英雄心,安放在了这般一生不为其主的桃花庵中。

在桃花庵中,唐寅把他的一腔英雄意气,都吐露于笔墨之中。他的一位相识段金在题《唐六如行书诗卷墨迹》中说:"伯虎诗,初甚纤丽,得晚唐气象。后益纵放,超脱轨度,至杂以谐谑。或讥弹时辈,往往多不平语。盖其不偶于时,故为落魄如此,可悲也。"[1] 比起沈周和文徵明,唐寅的作品中有更多的"不平"、悲慨和英雄意气流露。正德元年(1506)他陪王鏊进京上任途经沛台,后作《沛台实景图》(图 3-10),画中远景为萧萧山影,近处是一处巨大的岩石环抱的院落,院中老树枯槎,上有点点寒鸦;古井一口,旁立一方古碑。画面上方自题云:"此地曾经玉辇巡,比邻争睹帝王身。世随邑改井犹在,碑勒风歌字失真。仗剑当时冀亡命,入关不意竟降秦。千年泗上荒台在,落日牛羊感路人。"[2] 当年刘邦做亡命徒时"提三尺剑取天下"的豪气,依然激荡在这千年荒台与失真的碑铭中。上海博物馆还藏有唐寅《溪山渔隐图》(图 3-11),画面右段为一人独返于烟渡之上,山石红枫古松掩映的岸边小屋内,两客对坐,耳室一童子正在烹茶,画面石段是两文士在水榭中俯身眺望江中渔夫。画卷右上唐寅自题:"茶灶鱼竿养野心,水田漠漠树阴阴。太平时节英雄懒,湖海无边草泽深。"尾句同那有名的"不见五陵豪杰墓,无花无酒锄作田"正可对读。人们对山中渔父的印象,大多是旷达的隐士,后陆治题跋也只说"诗翁野老,纵谈垂钓,使观者参物外之高踪",唐寅却说这位渔父本是英雄,只是在太平时节甘愿在无边的江海草泽里做一个逍遥的平淡之人。

唐寅去世十年后,文徵明为他的《濯足图》所题诗中也可见到这样的身影:"十年不见唐居士,转楮惊看画里身。回首桃花庵尚在,江湖难觅浪游身。"(《题唐子

---

[1] 周道振辑:《唐寅书画资料汇编》,上海:上海古籍出版社,2017 年,第 411—412 页。
[2] 浙江大学中国古代书画研究中心编:《明画全集·唐寅卷》,杭州:浙江大学出版社,2018 年,第 349 页。

畏濯足图》）[1]飘然远逝的唐寅，在好友的心中永远是一个在江湖中浪游而不见踪迹的英雄。晚明的王世贞在看到唐寅画的《牡丹下睡猫》时，更为胸臆澎湃地说："牙爪攒戟霜，飞腾掣弓电。讵止无当锋？谁与敢奔殿！刳裂惩狡贪，吮咀慰酣战。能令此辈空，不爱通侯券。丹青何人手？唐子少豪健。卖骏足偶蹶，屠龙技方贱。"（《唐伯虎画牡丹下睡猫题者不甚快意因戏为作之》）[2]将猫的姿态描写为如利剑一般充满迅疾的锋芒，这样的咏猫之笔，世间恐怕不多了吧？唐寅的画，无论有典还是无典，很多都表达了一种阅尽不平、浮生浪游的豪侠之气。

自元代以后，政治的现实让文人愈来愈清楚"可用"未必一定是进入仕途、成就功名，王冕在《剑歌行》中说："书生无用且挂壁，引杯时接殷勤欢。天眼太高俗眼顽，锐锷宜许儿曹看。先生有志不在此，出处每谈徐孺子。清高厌觅万户侯，笑引江山归画史。我来四十鬓已斑，学剑学书俱废弛。五更闻鸡狂欲起，何事英雄心未已。"这正是元明时期许多文人画家的处境和人生态度。"书生无用且挂壁"是对个人仕途乃至政治局面的无奈，抚剑弹铗之时，在豪迈的理想与无常的命运面前，他们最终选择以潇洒的态度，用同样的"志"书写了另一种"青史"。这不但是对生命之志的秉持，也是对历史的意义的另一番认识。生命跳出结构性的、束缚人性的政治历史，文人以自我的天眼探出了一部讲述生命真意的"人的历史"，将自我的生命情怀全盘赋予笔下的"江山"，用笔墨在"青史"中发出了英雄的赞歌。

---

[1]［明］文徵明：《文徵明集》，上海：上海古籍出版社，2014年，第1123页。
[2]［明］唐寅：《六如居士集》，杭州：西泠印社出版社，2012年，第300页。

第四章

铭 砚

一、无名之铭

砚铭，顾名思义，乃指镌刻于砚石上的铭文。如果说书籍是通过大量复制来传播知识和思想，而到了电子时代，这种复制几乎无需借助任何"实物"的载体了，那么铭文的独特性就在于，它的流传始终拥抱着"原物"的流传。即使通过拓写而被复制，眼前的拓片也会不断提示人们，这些文字是原真地镌刻于历史中的某个"曾在"的物身上的。这一物质之原真性，正如本雅明所说的"光韵"，令铭文具有一种崇高的价值，令铭写的行为变得极为郑重，令铭记变得极为深远。在古代各大文明之中，铭文都携带着一种强烈的宗教感，正如柯勒律治所言，"它是清晰地基于语言与意义的一种成物（道成肉身）的、祭献的以及复生的典范——由于是一种观念的建构，因此这种典范是基于信仰而非语言施行的知识"[1]。

中国人有在器物上铭文的悠长历史。《周礼·夏官·司马》云："凡有功者，铭书于王之大常，祭于大烝，司勋诏之。"郑玄注："铭之言名也。生则书于王旌，以识其人与其功也。死则于烝先王祭之。诏，谓告其神以辞也。"[2] 铭是一种"称名"的方式。被称为"铭"的书写有两种：一种是写在天子所驱之车的旌旗上，这是为活着的人彰显功勋的；还有一种镌刻于青铜祭器上，将死者的功德昭告于天神。后一种铭文因其物质的长存而更具历史意义，故《礼记·祭统》云："夫鼎有铭，铭者，自名也，自名以称扬其先祖之美，而明著之后世者也。"郑玄注："铭，谓书之刻之以识事者也。自名，谓称扬其先祖之德，著己名于下。"[3] 将铭有祖先功绩的祭器展示于仪式的现场，这本质上是通过称扬先祖之德而建立一种"自我"之名。《荀子·正名》篇说"正名"是"王业之始"，这是由于"名"的建立本身便意味着正统在社会上的确立及其在历史中的传递。（图4-1）

当然，"物质"的铭写本身的流传并不必然意味着历史的"纪念性"，一时的显名也不意味着流芳百世，这一点是古人很早就意识到的。《左传》中王孙满对楚怀王说"在德不在鼎"，"德"意味着一种内在的能力，其对于正统的价值超越了在物质和铭文上彰明身份功勋的鼎。今日研究的青铜器上的早期铭文，多为当时宣扬功

---

[1] Andrzej Warminski, *Material Inscriptions: Rhetorical Reading in Practice and Theory*, Edinburgh University Press, 2013, p.48.
[2] [汉] 郑玄注，[唐] 贾公彦疏：《周礼注疏》，上海：上海古籍出版社，2010年，第1147页。
[3] [清] 孙希旦：《礼记集解》，北京：中华书局，1989年，第1250页。

图 4-1　虢季子白盘及铭文拓片　西周晚期　中国国家博物馆

图 4-2
清白昭明镜
西汉晚期
扶风县博物馆
内圈铭文:"内清之以昭明,光辉象夫日月,心忽扬而忠,雍塞不泄";外圈铭文:"洁清白而事君忠汙之弇似玄锡之得□□辉夫日忘美□□□□□灵高毋绝"。

能之语,这自然是由于青铜器自身的不朽特点,而那些书写于可朽却近身之物上的箴铭的传统常常是被考古研究所忽略的。[1]汉人说黄帝曾有《舆几铭》《巾几铭》,《大学》中"苟日新,日日新"的盘铭亦属此类。《大戴礼记》中则载武王听尚父道丹书之言,惕若恐惧,退而为戒,在他日常生活空间之中的席之四端、机、鉴、盘、楹、杖、带、履屦、觞豆、户牖、剑弓矛皆有所铭。[2]从汉代开始,日常器物的铭文就已经成为铭文的主要形式,而在铭文中所表达的"德"的价值才是"正名"的途径。南朝文论家刘勰《文心雕龙·铭箴》中罗列此种早期铭文云:"昔帝轩刻舆几以弼违,大禹勒笋簴而招谏,成汤盘盂,著日新之规,武王户席题必戒之训,周公慎言于金人,仲尼革容于欹器,则先圣鉴戒,其来久矣。"他又定义了铭文之意义:"铭者,名也,观器必也正名,审用贵乎盛德。"[3]中古以前,愈是高贵的人,其器铭中的令德愈是其正名的方式。(图4-2)

---

[1] 顾颉刚在《教条式之铭辞》一文中指出,此种训诫式的"铭"应为"箴",与用以扬名的"铭"不同,后来推广其意而都成"铭"了。顾颉刚:《教条式之铭辞》,《史林杂识初编》,北京:中华书局,1963年,第291页。
[2] [清] 孔广森:《大戴礼记补注》,北京:中华书局,2013年,第115—118页。
[3] [梁] 刘勰著,黄叔琳注,李详补注,杨明照校注拾遗:《增订文心雕龙校注》,北京:中华书局,2012年,第139页。

"砚"也是一日用器物，但它身上的"铭"却同时具有古代铭文的两种意义。清代的金农便在《冬心斋砚铭》的序言中说"寓规者十之三，彰美者十之七"，又解释说"寓规者，座右所陈之比也；彰美者，彝器所勒之比也"。[1]这个说法将砚铭的意义比拟于古代的鼎彝铭文和训诫箴铭。砚铭虽不能作为理想的"传世之物"，但作为辅助书写的用具，它是"文以载道"的传统在"物之中"的证明，这是比任何永固的物质都更为悠远的文明的记忆。早期的许多砚铭都曾表达过"传世"的意义。唐代的《初学记》中记载汉代李尤有砚铭云："书契既造，砚墨乃陈。篇籍永垂，纪志功勋。"[2]同样的意思在唐代韩愈为友人高君仙一方马蹄状砚所写铭文中也可见到："仙马有灵，迹在于石。凌而宛中，有点墨迹。文字之祥，君家其昌。"(《高君仙砚铭》)[3]在韩愈看来，这方灵砚能令文章有如神助，这也是家门昌盛的吉兆。对这种流传性，也即"扬名"的称美，似乎同先秦铜器上的勒铭是一样的。

　　不过，砚铭毕竟并不以记载君侯将相的历史功勋与德行为目的。刘勰引臧武仲之论铭曰"天子令德，诸侯计功，大夫称伐"，中古以前的器铭，无论是寓规还是彰美，都是心系天下的王侯将相之所用。而砚台乃是一件日常之物，它的物质并不能在仪式中被宣扬，其流传所依靠的乃是文字自身的力量。当文字的书写者主要是平民出身的士大夫时，砚身上"不名"的意味被彰显出来。苏轼被贬黄州时，曾在一则给鄂州太守朱康叔的尺牍中写道："屏赞、砚铭，无用之物，公好事之过，不敢不写，装成送去，乞一览。"(《与朱康叔二十首》其十四）这虽是交往中的客气话，但也能看出苏轼将砚铭看作平日里的一种私人写作。他说砚铭乃"无用之物"，所指之"用"，自然是就在现实的社会或历史中的功用而言。砚不再是"纪志功勋"之物，也不能令"君家其昌"，它只是平常人的一件平常的书写用具。多数的砚铭都湮没于历史了，人们只有在一些诗文集中才有幸窥其一二，当然它们即便在文学史上也可以说是微不足道的。

　　然而，这"无用之物"却成为苏轼生平最喜爱的文体之一。从十二岁作《天石砚铭》始，至六十五岁，也即去世前一年遇赦北归时赠唐佐端砚并为铭，苏轼一生与砚的因缘大都因铭而系之。他一生所书砚铭收入文集的有二十八则，加上友人文集中提到的就多达三十则，而他的文集中流传下来的全部铭文也不过五十七则。其门生、友人，倘获赠其亲铭之砚，则如至宝。或自为铭，以志其情。在苏门文人中，黄庭坚

---

[1] [清] 金农:《冬心先生集》，杭州：西泠印社出版社，2012年，第161页。
[2] [唐] 徐坚:《初学记》，北京：中华书局，2004年，第519页。
[3] [唐] 韩愈著，马其昶校注:《韩昌黎文集校注》，上海：上海古籍出版社，1986年，第690页。

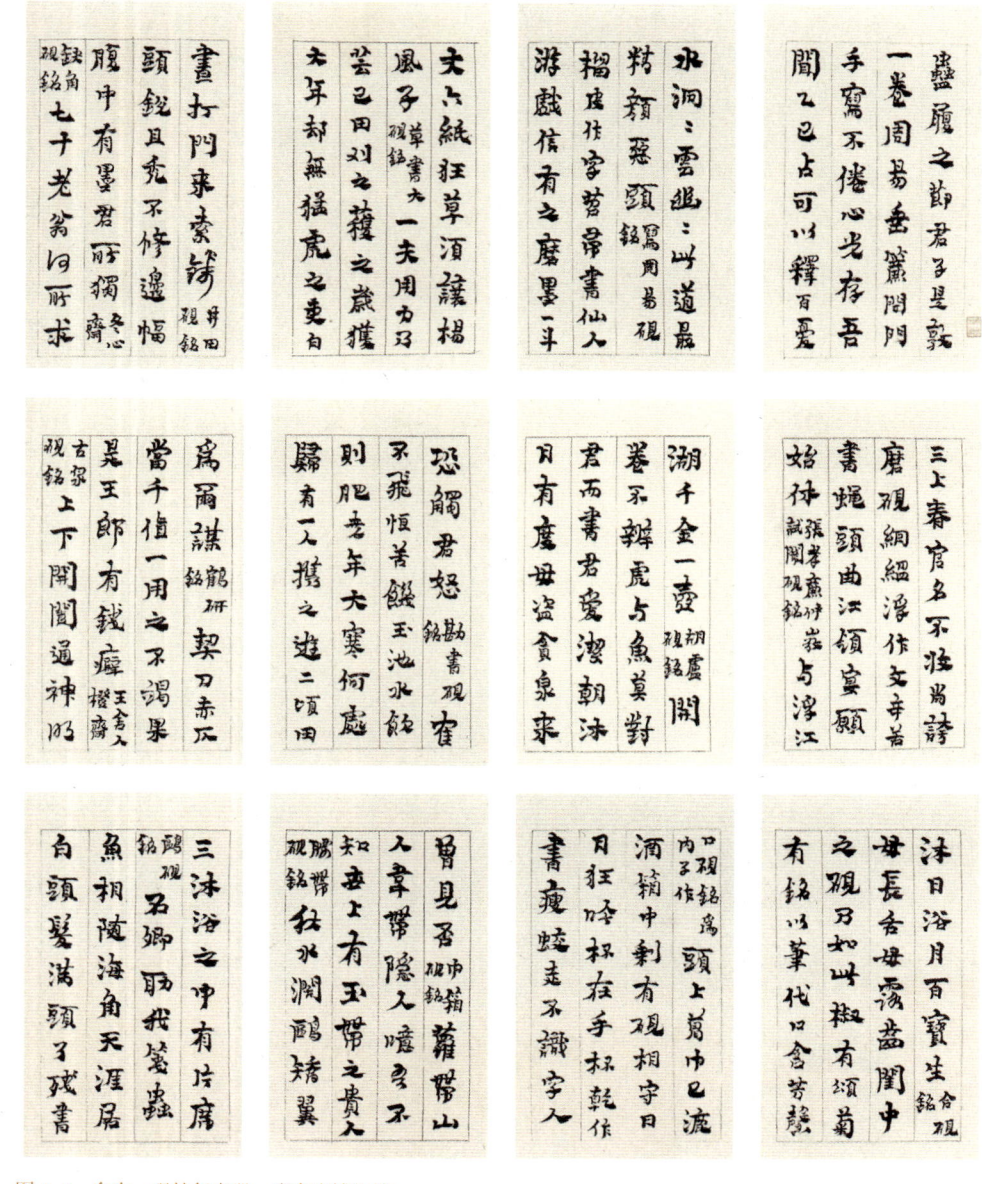

图4-3　金农　砚铭行书册　广东省博物馆

亦有二十六篇砚铭传世，秦观两篇，晁补之九篇。在东坡身后，仿制、作伪为"东坡砚铭"者更不计其数，甚至他的画像也成为一种"铭"的方式，被镌刻在"东坡砚"上。"铭砚"从此作为文人的一种特殊书写方式传承下来，到清代中晚期金石学再次兴盛时尤成风气，金农有专门的《冬心斋砚铭》集，纪昀有《阅微草堂砚谱》，高凤翰有《砚史》，皆专录自己的砚铭，此外朱彝尊、黄任、阮元、钱载等人的砚铭也足以成集。可以说，砚铭的书写成为一种独特的文人之事，乃从苏轼开始。（图4-3）

金农在《冬心斋砚铭》的序言中道出了文人钟情于砚铭的原因："石不能言，惟俟有道者定之耳。"[1]尽管看上去一切的"物"都是不言说的，但的确有一些"物"又是有所言说的，当人们去选择铸造"九鼎"或是一块石碑，即使没有铭文，"物"也在言说其所有者的社会功用和历史地位。而石是一种真正不言说的"物"，它的意义无法借助它的规制传达出来。砚铭便是为这砚台"定义"的方式，这定义并非指砚台的某种客观的特性，而是要通过这位执笔的有道者内心的价值来判定。它作为一种独立的书写形式，在最深邃的意义上表达着文人对普遍价值的信服以及对自我价值的思考。砚铭的流传，正是基于它身上的意义的穿透力；这个意义，也以另一种方式留下了"名"的印迹。

二、质成乎器

在对砚的铭写中，"质"的葆全始终是被特别关切的。这葆全不仅仅来自它坚硬而不易破碎的质地，更是一种意义上的葆全。石砚是最为常用的，但即便有可能被毁坏，砚对自身质地的持守，与那些原本作为用具而被损毁的工具也不会相同。唐代诗人韩愈已经对此意有所领悟。他曾得友人李元宾赠砚，这是一方澄泥瓦当砚。韩愈四年里朝夕用之不辍，可惜后来行途中被仆人不小心摔在地上坏了。韩愈不忍丢弃，将其连匣一起带回长安埋于家中，并写了一则《瘞砚铭》：

> 土乎质，陶乎成器。复其质，非生死类。全斯用，毁不忍弃。埋而识，之仁之义。砚乎，砚乎，与瓦砾异。[2]

与给友人高君仙的砚铭中持有的传统态度不同，这方坏砚引起了韩愈对砚台之质的沉思：天然的陶土由于其"质"而被制成了有用的砚台，由"质"到"器"，这是一切人工制品"形成"的过程。[3]自然地，当物的这种形式被破坏之后，它的有用性

---

[1] [清] 金农：《冬心先生集》，杭州：西泠印社出版社，2012年，第161页。
[2] [唐] 韩愈著，马其昶校注：《韩昌黎文集校注》，上海：上海古籍出版社，1986年，630—631页。
[3] 这亦符合西方的哲学传统对"物"的认识。在古希腊哲学家亚里士多德眼中，"质料"在物中具有一种成物的潜能（potentiality），而制作出形式最终将这种潜能实现出来，便是"成物"（actuality）。[古希腊] 亚里士多德：《形而上学》，吴寿彭译，北京：商务印书馆，1983年，第171—178页。

图 4-4
龟形澄泥砚
唐代
上海博物馆

也就消亡了,如此可以认为此物的现实存在也随之消亡,这也就是韩愈说的一般事物"生死类"。一般器物损毁之后变成"瓦砾",但是,韩愈这方砚偶然毁坏之后,却显现出了同一般器物的区别。它"复归其质",其上手之"用"已经消逝,却并不是"死"了。它和无用的瓦砾并不相同。这是由于,它并不完全是被利用的工具,它身上有一种"全斯用",它的用是一个自立的全整的存在。[1] 在深笃儒家之道的韩愈看来,这是它质性上所具有的"仁义"的特性。当外在的"用"被毁掉之时,它身上的仁义的存有却永不磨灭。(图 4-4)

当士大夫的价值和精神在北宋被进一步确认和现实化后,"砚之为器"的观念在文人那里得到了更充分的讨论。且看北宋唐庚为家藏的一方古砚作铭时所写之序:

---

[1] 这不禁让我们想起海德格尔在《物》一文中的话:壶之为壶,并不是因为制造壶壁使用的陶土,而是在于那陶土形成的虚空(Nicht),由于这种虚空,壶具有了一种容纳性。〔德〕马丁·海德格尔:《演讲与论文集》,孙周兴译,北京:生活·读书·新知三联书店,2005 年,第 176—179 页。在海德格尔眼中,容纳既是壶的功能,又是壶作为自立之物的属性。作为一件器皿,澄泥砚有着硬实的身体,它依然因为一种"容纳"墨的特性而被称为砚。但是,在中国文人眼中,这一"容纳"并没有直接引向物的自立。砚之自立恰恰在于,它并没有依赖于"容纳"而定义它自身,即便当这一"容纳"的能力消逝之后,它依然秉持着它自身。对于文人而言,砚对质料"陶"的秉持比起"容纳"更具有本质的意义,它通过其质来显现自身。

> 砚与笔墨，盖气类也。出处相近也，任用宠遇相近也，独寿夭不相近也。笔之寿，以日计；墨之寿，以月计；砚之寿，以世计。其故何也？其为体也，笔最锐，墨次之，砚钝者也。岂非钝者寿而锐则夭乎？其为用，笔为动，墨次之，砚静者也。岂非静者寿而动则夭乎？吾于是得养生焉：以钝为体，以静为用。或曰：寿夭，数也。非钝锐动静所制。借令笔不锐不动，吾知其不能与研（同"砚"——引者）久远也。虽然，宁为此，勿为彼也。[1]

这篇文章中，"砚"不再与一般器物作比，而是与同样作为"文房"的笔墨作比了：笔墨锐利而好动，砚石则钝拙而贞静。较之砚，笔墨之用指向了一种更清晰的"工具性"。笔墨的制造是精细的，每一道工序都与其是否好用的"目的"有关，因此其形象是"锐"的。海德格尔在《艺术作品的起源》一文中指出，一件人工制品制作越精良，使用越"凑手"，质料就越消遁于器具的存在中。[2]笔墨的质料正在这种锐利的器具性中消遁了。承接制作之意，它们的"用"之确然也应合了这种"意"，也即书写之"动"把笔墨作为工具的特点再次凸显。在这个过程中，虽然亦有"质"的参与，但是人们在顺畅的书写中，亦即海德格尔所讲的"上手状态"中很自然地将这种物性遮蔽了。随着书写的进行，笔墨渐渐走向"寿夭"，用得越多，其寿命就终结得越快。《庄子·齐物论》也曾说："一受其成形，不亡以待尽。与物相刃相靡，其行尽如驰，而莫之能止，不亦悲乎！"物一旦成形，就必然作为"用"的对象，承担着其生命最终被消磨甚至被摧折的命运。向着"尽"而不可抑止地奔去，是被制作的物无法逃离的命运。然而，北宋文人笔下的砚给了如此这般统摄物的宿命一个"裂隙"。砚虽也帮助了书写，但这主要借助于它自身的质地，而不需要十分精密的制作，因此它显现的形式是"钝"的；它的使用也无需运动，只是静待墨之研磨、笔之濡润而已，因此它存在的方式是"静"的。正是这"钝"与"静"令其远离了工具性，始终秉持着全整的自身。由此，它的"质"不会再因为使用而被埋没，就连它的形体也是不易损毁的，故唐庚说"虽然，宁为此，勿为彼也"，并铭曰："不能锐，因以钝为体；不能动，因以

---

[1] [宋] 唐庚：《唐先生集》，《四部丛刊》三编影旧钞本。原文"笔之者""墨之者""砚之者"，"者"疑为"孝"，引改。
[2] [德] 马丁·海德格尔：《林中路》，孙周兴译，上海：上海译文出版社，2004年，第43页。

静为用。惟其然，是以能永年。""永年"很容易让人想起《庄子》中那棵"因无用而得永年"的大树，不同的是，砚在书写中有着重要的用处，只是在这种"用"中，它以自己的"钝"建立了一种"静"的秉性，同样成功地保全了自身。

对文人而言，与一切被铸造的物不同，砚的质地乃天然而生，没有任何的造作。它不是为了"实现"某种形式而诞生的。甚至，最理想的砚可能是毫无制作痕迹的。苏轼获得"天砚"就是砚史上一个著名的故事。苏轼十二岁时，在居所宅院玩耍时，与小伙伴凿地得异石。石形如鱼，质温莹，色浅碧，表里皆细银星，扣之铿然。苏轼试着用它作砚，结果十分发墨，只是石形没有贮水处。他父亲苏洵见到说，"是天砚也。有砚之德，而不足于形耳"，认为此石有"文字之祥"。苏轼非常喜爱，遂作《天石砚铭》：

> 一受其成，而不可更。或主于德，或全于形。均是二者，顾予安取。
> 仰唇俯足，世固多有。

此石乃天然之物，形状奇异，苏轼却称其"或主于德，或全于形"，砚之"德"来自"质"，"形"就是形式，此"或"并非选择，而是兼而有之。无论是砚的质性还是形式，都是"自主"且"全体"的；这方砚自从天地造物，便已成为自身，而当它由于这种自主且全形的自身而得到少年苏轼的"取用"时，也并没有因为这种"用"而有什么改变。天之造物，可为人之用；人之用物，则可明造物者之心。苏洵说此砚有"文字之祥"，这方天砚的可用性在于其天然存在的自身，不靠人力的雕凿；而其"用"的目的——作诗为文，亦不是作为某种"利用"的工具，而是成于自我之禀性。因此，葆有"质性"并不意味着不可用，石之为砚始终秉持着自身——而这一天石砚由于"刚好可用"，在文字的世界中得以展开自身的意义。[1]

同唐代以前的砚铭或言其质性的"仁义"，或言其器物的功用不同，在宋代士大夫笔下，"性"与"用"对"物"而言乃是混为一体，不可界分的。苏轼在《书青州石末砚》中说："砚当用石，如镜用铜，此真材本性也。以瓦为砚，如以铁为镜。人之待瓦、铁也微，而责之也轻，粗能磨墨照影，便称奇物，其实岂可与真材

---

[1] 根据《天石砚铭》序所云，此砚一直藏于苏轼家中，直到元丰二年（1079）秋苏轼突遭乌台诗狱，家中仓促收拾行李，到了黄州再寻此砚已不可得。至元丰七年七月，历经被贬谪岁月之后，他被重新起用，又在当涂的船上忽然找到。苏轼大喜过望，又将这方砚交付给了儿子苏迨和苏过，并且说，此砚的原匣虽然工艺并不精美，"乃先君手刻其受砚处，而使工人就成之者，不可易也"。

本性者同日而论哉？"苏轼并不回避质料恰当地作为器具的"特性"。相对于唐人以陶瓦为砚，到宋代，歙砚、端砚等在书写中更为"上手"的石砚从此相伴于文人身畔，并在砚铭中得到了兼有质性和适用性的赞美。苏轼在为唐林父赠予他的砚所作《丹石砚铭》中也提到了"质"之为美的观点：

彤池紫渊，出日所浴。蒸为赤霓，以贯旸谷。是生斯珍，非石非玉。因材制用，璧水环复。耕予中洲，艺我玄粟。投种则获，不炊而熟。

其序云："唐林父遗予丹石砚，粲然如芙蕖之出水，杀墨而宜笔，尽砚之美。唐氏谱天下砚，而独不知兹石之所出，余盖知之。"苏轼强调，它既非石也非玉，而是一块"美砚"。作为物之"砚"，其"美"一在外表上的显现，而此一"粲然如芙蕖之出水"的样子，并非工匠涂染而成，乃是其"质"所显现出来的天然之性；二在刚好可以"因材制用"，利于发墨也适宜用笔，不以材质本身的稀有为珍，而是贵于刚好可用的特质。有此二者，这方丹石砚便可以说是尽"砚"而不是任何"他物"的美了。此一"美"并非"完美"之意。"完美"的概念在西方形而上学中意味着脱离了物原初质料的超越的"形相"，因此也便意味着一种目的。而此砚显现出美感的质性本身便可"制用"，它同时显现了"砚"作为一"物"可用而仍持守自身的难得之性。

又如苏轼《孔毅甫龙尾砚铭》说：

涩不留笔，滑不拒墨。瓜肤而縠理，金声而玉德。厚而坚，足以阅人于古今。朴而重，不能随人以南北。

这方歙砚从"用"上说，刚好具有滑和发墨这两个有些矛盾的特点，因此显得尤为难得[1]；从"质"上说，在手中抚摸时如瓜皮般滞涩，细观纹理又如丝罗般细腻，叩击时音色近似金属发出的声音，仿若仪式中最庄典的音乐。其材质坚硬而温润的特点让人想起了美玉，代表着君子的德行[2]。这种"比德"的赞美将砚之"内在之

---

[1] 苏轼在《书砚赠段玘》中说，好砚的评判标准是"滑而发墨"，但是这两者常常是矛盾的，砚滑则褪墨。
[2] 这是苏轼很常用的修辞。他的《王平甫砚铭》云："玉德金声，而寓于斯。中和所熏，不水而滋。正直所冰，不寒而凘。平甫之砚，而轼铭之。"《章圣黼砚铭》又云："黟、歙之珍，匪斯石也。黼形而縠理，金声而玉色也。云蒸露湛，祥符之泽也。"

图 4-5　东坡铭端石结绳纹砚　故宫博物院
背面浅凹镌铭云:"余惟两手,其一不能书,而有三砚,奚以为多？今又获此龙尾小品,四美具矣,而惭前言于客。且江山风月之美,坌至我前,一手日不暇给,又惭于砚,其以贻后之君子。将横四海兮需穷,与日月兮齐光。庶不虚此玉德金声也。"

质"与"全体之性"联系在一起,融合了儒家对君子的"品"和"行"最美好的想象。然而苏轼对砚质性的理解并没有止步于此。在他看来,砚更为可贵的地方在于,它身如金玉,然质为砚石,其"用"的成立来自这天然的质地。生自天然,自身在品性上就有最为纯粹的德行；而以天然为用,也令其不会在锻造中变成一种工具。在另外一些砚铭中,苏轼也曾将砚同"金"的产品——"剑"作对比。如《王定国砚铭二首》其一说:"石出西山之西,北山之北。戎以发剑,予以试墨。剑止一夫敌,墨以万世则。吾以是知天下之才,皆可以纳诸圣贤之域。"《鲁直所惠洮河石砚铭》言:"洗之砺,发金铁。琢而泓,坚密泽。郡洮岷,至中国。弃矛剑,参笔墨。岁丙寅,斗南北。归予者,黄鲁直。"制砚的石材中含有金属,它从遥远的边域来到了中原。倘若这些质料被冶炼成金,制成宝剑,似乎更可叱咤风云,大有作为,但石却作出了作为砚台"弃剑从墨"的选择。可用于笔墨,源于其天然之质；也唯有用于笔墨,才可以葆全其质。笔墨之用不是一时一刻一人一物之利用,而是跨越时空的作为"天下"的全体世界之"用"。只有作为全体世界之"用",砚作为全体世界的自身才能在这一"用"中得以显现。苏轼给故友王颐的端砚铭曰:

其色马肝,其声磬,其文水中月,真宝石也。而其德则正,其形天

合。其于人也略是，故可使而不可役也。(《故人王颐有自然端砚砚之成于片石上稍稍加磨治而已铭曰》)

此砚真切地道出了文人与物在根性上的一致。他们都在这个世界中"为用"，但是，这种"为用"却从来不会令其成为一种工具。生命的意义来自对自我原质的保存，生命不作为一个被消磨、被役使的对象而存在；因此与那纷扰的、碎裂的外在世界不同，这里不再有互相利用、戕害的对象，生命始终以全一而真的面貌行于世。比起《庄子》中那任我逍遥的避世散木，砚的这种"入世而全己"的态度，更显示了北宋士大夫对"自我"和"天下"的一种领悟。(图4-5)

三、形化而德全

如果说"质"作为砚的原真物性，是砚铭所要赞美和叙述的，那么形式上的目的论的嫌疑，也即庄子所说的"一受其成形，不亡以待尽"的命运，尤其需要砚铭的诠释和反思。诚然，自柏拉图以来，什么样的制作可以模仿"理式"(eidos)的关系就一直为哲学家所讨论。模仿不可能达到完全的一致，而愈精巧的工匠（艺术家）则愈能够制造出接近这种完美理式的东西。在文人砚铭中，指向他物的形式的模仿，或曰"像"常常是被批评的。《天石砚铭》作为苏轼最早，也最具典范意义的砚铭，其中"或主于德，或全于形"指明"德"作为意义的昭示，自身有一"独全"的特点——它的存有并不依靠模仿任何外在于物的理想形式，其形象上的显现同其意义（德）一样具有一种作为自身的整全性。当然，如天石砚一般的砚毕竟是少数，但即便是"像某物"的砚，亦在文人的砚铭中超越其"像"了。如苏轼《鼎砚铭》云：

> 鼎无耳，槃有趾。鉴幽无见几不倚。赐虫陨羿丧阙喙，羽渊之化帝祝尾。不周偾裂东南圮，黝然而深维水委。谁乎为此昔未始，戏名（铭）其臀加幻诡。

此砚虽名"鼎砚"，但苏轼在铭的开头就说此砚从物形来看非鼎、非盘，从功用而

论非鉴、非几。但它又仿佛同时有着这些物的某种特性。《齐物论》中,庄子"不知周之梦为胡蝶与?胡蝶之梦为周与?周与胡蝶,则必有分矣。此之谓物化"。与现成事物的"似是而非"令它远离了依附于一个"他者"而始终作为"自我"立于世界,又仿佛令它同物的世界存在着某种联系。他接着想象说,它仿佛神话中被后羿射掉喙的三足乌,又仿佛被帝尧斩断尾的三足鳖;它好像被共工撞掉东南角的不周之山,而此处恰好可以聚集四维之水。苏轼在此铭中反复引用上古神话,正是在说明此砚"幻化"的特点。他问道:过去未有前例,又是谁人制作此物?"未始"亦可理解为"无目的的",这实际上是在说此物虽由人作,却宛若非由人作,因其形式是没有任何模仿对象的。因此,镌于此物身上、为此物而作的铭也应是"戏铭",这是写出此物之"幻诡"的最佳方式。

再看苏轼《龙尾石月砚铭》:

> 萋萋兮雾縠石,宛宛兮黑白月。其受水也哉生明,而运墨也旁死魄。忽玄云之霾霼,观玉兔之沐浴。集幽光于毫端,散妙迹于简册。照千古其如在,耿此月之不没。

此砚中有圆月,但是苏轼并未描绘其形,而是重在说此石月砚所展开的一个"幽明"的世界。这一世界自身并不是锁闭的,而是向着那些切近之"物"敞开:受水之时,它生出光明;运墨之时,它归于晦阴。它的意义亦在更广袤的天地与历史之中延伸:它聚集了笔墨的精华,而将文字的妙迹散播于书籍之中;文字的力量令其照彻千古,而终令此月不会隐没于时间之中。在此龙尾石月砚身上,物象并未"限定"它的意义,而是令其作为一个"意义的世界"容纳了整个文字的宇宙。(图4-6)

清代金农有一《获亭主人不满砚铭》同样表达了此意:

> 虽小缺而如句骊之天,虽小蚀却享大椿之年。谷神抱虚,真气绵绵。惟其不满兮,得方寸之独全。[1]

这书写的是一个外形有缺蚀的砚石。这条砚铭带有浓厚的道家思想的特点。首句作

---

[1] [清] 金农:《冬心先生集》,杭州:西泠印社出版社,2012年,第179页。

图 4-6
龙尾石月砚
北宋
陕西蓝田吕氏家族墓出土

者在空间与时间的问题上展开了小大之辨。"句骊"指高句丽,相对中原来说,这只是一个边缘的小国,但是,那里的天却展现出一片全体之貌。"大椿之年"来自《庄子·逍遥游》,其中说上古有一种"大椿",以八千岁为春、八千岁为秋,享有的是人类无法企及的绵长之寿。这块石头就如《庄子》中那些"畸人",当它自身呈现出这种"不满"时,恰恰提示了人们去反省对"完满"形式及永恒存有的肤浅认识。它告诉人们,在它自身这方寸之中,本来就存在一个完满的独全世界。(图 4-7)

但是,正如砚作为一件物的独立,并不必然要追求"无月",砚石意义的整全,也并不必然要追求"天然"。文人将物之形作为一种现象的显现,在这一现象中发现自身之意,这种对现象的接受并不是根据某种形塑的意图。且观金农另一《大全砚铭》:

貌朴古,类儒者,乃淹中,稷下席,横经资我写,胜断砖半瓦。[1]

砚铭书写的对象是一块完整无缺的砚石,金农将其比喻为儒者。战国时期,淹中、稷下学士集聚论经,这些士人虽不左其位,却以意气论天下。这是中国传统"士人"精神的源头。金农在此言其"大全",认为其胜过断砖半瓦。这似乎又将"部

---

[1] [清]金农:《冬心先生集》,杭州:西泠印社出版社,2012 年,第 167 页。

分"与"全体"对立起来了。其实,"断砖半瓦"暗示了那些被利用又被废黜的"为器"之人,这些器成为组织中的一个"螺丝钉",当组织不再需要他们之时,也就是他们被遗弃之日。而真正的士人,恰恰能够超越这种工具性,在普遍的义理当中达成人格上的完整。

这两条砚铭,一道一儒,本质上并不矛盾。在金农看来,据外形并不能断定物的意义的完整,关键在其是否能持守"一"的意义。对前者"不满砚"而言,虽身体残缺,却是天然形成,而残缺恰恰更有力地提示人们不要以形式来论断意义;对后者"大全砚"而言,它的完满同样是天然形成,然其最终的判断不是来自形式,而是来自价值上的完满。形式应以其"天然"呈现

图4-7 金农 小像大端砚 天津博物馆
砚背后铭云:"庞其形,古其貌,质无文,简无傲。既特立,以昂藏。亦渊乎,其懵懵。如此须眉,非冬心先生谁克肖。乾隆己未夏日,金农自写小像并镌。"

出意义的完整性,而砚铭的书写正是为了建立这种意义。

明清时砚的形状变得更为多样而活泼,常随石头的天然之形而制,还发展出诸多象形之砚。然而,砚铭之中所显现出的并不是对形式之丰富的溢美,文人在砚铭中对形式的反思同宋人是一贯的。纪昀《阅微草堂砚谱》中录有数方琴砚(图4-8),均有其自铭,从中可窥见他对砚形的态度。其一有琴形而无弦,砚背右边铭云:

无弦琴,不在音,仿琢研,置墨林。浸太清,练予心。

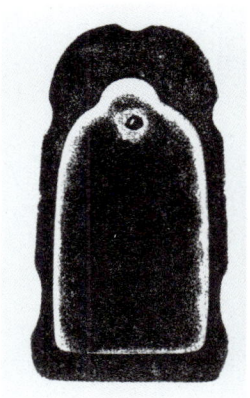   
 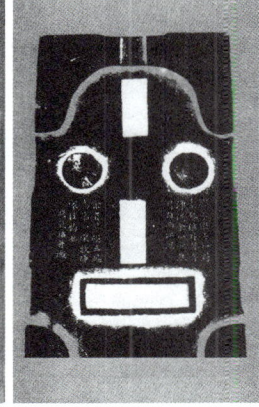  

图 4-8　纪昀　琴砚四方　《阅微草堂砚谱》

纪昀在左边以小字题记说:"琴研亦古式,然弦徽曲肖,则俗不可耐。命工磨治,略存形似,庶乎俗中之雅耳。乙卯六月,晓岚记。"[1] 其二有琴形,亦有弦、徽,砚背铭云:

　　空山鼓琴,沉思忽往。含毫邈然,作如是想。

落款"嘉庆辛酉十月,晓岚铭,时年七十有八"[2]。其三略具琴形,无徽、弦,砚背铭云:

　　濡笔微吟,如对素琴。弦外有音,净洗予心,邈然月白而江深。

---

〔1〕[清]纪昀:《阅微草堂砚谱》,武汉:湖北美术出版社,2002年,第15页。
〔2〕同上书,第26页。

又题"余有琴砚三，此为第一，宋牧仲家故物也。晓岚铭并识"[1]。

还有一砚，雕镂极繁复，不但琴徽、琴弦俱明，琴面还装饰两夔龙。纪晓岚在背面铭云：

> 此研刻镂稍工，而琴徽误作七点，晓岚戏为之铭曰："无曰七徽，难调宫羽。此偶象形，昭文不鼓。书兴倘酣，笔风墨雨。亦似胎仙，闻琴自舞。"[2]

纪昀在第一方琴砚铭中说，砚雕琢太过"像"一张真琴是俗不可耐的做法，故他在收得这一琴砚时特意请工匠将其弦徽磨去。而最后一方琴砚上琴的徽点不准（应为十三徽）则无伤大雅。可见，纪昀深晓此二物的意义，并且慧心地用陶渊明"无弦琴"的典故加以说明。"无弦琴"未必真无弦，而是对于人和物相对待态度的一种反省：在无弦琴中，物从用具的角色中解脱，人也因此得到一种整全的自在。在这个意义上，无弦琴和宋代以来文人所追求的砚的价值是相似的。而倘若这砚石与一张真琴一模一样，砚石便落入了模仿他物的窠臼，丧失了其原本的自由意义。相反，这朴古寂静的无弦琴砚，让无弦琴的意义在砚上得以展现。

并且，比起一张真琴，这琴砚因其"寂"更能够本然地展示"无弦琴"的意味。庄子笔下那"咸其自取，怒者其谁"的天籁，正可以言说这不为谁鸣的琴砚。金农《范原野琴砚铭》用此意说："太古质，何苍苍，家风一曲范履霜。有声无声，解听为谁？耳塞豆者，乌能知之？"[3]正如那寂静的空山，琴砚化解了乐器中的"投射"性。感官不再因享受的诱惑而与自身分离，而在旁边的那个人，宛若一只无所拘束的仙鹤，在这无声的天籁中寂然起舞。无需为谁而书，在"濡笔微吟"中，素琴将其外物的尘心洗尽，他沉浸于"邈然月白而江深"的境界中。

在文人眼里，砚的制作虽有人工与非人工的分别，却并非其"道"的根源。砚的形式选择不是出于某种利用的目的，甚至不是出于一种现成的普遍的目的（也就是柏拉图的"理念"）。倘若以如此的目的去"模仿"出某种"形式"来，模仿得越相似，物的真性就越彻底地被遮蔽于模仿中。尽管可能以某些文人之物的物象为基

---

[1] [清] 纪昀：《阅微草堂砚谱》，武汉：湖北美术出版社，2002年，第86页。
[2] 同上书，第95页。
[3] [清] 金农：《冬心先生集》，杭州：西泠印社出版社，2012年，第182页。

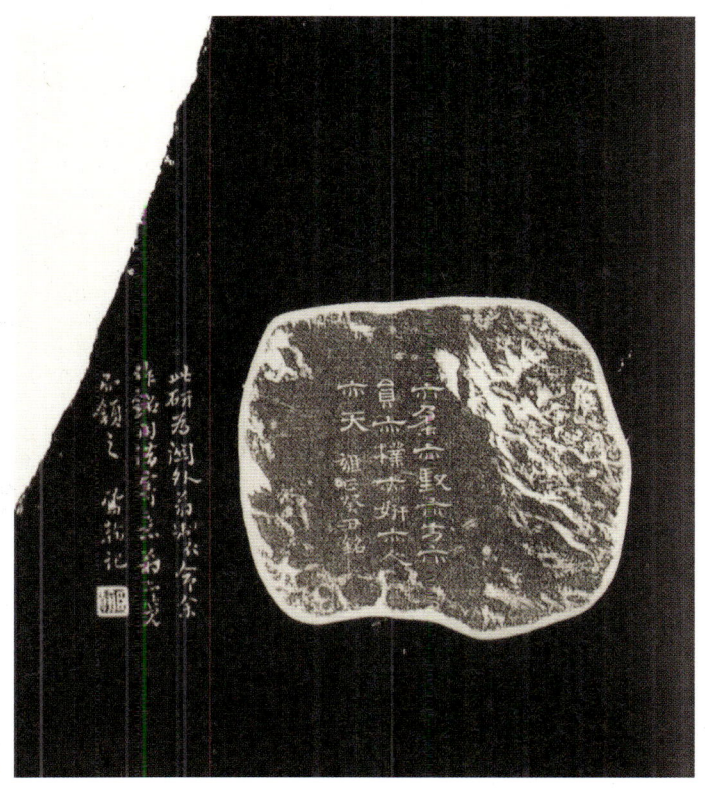

图 4-9
高凤翰
"紫云砚"砚铭
《砚谱》

础,但砚并不被物象所规定,因此,物的真性并没有在制作中被损毁。高凤翰有一则紫云砚铭说得很妙:"亦柔亦坚,亦方亦员(圆),亦朴亦妍,亦人亦天。"[1](图4-9)砚不被任何柔坚、方圆、朴妍的"性质"所规定,它虽由人作,却若天开,呈现出一片自由广袤的"大千世界"。

四、非相待,为谁出

当作为一种书写的"传统"时,砚铭很难同金石学其他对象区别开来。在早期,同碑铭的传统一样,砚铭通常为作者手书于砚,再请工人去摹刻。到了考古兴盛的清中叶,许多学者开始自己写铭并镌刻于砚,这同他们对篆刻的兴趣是分不开

---

[1] [清] 高凤翰著,刘才栋、郑文光、高石主编:《高凤翰全集》第5卷,北京:北京大学出版社,2014年,第47页。

图 4-10　陈洪绶　抄手端砚
砚左侧有行草书铭:"吾身与子惜如玉,恩之金谷则取辱。老莲。"

的。[1] 从字体上说,这种镌刻在石头上的文字,具有一种碑帖的效果,很能反映主人的书风。如陈洪绶的行草抄手端砚砚铭(图 4-10),完全表现出他个人骨气通达、遒劲自如的独特书风,而金农的砚铭常为"佚籀之篆",或仿西汉宣帝时被称为"汉隶之始"的"五凤石刻",书之以八分字体,浑朴雅正。[2](图 4-11)目视这或潇洒或古朴的字体,手指触碰着这温润的石头上精巧的镌刻,我们同时就在"阅读"铭文本身。此时,人同砚之间具有了一种与一切铭文的语言都很不同的关系——它的"在世"与"在手"。砚铭乃镌刻于砚台之上,又在诉说着砚台的意义;它既是镌刻的场域,也是书写的对象;砚以身体承载着砚铭,砚铭又在诉说着此砚的存世;一位手持它的读者,在阅读关于它的文字的同时,亦在把玩、触摸着它自身。[3] 因此唯有我们用自我的身体去触摸或是想象一种触摸,而非将其作为一般性

---

[1] 宋代砚铭的制作方式,文献记载较少。如前所引,苏轼曾说自己的天砚"其匣虽不工,乃先君手刻其受砚处,而使工人就成之者,不可易也",可见即便木匣亦须工人辅助完成。至清,金农的《小像大端砚》背后铭云:"金农自写小像并镌。"文人已开始自己动手刻砚。
[2] 清代中期,金石学蔚然成风,五凤二年(前56)石刻颇受铭者喜爱。翁方纲《两汉金石志》也载其有一块"摹五凤二年刻石"的端砚,翁评原石拓云"浑沦古朴,隶法之未雕凿者",将字重新编排摹刻入砚。后来此砚归于纪昀。
[3] 法国哲学家梅洛-庞蒂认为,对于诗的阅读与对于其载体纸张的触觉体验是共生的,艺术也一样,视觉材料只有通过触觉才能显现,因此,从这个意义上说,诗与艺术是以"物"的方式存在,而不是以真理的方式永恒地存在下去。[法]梅洛-庞蒂:《知觉现象学》,杨大春、张尧均、关群德译,北京:商务印书馆,2021年,第214—216页。

的知识和语言，并且基于自我的意识去体会它的自我，而不以任何形式的历史观和世俗的价值去看待它，才能最真切地发现它的独特性：它的书写是自我让渡并显现于眼前之物的一个过程，或者说，是物进入自我的过程。

甚至可以说，语言在这个过程并不是

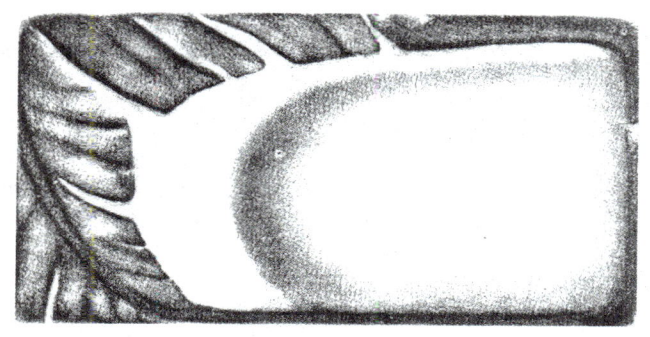

图4-11　金农　小蕉叶端砚铭　天津博物馆

必需的。如果说语言是一种与他人交流的工具，是为了相互的理解而产生的，那么无论是口头还是书面语言，在其"表达"的过程中必然带有对他者的指涉。也由于这个原因，为了扬名而产生的金石之"铭"才变得有意义——它是为了他者的理解和认同而产生的。然而在阅读砚铭时，我们常常会为这些文字的安静亲切而惊叹。这种亲切让它与铜器和碑刻的"铭文"相比甚至在一切历史的文字中都显得很特别。古代那些金石鼎彝上的文字往往是"历史性"的，褒赞也好，寓规也罢，都是在记载另一个事件和人物的功德。所谓功德，自然由历史来作严肃的裁判。而砚铭似乎在有意远离这种"公共性书写"。砚对文人而言，并不是一个他者，砚铭的书写只来源于主人对砚之为"物"的一种切身的认同。苏轼《卵砚铭》云："东坡砚，龙尾石。开鹄卵，见苍璧。与居士，同出入。更崄夷，无燥湿。今何者，独先逸。从参寥，老空寂。"金农说"予平昔无他嗜好，惟与研为侣"[1]，砚是文人最近身的伴侣，是他们一生的知己。他们之间存有一种心灵的默契，这种默契不必通过"组织"语言去令对方理解。砚甚至表现出了一种"意义的中止"，它在言说的同时并不寻求向外传递。维特根斯坦在《哲学研究》中对"私人语言"定义道："这种语言的单个的语词指涉只有说话人才知道的东西，指涉他直接的私有的感觉。因此另一个人无法理解这种语言。"[2] 砚铭似乎正是在这种私人感觉中

---

[1] [清] 金农：《冬心先生集》，杭州：西泠印社出版社，2012年，第160页。
[2] [英] 路德维希·维特根斯坦：《哲学研究》，陈嘉映译，上海：上海人民出版社，2005年，第103页。

建立的，它不需要依赖"阅读"而存在。在研墨之间，在洗砚之际，在夜深人静之时，仿佛一种对伴侣倾诉的"私语"，主人独自轻轻摩挲它的身体，婉转地向其诉说着最真实的内心。

然而，阅读砚铭又可以发现，有不少砚铭是专为友人而作。苏轼不但非常大方地经常将自己的砚台赠给朋友，更喜欢为好友铭砚。他至少曾为文同（与可）、黄庭坚、王安国（平甫）、王巩、孔毅甫、米芾、王仲仪、陈公密、苏庠、唐陆鲁、周炳文、朱康书等十数位友人铭砚。这些砚铭的结尾常常看似不经意地写着这样的语言："平甫之砚，而轼铭之。"（《王平甫砚铭》）"归予者，黄鲁直。"（《鲁直所惠洮河石砚铭》）一位艺术社会史家或许认为他们是在通过交换这些艺术品来清偿"情债"，但这显然不是苏轼将这简短有力的文字放在砚铭中的真正意图——如果他只是要表达对友人的感谢，只需要在小序中指出就可以了，并不需要将这一事实郑重地放在铭文正文的书写中。比起一般的书画，文人砚铭的赠持对象通常都是至交好友，很少会为了一般的应酬而去铭砚相赠。当一位文人开始为友人铭砚之时，这已经不再是一种社会层面的交往，"铭"的意义亦代表着对自我和"为其铭刻者"的人格的双重认同。换言之，这一认同的笃定和深切是足以"铭刻"的。这种文字并未失却"铭"的意义：它并非为了一般的、偶然的、私人的事件而书写，它呈现出的，是一种具有"真理性"的普遍的意义。因此，它同"私人语言"又有区别。它的意义可以被理解，甚至可以被千秋万代之后的人们所领会，但是又不是任何人都能领会。它的领会者首先是这位友人，这一领会奠基于对砚铭所澄明的这一意义世界的认同与接纳，其次是千秋万代之后阅读此一砚铭的同道者。苏轼《端砚铭》云："千夫挽绠，百夫运斤。篝火下缒，以出斯珍。一嘘而泫，岁久愈新。谁其似之，我怀斯人。""谁其似之，我怀斯人"，他无疑是将这位朋友也带入了砚铭那厚重自守而"岁久愈新"的生命当中。

当这种意义镌刻于砚石身上时，对这一"有道"的认识令文人对铭写极为郑重。清人吴兰修《端溪砚史》云："刻砚宜慎，必使砚与人并传，文与字并绝，加以刻工精妙，斯可以铭。若强作解事，蹈袭庸腐，混题姓氏，乖悖古法，殊污此端友也。"[1]文意与法书并重，加上镌刻精细，方始可铭。这句话还说了几种"不可铭"的方面："强作解事"意味着铭文与被铭之砚毫无关联，或牵强附会者；"蹈袭庸腐"指铭文内容抄袭前人，毫无新意者；"混题姓氏"指随意将非"有道"之人的名姓题

---

[1] [清] 吴兰修：《端溪砚史》，北京：中国书店出版社，1992年，第107页。

入铭文者;"乖悖古法"指铭文文体乖戾,毫无"铭"之特性者。这几个方面会令砚铭远离"物"的真意。比起一般的书写,砚铭的这种远离更加糟糕——因为它令一块本可以成为知己的好砚被污损,只能回到"工具"的范畴中,并且很难让一位君子愿意继续使用了。

砚铭需要确认并纪念的,正是自我、物和友人这三者是否"共在"于一个意义的世界中。这个世界建立于三者皆可以作为独立的"自我"而存世的基础上。苏轼晚年在《凤咮砚铭》中说:"陶土涂,凿山石。玄之蠹,颖之贼。涵清泉,冈重谷。声如铜,色如铁。性滑坚,善凝墨。弃不取,长太息。招伏羲,捐西伯。发秘藏,与有力。非相待,为谁出。"根据此铭之序,此砚是熙宁年间王颐所制,苏轼在元丰年间著《易传》时使用。这是他人生最落魄却也是最安静的时期。苏轼说,这方砚来自那荒远的太古时代,深藏于幽深的山谷之中。古代的圣贤将之发掘,然而它并不为他们而"出"。砚同人之间永远有着"非相待"的关系。《庄子·逍遥游》中说:"若夫乘天地之正,而御六气之辩,以游无穷者,彼且恶乎待哉!""有待"意味着人对外界有所求,无论是日常生活还是社会行动,皆在如此的所用之中进行着,人也因此在可用性中被规定了一切。而"无待"的状态是"无所不乘",正如这砚台不受他者的控制,也不因他者而生,能够左右它的只有一位"有力者"。《庄子·大宗师》中说:"夫藏舟于壑,藏山于泽,谓之固矣。然而夜半有力者负之而走,昧者不知也。"一个人所想要拥有的,无论是日常微物还是天下万物,都会被时间这位狡黠的有力者在半夜"背走"。当认识到砚乃是本真地存在于时间之内时,它便不会被时间"背走",而是在时间的流淌之中"生出"了。对于友人亦然。朱彝尊有一则《靳熊封蕉叶砚铭》说:"友石者君,君我友。澹若水,斯可久。"[1] 这位朋友可与砚为友,他也是我的朋友。朱彝尊将三者的关系比喻为"水":没有虚伪的矫饰,不必去迎合某种用处,他们都以最清澄的真性和最淡泊的滋味同世界往来。而也是在这样一种看上去淡淡、不相利用的感情中,彼此的情谊才最为深醇而持久。

---

[1] [清] 朱彝尊:《曝书亭全集》,长春:吉林文史出版社,2009年,第610页。

五、真砚不损

明代陈继儒《妮古录》卷三曾载一东坡砚铭手迹云:

或谓居士:"吾当往端溪,可为公购砚。"居士曰:"吾两手,其一解写字而有三砚,何以多为?"曰:"以备损坏。"居士曰:"吾手或先砚坏。"曰:"真手不坏。"居士曰:"真砚不损。"绍圣二年腊月七日。[1]

"真砚不损",可谓对砚台之质性的最好诠释。并不是说砚台的原物能够永不受损,即便它的身体不太容易磨坏,但它依然是在"使用中",具有一种消耗性。而从历史"遗物"的视角看,不朽更只是偶然。东坡曾经铭写的数十方砚台,今日已几不可见。倘若没有文集的收录,砚铭的文字也很难摆脱失传的命运。甚至可以猜测,东坡还有更多的砚铭,早已在历史的尘烟中湮没了。这方写了"真砚不损"的砚也早已不知所终,倘若没有陈继儒的记录,就连这段砚铭也差一点就消弭在历史中了。但就"东坡砚"而言,我们的的确确感受到其时间的穿透力。这一穿透力正是基于文人在砚铭中对一种"真"的意义的建立。(图4-12)

在海德格尔那里,被遮蔽的大地与令存在显现的世界之间存在着一种争执,而在我们"思考作品的自立,力图道出那种自身持守(Aufsichberuhen)的紧密一体的宁静时,我们就是在寻找这个统一体"[2]。对文人而言,自身的意义正来源于对存在着的大地的一种超然态度。东坡砚铭有云:"岁丙寅,斗南北。"(《鲁直所惠洮河石砚铭》)"厚而坚,足以阅人于古今。朴而重,不能随人以南北。"(《孔毅甫龙尾砚铭》)砚石的生命,并不追随个体生命,它抵抗着时间的消磨,纵览着历史的兴衰。与古代的鼎彝重器不同的是,它不仅仅见证了一段文明历史中的人物和事件,更是在"阅读"时间中奠定了存在者之意义。对砚的阅读不是追随着历史的脚步,而是在整体上把握历史之变化的基础上,以其超拔的朴重而具有了在时间中不被摇移的"位置"。黄庭坚《王子与研铭》云:"温润而泽,故不败笔,缜密以栗,故不

---

[1] [明] 陈继儒:《妮古录》,上海:华东师范大学出版社,2011年,第53页。此铭未被《苏轼文集》收录,后来以苏轼"研铭手迹"流传于世,见陈继儒编《古文品外录》,后编入《妮古录》。陈天定《古今小品》作"绍圣二年十月腊日识"。

[2] [德] 马丁·海德格尔:《林中路》,孙周兴译,上海:上海译文出版社,2004年,第34页。

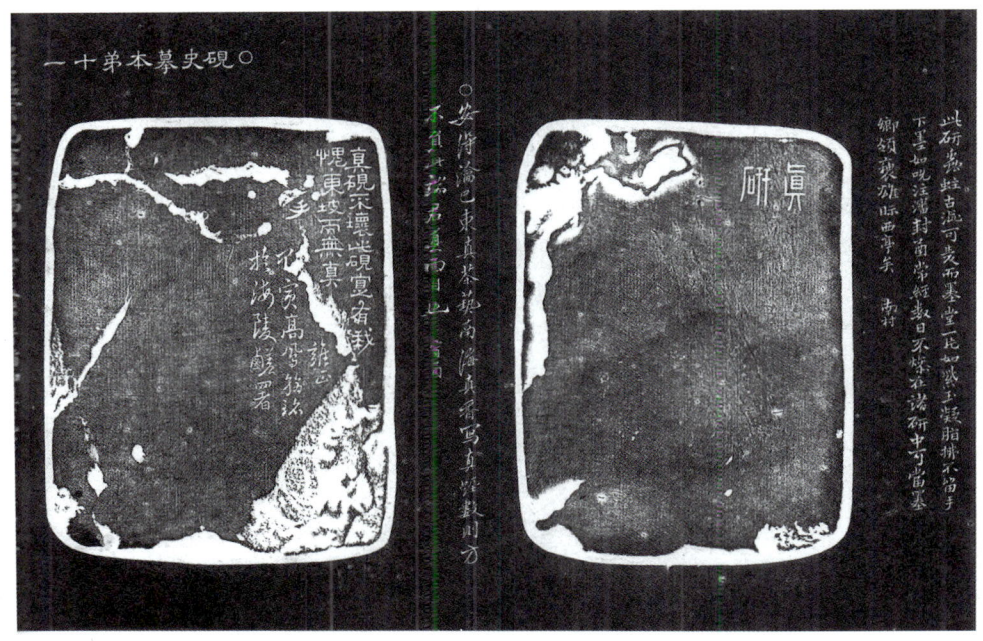

图 4-12　高凤翰　真砚

涸墨。明窗净几，宴坐终日，观其怀文而抱质。"在对这个真意的世界敞开的过程中，在对文与石这双重的"作品"之意的秉持中，砚与这位君子共同地"守其质而成其文"。它宛如一个不出门而知天下的君子，在人世的颠沛中获得了宁静的独处，也在独处中静静地与历史对话。

这"质"与"文"最终耕耘出了一片"砚田"。苏轼说："我生无田食破砚。"（《次韵孔毅父久旱已而甚雨三首》其一）沈周字"石田"，唐寅为其文集题叙时说"先生守砚石为田"（《题沈石田先生后集》）。金农因有一百二十方砚台自称"百二砚田富翁"。砚是文人耕耘的天地，他们的生命在这耕耘中得到给养和育化。明清时许多形状方正似水田或被镌刻似田的砚台常被称为"井田砚""石田砚"。如朱彝尊《井田砚铭》云："画井地，犁耕牛。服田力穑乃有秋。"又云："井尔井，田尔田，宜丰年。"[1]纪昀《石田砚铭》云："流水周圆，中抱石田；笔耕不辍，其终有丰年。"[2]砚乃为文章之用，这些砚铭中对耕耘的领悟，也是文人对自身意义的理解。这个比喻颇有深意。文章与其说是如艺术般创造出来的，不如说是如种田般劳作出来的。当文章有所得之时，就是文人的丰收之秋。

---

[1] [清] 朱彝尊：《曝书亭全集》，长春：吉林文史出版社，2009 年，第 611 页。
[2] [清] 纪昀：《阅微草堂砚谱》，武汉：湖北美术出版社，2002 年，第 93 页。

这一"所得"并不是建立在一时的功绩、历史的承认或是所谓"名"的流传之上。海德格尔在《艺术作品的本源》一文中揭示,"作为存在者之澄明和遮蔽,真理乃是通过诗意创造而发生的。凡艺术都是让存在者本身之真理到达而发生;一切艺术本质上都是诗(Dichtung)"[1]。这种被海德格尔称为"去蔽"的过程,是使物性被遮蔽的"大地"涌现出真理的途径。在这个意义上,文人砚铭正具有一种"诗的真理性","使它出现在作品的敞开领域(大地)之中"[2],并在此建立一个令"真实之本质"澄明的文人世界。高凤翰有一则砚铭说:"温柔之性,敦厚之姿,惟吾石友,可与言诗。"[3]这则砚铭本是为一位笃研《诗经》的友人诚翁之砚所作。《礼记·经解》云"温柔敦厚,《诗》教也",故有此铭。《诗经》多四言,砚铭亦然,但不仅是在文体上,砚铭中还存有一种比那严肃的铭文更为亲切的"诗"的属性。只要去看看砚铭的书写者,就能够清楚地体会到这一点。铭砚者并不是需要修身齐家的"掌权者",他们首先是诗人。诗人以如此"在物之中"的铭写建立了物与自我的真性。(图4-13)

诗的物质的片段或许会随着砚石的散失而亡佚,但是,从整个砚史来看,砚铭在流传,也即在其历史性之中,在许多的阅读、摩挲和再铭刻之中建立了它的真意。这"真"意通过砚铭而流传下来了——流传在于对历史中的意义的不断阅读、追忆与反省。宇文所安曾谈到韩愈的《碑》:

> 这里,是"名"和"铭"把我们的经验连成一体。直到"读罢",我们才流下眼泪。我们站在山上,大声读着我们之前许多人读过的关于羊祜的事迹,脚下正是以前许多人站过的地方。正是在这种朗读的过程中,伴随着这种自发的、重复了多次的、大家共同的仪式性的举动,出现了有个性特征的名字,以及这个名字所代表的那个有自己身份和特征的人。[4]

碑铭是回忆的场所,它所承载的乃是集体的、历史的情感之凝聚。的确,当一段残碑流传下来以后,当碑上的铭文被千百次地阅读过之后,这碑的纪念意义从时

---

[1]〔德〕马丁·海德格尔:《林中路》,孙周兴译,上海:上海译文出版社,2004年,第59页。
[2] 同上书,第32页。
[3]〔清〕高凤翰著,刘才栋、郑文光、高石主编:《高凤翰全集》第5卷,北京:北京大学出版社,2014年,第222页。
[4]〔美〕宇文所安:《追忆:中国古典文学中的往事再现》,郑学勤译,北京:生活·读书·新知三联书店,2004年,第32页。

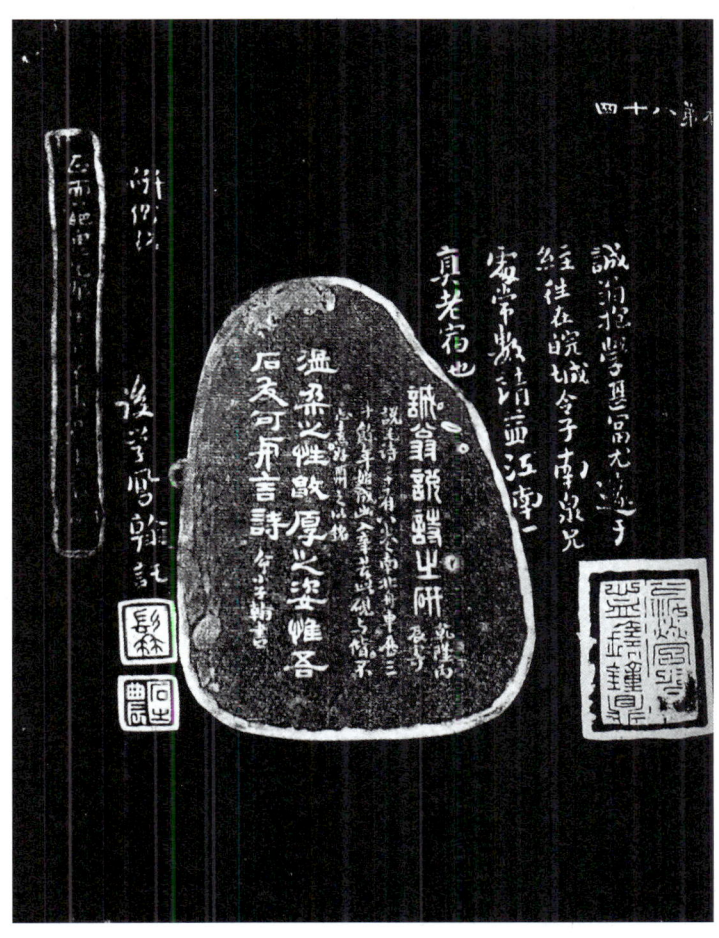

图 4-13
高凤翰
"诚翁说诗之研"
《砚谱》

间的深壑之中绽放出来。韩愈的诗篇的写作，的确是基于他目睹这羊祜碑，也同时加入这种历史的纪念群体而发出的感慨，不过，当此碑在后世不幸在某种意外的事件中消失时，人们，包括宇文所安这位异国的学者，之所以能够产生对这种阅读感的共鸣，是由于碑铭中羊祜的德行，更是由于韩愈的诗篇所建立的这一真理本身。

而砚铭则以"铭"有意识地将诗对真理性的揭示，以一种郑重的物质上的镌刻传达出来。这种镌刻本身就意味着对历史性的理解。因此，无论是砚的主人还是砚铭的书写者，他们自身的"品性"，也即他们是不是"有道者"，对砚而言是至关重要的。苏轼的友人杜叔元（君懿）藏有唐代权相许敬宗的端石砚，砚品上佳，"工与石皆出妙美"。君懿的遗愿是用此砚求得苏轼为其写墓志铭，苏轼最初因久不作墓志而谢绝。后来其子又找到苏轼好友孙觉（莘老），莘老笑着讽刺他："敬宗在，正堪斫以饲狗耳，何以其砚为。"苏轼叹道：

> 余哀此砚之不幸，一为敬宗所辱，四百余年矣，而垢秽不磨。方敬宗为奸时，砚岂知之也哉，以为非其罪，故乞之于孙莘老，为一洗之。匣今在唐氏，唐氏甚惜之，求之不可得。砚之美既不在匣，而上有敬宗姓名，盖不必蓄也。（《书许敬宗砚二首》）

这方端砚竟因为主人是许敬宗且砚上有其名而被后人厌弃，并且这种污点几百年都无法洗去，实在可叹其不幸。物之流传，与人之德行，关系不可谓不密切紧要。这种德行是由每位阅读者的心灵所认定的。在这种阅读中，历史呈现出一种令人敬佩的正义，只有那确然的"有道者"之手，才能够是真的不坏的。而这正义的塑造，不仅来自苏轼自己，更来自他身前身后所有的"同道中人"。

那些经过同道之人的涤选而终得流传的砚铭亦可以作为后人品行的箴鉴。苏轼有一砚后为陆游所藏，清人写《陆放翁藏东坡砚歌》说这砚上的铭文"草书学张行书杨，龙蛇入腕神飞扬"，又赞叹陆游用此砚写出无数诗篇："良砚之利良田过，龟堂诗老诗真多。"[1]这首歌行里还记录了陆游一段不光彩的往事。陆游曾经为南宋权臣韩侂胄在广东的两处园林撰写《南园记》，后来这成为他个人名声的"白圭之瑕"。歌行里说："南园撰记翁负汝，东坡手泽自千古。后人见砚知翁心，南园记即南园箴。"陆游的心性，在他对东坡砚之收藏和书写中已能得知，他不会是一个谄媚趋炎之人，《南园记》乃可看作一种对历史的箴铭。东坡之砚成了文人心性的一种"认定"。在这个意义上，它也的确具有了与古代鼎彝碑碣同样的作用。

真砚之不损，实来自真手之不坏。东坡之手当然不只书写砚铭，但其自身作为一位"有道者"，或者一位揭示了物的真理性的诗人，为砚之"定义"打开了方便法门。砚铭终成为一种文人传统，为砚铭立意的坡公也成为砚史上一个最为传奇的形象。在东坡身后，不只有无数伪造"东坡砚"者，他的头像也成为一种"铭"被镌刻在砚石上，而相传有其真迹手书的砚石在后世更是千金难求。不过，这些难辨"真伪"的物乃至附着于其上那同砚铭之道相悖的名利之心，并无损于东坡所说的"真"。南宋画家赵孟坚曾绘《东坡笠屐图》，后背刻于一砚上，有文彭、王澍等人的收藏印。此砚后归翁方纲，翁题云："千载招邀作尚友，只疑真有载酒堂。未若此研神致尤青苍。俞紫芝、文三桥，流传艺苑非一朝。夙爱济之作

---

[1] [清]法式善：《存素堂诗初集录存》卷十七，清嘉庆十二年王塾刻本。

赞语，谁知印章宛可睹。古墨荧荧照影寒，真研不损知者难。"[1] 世人多晓名砚贵重，又有几人真正理解了"真砚不损"的奥义？东坡已用他的人格和语言，建立了一个真性的世界。而在后世，唯有同其情神相通之人，方能理解这"真砚不损"的意义。

---

[1] [清] 翁方纲:《复初斋诗集》卷二，清刻本。

第 五 章

坐 亭

一、看世界

　　关于亭子的叙事中，似乎它自身是最为匮乏的。一位中国读者当然会对它的样子有基本的印象，即便只是看到这一字形，便立即可以联想到它的轮廓。倘若想要更深入地了解它，还可以去读建筑学家关于它历史和形制的解剖。可是，无论这位读者关于这些亭子有如何深入的理解，这与他在阅读古人那些书写小亭的诗句时的感受是明显不同的。在这些诗句中，"亭子"的"形貌"似乎是隐遁的，但它却比任何建筑都更受到诗人的垂青。它在诗意中的存在寓于它的隐遁之中，并且，在这种隐遁中，亭之为亭的意义得到了最清晰的呈现。

　　在诗的语言中，亭子不作为一个客体存在，或者，在诗人的理解中，这种客体的存在是可以被忽视的。可以说，当一个人将亭子作为与主体相对的那一个"亭子"做出判断时，亭子也就失却了它自身的意义。亭子的世界，不是由它不断衍变的材质、结构、装饰以及其他建筑史中的概念等能够被分解的元素构成的，如果将这些"科学化"的认知施加于亭子身上，那你一定没有"看见"它。它之所以会在诗人的心灵和中国文化的长河中占有一席之地，远非"被看"所能解释。在古代造园专著《园冶》中，计成提出了"造式无定""诸亭不式"的观念。[1] 亭子样式最为多变，在建造之前，一般不会或是不必绘制出式样草图。造园家当然有这样的能力，比起别的建筑，亭子更有一种"随意合宜"的特点。[2] "随意"之"意"并不是个人的心意，而是亭子作为一个场所的意义。（图5-1）

　　这一"意"就展露在亭子的命名与书写中间。在这一"意"中，它自身的结构是否坚固、形态是否灵巧、雕漆是否精良，都在这位"在其中间"的观看者心中被忽略了。当古人为一个亭子命名时，指向形貌的名字往往是被鄙夷的。颐和园中有一"廓如亭"，是中国古建筑中面积最大的亭式。此亭原位于清漪园中，东堤并没有现在的围墙，可四面观景，视野开阔，故而得名。其标牌又提到，因其形制为八角重檐，俗称"八方亭"。类似的"八角亭""重檐亭"这种名字也常在今天建筑研究的形制分类中见到。但无论是"俗称"还是"学名"，都不会成为亭子的真名。命名的取舍并非雕饰文藻的矫情，而是因为形式的指称不能展露亭子的真意；亭子的意义不在它自身，而在一整个世界之中。

---

[1]［明］计成：《园冶》，杭州：浙江人民美术出版社，2013年，第34、57页。
[2] 同上书，第34页。

图 5-1　苏州沧浪亭

《红楼梦》第十七回"大观园试才题对额"中,贾政率众宾客及宝玉游赏将要竣工的大观园,并欲以题额对联试宝玉之才。众人经过"曲径通幽"之石洞,来到一处楼阁掩映的平地,俯视见一清溪之下,石桥穿云,石桥之上乃一亭。众人上亭倚栏而坐,贾政问名。一位宾客说出"翼然"之名,比起"八方亭",这个名字古雅多了——不但用欧阳修《醉翁亭记》中的典故,还是一种形象的比喻。但是此名连贾政这样重视"古人"的儒家子弟也看不上。贾政提出压欧公文中的"泻"字,代表此地泉水的流出。宾客中又有出"泻玉"二字,贾政不置可否。最后,一旁的宝玉终于给了这个亭子"沁芳"之名。这二字都和"亭"这件物自身无关:"沁"暗示了清泉之上是这小亭的地点,还有"芳"——随着流水的涌动而徐徐飘来了远处幽幽的花香。宝玉自评此名"新雅",并受命为此亭题一对联:"绕堤柳借三篙翠,隔岸花分一脉香"。这弥散的香气并非仅仅因嗅觉而生,正如柳色之翠也不是为视觉而生,它们作为一个流动的世界显现,沁入人整个的身体和灵魂,让这小亭成为这奇妙体验的场所。看似无我的命名和楹联中,实际上暗含着一个独坐小亭的寻香者。这含蓄的题名通过它的含蓄揭示了场所的意义,当然也同时揭示了在场者的心胸:越是看似"切题"的命名,越无法呈现出小亭的妙处;而"沁芳"之内,却满溢着宝玉在此亭中对世界的幽赏与眷恋。

亭子是目光的所在,目光面向四方,散播入整个世界。它为了观望而筑。这从亭子的起源——上古时期的"台"就可以看出。顾颉刚说:"古代无若后世之花园,其豢畜禽兽以资猎则有囿,其凌高以广瞻则有台。"[1]商纣王时期,在太行山麓就建有著名的"鹿台"。台让目光完全地释放,使得观者产生一种舍我其谁的权力感。早期的亭子也是建在台上,位置很高,战国文字中"亭"与"高"的字形很接近。在这里,目光控制着世界,世界同时也吸引着目光,此刻亭台上的观者就是这个世界的中心。对世界的索取似乎让他完全忘记了他仍旧属于这个世界。纣王在台上观看自己国土的同时,国土也一步步远离了他。在台之上,他将自己和世界隔绝了,最终,他在此处"蒙衣其殊玉,自燔于火而死"(《史记·周本纪》)。在中国历史上,"卑宫室"的建筑观念一直都在警醒着人们。《国语·楚语上》记载,春秋时期楚灵王做章华之台,与臣子伍举共登之。灵王曰:"台美夫!"伍举对曰:"吾闻国君服宠以为美,安民以为乐,听德以为聪,致远以为明,不闻其以土木之崇高彤镂为美,而以金石匏竹之昌大嚣庶为乐。不闻其以观大、视侈、淫色以为明,而以察清浊为聪也。先君庄王为匏居之台,高不过望国氛,大不过容宴豆,木不妨守备,用不烦官府,民不废时务,官不易朝常。……今君为此台也,国民罢焉,财用尽焉,年谷败焉,百官烦焉,举国留之,数年乃成。……臣不知其美也。"[2]"台"是为了"望国氛",它自身并不需要过于崇美,崇美仅仅是为了满足炫耀的欲求,更不消说这崇美背后是无数的民脂民膏。只是,帝王的宫殿难免有萧何建未央宫时劝高祖"非壮丽无以重威"的考虑,不可能完全蜕去彰显威权的需求,而对亭子的营建,则在保留那登高望远的所在的同时,在"卑"之中释去了存于建筑本身的傲慢和权欲。

明人文集《小窗幽记》在讲述园林之美时曾说"亭欲朴",这个论断也常被理解为古人素朴的建筑美学观,或被解释为具有德行意义的谦逊品格。其实,亭之朴,并不仅仅有审美的意味、道德上的要求,它还暗示了更为根本的在"生活世界"的意义上对表象的弃绝。小亭在为人们对世界的领会提供场所的同时,它自己则欣然地放弃了那种"触目"的特点。试想,如果亭子如宫殿一样装饰华贵、精雕细镂,又有无数的壁画环绕,如果它自私地将外界的目光聚拢于自身之中,那么观看它的人又怎么会注意到美妙的大千世界呢?晚明的祁彪佳对自家的园林"寓山"中的"选胜亭"作注云:"亭不自为胜,而合诸景以为胜。不必胜之尽在于亭,乃以

---

[1] 顾颉刚:《史林杂识初编》,北京:中华书局,1963年,第135页。
[2] 徐元诰:《国语集解》,北京:中华书局,2002年,第493—495页。

图 5-2　荷风四面亭　苏州拙政园

见亭之所以为胜也乎！"[1]这段话极妙地道出了亭子存在的意义：亭子不因自我而被欣赏，它是将其寓居的诸景世界变作一个胜景；并非天下的胜景都尽集于此亭，而是因为亭子的存在，人们才发现了这个世界整体的美妙。所以，"亭欲朴"在它的材质和形式之外，安置着形式的卑迟，它要在那些追逐外物的目光中隐身。与历史中迫于政治和道德的压力而不得不以朴素筑之的宫廷建筑不同，亭子之朴源于它"在世界之内"的存在。

亭子常常立于山丘之巅，它身体的质朴和周围环境的幽闭，又仿若一个隐现的远方。这时，在山麓的那位行者不会立即被它所吸引，此刻的他并无所盼望，只是试图寻找一处休憩的场所。而当这位观者拨开层层草木树石，步履蹒跚地终于来此落脚时，他放下疲惫，陡然间发觉：一个世界与他相遇了。在山巅意味着视野的广阔，而这一幽隐的所在，又让行者免于周遭目光的烦扰。内心中"被看"的欲望被冲淡，而"看"得以自由地释放和伸展。环顾四周，草木迤逦，湖波荡漾，他发现自己来到了一个"最佳观赏点"。在这里，他看到了美妙的风景。

"四壁荷花三面柳，半潭秋水一房山"，拙政园"荷风四面亭"的这副楹联，道出了在小亭之内所观之景，并非"一片"风景。（图5-2）这是亭子与一室之窗

---

[1] [明] 祁彪佳：《祁彪佳集》，北京：中华书局，1960年，第157页。

或是一墙之洞的不同之处。在亭子里"看到"的,是一个风景的全体。当然,观者可以通过摄影,留下亭子内部某一个片段的场景。在离开小亭之后,他偶然间翻到照片时,还可以回想起那片风景。可是,无论再好的相机、再高明的摄影师,也无法记录下在亭子中间的那处"风景"。这种无能为力,不能归咎于技术的因素——事实上,当今的相机技术早已经发展出了全景拍摄,再不济也可以使用图像软件进行全景拼接。可是,无论拍摄或拼接的全景有多么"完整",它仍然是作为一个"片段"存在的。摄影是一种对规定景色的边框的塑造,存在于照片中的风景自然与在亭子中间的"风景"完全不同——后者是"在其中间"并且是"在其当下"的那种经验中完成的。如果认为身体以及视觉与相机同样,是一个"坐定"的投射点,那么每一次视线所及,都和这个照片一样,是一个片段。可是,当他在亭子内部之时,视觉并不被作为照片所提供的那一"视觉框架"的束缚,这是因为"身在此亭中"的他,世界已作为身体的延伸而存在。[1] 在作为一个场所的亭子之内,世界作为整体而呈现。身体在此不是只面向某个个别的"物"或是某一段"风景",于是,理性所规定的"视觉"便无法去分割这一整体的存在;在这一场所之中的身体,必然要改变原来"注目"于事物的样子而开敞自身。开敞引起了游动的自我与这一风景的全体相会,而当视觉本身不再凝固之时,世界也便显现为一种流动的光景了。

这一经验是无可替代的。主人或许会在此拍下一张照片留作"纪念"。可那些后来看到照片的"他者",无论如何也不能寻找到亭子中的主人当时的感受。只有主人自己,倘若他当时非常享受那片刻的时光,或许在之后的回忆中,可以努力地挽留住当时情境下的些许感受;但这一感受已随着时间的流逝而变形,在对亭子中的"当时"的回忆之中逐渐黯淡了。王维《辋川集》中也有一首《临湖亭》云:"轻舸迎上客,悠悠湖上来。当轩对樽酒,四面芙蓉开。"小亭的真意,在主人坐于这一四面空敞的方隅,张望那湖面驶来的小舟的一刻,便展开于那满世界氤氲的香气中了。(图5-3)

---

[1] 梅洛-庞蒂在《知觉现象学》中认为,"身体的空间性是身体的存在的展开,身体作为身体实现的方式"。另一方面,一切身体的感觉都是空间的,因为"作为与存在的最初联系、作为有感觉能力的主体对感性事物表示的一种存在的形式的重新把握、作为有感觉能力者和感性事物的共存的性质本身是由一个共存的环境,也就是由一个空间构成的"。而亭子在此为这一被感知的空间提供了一种没有屏障的延伸。从这个意义上可以说,人的身体对知觉/空间展开的需求指引了亭子的建造,同时建筑物本身的营造也塑造了人知觉的可能性。[法]梅洛-庞蒂:《知觉现象学》,杨大春、张尧均、关群德译,北京:商务印书馆,2021年,第199—203页。

图 5-3　金农　杂画册八开之二　纸本设色　上海博物馆

二、虚室生白

　　亭子的诞生，基于中国建筑所呈现出的一种令人惊奇的灵活性。一座四面封闭的屋室，上有蔽日之屋顶，下有承重之柱子，屋顶和柱子中间以斗拱相连，一个骨架式的开放结构就完成了。而其各面墙壁，虽亦可挡风寒，却并没有力学的结构作用。四面封闭的是屋室，开其正面一面则可为堂，开其三面则为轩榭，四面皆开则为亭。唐代和之前的亭子多为四面封闭开窗，可以夜宿其中，白居易就常有"宿亭"之事，但诗人并没有将亭子看作一个封闭的房间，相反，他们着墨于它通畅四方，是同周遭世界连接的一个地点。这种通达四方的安居，恰似海德格尔对建筑的认识，乃是人之栖居于物的所在[1]。这一栖居不是源于实体的铸造，而是源于在筑

---

[1] 海德格尔在关于建筑的著名论文《筑·居·思》中认为"居住"比"筑造"更为本源，乃是揭示存在者之存在的"思"的方式。人之栖居的所在，并不是由于筑造的材料和结构本身，而在筑造之中的"无"令作为物的建筑得以由一个被锁闭的空间，而通达于天、地、人、神的"四重整体"，这也即他所谓的"诗意地栖居"。〔德〕马丁·海德格尔：《演讲与论文集》，孙周兴译，北京：生活·读书·新知三联书店，2005 年，第 152—171 页。

造之中的"无",只有当一物联通了内外之时,才在真正意义上实现了栖居。宋代以后,亭子是最为开敞的建筑,它完全摒弃了将居住者隔绝于外界的墙壁,因此可以说它已经不再是一间"房子"意义上的建筑,而从密闭走向了自然万物的交通。王安石有《垂虹亭》诗云:"坐觉尘襟一夕空,人间似得羽翰通。"坐在虚空的亭子里的人,得以以虚空的胸襟感受到宇宙天地的流淌。

对这四面开敞的筑造形式,古代文人却喜欢以"壶"来名之。"壶"是园林中常用的意象,古人诗中有咏玉壶亭、冰壶亭、蓬壶亭的,今北京北海公园也有一亭题"壶中云石"。"壶"本来指俗语中的"葫芦",而其"意象"的形成与有覆顶的形貌有关。《史记·封禅书》中载有渤海中的方丈、蓬莱、瀛洲三座仙山,因"形如壶器",称为"三壶"——方壶、蓬壶、瀛壶,这三个名字,成为古人理想中的仙境之所的代名。[1]道教中还有一个"壶公"的传说:有个叫施存的人常拿着一壶,大如五升器,此壶可以变化为天地,中有日月如世间,施存夜宿其内,自号"壶天",人谓"壶公"。李白《下途归石门旧居》云:"何当脱屣谢时去,壶中别有日月天。"刘禹锡《寻汪道士不遇》亦云:"笙歌五云里,天地一壶中。"壶之体量,仅为一瓯泉水,但在古人的眼中,它可能容纳的是天地日月,是别于人间的另一个宇宙。(图5-4)

这"壶"的譬喻,也恰与海德格尔晚期另一篇论文《物》中的譬喻应合了。他说,作为一个独立之物的自立(Selbststand),壶区别于一个对象(Gegenstand)。[2]壶之所以成为一个能够使用的壶,并非由于它精巧的材质,而是由于它的虚空(Nichts)。这与一件在使用之中被遮蔽而消耗其材质的用具是不同的。虚空让壶成为"有所容纳的器皿之所是",而它以陶土制成的底部和周壁,只是为了塑造这种"虚空"。虚空使壶得以"容纳",并通过承载和保持琼浆的双重方式实现。它们的统一性由倾倒决定,倾倒完成了壶对世界的馈赠。海德格尔也曾以老子《道德经》中的那句名言"凿户牖以为室,当其无,有室之用"来阐释"空间"的观念。屋宇之所以能够被人使用,不是由于天花板和四周的墙体结构,而是由于它内部的虚空。而诗人笔下的亭子同屋宇的"虚空"却有些不同,它甚至连那作为"容纳"的壁都解除了,于是它便不再是一个仅有有限容量的"物体",而是无限延伸的世界

---

[1] [晋] 王嘉:《拾遗记·高辛》,见本社编:《汉魏六朝笔记小说大观》,上海:上海古籍出版社,1999年,第498页。
[2] [德] 马丁·海德格尔:《演讲与论文集》,孙周兴译,北京:生活·读书·新知三联书店,2005年,第174—180页。海德格尔所说的"壶"指古希腊盛水的陶瓶(jag)。

图 5-4　壶天自春　扬州个园

的全体。苏东坡《涵虚亭》云:"惟有此亭无一物,坐观万景得天全。"在无一物的小亭中,万景融汇为一个世界的全体,环笼着坐在亭里的那个人。在苏轼心里,这"无"的不只是亭中的物,亦不只是亭的壁板,还有亭中人之心。此时,他的心也同样是一个"虚室"。《庄子·人间世》中借孔子之口言道:"瞻彼阕者,虚室生白,吉祥止止。"这是一个虚空的所在,而正因为这种虚空,一个"纯白"的全体世界敞开了它的真容。成玄英疏:"观察万有,悉皆空寂,故能虚其心室,乃照真源,而智惠明白,随用而生白道也。"[1]庄子中的"道"就是这个被观照之后生成的世界。司马彪注云:"室比喻心,心能空虚,则纯白独生也。"[2]将"室"比喻为"心"的说法又让人联想到《人间世》中的"心斋":"唯道集虚。虚者,心斋也。"所谓心斋,乃如气一般"虚而待物"的内在,静观这广袤的虚空,由此呈现出一个白的世界。《庄子·知北游》中老子回答孔子问"至道"时说:"其来无迹,其往无崖,无门无房,四达之皇皇也。"这也正是"心斋"的写照。正由于此心是"空无"的,方能够与天地往来而无碍,与世界相通而无阻。

---

[1] [晋]郭象注,[唐]成玄英疏:《南华真经注疏》,中华书局,1998年,第83—84页。
[2] [清]郭庆藩:《庄子集释》,北京:中华书局,2012年,第156页。

从中国的建筑衍生出来的亭，天然地缺少建筑在位阶和功能上的双重规定性。中国古代的建筑以木构为主，这是由于木材在使用上的各种优点，同时也表明了建筑之为用具的特点。梁思成先生曾经说过，中国的建筑就像是被服舆马，是用来给人用的，而不是如古希腊神庙一般期冀其永恒长存的属性。[1]以生活的要求为目的，继而认同这些恢宏精巧的结构在时间中的有限的在场，而不是为保存其在时间中的绵延以对当下作出"回忆"，木制建筑似乎一直在承担着如此的特性。在南方的一些村落中，亭子到今天仍然是民间无论是风水还是敬神观念的一种"标识"。还有一些亭子是专门为了纪念，如曲阜孔庙中纪念孔子讲学的杏坛方亭，以及隋唐时期寺庙中常见的供奉佛像的祭祀亭。这些场所借助了亭子的形貌，将人的目光纳入其神化的回忆中间。但这一地方性的用途，似乎并没有实现亭子之为亭子的意义，祠堂或是别的宗教建筑完全可以实现相似的功能。而且，无论杏坛方亭还是祠堂，都是围绕着儒家理念下的人类社会群体展开的，它们从未脱离周遭世界的关系而独立出来。

无论是人还是建筑，作为有限的存在就不可回避其自身的规定性，居室建造的意图昭示着，它始终存在于与周遭世界的某种关系之中。首先，古代建筑有内室外堂的划分，区别于开敞的堂，室是寝卧起居之地，被周围四面墙紧紧地包裹。不仅是堂室，每个居住者都根据他们的身份被纳入这一房屋的"位置"中。屋子的主人夫妇住在正房或是离厅最近的东房，厨房旁边的小室为仆人的住处，楼上晦暗的房间通常居住着小姐。甚至，用于客房的东西厢房也根据朝向区分来访者地位的高下。由于这种功能上的划分，在房屋之内的身体活动是被"定义"的。汉代刘熙在《释名》中说："室者，实也，人、物实满其中也。"[2]不仅屋室是被人所实满的，这里的人也是被室的功能所安置的。这也恰符合类似的训诂书籍的特点，语词在这里甚于它们在语言系统中的意义被分门别类地存放于不同的框架之下。同样，屋室的特征使它成为一切用具结构下的"某一种"用具。并且，在古代，室的规格被权力秩序严格地规定着[3]。就像舆服一样，屋室结构从来就没有在社会中获得真正的自

---

[1] 梁思成：《中国建筑史》，《梁思成全集》第3卷，北京：中国建筑工业出版社，2001年，第14页。
[2] [汉]刘熙撰，[清]毕沅疏证，[清]王先谦补：《释名疏证补》，北京：中华书局，2008年，第180页。
[3] 许多典制文献均有这类记载。如《唐六典》规定："凡宫室之制，自天子至于士庶，各有等差。天子之宫殿，皆施重栱藻井。王公、诸臣三品已上九架，五品已上七架，并厅厦两头；六品已下五架。其门舍三品已上五架三间，五品已上三间两厦，六品已下及庶人一间两厦。"[唐]李林甫等：《唐六典》，北京：中华书局，1992年，第596页。

由。人从行动的范围到此处的使用都是被"限定"的，作为工具的建筑虽然提供了一种"家"的向度，让内部的人成为主人，同时又为主人之使用提供便利，可是在这个场所内，人的生活存在于屋宇所规定的结构当中，无论是相对于一个建筑群内的厅堂而言，还是相对于社会群体中的位阶而言。

从诗人的笔底所流淌出来的"亭"的存在，并非对世界的崇敬或对馈赠的感谢，亦非对自我和群体联系的定义。亭子是一个纯然的"虚室"，"人"在这里独自在场。正由于此，此间的"自我"也便同具有功能性的"社会人"有所不同。白居易为官署旁的"忘筌亭"题诗云："翠巘公门对，朱轩野径连。只开新户牖，不改旧风烟。空室闲生白，高情澹入玄。酒容同座劝，诗借属城传。自笑沧江畔，遥思绛帐前。庭台随事有，争敢比忘筌？"（《忘筌亭》）这新凿之室却并非创造的新空间，在此的世界并不因外在建筑物的变化而发生改变，它只是为人提供了一个"虚处"，供人诗酒谈笑，忘情而入玄。以此一"心斋"来观照这世界之人，是一个"明白"之人，他的心不会被任何外物所牵累，因而他的世界也不会被任何外物所遮蔽。他更不需要向外所求，构筑自我与他者的关系之网，甚至一切主动性的意向在这里都纳入了一种忘却当中，一切固有的语言、一切是非的判断、一切对构成世界分别的态度都在亭中被"悬置"。白居易厌《庄子·外物》之语题之为"忘筌"："筌者所以在鱼，得鱼而忘筌；蹄者所以在兔，得兔而忘蹄；言者所以在意，得意而忘言。"无论是捕捉鱼兔的筌网，还是捕捉意义的语言，都是一种面对世界的工具。《庄子》劝人忘记以工具的方式来对待世界及其意义。亭子正是以这种非用具的态度存在于世界上的。

然而在一官署之亭，世俗之地，即使是"忘筌"，也无需刻意追求。魏晋以来，那些追求"高情之玄"的清谈名士，往往遁世避俗，以隐居和玄谈彰显自身对庄子中那个逍遥世界的到达。而白居易说"庭台随事有，争敢比忘筌"，此亭"随事"而有，在其中往来谈笑，自在安处，又何必去另外追索方外高人如何忘筌呢？苏州留园的溪楼边有一处濠濮亭，其名取自《庄子》"濠濮间想"的典故。庄子与惠子共游于濠梁之上，庄子说，那些鱼好快乐。惠子问：你不是鱼，怎么知道鱼快乐？一番辩论之后，庄子回答道："请循其本。我就在濠上知道鱼的快乐。"亭子就是这个濠上之地。在这里，世界不再作为一个对象被判断，这濠上也不再是一处地点，而是一个让世界开敞的契机。白居易在《题杨颖士西亭》中也说过类似的话："静得亭上境，远谐尘外踪。凭轩东南望，鸟灭山重重。竹露冷烦襟，杉风清病容。旷然宜真趣，道与心相逢。即此可遗世，何必蓬壶峰。"在遗忘了一切外物和自我的空虚中，他在此与一个无所待的明白世界照面了。这是一个"真趣"的世界，它的呈现不需要那遥远的仙山，它就在这里，就在这个小亭中。

三、聚集与持留

亭子因其"空虚"而成为亭子，可又的确有建筑这一"实体"的存在。亭子的开敞的空间也以实体屋顶和柱子作为聚集点。古代的屋顶，无论是哪一种样式，从其内部观看，都有一种中心聚集的效果。这里也聚集周围的人。《释名》言："亭，停也，亦人所停集也。"[1]停留和聚集，是早期亭子的意义。在目前出土的秦代漆器上，多见"亭"字的铭文。这一铭文出现得如此频繁，足以证明"亭"的使用在秦代或者更早的时候已经非常普遍。这些漆器上的"亭"或"某亭"，并不似后来是园林中的一个休闲场所，它指的是市亭，又称为旗亭，也就是一个维持市场交易秩序的管理场所，功能包括监督市场交易以及征取市场税收。[2]亭作为市集的中心、源地以及管理者，成为早期商业的发源地。[3]

在更早时就已出现的另一种亭子更能够传达空间中的这种聚集性。驿亭，又称为邮亭，是早期交通和信件传递之所。驿亭是大地上线性道路的枢纽，一个个亭子将全国的道路联结在一起。大地因而也可以称为国土，它代表了国家的一种权力和职能。通往亭子的道路也被要求"车同轨"，驿亭又将周围的道路和关联的事物聚集于自身周围。[4]秦朝大一统之后，大量的驿亭作为道路的聚集点得以

---

[1] [汉]刘熙撰，[清]毕沅疏证，[清]王先谦补：《释名疏证补》，北京：中华书局，2008年，第183页。
[2] 李如森：《战国秦汉漆器铭文浅论》，《天津社会科学》1987年第5期。
[3] 如果出现"咸亭""成亭"等烙印文字，说明这些漆器已经在某地通过了相关的验证并且被征取了税收，可以合法地进入市场。而那些没有地域性文字，只有单纯的"亭"字的铭文，则说明具有普遍意义的"检验合格"替代了个别的、地方的亭的验证。朱学文：《有关秦漆器铭文的几个问题》，《考古与文物》2012年第3期。
[4] 海德格尔在《筑·居·思》这篇论文中，曾以"桥"作为例子提到了相似的说法。他说，桥聚集了包括风景和道路在内的四重整体（海德格尔晚期概念，指天、地、人、神），它由于自身是一个位置而作为场所（Stätte）设置了空间。从这一点上，驿亭与桥具有相似性，都是"独具方式的物"，它以自身作为联络和边界的标志性事物，建立了一个独有的位置。观赏性的亭子同样意味着空间的设置，不同的是，它们是以其空虚的内部和开敞的形式将风景聚集于自身。[德]马丁·海德格尔：《演讲与论文集》，孙周兴译，北京：生活·读书·新知三联书店，2005年，第160—165页。

建立起来。秦法规定"十里一亭"。于是,全国的道路被有秩序地联系起来。同时,各个区域的边界也以各个驿亭作为标志性的象征。联结道路的驿亭后来又为秦王朝的推翻者提供了地理的启蒙,同时其所助力的政令信息的畅通也为新政权的稳固提供了条件。亭子作为疆土上的一种"位置",聚集着四方的道路,而亭也常常以四方的位置来命名。这是它"作为用具被安置的、建立起来的位置(Platz)"[1]。这里是旅客停下脚步,涤除身体上的劳顿的所在。在这里,他持留的是时间。过去的时间中的风烟在此处被持留洗却,而持留也向着未来的时间展开。

当驻足者对这业已逝去的"过去"抱着挽留的态度,又在对即将到来的未来的期望中,挽留着即将逝去的"现在"时,亭子常常被作为送别之所。"长亭外,古道边",这一常被人传唱的词句,暗示着在场的欢聚即将随着时间远去,此刻小村外那座亭子是对这场欢聚的最后的挽留。在离去之际,一位诗人可能会选择在亭子中遗留下情感的印迹。此时,驿亭不再只为冷漠的政令提供落脚之地,被传递和滞留于此的还有友情。元稹在一次路过邮亭时,看到满壁的友人题句后写下《骆口驿二首》其一:"邮亭壁上数行字,崔李题名王白诗。尽日无人共言语,不离墙下至行时。"[2]几位好友不能共时地相聚畅谈,只有在这可以留住诗句痕迹的驿亭中,想象着在过去未曾发生的欢语。元稹挚友白居易一次到了蓝桥驿,想到半年之前曾到过此地的元稹,也不无伤感地题了一首《蓝桥驿见元九诗》:"蓝桥春雪君归日,秦岭秋风我去时。每到驿亭先下马,循墙绕柱觅君诗。"在驿亭中,他期盼着追寻已远去的好友的一些消息。古人常常喜欢在建筑上题诗,可是题诗并非为了"留名",墨色之诗很快就会消逝在风烟中;也不是为了纪念,诗句是为呈现一种"停留",时间在这种停留中在场,而除了主人,能够把握住这时间之涟漪的,也只有那苦苦觅寻的挚友了。亭子让在道路中远去并且在时间中坠落的遗憾在此持留,生命作为一个此在与另一个远去的生命在此相遇。

园林的意义由这一小亭延伸出来,亭是对在结构中迅速分裂并消逝的生命的挽留。亭与园绝不是可以分割的,换言之,园林不是由一座座亭"构成"的,亭子是园林在时间当中的一个个节点。在园林里,亭子的安置或者连接着四方而来的路

---

[1] 〔德〕马丁·海德格尔:《存在与时间》,陈嘉映、王庆节合译,北京:生活·读书·新知三联书店,2014年,第119—120页。海德格尔试图说明,位置(Platz)并不是用具(物)在空间中的随意的地点,而是用具(物)自身联络并建立起来的"位置的整体性",并由此而确定了用具的"在此"。

[2] [唐]元稹:《元稹集》,北京:中华书局,1982年,第194页。

图 5-5　观瀑亭　苏州狮子林

径，如拙政园"荷风四面亭"，就是"居三路之焦点，前后皆以曲桥相贯"[1]。这个位置颇似大观园里"沁芳亭"的位置，庚辰本有双行夹批："此亭大抵四通八达，为诸小径之咽喉要路。"[2] 或者为湖心岛之亭，如狮子林的"观瀑亭"，筑于湖中央，连接着壶中的九曲桥，在这里不但可以观赏到包括西边飞瀑在内的周遭景致，就连它自身也始终是湖边行人的视线焦点。（图 5-5）又或是连廊中有半亭，如网师园的"月到风来亭"，或是临水滨而设亭，如留园的"濠濮亭"、西湖的"天下景亭"。在一片大的水面上，湖心的小亭又连成一片，如拙政园从湖心小洲上的"荷风四面亭"，可眺望旁边岛上更高的"雪香云蔚亭"，绕过再行至另一小洲上有"待霜亭"，可望对岸的"绿绮亭"和"梧竹幽居"，一路连绵不绝而有驻留，行途恰似一段美妙的乐章。这些陈设还有一"环"的思量，恰以亭作为节点。陈从周在谈拙政园时就提到："通月门，则嘉实亭与玲珑馆分列于前，复自月门回望雪香云蔚亭，如在环中，此为最好的对景。"[3]（图 5-6）节点并非只是关联空间的枢纽，在一次次驻留又行走中，人与景物发生着宛转悠荡的际会，这仿若一种梦幻的发生，让人在不知不觉中进入世界全体的欢场中。祁彪佳的寓山园北廊也有"宛转环"一景，他说：

---

[1] 陈从周：《苏州园林》，《陈从周全集》第 1 卷，南京：江苏文艺出版社，2013 年，第 8 页。
[2] [清] 曹雪芹：《脂砚斋重评石头记（庚辰本）》，北京：人民文学出版社，2010 年，第 352 页。
[3] 陈从周：《苏州园林》，《陈从周全集》第 1 卷，南京：江苏文艺出版社，2013 年，第 8 页。

图 5-6
拙政园自枇杷园望雪香云蔚亭
陈从周摄影

"自此步步在樱桃林,漱香含影,不觉亭台豁目,共诧黑甜乡乃有庄严法海矣。入吾山者,夹云披藓,恒苦足不能供目。兹才一举步,趾已及远阁之巅,是壶公之缩地也。堤边桥畔,谓足尽东南岩岫之美。及此层层旷朗,面目忽换,意是蓬瀛幻出,是又愚公之移山也。虽谓斯环日在吾握可也,夫梦诚幻矣!然何者是真?吾山之寓,寓于觉,亦寓于梦。能解梦觉皆寓,安知梦非觉,觉非梦也?环可也,不必环可也。"[1] 这种梦幻是让人远离作为实体空间的有限感,空间仿若错置、绵延又如环一般尽握于吾手。它聚集着一人世界的在场,也让在此的相遇变得充满时间的感伤。

魏晋时期,发生了历史上一次著名的亭中聚会。公元 353 年上巳节,在山阴的一个僻静之处,王羲之写下"永和九年,岁在癸丑,暮春之初,会于会稽山阴之兰亭,修禊事也"。说这是文人史上最大的盛事之一,恐怕不会有太多异议,从此,无数发生在园亭的文人雅集活动都被拟以"兰亭之会"之名。这次活动之所以被引为盛事,并非只是由于"群贤毕至,少长咸集",甚至也不只是由于它在政治和历史变迁中的作用。当然不能否认《兰亭集序》矫若游龙的法书,也不能否认"曲水

---

[1] [明] 祁彪佳:《祁彪佳集》,北京:中华书局,1960 年,第 162 页。

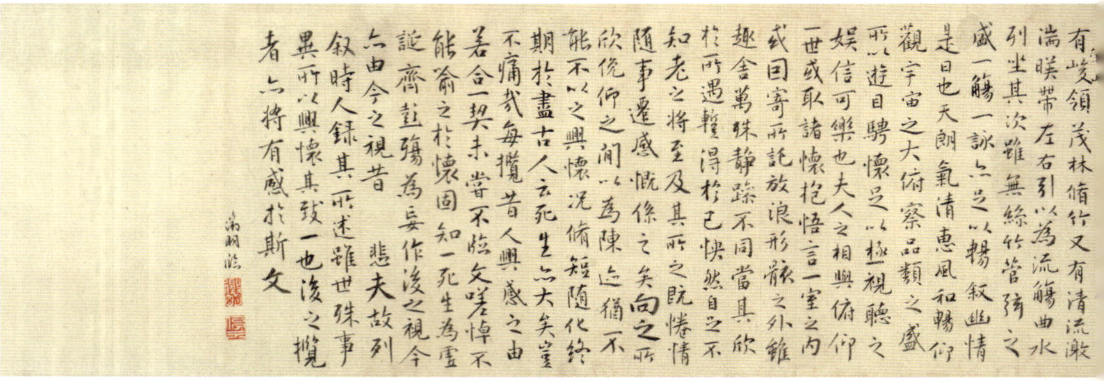

图 5-7　文徵明　兰亭修禊图　金笺设色　故宫博物院

"流觞"的妙趣，或许，还有许多文人以这种集会来定义自身——一位风雅之士，可是，这些比拟和定义都是不够的。兰亭的意义在这一小亭上，在这里，王羲之得以"仰观宇宙之大，俯察品类之盛"，他将文人的聚会和万物的会聚联系起来。虽有景物妙赏中的"视听之娱"，但实在已不止于"视听之娱"。王羲之在此文中屡次言及"俯仰"二字，在亭内的俯仰之间，或取诸怀抱，或放浪形骸，生命的宇宙感自在呈现。"古人云：'死生亦大矣！'岂不痛哉！"他感慨道。持留意味着时间的在场正在远去。此在在生命中的在场，以及生命在历史中的在场，在这一小亭中汇聚起来。（图 5-7）

这一聚集-持留的梦幻，恰似一种对安在的觉悟。俗世当中芜杂的尘网被抛却，只有独我在这环中寓居。这是一种真正美妙的寓居，此时，连整个世界都聚集在这里了。元人张宣有一首小诗：

石滑岩前雨，泉香树杪风。江山无限景，都聚一亭中。[1]

这首诗本是为友人的小亭所作，末句最初写作"江山无限景，都在一亭中"，后来诗人把这首得意之作题在友人许士雍收藏的倪云林《溪亭山色图》上，则改为"都聚一亭中"。[2] 这一字之差，或许是张宣在观看了云林之作后，心头一动的改写。"在"暗示着主体，主体通过对四方风物的感知，让经由感知成为"印象"的风景，

---

[1]　[清] 卞永誉：《式古堂书画汇考》，杭州：浙江人民美术出版社，2012 年，第 1910 页。
[2]　在《四朝诗》和《明诗综》里，最后一句本写作"都在一亭中"，而《珊瑚网》与《式古堂书画汇考》则记为"都聚"。

存于这一小小的亭子中间。这是"我"对于风景的静观。然而一个"聚"字,却让世界万物流淌起来。目光不断向远方释放,最终,万千世界的景象又归于一亭之中。流动的前提是分别的消逝。静观之时,面向万物的主体,依然能够分辨出"那一片风景",或是"那一物是什么",但当风物"意向地"会聚在此地,它们之间的差异性消逝了,万物交融而呈现于一个世界之中。

这幅于丁未年(1365)五月所作的《溪亭山色图》与现存的《容膝斋图》在题材和风格上都有相似之处:荒疏的一水两岸,一座极为素朴的小亭落在了近处的岸边。(图5-8)亭子有时成为倪云林画中唯一的"点景"之物,但这个艺术史的常用术语,对倪画而言却有着意义上的不合宜。虽然张宣称"江山无限景",可这"无限"暗示出倪云林的画并不是呈现某一处片段式的"景",那小亭更非只作为这一"景面"的一隅。小亭对这幅画而言如此紧要,在疏落的画面中间,极度简朴的它通过聚集,消融了散落成块面的诸位置的界限。这甚至并不是对面向这一画面的目光的吸引和聚集,无论它自身还是这一幅画都没有这样的目的。在此的"聚集",是一个整体的世界的敞开。河岸对远的远山,不再是那被"三远"引起的不同视角观赏的"远",它是这小亭四向延伸开来,再度过那茫茫的水岸,伸向那个没有色彩、没有姿态、被人间遗忘的荒寒世界。这幅画面不再能拆解为那河、那山、那亭、那树,这个世界以一种不可分别的广漠之象,汇聚于草亭之中。这里,就是那"容膝"之地。"容膝"暗示着空间中主体的存在,并且这一空间小得只能容纳独自屈身的那个"我"。可是云林就连这一个"我"也没有画上去,苍茫的天地之中,没有人物,也没有其他建筑,只有这一草亭作为"空无"的所在。庄子云"今者吾丧我",正是在这样一种"我"的不在场中,作为"草亭"的"吾"在宇宙中自立并将世界汇聚于此,在这里,他听到了天际的绝响。

图 5-8
倪瓒
容膝斋图
纸本墨笔
故宫博物院

四、作为"客人"的栖居

亭之"停留"的意义,还有《穿膝斋图》中那无人的小亭已经暗示了,个人对于亭子而言不是永恒的。挽留时间中的旅人的亭子,在本质的渊薮中表达了旅人之为旅人的意义。正如壶中的琼浆不会永远属于壶一样,它终将被倾倒出来。也没有人可以在亭中长久地居住,即便是私人园林中的亭子,主人也只会短暂地停留,很少会常常到亭子里面待很长时间。事实上,他只是在财产权的意义上拥有它,"主人来少客来多"的情况会经常发生。亭子为"客人"而设,或许是受邀赴宴的客人,或许是素不相识的来访者,或许就是它名义上的主人。但无论是谁暂时地在此处落脚,他终将不属于此亭,此亭也不属于他。人对亭子而言总是一名过客。

然而,却有一些人特别喜欢留宿小亭,他们在这里体验着"居于此"的感受。白居易就是这样一个"宿亭者"。有一次,他在朋友窦使君的"庄水亭"小宿,并写下一首《宿窦使君庄水亭》:"使君何在在江东,池柳初黄杏欲红。有兴即来闲便宿,不知谁是主人翁?"小亭虽然并非野亭,但远在江东的主人又怎知此时小亭的情状?作为一个来到小亭的客人,乐天变成了这里的主人。他在亭内安然而眠,就像是回到了自己的家中。还有一次,他在一小亭午睡后,写了首《睡起晏坐》:"后亭昼眠足,起坐春景暮。新觉眼犹昏,无思心正住。淡寂归一性,虚闲遗万虑。了然此时心,无物可譬喻。本是无有乡,亦名不用处。行禅与坐忘,同归无异路。"经过白日里短暂的安眠,睡意恍惚之间,将平日里清醒状态中"思"的意念涤荡出去。万物归于同一,彼此之间的分别已经在这亭内的"虚闲"中流走。在白居易看来,这种"无思"的状态恰恰就是内心在小亭内真正的安顿——一种栖居。

从这一意义上说,即便没有条件的限制,也不是人人都能"来到"这一小亭。一年春天,白居易来到洛阳乾元寺最高峰的小亭,看见满目游人,作《春日题乾元寺上方最高峰亭》道:"危亭绝顶四无邻,见尽三千世界春。但觉虚空无障碍,不知高下几由旬?回看官路三条线,却望都城一片尘。宾客暂游无半日,王侯不到便终身。始知天造空闲境,不为忙人富贵人。"寺庙作为公共的场域,往来的游客比一般的私人园林更为熙攘,但却很少有人有兴趣来到这个山顶的小亭。即便游人匆匆而过,他们又是否能有片刻感受到自己之为"客人"的意义呢?纵然目有所及,他们又是否能看到"三千世界春"呢?更不用说那些城市里为功名奔走的富贵之人,他们更不会有片刻的闲情,来到山顶的这一小亭,感受游走于俗世之外的世界。沈

图 5-9　沈周　水心亭子扇面　纸本墨笔　台北故宫博物院

周有一幅《水心亭子》扇面，上自题云："水心有亭子，波光清莹人。红尘不到此，亦自不生尘。"[1]（图5-9）在这水心的小亭中，一个澄澈的世界来到了这个清莹之人的心里。水心亭子就是一个红尘世界无法达至的地方。

这个不生尘的"空闲境"，并不是指生活中一个与忙碌相对应的"闲暇"的索取之地——这正是如今大多数人对"园林"之用的理解。这种态度，是将"我"之主体生命，割裂为"劳作"与"清闲"的不同部分，而将"闲"也作为生命的一种隐晦的役使，从而消解了"闲"本身的内容。闲的状态是一种无时间片段的悠游。人来到亭子里，是亭子生命的短暂一瞬；而亭子立于大地，也只是大地生命的一个沙粒。可是，亭子恰恰在这短暂停留的此刻，向它的客人敞开了一个世界。这个世界是以一种全整的面貌，在在场中将时间凝聚起来。此刻不再是某个被分割的时间的碎片，它在当下的持留中完成了意义。

这"闲"是在亭中的观望者最为期盼的生命状态。白居易曾有一首《病假中南亭闲望》云："欹枕不视事，两日门掩关。始知吏役身，不病不得闲。闲意不在远，小亭方丈间。西檐竹梢上，坐见太白山。遥愧峰上云，对此尘中颜。"官职带给人的身份枷锁，在病中这一闲时得以卸下。诗人很自然地在此时来到了官署旁的一个小亭独坐：近观西边檐上竹梢的摇曳，遥望远处太白山的云卷云舒，他在风景中体味到了一种"闲意"。这一闲意在竹梢上、在白云间，在此处这方丈小亭中显现。这种显现源于身处这一小亭的诗人。小亭避免了让身体凸显于世界之上，它就在世

---

[1] 何炎泉、陈阶晋、陈韵如编：《明四大家特展·沈周》，台北：台北故宫博物院，2014年，第86页。

界中间。而身体的"在其中间"又促成了身体自身与风物之间的交会。"遥愧峰上云,对此尘中颜。"这一"对"字,暗示着生命化于世界之内的状态。"我"与物之间,是交互的关系,在与世界的照面中,一个客体的世界消逝了,而显现出"我"在其内的世界,他成为小亭真正的主人。诗人又说,我面对这个世界是有愧的。身体虽然在这悠闲之所,却仍然不能免于在纷劳的官场浮沉,不能免于被权力秩序的尘烟所侵扰,不能免于在这一繁华俗世做客。诗人之所以能够对这种秩序作出反思,正是由于他进入了亭子所呈现的这个世界,他的心胸已超然于尘俗之上,并从"悬置"中来观看那个俗世中的"我"。[1]

大千世界,过客匆匆,而亭子却安宁地存在于大地上。它自身也是一种"闲"的状态。亭子虽可有人住,但不期待人的驻留。正因无所期待,没有人可以利用它。它是一个真正的无用之物。《庄子·人间世》中那棵一无所用的大树,由于"不材",方能作为其自身在大地上长久地安享生命。亭子就是这样一株散木。它所经受的,无非就是那些在它身边路过的客人,或许有人会像《庄子》中那个木匠和徒弟一样,议论它为什么没有用,或许也有人会去试图围抱它。由于它的无用,没有人可以真正地"拥有"亭子,它不属于任何人。无论亭子的主人是谁,都只是暂时的,他对于小亭也终将是时间中的一个过客。

客人的身份是永恒的。只有理解了自己永恒地作为客人的意义,人才"来到"了小亭里。人不是在此亭做客,而是此亭作为一种提示,让人从本源上作为天地之客,作为时光之客的真相昭然了。做客意味着对存在的感知,在此地,人以一种无私、无待,自由地存在着。拙政园有一扇形亭,坐落在西园水中小岛的东南一隅,四周小丘葱茏,前面碧池燕翔。这小亭有个极有趣的名字叫"与谁同坐轩"(图5-10),乃是用了东坡《点绛唇》词中的句子:"与谁同坐?明月清风我。"这个问者,也许是在亭里逗留的诗人,也许就是这亭子——是它作为此在者的吟叹。在这个世界上,何人能在此与"我"同坐?"我"又将与谁同归?提问者在等待一位不知是谁的"客人"。此处的楹联上写着:"江山如有待,花柳更无私。"等待人来做客,正是这小亭的意义;而真正的等待者,又不只这一小亭,而是一整个大千世

---

[1] 在《现象学的方法》中,胡塞尔也有类似的认识。他认为,在"我"的意向体验中"我"指向世界中的对象,但"我"在反思中也可以把"我"的自我作为对象。在自身的对象化中有些没有被世界化:"我"作为进行者的自我,因为我进行各种对象化体验时仍作为进行者而停留在对象化的此岸。而这个反思中的"我",则是纯粹的自我、先验的自我,在自由的责任性的自我中思索"我"自己。〔德〕埃德蒙德·胡塞尔:《现象学的观念》,倪梁康译,《胡塞尔文集》第2卷,北京:人民出版社,2007年,第143—145页。

图 5-10　与谁同坐轩　苏州拙政园

界。这是一片没有驱使、未尝私有的世界,不被任何人、任何物所占有,也不占有和利用在其领域中生长的一切。然而此待又何尝可待? 庄子云:"若夫乘天地之正,而御六气之辩,以游无穷者,彼且恶乎待哉!"当亭中的"我",同这清风、明月、落花、烟柳相遇时,一个无私而无穷的天地便向"我"敞开了。

五、天地一野亭

亭子之闲,造就了它不为人役使而独立存在于世界的本质。它以其独立,展露了世界的样子。这一世界的面貌,在《庄子·逍遥游》中得到了很好的表述。惠子向庄子抱怨自己家的樗树一无所用,庄子回应说:

今子有大树,患其无用,何不树之于无何有之乡,广莫之野,彷徨乎无为其侧,逍遥乎寝卧其下? 不夭斤斧,物无害者。无所可用,安所困苦哉?

无用之木的世界,是一个弃绝了有分别的"有"的广漠之野。在这个所在,从不将

"树"认定为可用的木材,也不将"亭"认定为作为建筑的"亭"。"无为其侧"意味着无所依傍,无所期待,因而生命混沌如一种彷徨之态。但正是在这种彷徨之中,一个"野"的自由世界对他敞开了。

在此的居住"寻"(海德格尔语)向广漠的远方。《容膝斋图》中那个寂寞的小亭,必然不是来映衬繁华的,只有在这个水不流花不开的世界里,它才找到了自我的安居。在这个世界中,亭子并不受缚于某个确然的"地点",它并非想以"此地"的依恋来纠缠人的情感。倪云林的好友杨维桢的《野亭记》记叙了自己和好友沈铉的一段对话:

> 予谓:"野非直郊外名也,圣人尝比以仲由,而又欲从先进之野。盖野而畔教,圣人所嫌;野而胜华,圣人所取。铉之野何居?"铉曰:"某之野,郊外之名耳,乌知圣人之去取哉!虽然,圣人论野为质,铉将论野于趣乎!趣乎,非乐处于圹埌者能知乎!唐丞相裴公尝堂于午桥,而名'野'矣。是厌政于朝,思朝于野,岂真知野之趣哉!知野之趣,莫孟真曜氏、魏仲先氏若也。铉不敏,将尚友于孟魏氏云。"[1]

"野亭"并非一定指城外郊野中的亭,而是以"野"这一修饰揭示了亭自身的本然状态,故云"论野为质"。在圣人那里,"质胜文则野",野意味着虽有其质但文饰不足;但在文人眼中,这种"无文之质"自有其真趣。这一趣味并不是对"在朝"的刻意逃避,也不是如中古的一些隐士一样虽在江湖而心怀庙堂,"野"是对朝野之别的解去,唯有拥抱那无有之乡、广袤世界的人方能体会其趣味。(图5-11)

同《庄子》中那"无所可用"的大树一样,小亭在此处也是无用之物,这也并非因坏掉而造成的功能丧失,而是它从来就不企望着"上手"。在时间的绵延中,它一定会逐渐地破败,但这破败只不过是一种"有用"的目光之下的认识,是无法看到"三千世界春"的那些目光的认识。所谓"三千世界春",其实正是庄子所说的"无何有之乡,广漠之野"。这看似迥异的意象,都是在表露亭子对被遮蔽的世界的一种揭示。海德格尔在《艺术作品的本源》中谈到,作为万物所仰赖的载体的大地,天然地隐遁着自身,而真理将自身设立于艺术作品之中,令其具有一种去蔽

---

[1] [元]杨维桢著,孙小力校笺:《杨维桢全集校笺》,上海:上海古籍出版社,2019年,第2302页。

的能力，在制作中"把作为自行锁闭者的大地带入敞开领域之中"。[1] 亭子正是这样一位解蔽者。"在世界之中"的小亭，追随着这个世界，消融了"城市"与"山野"、"繁华"与"废墟"的争执。这种争执源于那繁华的世界以其无所不在的有用性遮蔽了大地的真意。早期的隐士，只有遁入《庄子》笔下那广漠的山野，才能实现无用于尘世的自由。唐代以后，当庄禅的思想、诗歌的语言逐渐纳入亭子的血脉之中后，大地又以一种新的面貌被建立起来——在城市中的园林中间。

小小的亭是每一个园林必至的佳处，甚至不少园林以"亭"为名，故园林又可称"亭园"或"园亭"。亭子的本质决定了它并不是"位置"的标记，不是作为建筑群当中的"一个建筑"而发生它的意义。同样，园林也不是作为园石、树木、水脉、建筑的组合而发生园林的意义。正如"亭

图 5-11　倪瓒　江亭山色图　纸本墨笔
台北故宫博物院

欲朴""不自为胜"所言，它是隐没的，隐没在园林的一个角落，它的不可见令人们自然地将其化于大地之上。同时，它又是独立的，它的字形已展露了它的意义——一个自立之物。以之形成的叠词"亭亭"又成为它状态的形容。西湖边有一个亭子就名为"亭亭亭"，这一独特的命名展现了此亭正是以其自身本来的面目存在于世界上。《释名》云："楹，亭也，亭亭然孤立，旁无所依也。"[2] 亭不仅在形貌

---

[1]〔德〕马丁·海德格尔：《林中路》，孙周兴译，上海：上海译文出版社，2004 年，第 33—50 页。
[2]〔汉〕刘熙撰，〔清〕毕沅疏证，〔清〕王先谦补：《释名疏证补》，北京：中华书局，2008 年，第 189 页。

上,也在超越形貌的意义上,超然独立于世界中。杜甫的那句"乾坤一草亭"屡为后人所引,此言真正道出了亭之意义:它自身以"独立之物的自立"[1]栖居于宇宙之中。在此之人不只由于它内部的空间,更由于它的自立,得以寻找并发现了一个全体的世界和"自我"。

沈周有题画诗:"最爱溪山好亭子,松声花气入和风。闲行直是供微咏,春满先生杖履中。"[2]此诗颇有东坡的味道。那溪山之中的小亭,点化出一个脱掉尘垢的清香世界,于是徐徐走来的那位"闲人",竹杖和步履间也盈满春的气息。李日华《题画扇与解如上人》云:"野亭本是闲人作,时有闲人来倚阑。"[3]这座亭子孤独地屹立于荒芜的旷野之上,等待着那个逍遥之人来此。它们各自作为客人——大地作为真理的、亭子作为大地的、人作为亭子的客人共同存在于一种释去了繁华的逍遥世界中。

祁彪佳在他的寓山园中还有一处"妙赏亭",他在《寓山注》中说:

> 此亭不昵于山,故能尽有山。几叠楼台,嵌入苍崖翠壁,时有云气往来缥缈。披层霄而上,仰面贪看,恍然置身天际,若并不知有亭也。倏忽回目,乃在一水中激石穿林,泠泠传响,非但可以乐饥,且涤十年尘土肠胃。夫置屿于池,置亭于屿,如大海一沤然。然而众妙都焉,安得不动高人之欣赏乎![4]

"此亭不昵于山,故能尽有山"是说亭子并不从属于山,它在这种"不昵"当中,让山间那无际的世界向人敞开了。"虽由人作,宛自天开",这句《园冶》中的经典论述其实在说,造园不是一个"制作"的过程,而是一个"显现"的过程。制作只是它们的表象,而它们的意义乃"自天开"——在世界中建立。海德格尔说:"隐藏在自然中的艺术(真理)唯有通过作品才能显露出来,因为它原始地隐藏在作品之中。"[5]这一"自然"的意思并不是指一个外在的自然环境,而就是这一"天开"。这种去蔽的过程,正是意义建立的过程。隐藏在自然中的亭子,自身就是一

---

[1]〔德〕马丁·海德格尔:《演讲与论文集》,孙周兴译,北京:生活·读书·新知三联书店,2005年,第174页。
[2] [明] 沈周:《沈周集》,杭州:浙江人民美术出版社,2013年,第534页。
[3] [清] 陆绍曾:《古今名扇录》,清钞本。
[4] [明] 祁彪佳:《祁彪佳集》,北京:中华书局,1960年,第159—160页。
[5]〔德〕马丁·海德格尔:《林中路》,孙周兴译,上海:上海译文出版社,2004年,第41—42页。

个没有光环的作品,它在寻常中融化了被分割并固化的大地,将大地开敞于那苍崖翠壁、云气缥缈的宇宙全体之中。它将园子里的人工建筑"嵌入"自然的全体之中,于是便消解了这些建筑与自然相对立的人工感;同时,园林的意义也寓于这里的一草一木、一泉一石、一亭一桥之中。在这一视域之中,亭不是从属于园林,而是被"安放"于此,在这一意义上,园林是没有"区域"的。正如庄子劝惠子将无用之木"树之于无何有之乡"一样,亭在屿中,屿在池中,它与它内在的每一个事物,都在这一"大海"之内得到圆足的自立,呈现出了会聚万物为"一个世界"的真"妙"。

通过诗化的含蓄的语言,文人透露出了自我对这一世界真意的感觉。这并非由于他们"会"写诗作画,而是他们最先"来到"了这里,最先成为这一世界的栖居者。他们将日常中对世界的领会,释放到来者的面前。他们生命的整个过程,并未在这些语言间隐没于日常生活,反而以一种活泼泼的生活情境,存在于我们这个世界上。纵然最终亭子会如同那些残垣断壁一样在这旷野之中荒废,但它在世界之中建立的意义,仍旧在诗文中延续并为我们所领会。这大概就是文人的慷慨吧。

第六章

策　杖

一、扶老

图 6-1　奥古斯都像　哈佛大学美术馆

从折断的树枝第一次被用于辅助直立行走开始，杖就一直伴随着人类的成长。"杖"在中文中的本意是扶持，在商代的甲骨文中，"老"字的形象就是一个扶杖的人。《说文》中解释"杖，持也"，杖首先是扶持老病的用具。同时，可以想象，当原始人遇到危险的猛兽或敌人时，手"持"之"杖"还有"击打"和"防御"的作用。这两种日常用途，是一直延续至今的。然而，考古发掘发现了许多早期的"杖"，已无一例外都不再是一件单纯的用具了。这些"杖"作为"权杖"（sceptre），在几乎所有文明中发出神性的光芒。在公元前27世纪的苏美尔人的史诗中，"权杖"就和"王冠"一起，成为王权的标记（insignia），并被认为是来自天国的永恒的神圣之物。埃及图坦卡蒙法老墓冢中法老的鎏金塑像手持夺目的金色权杖，让人直接"看见"了他生前的荣耀。庞贝古城的墙壁上，亚历山大大帝被描绘为持杖的宙斯，那高举手臂的样子传递着帝国君主傲睨一切的权力。权杖是一种尊贵身份和神圣性的永恒"标识"，这和"杖"本身作为武器的捍卫意义是分不开的。[1]（图 6-1）

在中国境内，青海湟源地区约3500年前的商代早期卡约文化墓葬中已发现了鸟形青铜杖首。[2] 西南地区的三星堆遗址，除了数件鸟形铜杖首外，还出土了一件

---

[1] Jan Willem Salomonson, *Chair, Sceptre and Wreath: Historical Aspects of Their Representation on Some Roman Sepulchral Monuments*, Groningen: Ellerman Harmsm, 1956, pp. 64-66.
[2] 〔日〕三宅俊彦：《卡约文化青铜器初步研究》，《考古》2005年第5期。

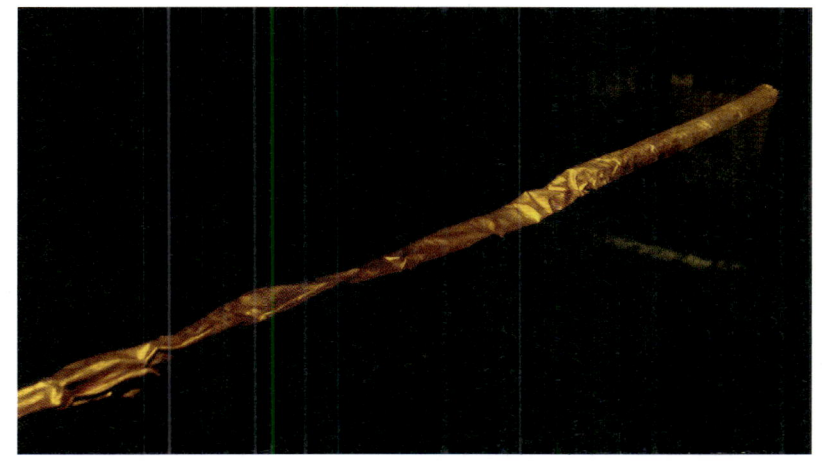

图 6-2
鱼凫王杖
金制
长 142cm
直径 2.3cm
四川三星堆博物馆

雕镂极为精美的金杖。[1]（图 6-2）近年新出土的春秋早中期陕西刘家洼遗址的芮国有蟠螭纹的金权杖头，其形制同草原地区的权杖非常相似，而纹样却是当时中原的纹样。[2]无疑，这些杖都寓意着尊贵的身份。[3]在被赋予权力而成为"权杖"的过程中，杖的"形制"与"材质"也随之发生了变化。当它不再是一件用物，而是被观看、被展示的物，那些非功能化的权力和传统的象征形象便是必需的装饰。权杖大都出现了"杖首"，它用一种触目的形象符号来表达其"物"对于高贵身份或者至高权力的意指。这些"杖首"又大多使用稀有的金属材质，有时也会有整根杖身都是贵金属所制的例子。如今考古出土的"杖"的实物，绝大多数木制的杖身已经朽坏，仅仅留下了金属杖首，时间中的流传再次证明"权杖"将平常之物转化成了永恒之物。

不过，在中国早期的文献中，"杖"的力量并非只是由武力赋予的，它同它的另一个"生命"的功能——"老"更密切地联系在一起。《周礼·秋官》中说："伊耆氏，掌国之大祭祀共其杖咸；军旅，授有爵者杖。共王之齿杖。"郑玄注："王之

---

[1] 中国版图内鸠杖最早的遗迹多出现在西部地区，加上其鸟形的符号，很多学者认为这或许是这一地区与古希腊和古巴比伦之间联系的一个线索。参见张曦：《三星堆金杖外来文化因素蠡测》，《四川文物》2008 年第 1 期。
[2] 参见种建荣、孙战伟、石磊：《陕西澄城县刘家洼东周芮国遗址》，《考古》2019 年第 7 期。由于这一权杖从形制上看并非中原样式，而接近亚欧草原样式，因此学者们普遍认为其持有者也即这一墓主人——曾经去过戎人地区的芮伯万。
[3] 这些杖现在被普遍认为同古代希腊和两河文明有非常紧密的关系，因此它们也被认为起源于武器而具有权力象征。见杨琳、井中伟：《中国古代权杖头渊源与演变研究》，《考古与文物》2017 年第 3 期。另外关于早期中西权杖交流的详细研究，见李水城：《耀武扬威：权杖源流考》，上海：上海古籍出版社，2021 年。

所以赐老者杖一样赐杖。"[1]
"共王之齿杖"的意思是说，对于因军功而授爵者，同王赐给老人杖一样赐杖。这也证明勋爵持杖并非以武器为根源，乃是由于有功而将其功等同于"年老"。《礼记·月令》云："是月（仲秋）也，养衰老，授几杖，行糜粥饮食。"[2]"几"和"杖"既是年长者所必需的养老之物，同时也代表着一种权力。《礼记·王制》又规定："五十杖于家，六十杖于乡，七十杖于国，八十杖于朝……"[3]

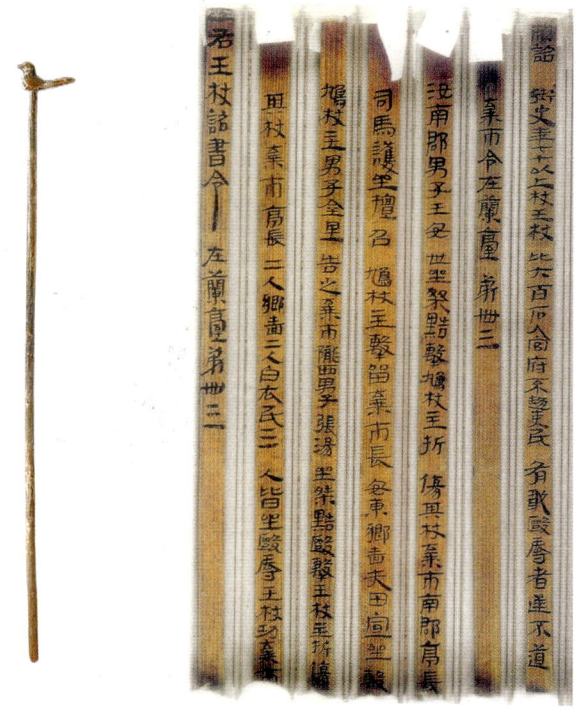

图 6-3　武威鸠杖及王杖诏令册　甘肃武威磨嘴子汉墓出土

从生理的角度看，年纪越大，活动的范围就越小；但在国家的制度中，年岁的增长带来的是对应的行政区域象征性的扩大，以及随之而来的由国家认定的地位的提高。《论语·乡党》有云："乡人饮酒，杖者出，斯出矣。"皇侃疏云："礼，五十杖于家，六十杖于乡，故呼老人为杖者也。乡人饮酒者贵龄崇年，故出入以老人者为节也。"[4]作为年长者的"杖者"此时已经具有了礼序中在先的一种身份，也即"杖"已经是一种社会地位的符号了。观察太原金胜村出土的与孔子同时期的春秋晚期的双鸟手杖头，尽管杖首图形有早期的痕迹，但这杖的持有者应当是一位身份显贵的"老人"。这实际上也是早期政权通过尊崇年长者树立起王权合法性的物证。

　　从先秦到两汉，以杖首饰物来命名的"鸠杖"的普遍使用是礼法被固化的明证。甘肃武威磨咀子东汉墓一次出土了三根木鸠杖，其中第18号墓出土的一根

---

[1] [汉] 郑玄注，[唐] 贾公彦疏：《周礼注疏》，上海：上海古籍出版社，2010 年，第 1433—1434 页。
[2] [清] 孙希旦：《礼记集解》，北京：中华书局，1989 年，第 472 页。
[3] 同上书，第 383 页。
[4] 程树德：《论语集释》，北京：中华书局，1990 年，第 705 页。

图 6-4 《养老图》（拓片） 成都曾家包东汉墓画像石 四川省博物馆

木杖长 1.95 米，杖头上镶一支木雕鸠鸟，出土时杖平置于棺盖上，鸠鸟伸出了棺首。[1]（图 6-3）其正合于《后汉书》中所说的"王杖长九尺，端以鸠鸟之为饰"的说法。[2] 四川汉画像石的一幅《养老图》中，有一人跽坐于庭院内，手持鸠杖，观者可以就此判定这就是一位被国家立法赋予被赡养权利的老人。[3]（图 6-4）"鸠杖首"形制的稳定和鲜明，显然同西方的权杖一样，在视觉上提示人们持有者身份的贵重。武威汉墓中的这根木杖上系着十枚东汉明帝时期颁发的王杖诏书令木简，记载着当时的几杖制度。其中第三简说："朕甚哀老小，高年受王杖。上有鸠，使百姓望见之，比于节。"[4] 在汉代，"节"就是中央和地方交流通讯最重要的信物，其作用仅次于"虎符"。"鸠杖"的杖首，等同于天子的节信；而同节之"秘密性"不同，它在视觉上是面向"百姓"的，也即以显眼之物面向社会昭告天子授杖的合法性。在武威竹简中，还记载了汝南平民王姓男子因为殴打持杖老人被判斩首弃市，还有一位汉朝乡级基层小官因擅自扣留一位有犯法之嫌的持杖老人被处以极刑。[5] 这些法令中，"杖"所维系的权力的在先性超越了其他的情境，甚至导致了并不合理的局面。当本来用于扶老的"杖"变成指涉"年老者"所拥有的一种绝对权力时，"杖"原本的切身性反而加强了人与物作为整体的意指性，人的身体也由于这一上手之物的意指而成为一种符号。尊老本身是儒家所提倡的体现长幼有序的一种仪范，这种

---

[1] 陈贤儒：《甘肃武威磨咀子汉墓发掘》，《考古》1960 年第 9 期。
[2] [南朝宋] 范晔：《后汉书》，北京：中华书局，1965 年，第 2119 页。
[3] 俞伟超主编：《中国画像石全集》之《四川汉画像石》，郑州：河南美术出版社，济南：山东美术出版社，2000 年，第 40 页。
[4] 陈直：《甘肃武威磨咀子汉墓出土王杖十简通考》，《考古》1961 年第 3 期。
[5] 甘肃省博物馆、中国科学院考古研究所编：《武威汉简》，北京：文物出版社，1964 年，第 140—147 页。

以法令来保证年老者权利的制度，在人口资源缺乏、需要休养生息的汉初，有正面的意义，但到了后来，以王杖制度规定的老人崇拜演变为一种严苛的制度和近乎吊诡的社会风气。

的确，相较于由武力之功能的悬置而产生的西方具有永恒象征意义的"权杖"传统，中国的"王杖"之"扶老"的作用及其"情境化"，一直并未丧失。从历史上看，西方"权杖"的象征意义在现存的君主制中依然重要，"王杖制度"却在汉代以后便逐渐消失了。这种身体情境的延续及其同符号化之间的矛盾，或许引发了人们对"年老"的权威的反思以及对岁月本真性的发现。晋安帝元兴二年（403）三十九岁的陶渊明躬耕南亩，他在《癸卯岁始春怀古田舍二首》其一中写道："寒竹被荒蹊，地为罕人远。是以植杖翁，悠然不复返。"这里的"杖"并不是老人之杖，而是耘禾时所要依倚之杖，是一件劳作的用具。当扶老之杖成为一种权力的工具时，陶渊明开始书写他低下身子倚杖躬耕的图景。又过了两年，他辞去彭泽令，在著名的《归去来兮辞》中写道："怀良辰以孤往，或植杖而耘耔。登东皋以舒啸，临清流而赋诗。"在一个美好的春日，他倚着杖播撒下种子，又登临东皋山长啸，来到清泉边吟诗。辞中还有句"策扶老以流憩，时矫首而遐观"，"扶老"正是汉代传入中原的筇竹杖的别名，尽管同时代人戴凯之对《竹谱》中"扶老"的注释依然引用了《礼记》中王杖的说法[1]，不过"扶老"的名字已舍弃了杖首的命名法，回归了它的用途；诗人也从不将"持杖"作为外在权力的表述，恰恰相反，这扶老之杖意味着对他者"扶持"的拒绝。这位因不肯为"五斗米"折腰而绝意仕途的将老者，心中抱有对生活美好的憧憬独行于田间，偶尔又在水边坐下来歇息，向四处淡然地观望，他将杖看作孤独中的伴侣。

诚然，一个需要拐杖的老人无疑不再具有年轻时充沛的精力和健壮的体格；他物质上的生命开始衰败，无法独立前行，更不能跑步、跳跃，而必须要外物"扶持"

---

[1] 晋人戴凯之《竹谱》（《百川学海》本）记载："竹之堪杖，莫尚于筇。磥砢不凡，状若人功。岂必蜀壤，亦产余邦。一曰扶老，名实县同。"又注云："《礼记》曰：五十杖于家，六十杖于乡者，扶老之器也。此竹实既固杖，又名扶老，故曰名实县同也。"关于此杖，司马迁《史记·西南夷列传》里即有记录："张骞使大夏来，言昔大夏时见蜀布、邛竹杖，使问所从来，曰：'从东南身毒国（今印度——引者），可数千里，得蜀贾人市'。"在西汉时期蜀地的市场上，已经可以购买到进口的这种杖了。古人一直认为此杖乃从大夏国来，而任乃强先生曾有专文考证，汉代以后"邛竹杖"其实是一种名为"省藤"的热带藤本植物制成，应当产自南洋一带，在周秦时期就已经过邛国传入巴蜀，远达中原。古人以其似竹而自邛来，因此名之。而张骞在大夏国见到的邛竹杖其实真正的产地在印度，并没有经过邛国，只是一种以讹传讹的说法。[晋] 常璩著，任乃强校注：《华阳国志校补图注》，上海：上海古籍出版社，1987年，第326—327页。

了。这令杖的出场多半显得有些悲凉。《礼记·檀弓》中塑造了孔子临死前七日的形象——"负手曳杖，消摇于门"，他并且颂歌曰："泰山其颓乎！梁木其坏乎！哲人其萎乎！"[1]杖在生命中的出现，意味着对生命（身体）作为"物"而非"自身"存在的知觉，它不只提示着人们随着身体的衰退而即将到来的生命的终点，也同时提示着跟随生命的其他意义的消亡。在这种意义消亡的"悲伤"之中，很容易促成人们对"永恒存在"的寻求。但是，陶渊明在持杖时所展现的"流憩"与"遐观"，却并非一种充满感伤的无奈，在杖的陪伴中，他获得了"身体"与"个体"前所未有的自立和自由。他很清楚，这种"自立"乃是"在时间中"的，而不是"面向终点"的，也唯有这种"在时间中"同时也不依傍他者的纯粹的真实经验才让人的"自立"与"自由"成为可能。在这一"世界之中"流憩与遐观时，其"杖"也便不再是一个"用具"，而是与这一"世界"照面的存在之物。这是文人史上最有力量的形象之一，和癸卯春天的这首诗一样，这一形象也走向了时空的远方。

据画史记载，李公麟曾经为陶渊明画过像。《宣和画谱》言李公麟所画的《归去来兮图》"不在于田园松菊，乃在于临清流处"[2]。这幅画虽已不存于世，但从后世诗人对此画的描摹中，不难知道这位"临清流处"的诗人应当是持杖的。[3]当比较"田园松菊"同"临清流处"时，前者乃是一个自然的场景以及在陶渊明诗句中出现的"物"，但当它们在作品中呈现时，便又陷入一种象征的俗套之中；对"持杖而临清流"这个场景的捕捉，则特别把握了陶渊明之"存在"的本质。尽管有"杖"，但这里既没有身体所欲求的实在的"情境"，也没有透出神性光芒的永恒在场。这正是"田园世界"被表达为图像的问题：可能会令人们觉得陶渊明是刻意地对抗权力。而"临清流处"以一种更为平淡的场景避免了这一困境，这一时刻乃处于一种静默的"无事"状态之中。是的，他或许是要"赋诗"的，但这不是为了应制而书写，乃是在此间的静默沉吟中"发现"一个自我的本真的存在。宋人周紫芝《题李伯时画归去来图》云："渊明诗成无色画，龙眠画出无声诗。两公恐是前后身，

---

[1] [清] 孙希旦：《礼记集解》，北京：中华书局，1989年，第195页。
[2] 李公麟本身颇有如此"类陶"的生活经历。《宣和画谱》载其"仕宦居京师十年，不游权贵门。得休沐，遇佳时，则载酒出城，拉同志二三人访名园荫林，坐石临水，翛然终日"。王群栗点校：《宣和画谱》，杭州：浙江人民美术出版社，2012年，第75—76页。
[3] 自北宋起，"杖藜"便是描绘陶渊明形象的一个指征。如北宋谢薖《竹友集》卷四有《陶渊明写真图》，开头四句云："渊明归去浔阳曲，杖藜蒲鞋巾一幅。阴阴老树啼黄莺，艳艳东篱粲霜菊。"上官涛校勘：《〈溪堂集〉〈竹友集〉校勘》，广州：中山大学出版社，2011年，第325页。袁行霈也指出，北宋以后流传的陶像大体是"头戴葛巾，身着宽袍，衣带飘然，微胖，细目，长髯，持杖，而且大多是面左"。袁行霈：《古代绘画中的陶渊明》，《北京大学学报（哲学社会科学版）》2006年第6期。

图 6-5 （传）李公麟 归去来辞图（局部） 纸本墨笔 台北故宫博物院

二妙略殊今昔时。我顷诵诗不知处，今乃按图俱得之。"[1] 李公麟不是在描绘、钦慕一个古人，而是在自身的精神与陶渊明达成一致之后，将自我所认同的那种"意义"表达出来。（图 6-5）

二、孤往

在中唐"夙慕渊明"的诗人白居易身上，我们仿佛寻到了陶渊明的一个镜中幻影。白居易一生都与一根红藤杖有深深的缘分。在被贬为江州司马的元和十年，四十四岁的白居易带着此杖，充满忧郁地离开长安赴江州任上。他有《红藤杖》诗云："交亲过浐别，车马到江回。唯有红藤杖，相随万里来。"在漂泊的生涯中，亲人故友都将别离，繁华也都随风而去，只有这根红藤杖，伴着他来到一个陌生的地方。这根藤杖，亦作赤藤杖、朱藤杖，在唐时仅从远在云南的南诏入贡，与筇竹杖产于同一个地方。其周身坚韧挺直，一般六节成杖。不过，在当时这种赤

---

[1] [宋]周紫芝著，徐海梅笺释：《太仓稊米集诗笺释》，南昌：江西人民出版社，2015 年，第 299 页。

藤比筇竹更为稀有，是中唐以后朝士颇为珍赏的对象。韩愈有《和虞部卢四汀酬翰林钱七徽赤藤杖歌》云："赤藤为杖世未窥，台郎始携自滇池。滇王扫宫避使者，跪进再拜语嗫嚅。绳桥挂过免倾堕，性命造次蒙扶持。途经百国皆莫识，君臣聚观逐旌麾。共传滇神出水献，赤龙拔须血淋漓。"[1]这支样态奇绝、状似飞龙的赤藤杖是唐代派官员入滇时带回的贡物，时间大约在9世纪初。自滇到唐的一路上，竟然没有人知道此物，甚至有人传说是"滇神"出水所奉，可见其在当时的稀罕。不过，诗人白居易却没有特别着意于它的贵重，在第二年庐山草堂落成时，他又作《红藤杖》诗："南诏红藤杖，西江白首人。时时携步月，处处把寻春。劲健孤茎直，疏圆六节匀。火山生处远，泸水洗来新。粗细才盈手，高低仅过身。天边望乡客，何日挂归秦？"诗中并没有描述此杖的珍贵罕有，对白居易来说，这只是一根来自南诏的朴实的藤杖，长支刚刚超过身高，而粗细只有满手；这杖对他而言最重要的意义，是在寻春踏青之时、陷危流寓之际一直陪伴着已经开始"白首"的诗人。远在天边的他，手持此杖，心里念想着何时能回到长安。

次年，他第三次写到此杖是在为草堂落成而写的《三谣》里，他将这根藤杖列为草堂中最钟爱的三个物件之一：

> 朱藤朱藤，温如红玉，直如朱绳。自我得尔以为杖，大有裨于股肱。前年左迁，东南万里。交游别我于国门，亲友送我于浐水。登高山兮车倒轮摧，渡汉水兮马趾蹄开。中途不进，部曲多回。唯此朱藤，实随我来。瘴疠之乡，无人之地。扶卫衰病，驱呵魑魅。吾独一身，赖尔为二。或水或陆，自北徂南。泥黏雪滑，足力不堪。吾本两足，得尔为三。紫霄峰头，黄石岩下。松门石磴，不通舆马。吾与尔披云拨水，环山绕野。二年踏遍匡庐间，未尝一步而相舍。虽有隶子弟，良友朋。扶危助蹇，不如朱藤。嗟乎！穷既若是，通复何如？吾不以常杖待尔，尔勿以常人望吾。朱藤朱藤，吾虽青云之上，黄泥之下，誓不弃尔于斯须。（《朱藤谣》）

在这首动情的歌谣中，白居易详细地记叙了藤杖如何一路陪伴他从长安来到江州。这段经历让他觉得，藤杖是对自己真正不离不弃的伴侣。"吾独一身，赖尔为

---

[1] [唐]韩愈著，[清]方世举编年笺注:《韩昌黎诗集编年笺注》，北京：中华书局，2012年，第362页。

二。……吾本两足,得尔为三。"他此时已颇有领悟,自我乃永恒的孤独的存在,而这根藤杖就是他身体的一部分,是比任何亲朋好友还要亲近的、已经进入了他的"自我"的物件。

在庐山草堂中与朱藤杖同被列入《三谣》中的,尚有素屏风和蟠木几。这两件器物都被诗人以"自我"相拟,素屏风"尔今木为骨兮纸为面,舍吾草堂欲何之";蟠木几"尔既不材,吾亦不材,胡为乎人间裴回?蟠木蟠木,吾与汝归草堂去来"。白居易认为这两件器物是因为"无名""无用",才归栖于庐山草堂,而成为同样无名、无用的"我"的伴侣,共在于"我"的世界之中。与这两件器物的安静不同,朱藤杖具有鲜明的"历时性"和"可用性",它始终存在于某种功名和奔波之中。但在诗人眼中,这件物在另一个意义上同无名无用的素屏、木几一样,是归栖庐山草堂之物。他反问道:"穷既若是,通复何如?"人的生活乃无止境地疲于奔命,倘若有一天通达了,又能怎样逍遥呢?无论是逃离世俗还是富贵显达,乃至死亡都不是避开这种困境的通途,因此,白居易在结尾的誓言之中,特意说"青云之上""黄泥之下",在他看来,真正不可"弃"的,是已作为自我的"共在之物"的朱藤杖。此时,他已不再去想回到长安的事情,而是将自我完全寄托于这根朱藤杖身上。这件伴随自己历经"为器"之生涯的可用之物,最终在陪伴中被他视为另一个"自我"的知己。如果说陶渊明的"植杖""策杖"仍是一种对寻常之物的书写,那么白居易则不再将其看作一"寻常"之杖。"吾不以常杖待尔,尔勿以常人望吾",这句话可谓表达了"杖"同"自我"一起脱离"为器"宿命的一句箴言。"寻常"之杖,也即那被制作出来、摆放在市集的杖,仅被看作一种实用之物,也即在无用之后即可丢弃、被遗忘的用具。这根能够陪伴他如此长时间的杖自然也是"好用的",在历史当中,它当然也是平凡的早已不知所终的器物。而这根"朱藤杖"的"不寻常",不在于它被赋予了某种神圣性。它依然是"日常物",只不过,在其对诗人经年的陪伴和诗人的摩挲中,此物已不是一种用后即弃的东西,诗人对它的感情和感觉是切身的,是历史性的,是融入自己的血液的,因此也便值得以一种"信誓"的方式来表达其"存在于我"的意义。

又过了七年,当白居易在长庆二年(822)再次来到江州访庐山草堂的时候,草堂三物中那安于室内、寓意平宁的素屏和隐几已不知去处,只有这根朱藤杖还伴他左右。他写下《朱藤杖紫骢马吟》云:"拄上山之上,骑下山之下。江州去日朱藤杖,忠州归日紫骢马。天生二物济我穷,我生合是栖栖者。"此时他又经历了回朝、风波、外迁的一系列坎坷,心里愈发感觉到宦海生涯之举步维艰。隋唐之后,科举制的设立让士人们有机会去谋求一个官职,对君王恩宠的回报和对国家百姓的责任也在他们心里一直萦绕不去。白居易所言"吏隐",亦与陶渊明孑然一身的悠然心境不同。他的生活躲不开一个"穷"字,他始终免不了一个终日忙碌的"栖栖者"的命运。在十年间,这根朱藤杖始终是他颠沛生涯中的支持与陪伴,在这种"用"中他深切地意识到,当他心生困顿时,杖是他的心灵不再被外界的烦扰所缠绕而得以自在的依托。此物在"好用"之中给养着诗人的生命,尤其是当这一生命在另一种社会层面的"被用""为器"之中极为疲惫困穷之时,它重新带给人的生命以自由。

这种观念并不完全是由被贬的经历而促成的。元和七年白居易就曾写过《兰若寓居》诗云:"名宦老慵求,退身安草野。家园病懒归,寄居在兰若。薜衣换簪组,藜杖代车马。行止辄自由,甚觉身萧洒。晨游南坞上,夜息东庵下。人间千万事,无有关心者。"白居易这里借用了《庄子·让王》中原宪的故事[1],告诉自己:比起精致的穿戴和迅捷高贵的车马,这朴素的衣裳和简陋的藜杖带来的是生命的自由状态。当然,这"薜衣""藜杖"只是一种虚指,白居易是在以"物"的更迭,言说"退身"中一种"安"的感觉。当身体不再受物的规定与捆缚,对人间争名逐利之"事"便无所"关心"了。这一"不关心"便是惬适生活的开端。自元和十年之后,在颠沛的迁谪旅途中,朱藤杖是他扶危之侣,而当他在山水中行走时,常常用的则是一根"青竹杖"。如在江州司马任上登庐山香炉峰,他说"倚石攀萝歇病身,青笻竹杖白纱巾。他时画出庐山障,便是香炉峰上人"(《上香炉峰》);走在忠州的东坡之上,他说"闲携斑竹杖,徐曳黄麻屦。欲识往来频,青苔成白路"(《步东坡》);两年后从长安赴杭州刺史任他又说"停骖歇路隅,重感一长吁。扰扰生还死,纷纷荣又枯。困支青竹杖,闲捋白髭须。莫叹身衰老,交游半已无"(《重感》)。同朱藤杖不同,青翠的笻竹杖带给他一种颠沛生涯中"闲"下来的安顿,是他人生纷扰和老病忧患中的一抹淡色。这两根杖已昭示着士大夫的两种角色,在颠沛之中的笃然前行和在困顿之中的转身闲停。

---

[1]《庄子·让王》中说:原宪居鲁,蓬屋,子贡骑着大马去见他,而原宪则"华冠纵履,杖藜而应门"。子路看他这个样子,问:"嘻!先生何病?"原宪答:"宪闻之,无财谓之贫,学而不能行谓之病。今宪贫也,非病也。"子贡逡巡而有愧色。

三、醒物

"锡杖"本是印度佛教中比丘行路时必备的事物，也是出现在佛门典仪中的重要器物，乃"比丘十八物"之一。1987年法门寺塔基地宫出土了三件锡杖，根据其中的银质鎏金双轮十二环锡杖杖首錾文，此杖乃咸通十四年（873）唐懿宗为迎佛骨设立真身而敕造，应属释迦佛所持。[1] 同早期的王杖一样，锡杖的材质以及装饰上的分别，亦随主人宗教身份的高下而有相应的规制。在印度佛教中还有一种"禅杖"，用于坐禅时击打以提神，在中原被香板所取代。[2] 在中国的禅宗文献中，"拄杖"出现的频率最高，不过并不是在记述禅师如何"使用"这件器物，而是通过"拄杖"来完成禅法的接引。[3]

"拄杖"成为一种"接引"的方法，同南禅正统的确立有着直接的关系，而尤为马祖洪州禅及其法嗣发扬光大。以拄杖接化说法，六祖慧能前皆未有闻。在慧能及其弟子神会、怀让、行思、慧忠等二代，主要是用正面的说法和引导来传法，但马祖等三代弟子之后则逐渐转为采取暗示、反诘、譬喻以及动作甚至棒喝的方法传授禅法和接引弟子。[4] 拄杖在接引中最早的一种用处，便是与禅杖类似的"击打"，也即后世所熟知的"德山棒，临济喝"的"棒"之用。德山宣鉴乃是六祖弟子青原行思下四世弟子，《景德传灯录》卷十五记载其事云：

> 师上堂曰："今夜不得问话，问话者三十拄杖。"时有僧出，方礼拜，师乃打之。僧曰："某甲话也未问，和尚因什么打某甲？"师曰："汝是什么处人？"曰："新罗人。"师曰："汝上船时，便好与三十拄杖。"[5]

在《五灯会元》对此故事的记述中，使用的是"三十棒"的说法。这两种说法在后

---

[1] 关于此杖的详细描述，见陈忠实、张高举：《佛骨灵光：佛教圣地法门寺》，西安：三秦出版社，2003年，第100—102页；隋璐：《中国古代佛教文物》，天津：南开大学出版社，2010年，第182页。
[2] 白化文：《汉化佛教僧人的拄杖、禅杖和锡杖》，《中国典籍与文化》1994年第4期。
[3] 据杜朝晖、李洁《横挑斜曳任所适，去来无定如飞鸿——禅宗与宋代文人的杖》中统计，《五灯会元》中"拄杖"出现557次，"锡杖"2次，"禅杖"0次。《历史文献研究》总第33辑，上海：华东师范大学出版社，2014年，第311页。
[4] 杨曾文：《唐五代禅宗史》，北京：中国社会科学出版社，1999年，第264页。
[5] ［宋］道原著，顾宏义译注：《景德传灯录译注》，上海：上海书店出版社，2010年，第1054页。

世禅师的引语中均经常被提及。首先指出"问话便打",这道出了禅宗"不立文字"的意旨,也即提问本身就是向着外物以及语言来求真实答案,"打"就是破除这种知识心的方法。但是有僧出,方礼拜,并无提问,为何也打?宣鉴言"寻常只据目前一个杖子,佛来亦打,祖来亦打",这个"打"破除的是一种对"师"乃至"佛"的尊崇,这种尊崇虽然没有说话,但同"提问"一样,都是对某种成见和秩序的认可。德山还曾对弟子讲"道得也三十棒,道不得也三十棒"[1]。这进一步解释了南岳怀让所悟道的"说出一物即不中"的反面并不是"说不出"或是"不说出",关键是回归本心,直指当下,无向外求。"德山棒"由此树立了一种"提问便打""道出便打""说不出也打"的禅宗传统,意在"截断"寻法之思维,而令其在不断的惊惧和疼痛之中,不断从因果的逻辑和已有的成见之中走出,在当下此在悟得明心见性。

而在其他一些文献中,马祖道一洪州禅的法脉也同样有"用拄杖打趁"的公案。如《从容庵录》卷三载,马祖弟子百丈怀海有一次上法堂,众人刚刚集合按照礼仪站好,百丈用拄杖一时打下,众人皆散。又唤众回来,说:"是甚么诸方目为?"[2]众云集,按照座次站好,这本身就让每个人心头产生了被规定的"位置"的观念,也便心生听从师傅的敬心。禅师一杖将其打散,就截断了这守礼之心,"散掉"了对权威的尊敬和顺从。百丈的弟子黄檗接化义玄的故事更为有名:临济义玄参黄檗禅师,入门便恭敬地问"如何是祖师西来意",问声未绝,即招致黄檗一拄杖。如此三度发问,三次被打。不仅如此,黄檗与义玄参悟时常常"拈起拄杖便打",甚至义玄在辞行之日也挨了一顿打。[3]"黄檗拄杖"后来成为禅门"截断"思维的一个法门。禅师用杖打人,大多数时候都是面对来自弟子的类似"何为佛法意"的虔诚问讯。禅师对这种提问的反馈——"打",是告诉弟子,佛法本身不应"是"什么。当被问"是"什么时,佛法就变成了一种向外求得的知识,因此也就与本心相分离了。临济曾引南岳懒瓒和尚的话"向外觅功夫,总是痴顽汉",并说:"你且随处作主,立处皆真。境来回换不得。""随处做主",也即破除"法执",一切回归本心,不再有所外求;而"立处皆真"则是破除"我执",讲求不要有一个绝对的"我",而是在所在之处,见万物真相。

---

[1] [宋] 普济:《五灯会元》,北京:中华书局,1984年,第373页。
[2] [宋] 宏智正觉:《从容庵录》卷三,《大正新修大藏经》本。
[3] [宋] 道原著,顾宏义译注:《景德传灯录译注》,上海:上海书店出版社,2010年,第796—797页。

临济义玄感到这三杖对其悟道影响甚大，他因此也如此对待弟子，认为这是"唱家曲，宗风嗣"。《古尊宿语录》卷四记载，当临济义玄被僧人问"如何是佛法大意"时，他竖起拂子。僧便喝，他便打。又有僧人问："如何是佛法大意？"义玄亦竖起拂子。弟子便喝，义玄亦喝。这时弟子想要同他议论，义玄便打。义玄说："大众，夫为法者，不避丧身失命。我二十年在黄檗先师处，三度问佛法的的大意，三度蒙他赐杖，如蒿枝拂着相似。如今更思得一顿棒吃，谁人为我行得？"这时候，有僧人出众云："某甲行得。"师拈棒与他，这僧人刚要接，师便打。[1] 这个故事就是"临济喝"之来源。临济还讲过："逢佛杀佛，逢祖杀祖，逢罗汉杀罗汉，逢父母杀父母，逢亲眷杀亲眷，始得解脱。不与物拘，透脱自在。如诸方学道流，未有不依物出来底。手上出来手上打，口里出来口里打，眼里出来眼里打。"[2] 这当然不无极端，但他通过凌厉刺眼的词句，想要说的是一个内得自在、不沾不滞的道理。佛法、亲人、世界的万物，无论是对待、言说还是观瞻，无非根据这种被规定的身份与知识。世界真相的树立，先是对身份与知识的破除，打人的"杖"就是用来"截断"思维，令人回归本心之物。

　　比起"临济家风"，云门宗的开创者文偃禅师使用的"问答"接化看上去更为温和，然而也常常更加出乎常规，诡谲难辨。[3] 一次他举"无情"的话题说法，忽然听到钟声，说："释迦老子说法也。"蓦地拈起拄杖问弟子："者个是什么？"僧云："拄杖子。"师云："驴年梦见。"又一次举经云："经书咒术，一切文字语言，皆与实相不相违背。"然后拈拄杖云："者个是什么？若道是拄杖，入地狱。不是拄杖是什么？"[4] 先提起一个看似"圣贤""经典"的话头，再问"拄杖是什么"，继而再对弟子的回答进行否定，其结果就是令思维中止而破除"杖"作为事物的名（语言）和相（现象）的绝对对应关系，亦即还原杖作为实相的呈现方式。当将一个"传统"或"经典"的道理作为开头的时候，某种意义上就是"误导"接化者对本源的遗忘。而当以这一前提去面对"物"时，它的存在湮灭在对它的质询之中，对"物是"的思考令它自身"什么都不可能开始"。[5] 这一问题当然不只发生于西方形而上学传统，它发生于一切包含"是"的表达之中。而禅师以"拈起拄杖"的"表

---

[1] [宋] 赜藏主编集：《古尊宿语录》，北京：中华书局，1994年，第56页。
[2] [明] 瞿汝稷：《指月录》卷十四，清乾隆明善堂刻本。
[3] 参见杨曾文：《唐五代禅宗史》，北京：中国社会科学出版社，1999年，第430—431页。
[4] 此处及以下云门文偃事迹皆见 [宋] 赜藏主编集：《古尊宿语录》，北京：中华书局，1994年，第281—295页。
[5] [德] 马丁·海德格尔：《物的追问——康德关于先验原理的学说》，赵卫国译，上海：上海译文出版社，2010年，第2页。

象"将这一"物是"的问题提出来,也即将此"物"作为语言对"物"之规定的"名相"提出来。这是一种对"表象"的刻意掩盖,看回答者会不会"上当"。如若对方认为禅师手中之拄杖就"是"拄杖子,就是以"名相"远离了"实相",因此文偃说"驴年梦见",这样对存在的认识就怎么也不会达到事物的真相了。

文偃还常常运用"所指性"这一特点,"用拄杖一画"去化解其指。他一次在上堂后以拄杖指云:"乾坤大地,杀活总在这里。"又一次示众云:"尽十方世界乾坤大地。"以拄杖一画:"百杂碎。"这后来成为禅宗中著名的话头。这一画究竟指向什么?在禅宗看来,发问"指向什么"便已着了色相。杖头一画,所指立灭。"这里"既非某物,亦非杖头。山河大地是万物的显像,但又并非涵盖宇宙或超越万物之意;他不是透过纯粹的思维而达成对全体的认识,而是借杖作为"物"及其作为"所指",来言明只有从"此物"乃至"杖头"的"此处"出发,乾坤大地才成为可能。文偃拈拄杖示众说:"拄杖子化为龙,吞却乾坤了也。山河大地甚处得来?"这个化龙的传说汉代就有,汉代也出土过蟠龙杖首,但文偃在这里却不把龙看作一"象",龙吞大地的意象再次说明作为本体的世界乃是空无,但依然要对存在的意义和来处发问。师又用拄杖画圆相云:"还有人出得么?"十方世界、乾坤山河的本体不落别处,就在于此存在的"这里"。文偃还示众云:"西天二十八祖,唐土六祖,天下老和尚,总在拄杖头上。直饶会得偶偬分明,只在半途;若不放过,尽是野狐精。""野狐精"乃禅宗话头,指那些落入名相、逻辑、知识的窠臼中的人,这些正是拄杖所要截断的思维方法。各大文明中每一个"杖首"都不同,都有其所指之权威,即便在佛教中,也有作为至高所求的各种"佛祖"的概念,但在文偃这里,却是"千头万头到这里,但识取一头",一切至高的偶像和所指都变成了在此的"拄杖子",这所取的"一头"就是世界本真的存在。

对"拄杖"所"指"之化,自然也要"化去"物身上具有"象征性"的形象。对"杖"而言,这一形象就是"杖头之物"。由于"拄杖"同"拂子"同为日用之物,并且也同在接化中作为佛法的接引,禅师便杜撰出"龟毛拂子,兔角拄杖"这两种不存在的事物。《景德传灯录》卷十四记载,三平义忠禅师被问到:"如何是祖师西来意?"回答说:"龟毛拂子,兔角拄杖,大德藏向甚么处?"僧曰:"龟毛兔角岂是有邪?"师曰:"肉重千斤,智无铢两。"[1]"兔角""龟毛"来自《中论·观三相品第》中的譬喻:

---

[1] [宋]道原著,顾宏义译注:《景德传灯录译注》,上海:上海书店出版社,2010年,第1049页。

> 问曰：若生非有为，若是无为有何咎？答曰：若生是无为，云何能为有为法作相。何以故？无为法无性故。因灭有为名无为。是故说不生不灭名无为相，更无自相。是故无法，不能为法作相，如兔角、龟毛等不能为法作相。是故生非无为，住灭亦如是。[1]

任何一种名相的成立都指向一种"有为法"，也即通过某种规则或意图来对"物"进行命名。因此，命名本身就是生成意义的过程，也是将物之个体"生成"的过程。兔角、龟毛都是不存在的东西，以其为名，不但破除了对有为法的执着，也破除了对"某物"的执着。故而，名相自身就是虚幻，生灭也是虚幻。与早期佛教完全譬喻式的语言不同，禅门接化在于"平常之道"，因此他们不会凭空说出一物来指。这个不实的命名后来被禅宗与作为日常物的杖、拂子联成一物，这又更为彻底地打破了"有"与"无有"之间的分别。禅师拈起拄杖说法，本质并不是杖，而是意味着杖中无法、杖中无名，而这正是不存在的"兔角杖头"可以挑起法界的原因，法界就是无法。东京净因继成禅师有"兔角杖头挑法界，龟毛拂子舞三台"[2]的说法，长安福应文禅师曰"龟毛拂逼塞虚空，兔角杖撑天拄地"[3]，并州承天智嵩禅师还有颂云"三世诸佛齐坐了，杖头傀儡弄双睛"[4]。物的可见世界尽是虚空，而虚空之中亦实相，即见三世诸佛、大地法身。

在强调"杖头"的虚空时，禅师对于"拄杖"本身的形式、用途和称名作为一种"平常"之显现，又加以肯定。云门文偃一次说："长者天然长。短者天然短。"又云："是法住法位，世间相常住。"乃拈起拄杖云："拄杖不是常住法。"又一次拈拄杖云："拄杖不是途，说话不是途。"拄杖之长短，也由其用处所定，而称其为"不是常住法"，乃是对"法"的破除，这恰恰显现了拄杖本身就是存有之"常"的道理。杖虽然在手中，却不是一种用途之物，就像话语也被言说，却并不是"指向"某个意义的法门。用作拄杖，却不能执念于用；唤作"拄杖"，也即不是拄杖。但同时，他也用"拈起拄杖"表明，"作而无作，用而无用"，并又做同样的动作云："不是用而无用。唤什么作拄杖？"并不能因为这种"不执"就放弃了语言，或者放弃了事物的日常之名、日常之用。倘若可以"不唤作"，"不用"也正说明了对"作"

---

[1]〔印度〕龙树：《中论》卷一，《大正新修大藏经》本。
[2]〔宋〕普济：《五灯会元》，北京：中华书局，1984年，第678页。
[3] 同上书，第889页。
[4]〔明〕瞿汝稷：《指月录》卷二十三，清乾隆明善堂刻本。

与"用"的执,唯有认识到"日常之名"与"日常之用"本身就是一种此在,方才是此物真实的显现。因此他举古人云:"以空名,召空色。"又云:"拄杖不是空名,召得不是空色,唤什么作拄杖不是空名?"前句说的是,通过一个被衍生的概念而生成一种形相,譬如通过"杖"的概念,心中就生成"杖"的形相。这一概念的生成,实是出于对"杖"这一相的特殊义之造就,但如果排除这种特殊义,心中没有其作为概念的念识,也不必避讳称其为"杖"。倘若避讳,才是落入"第二义"。他又另举"一切贤圣,皆以无为法而有差别",辩其云:"拄杖不是无为法,一切不是无为法。"人们心里有了无为的目的,那么也就有了分别之心,有了分别之心,也就落入了实相。因此,他说:"拄杖但唤作拄杖,一切但唤作一切。"又说:"我寻常道:'一切声是佛声,一切色是佛色,尽大地是法身,枉作个佛法中见。'如今见拄杖,但唤作拄杖,见屋但唤作屋。"另一日又拈起拄杖举教云:"凡夫实谓之有,二乘析谓之无,缘觉谓之幻有,菩萨当体即空。"乃云:"衲僧见拄杖,但唤作拄杖,行但行,坐但坐,总不得动着。"见到拄杖,就称之为"拄杖",而拄杖之"体"依然行坐随身,以做日常之用,并不由于这"拄杖"的名字而有何分别。对平常之物,即以平常之物称之,但称平常之物时,心中并非这个特殊的称名,而是在此"一物"中见"一切",在此"一名"中见世界法身。"一切""一名"并非在说一个总括的概念,而是所谓"立处即真",也即此在便是显现。

于是,替代了其他一切贵重的法器,禅门尤其是临济和云门二宗,将这不起眼的拄杖视为参悟的重要法门,它成为许多禅师一生几乎唯一一件傍身之物。云门宗雪窦禅师有诗偈云:"我有一条拄杖,亘日横按膝上。大小节目分明,头尾无非一样。卓下大地豁开,竖起擎抬万象。闹市若遇知音,回头擗脊便棒。"[1]临济宗首山送并州承天院三交智嵩禅师杖,智嵩接得后有颂云:"和尚拄杖,照破龙象。临济家风,落在我掌。"[2]吉州青原齐禅师在示寂日说偈遗众曰:"昨夜三更过急滩,滩头云雾黑漫漫。一条拄杖为知己,击碎千关与万关。"[3]拄杖乃是他们对"自我"和"世界"之反省的关键之物,它并不是"万物之一",而是在他们生命中至关重要的"知己"。这握于手中的轻巧之物,可以击碎那思绪的关隘和世间的迷障,引领人走向"本来面目"。

---

[1] [宋] 赜藏主编集:《古尊宿语录》,北京:中华书局,1994年,第156页。
[2] [宋] 普济:《五灯会元》,北京:中华书局,1984年,第175页。
[3] 同上书,第908页。

四、味象

禅宗还原之后世界作为"虚空"和"实相"之中的"山河大地",抑或"西天""唐土"的佛祖,这些描述依然容易让人有一种"非人间"的困惑。在接受了禅宗的旨趣之后,一些睿智的诗人借由禅门中的"倚杖"意象,在诗中令一个"空"之世界的本真存在在场了。[1]同禅师的接化方法不同,他们并不是通过"质问"去提示一种意义,而是将意义呈现于对周遭世界和此在的真实描述中。王维在《辋川闲居赠裴秀才迪》诗中写道:"寒山转苍翠,秋水日潺湲。倚杖柴门外,临风听暮蝉。渡头余落日,墟里上孤烟。复值接舆醉,狂歌五柳前。"[2]这首诗句句都染着陶诗中的往事,但与陶渊明那或悠然行步或植杖耕耘的状态不同,这里的杖没有在"用",摩诘在这里呈现出了一个颇为静谧的时刻:他将陶渊明"策杖""时矫首而遐观"的意象,转变为在夕阳下的柴门外倚靠竹杖,默默地聆听风中的蝉鸣。而这一场景必然是需要"倚杖"的,让人有充分的驻足,这是同禅门否定的方法一样,给予现实世界一个"意义的中止",在这静默之中回首凝望,一个"当下存在着的世界"自在呈现了。这一驻足、一回首,简直是日常生活中最轻易的事情,根本无须凭依他物,但就在这倚仗的时刻,诗人聆听到了"自我"生命最幽深处的妙音。

再看白居易的这首《即事》:"见月连宵坐,闻风尽日眠。室香罗药气,笼暖焙茶烟。鹤啄新晴地,鸡栖薄暮天。自看淘酒米,倚杖小池前。"比起摩诘的深静,乐天的这首诗所呈现的经验更为明白纯粹。诗名为《即事》,也就是"此时"的事,没有过去,没有未来,没有古今。但一眼看去,竟也没有什么事,只有些漫无目的的闲事:或是通宵对月而坐,或是整日迎风而眠,或是温药烹茶,或是赏鹤影、听鸡鸣,最后,整首诗就在倚着杖坐在池边,木讷地看着自家的淘酒米中结束了。如果说倚杖呈现着生命的意义,但若带着心机,细细地翻察此诗,恐怕也很难寻到什么意义。可是,"倚杖小池前"这句话作为结尾句,正点出了当下的"这天"就是这首诗的意义:蓦然我们看到,在这闲静的风物中呈现在眼前"在此"的淘米酒之

---

[1] 在唐以前亦出现过"倚杖",如鲍照"腰镰刈葵藿,倚杖牧鸡豚"(《代东武吟》),不过,非常明显,这仅仅是一种耕作时的实景的描写,有些类似于陶潜"植杖而耘耔"句(《归去来兮辞》)。而到了中唐以后,不只"倚杖"意象被详尽地描述,"倚杖"本身也成为禅门的意象。如白居易曾有诗句"松窗倚藤杖,人道似僧居"(《晚庭逐凉》),诗人在松窗前倚着藤杖,就仿佛居于一个安静的僧房。

[2] [唐] 王维著,[清] 赵殿成笺注:《王右丞集笺注》,上海:上海古籍出版社,2007年,第122页。

中。由此可以知道，前面三联都是一种回忆，这回忆中的见闻也同样都是一些极为平常的事，不过也的确是这些事而不是另一些事留存在回忆中，诉说着它们内在于一个"真实在此"的可能性。

北宋以后，唐五代临济宗和云门宗之"拄杖"意在文人的诗词中尤为显现出深邃的哲思。苏轼本人同二宗交往颇多，临济宗中有东林常总、南华重辩等人，云门宗更多，他交往的大觉怀琏、佛印了元、参寥子道潜、径山维琳、圆通法秀等，皆是云门僧人。[1]他在黄州时期频繁使用的"拄杖"意象，便显露出二宗的影响。元丰三年，当地人柳真龄赠予他一支铁拄杖，他遂有《铁拄杖》诗云：

> 柳公手中黑蛇滑，千年老根生乳节。忽闻铿然爪甲声，四坐惊顾知是铁。含簧腹中细泉语，迸火石上飞星裂。公言此物老有神，自昔闽王饷吴越。不知流落几人手，坐看变灭如春雪。忽然赠我意安在，两脚未许甘衰歇。便寻辙迹访崆峒，径渡洞庭探禹穴。披榛觅药采芝菌，刺虎锉蛟挢蛇蝎。会教化作两钱锥，归来见公未华发。问叟铁君无恙否，取出摩挲向公说。

在序中他说此杖"如柳栗木，牙节宛转天成，中空有簧，行辄微响"。后黄庭坚跋此诗云："《铁拄杖》诗雄奇，使太白复生，所作不过如此。平时士大夫作诗送物，诗常不及物。此诗及铁拄杖均为瑰玮惊人也。"[2]这个微妙的形象变化，暗示了苏轼既非企望归隐，也非安享闲散，他在禅学的长期浸润中，获得了内心的一种坚定和安顿。

一年后，苏轼为了温饱开始在自己寓所旁一块坡地上耕作，并以白居易忠州之《东坡》诗名之为"东坡"，闲暇时，他常常拄着这支铁拄杖在东坡漫步。白居易《步东坡》曾有句"闲携斑竹杖，徐曳黄麻屦"，而苏轼的《东坡》诗则为："雨洗东坡月色清，市人行尽野人行。莫嫌荦确坡头路，自爱铿然曳杖声。"比起白居易拄杖的轻盈闲适，苏轼东坡的"荦确"，显然是说他自己遭遇之坎坷，然而他形容杖的"铿然"之声，固然是由于其杖乃为铁质，更是源于在生命历经磨难之后对自我

---

[1] 对苏轼同云门和临济僧人交往的考证，见朱刚：《苏轼苏辙研究》，上海：复旦大学出版社，2019年，第90—122页。
[2] [宋]黄庭坚著，郑永晓整理：《黄庭坚全集辑校编年》，南昌：江西人民出版社，2011年，第1601页。

原真的肯定。东坡写拄杖爱用"铿然"一语,这无疑是来自禅宗尤其是临济那种当下截断的惊醒之举。在这令人惊醒的"铿然"之声中,杖也从作为用具的身份中挣脱出来,以一种无蔽之"真"而存在于世界了。同年九月他为给恩师张方平祝寿而以铁拄杖相赠,并作诗云:"入怀冰雪生秋思,倚壁蛟龙护昼眠。遥想人天会方丈,众中惊倒野狐禅。"(《乐全先生生日以铁拄杖为寿二首》其一)元丰八年在常州短居时又有《常州太平寺法华院薝卜亭醉题》:"六花薝卜林间佛,九节菖蒲石上仙。何似东坡铁拄杖,一时惊散野狐禅。"这都直接指向临济的禅法。这铁拄杖戳醒的,就是这些落入野狐禅的众生,而它所敞开的,是一个面向十方世界的东坡。

东坡笔下的"倚杖"意象,相比唐人也多了一份坚定。在黄州,他还曾写下一首著名的《临江仙》词:

> 夜饮东坡醒复醉,归来仿佛三更。家童鼻息已雷鸣。敲门都不应,倚杖听江声。　长恨此身非我有,何时忘却营营。夜阑风静縠纹平。小舟从此逝,江海寄余生。[1]

畅饮归来的东坡叫不开门,他独自在长江边倚杖而坐,听着那夜色中的大浪拍打着江岸。在这最静谧的时刻,倚杖为孤独的他敞开了一个时空,在这个世界中令他"回溯自我"看到身不由己的无奈,也看到了那抛却营营的愿望,他在这种"回溯"后订立了将自我余下的时间寄于这自由江海的志向。流放黄州这一艰难的遭遇,令他得以去"面向思的自我"而回望,也即具有了一种"倚杖"的可能性。比起唐人的"倚杖",这首诗中的"我"显得更为真实和确然。

在"倚杖"中,关于"年老"的问题也重新得到了回答。南岳文政禅师有《题悦亭》诗云:"山鸟无俗声,山云无俗状。引得白头翁,时时来倚杖。"白头的文政禅师似乎颇愿意来看这山景,听这鸟鸣,没有对人生将逝的哀伤,只有山间万物的优游自在。黄庭坚后来和此诗:"苦雨已解严,诸峰来献状。不见白头禅,空倚紫藤杖。"[2]"白头禅",就是在这"空倚紫藤杖"的时候领悟的,老僧的倚杖通过"静"撕开了时间之皮,让人不再委曲于时间的暗箱,不再无奈于个人的命运。(图6-6)

---

[1] [宋] 苏轼著,邹同庆、王宗堂校注:《苏轼词编年校注》,北京:中华书局,2016年,第467页。
[2] [宋] 黄庭坚著,[宋] 任渊、史容、史季温注:《山谷诗集注》,上海:上海古籍出版社,2003年,第470页。

第六章 策杖

图6-6
刘松年
罗汉图
绢本设色
台北故宫博物院

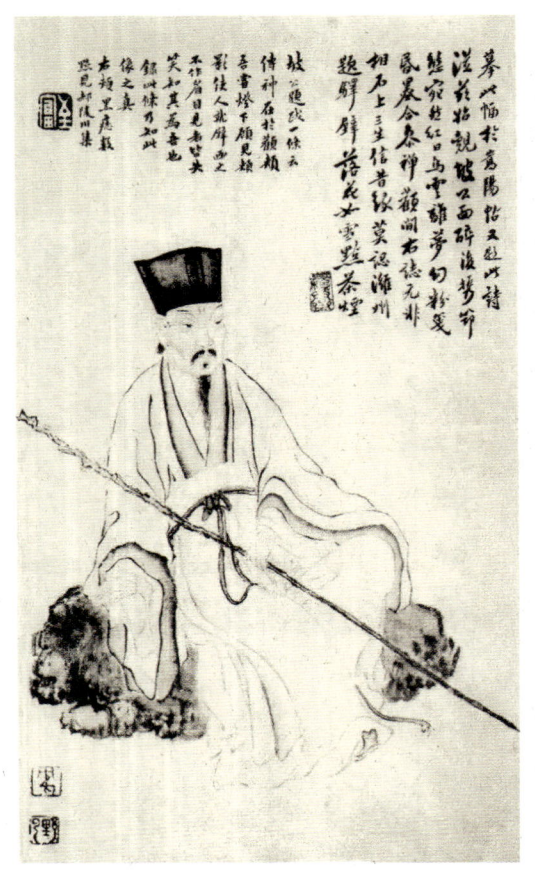

图 6-7　翁方纲旧藏《天际乌云帖》附朱鹤年绘《苏东坡按杖像》

"倚杖"本身是一个身体的状态,而"空"则令这种沉陷的状态浮现出来。世界的真相以一种当下的方式呈现出来,让人回到了生命的"原处"。"空"岂是"没有"?它亦有,有着峰峦的万千姿态,也有这小亭的此在。但它亦没有,因为这一切有都并非确实的"有",只是一种"空"。在这个意义上,白头也不再是繁华岁月的消逝,不再是"个人生命"的尽头,只是这山水之中的"我"。临济宗僧人青原惟信禅师有著名的法语:"老僧三十年前未参禅时,见山是山,见水是水。及至后来,亲见知识,有个入处,见山不是山,见水不是水。而今得个休歇处,依前见山只是山,见水只是水。"最终得以"见山是山,见水是水"的他,已是一个年迈的老僧了,他那时应是手持着藤杖,在那石上观看着风云变幻,聆听着水流花开。

　　当黄庭坚回忆他印象最深刻的东坡居士像时,想到的是他们的好友李公麟的《东坡按杖图》。他在一东坡书帖后跋云:"庐州李伯时近作子瞻按藤杖、坐盘石,极似其醉时意态。此纸妙天下,可乞伯时作一子瞻像,吾辈会聚时开置席上,如见其人,亦一佳事。"[1]黄庭坚觉得这个形象最得苏轼意态之妙处,倘若能够在聚会当中挂一画像,真仿佛东坡在席,何等快意! 此一"按藤杖、坐盘石"的形象成为后世东坡最经典的形象之一。(图 6-7)陆游《入蜀记》记录他游览东坡雪堂,堂中四壁画雪,中为苏公像,"乌帽紫裘,横按筇杖"[2]。南宋使臣楼钥出使金国时,重返昔日的汴京,曾用东坡韵题玉堂间郭熙的《秋山平远》:"平生独不见写本,惯饮山绿餐湖光。老来思归真日日,梦想林泉对华发。丹青安得此一流,画我横筇水中

---

[1] [宋] 黄庭坚著,屠友祥校注:《山谷题跋校注》,上海:上海远东出版社,2011 年,第 127 页。
[2] [宋] 陆游:《陆游集》,北京:中华书局,1976 年,第 2439 页。

石。"[1]士大夫那"林泉"的梦想，正涌现于东坡这一"横筇"的形象中。[2]金代赵秉文还曾有《题赵琳画东坡石上以杖横膝肩头二首》诗云：

庙堂竟何人？此老乃石上。盘礴万古胸，入此一藤杖。击去荆舒蛮，扶来司马相。君看熊虎颜，百兽不敢傍。

东坡谪岭南，一笑六根尽。食骨不弃余，又使群狗竞。手中果何物，乃是照邪镜。尔曹何足容，以杖叩其胫。[3]

清人吴仰贤《小匏庵诗话》赞此二诗"写得坡公气象出"。这一气象出自临济宗"棒喝"之举，似乎同人们印象中东坡儒雅的君子形象有些不同。诗中所说的"盘礴万古胸"，正是禅宗那一杖打去而开山河大地、十方世界的气魄。那高居庙堂的士大夫，如今"坐石上，说因果"。人间百态，世情沉浮，都落入他肩头的这根藤杖之中。

五、行远

如果说"策杖"作为一种在经年的颠沛中显现出来的本己的存在方式，是诗人本真的经验的给予，那么，"倚仗"作为"策杖"行途中的逗留，则在此时此刻的安闲中，浮托出一个深静的"无"。由此，杖的本真性从它原本向外的意指中，也即概念与工具的窠臼中彻底地逃离出来，持杖者也随着这世界本来面目的现身，走向一个自在的本真的自我。苏轼在杭时写诗："莫把山林笑朝市，老夫手里有乌藤。"（《碣石庵戏赠湛庵主》）当手里有一根藤杖时，那功利的、尘俗的城市，顿时化作自在无碍的山林。又有《怀西湖寄晁美叔同年》诗云："策杖无道路，直造意所

---

[1] [宋]楼钥：《楼钥集》，杭州：浙江古籍出版社，2010年，第2127页。
[2] 南宋以后还流传有东坡笠屐的图像。俞樾《荼香室丛钞》四钞卷四中提到陆游所记雪堂东坡像时说："今人多摹《东坡笠屐像》，然此像亦殊佳。披裘按杖，何必笠屐？"可见，在他心里，"披裘按杖"足以表达东坡的风骨气韵，而其他如笠屐之貌，只是依据东坡的一些诗句，对于画像来说亦是赘余了。
[3] [金]赵秉文：《赵秉文集》，哈尔滨：黑龙江大学出版社，2014年 第99—100页。

便。""策杖"暗示着目的性行走的消失,它不会有一个确定的路线,不会有起点、终点,在诗人胸中的旅途中,永远是信步而行。

在被流放黄州期间,处于极度艰困中的苏轼,在拄杖时依然有着逍遥和自足的态度。他刚到黄州临皋亭寓居时给朱康叔的信中,说自己每日的生活是"风晨月夕,杖履野步,酌江水饮之,皆公恩庇之余波……"(《与朱康叔二十一首》其五)。又在答言上人的信中说:"此间但有荒山大江,修竹古木。每饮村酒醉后,曳杖放脚,不知远近,亦旷然天真,与武林旧游,未见议优劣也。"(《与言上人一首》)在著名的"海棠"诗中,他说:

> 先生食饱无一事,散步逍遥自扪腹。不问人家与僧舍,拄杖敲门看修竹。忽逢绝艳照衰朽,叹息无言揩病目。陋邦何处得此花,无乃好事移西蜀。寸根千里不易到,衔子飞来定鸿鹄。天涯流落俱可念,为饮一樽歌此曲。明朝酒醒还独来,雪落纷纷那忍触。(《寓居定惠院之东杂花满山有海棠一株土人不知贵也》)[1]

此时的"寓居"乃是在一种流放甚至将要断粮的处境中,饭后逍遥策杖,偶遇明艳的海棠,他有种天涯相遇的感伤。但是,当他两年后在雪堂安居下来,一次往沙湖相田道中遇雨写的那首《定风波》,便已是一身的萧散旷逸:

> 莫听穿林打叶声。何妨吟啸且徐行。竹杖芒鞋轻似马。谁怕?一蓑烟雨任平生。　料峭春风吹酒醒。微冷。山头斜照却相迎。回首向来萧瑟处。归去。也无风雨也无晴。[2]

如果说"倚杖"所还原的是片刻的宁静,那么苏轼的"轻盈"是在历经了一番困苦之后方获得的,只有对他的生平有所了解才能知晓。没有任何的慷慨与悲戚,因为"竹杖芒鞋"已经赋予了他一种"不怕"的决心,祛除了葛藤的迷障的"平生"已经以一种真实的面貌在一蓑烟雨之中显现了。

此后东坡诗中又数次提及"竹杖芒鞋"。元丰七年,苏轼自黄州赴汝州途中访庐

---

[1] 明代王同轨曾记载有人在古墓中掘到一石刻,上刻东坡海棠诗百字,有东坡自绘像,"亦先生自云巾氅拄杖,正与诗意相发"。[明]王同轨:《耳谈类增》卷三十四,明万历十一年刻本。
[2] [宋]苏轼著,邹同庆、王宗堂校注:《苏轼词编年校注》,北京:中华书局,2016年,第356页。

山时，发现山中僧俗皆道"苏子瞻来矣"，又写下："芒鞋青竹杖，自挂百钱游，可怪深山里，人人识故侯。"[1]"竹林七贤"之一阮咸的侄子阮修，家无储蓄，常步行以百钱挂杖头。这本来由于玄风的影响而致"放诞"的行为，被苏轼加上"芒鞋青竹杖"后，多了一种禅宗的平易之气。在这山间并没有对世俗的逃离感：他不避讳说自己是"故侯"，其实每个人都亲切地称他"子瞻"。在红尘中游，而不受红尘的沾染；策杖而行，而不把杖看作权力的征象。在世俗中间，他真正遗忘了俗，这也即他说的"平生寓物不留物，在家学得忘家禅"（《寄吴德仁兼简陈季常》）。同年，他在去筠州见子由的路上又写道："芒鞋竹杖自轻软，蒲荐松床亦香滑。夜深风露满中庭，惟见孤萤自开阖。"（《自兴国往筠宿石田驿南二十五里野人舍》）晚年在惠州时，苏轼称自己"萧然行脚僧，一身寄天涯"（《次韵子由所居六咏》其四），如果说陶渊明的扶老还带有一种对"归家"的向往的话，苏轼已经没有所谓的"家"。那田园和繁华，都归于滚滚红尘，在其间芒鞋、竹杖行走的他已将什么是家遗忘了。

在苏轼身后，竹杖成为文人心中一件足以"立身"之物。黄庭坚评杖云："相茶瓢与相筇竹同法，不欲肥而欲瘦。但须饱霜露耳。"[2]山谷评杖不是根据其产地、形态，而是看它如何在行走中历尽时间的风霜，如何在红尘里踏破了世间魔咒。在他眼里，与其说相杖，不如说相人。所"相"者，乃一行轻盈的步履、一个清癯的身影。"苏门六君子"之一陈师道《后山集》有诗："芒鞋竹杖最关身，散发披衣不待人。三两作邻堪共活，五千插架未为贫。"[3]对文人而言，这看似卑微的"竹杖芒鞋"之物，不但是字面上最为"切身"的，它们在伴人行走时显现出的也是文人眼中最真实的世界。北宋末年潭州法轮应端禅师有一次回答弟子所问"宾中宾"，曰："芒鞋竹杖走红尘。"[4]这话显然也是受到苏轼的启发。这"宾中宾"本来自临济的一个法偈，意思就是没有自我之心本，只一味向外求事之人，但是，应端禅师通过阐释之语，破除了"主"和"宾"之间的分别。在他看来，人人都是这个世界的"宾客"，而其存在于这个世界的方式，也不过是带着最简朴的物件——手里一根竹杖，脚下一双草鞋，在红尘中走一遭罢了。南宋辛弃疾《定风波·再和前韵药名》词云"已判生涯筇竹杖"，陆游《出游》诗也说"一枝藤杖平生事"，那系着"平生事"的杖，陪伴着文人的另一个"我"走向天涯。

---

[1] [宋] 胡仔纂集：《苕溪渔隐丛话》，北京：人民文学出版社，1962年，第268页。
[2] [宋] 黄庭坚著，屠友祥校注：《山谷题跋校注》，上海：上海远东出版社，2011年，第127页。
[3] [宋] 陈师道撰，任渊注，冒广生补笺：《后山诗注补笺》，北京：中华书局，1995年，第336页。
[4] [宋] 普济：《五灯会元》，北京：中华书局，1984年，第1183页。

头戴乌帽,气定神闲、廓然而拄杖的样子,成为苏轼乃至"文人"画像中最经典的形象,出现在赵孟頫《前赤壁赋》卷首(图6-8)。这个形象当中,当然亦有苏轼的"前世知己"陶渊明和白居易的影子,不过,陶渊明被表达为"策杖而归",白居易多为"携杖徐行",而苏轼像却表现了一个"拄杖立定"的样子。这一微妙的形象变化,暗示了画家对于东坡不同于前人的"本真性"的一种把捉:他并不渴求归隐,也非安享闲散,他手中之杖自然轻盈,却在行走时发出坚定的铿然之音。这样的画像并不是表达一个他者的世界,而是表达一个显露于"世界中"的"我"。

苏轼身后,文人画中常常出现一个拄杖的身影。明代沈周绘有一幅《策杖图》(图6-9),现藏台北故宫博物院。一道疏林掩映的瘦水之上,是雾霭环绕的层峦青嶂。而在那林下的狭窄小径上,有一个踽踽独行的策杖者,他头戴斗笠,脚着木屐,身穿敞袍,略微有些佝偻。他正走向的前方是一弯石桥,桥下流过潺潺的泉水。沈周把平淡自如的笔墨献给了群山,比起山景,这个人画得实在渺小简要,他的身影只有几笔草草的勾勒。然沈周却将这幅明显的"山水画"题名《策杖图》,这个山水的世界"展露"于策杖之中。他为此图题诗:

图6-8 赵孟頫 东坡小像 《前赤壁赋》卷首 台北故宫博物院

> 山静似太古,人情亦淡如。逍遥遣世虑,泉石是安居。云白媚崖容,风清筠木虚。笠屐不限我,所适随丘墟。独行因无伴,微吟韵徐徐。[1]

---

[1] 又见何炎泉、陈阶晋、陈韵如编:《明四大家特展·沈周》,台北:台北故宫博物院,2014年,第54页。

图 6-9
沈周
策杖图
纸本墨笔
台北故宫博物院

图 6-10　沈周　杖藜远眺图　纸本墨笔　美国纳尔逊-阿特金斯艺术博物馆

开篇并没有说画的内容，却指出在这样一种安静之中，时间仿若在没有古今往来的"太古"。在这没有"古今"的世界里，一切的人情世虑化为风烟。细细品读诗意，俞樾说东坡的画像不必画"笠屐"，沈周也说"笠屐不限我"，哪怕是最简单的衣物，都是不能"限我"的，而其他的俗物更不在这个世界之中。这位徐徐而吟的策杖者，无需他者的陪伴，唯与青山白云共在。（图 6-10）

第七章

友 石

一、石令人古

"石令人古",晚明文震亨在《长物志》中的这句著名断言,道出了古人在这一拳小物中看到的"时间"。石之为古,这看似一种常识的描述,不消说比之于人,就是比之于在这个地球上存在过的任何生命体,石也是存留更为久远的物质。可是,同石的"寿命"不同,石令人古,显然是由于人的存在,是人在面对这一块顽石之时,意识到了时间的亘古绵延和个体生命相对于时间的偶然。石之古并没有让人将时间遗忘,相反,它唤起了自我生命对时间的自觉。

石对时间的提示寓于它的"不知年"之中。古人很早就已经认识到石的这种"独在"。南朝僧人惠标曾作《咏孤石》云:"中原一孤石,地理不知年。根含彭泽浪,顶入香炉烟。崖成二鸟翼,峰作一芙莲。何时发东武,今来镇蠡川。"[1]这孤石一爿,不知从何处来,不知往何处去。这不知之"年"是那被人的理性所截断的、分割的时间,也即人类的一部历史。石头天然地远离这一历史性的存在。在时间的意义中,唯一能够确知的,是经由它当下的在场,去回忆它在时间中曾经的在场。曾经的在场不可认知,但是当下的在场却可以为它曾经的存在提供一个"地方"的信息。这块石本置身于中原一带,在岁月的不断冲刷之中,如今来到了鄱阳彭蠡之滨、庐山香炉峰下。有关"过去"的一切其实都发生在诗人的"想象"中。当然,如果以今天的技术,完全可以测量出它的年代以及它曾经历的地理环境。但是,倘若以这物理为目的而体察,那这块石头已不再是"在此"的石头了。它在空间中静默地辗转,在千百年的时间里,都在流逝中寓于"何时"之内,而它的生命最终呈现出来的,是"今"时于"此"地的在场。不可追忆成为它今天被追忆的缘由,或者可以说,正是由于它不能为人所知的"过去",才让它在"此刻"呈现出来。

石在时间上的亘古莫测,同它在形体上的冷峻超拔是一体的。唐李德裕《题奇石》云:"蕴玉抱清辉,闲庭日潇洒。块然天地间,自是孤生者。"[2]李德裕是中晚唐有名的奇石收藏者,前代诗人笔下天然的孤石,此时已被置于他在洛阳平泉山庄空洒的庭院中。"块然"代表了一种独在的状态,一种对"自我"的确然态度,而"天地"则是一个被显现的世界。《庄子·应帝王》中,列子受到壶子的启发,认为自

---

[1] 逯钦立辑校:《先秦汉魏晋南北朝诗》,北京:中华书局,1983年,第2622页。
[2] [清] 彭定求等编:《全唐诗》,北京:中华书局,1960年,第5392页。

图 7-1　冠云峰　苏州留园

己所学不足，闭居三年后，"雕琢复朴，块然独以其形立"。他从一个沉浸于世俗中的人，变为独立于大地之中的存在。正因为石"自是孤生者"，它本在天地间洒然独立，而当它被置于园林时，中心安置的方式显出它的存在是没有"背景(context)"的。在时间上它不存在于历史中，而在形体上它不存在于结构中。石作为一个孤独的旅客在天地中间显现，这天地又是由于这个场所的疏离作为永恒的"他者"而存在的。这首诗已经明确地表达了：在"清辉"和"闲庭"中，此处是远离被规定的时空捆缚的所在。这种"孤在"的状态令文人极有共鸣。在留园的东北一隅，名石"冠云峰"立于庭园之心，园中设水池，池中植睡莲，中心小岛，岛周平地空空，中以石竹为座基，两边又有两峰护侍，一切的安设都为呈现这一片苍石孤高立于天地之间的面貌。湖石的苍古，在这庭园之间，一目即见，蓬然而现。（图 7-1）

那沉睡在幽深的山谷或湖底的石，尽管有着婉丽的身姿，却并不容易被人们"发现"。石的显现来自人对其孤独的发现。它们生长于那不可知的过去的洪荒之中。米芾《研山铭》云："五色水，浮昆仑。潭在顶，出黑云。挂龙怪，烁电痕。下震霆，泽厚坤。极变化，阖道门。"（图 7-2）赵孟𫖯有一首《太湖石赞》可与之相应和："猗拳石，来震泽。莽荡荡，太古色。玄云兴，黝如墨。冒八荒，雨万物。卷之怀，不盈尺。"石来自茫茫的八荒当中，没有人能够得知它曾经历了何种风雨，它的历史对人而言是"莽荡荡"的，是太古之中的一片混沌。这种深入不可知之境的过

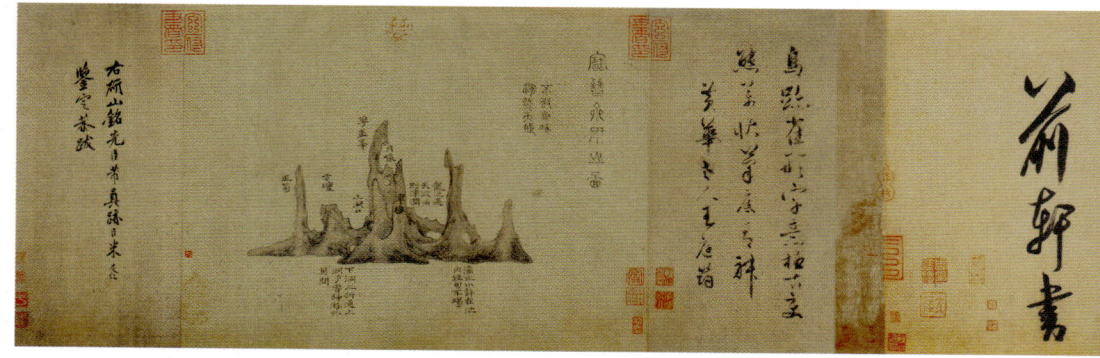

去塑造了石对自身的秉持，它不被时间的"过去"和"未来"所牵扯；在漫长的时间中，石完成了一种真正的自立。

但石并不是同人无关的。"石非草木，采后复生"[1]，明代计成《园冶》中的这句话颇值得玩味。和一般的草木不同，石在亘古世界中的存在本是一种无生的状态。在计成眼里，尽管石头没有生命体的属性，但人的发现却给了它以"生"的契机。文人们将其从深山中采掘出来，或叠或供，点缀于园林或书斋中，甚至藏于衣袖之内把玩，他们通过让其进入自我的方式令石"重新"有了"生命"。如果说草木之"活"乃其自身生命与人之生命相会而令人感到生意盎然，那么石之"生"则完全在人的理解中。

在西方哲学中，诸如石这般无生、无情，更无理性和制作的物，处于人的认知的底层，自亚里士多德起，它仅仅被看作一种具有"可能性"的"笨拙而确定的形式"的质料：原始人赋予其工具性，古希腊人赋予其作为神的场所，《圣经》中的上帝赋予其神迹。就其天然的本性而言，用海德格尔的话来说，这一"物"是"无世界的"。当石头被用来制作器具，物性便被遮蔽于大地中，只有当石头被做成诸如希腊神庙这样伟大的"艺术作品"，这一世界才从大地中涌现出来，神性才能于此显现在场。[2]而文人从不将"制作"看作这本来无生之物唯一的通途。这些认识，都把造物者或是人作为高于"物"并且可以利用物、塑造物的存在。文人对石的珍视，恰恰来源于石自身的"本无世界"之意。白居易晚年在洛阳建履道园时曾偶获两石，他题《双石》诗有云："苍然两片石，厥状怪且丑。俗用无所堪，时人嫌

---

[1]〔明〕计成：《园冶》，杭州：浙江人民美术出版社，2013年，第192页。
[2]〔德〕马丁·海德格尔：《林中路》，孙周兴译，上海：上海译文出版社，2004年，第34页。

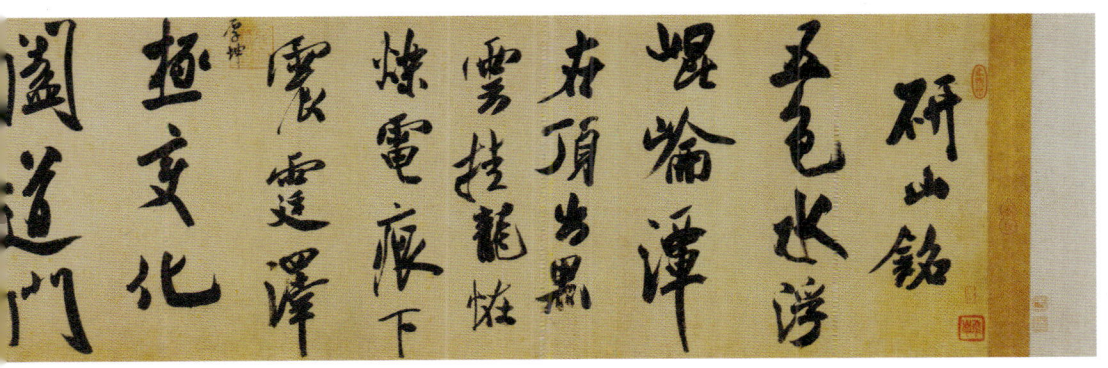

图 7-2　米芾　研山铭手卷　绢本　故宫博物院

不取。结从胚浑始，得自洞庭口。亘古遗水滨，一朝入吾手。"双石生命的点亮，在于它们从那洞庭口的水滨，从万古的尽头，偶然地"一朝入吾手"。在"入手"的片刻，石从被遗忘的远方，回归了当下的在场。在这首诗中，这种"入手"与那种"俗用"绝不相似，"俗用"乃是用具被制作为用具的一般目的，这一目的的实现，既是用具产生的原因，亦是它的结局。"石"并不为任何目的而制作，因而也不能承担任何的俗用。"俗用"就是所谓"时人"对待物的态度。他们将物役使于俗用中。而石也正因为"不堪俗用"，所以得入吾手。因为当下把玩着双石的"我"，并不会以"俗用"也即用具来看待这无用之石。由于"我"作为个体的不用之心，而"发现"了这块本立于天地间的丑石。

对石而言，这种"发现"也是无比珍贵的。在未被发现，未得其"生"之时，它的存在是隐没的，即便经历了千百年岁月的冲刷，那只是意味着一种未开启的晦暗，一种不被人知的幽冥。而当它"一朝入吾手"之后，这千百年岁月的惊涛骇浪，便一齐以一种莽莽的太古之色，以一种独立于世的"块然"面孔，在掌中、在眼底涌现出来。伴随着此刻这一亘古之物的显现，也便让"我"同样脱离了时俗，与之一齐回到那亘古的世界中去。在这里，不只用与被用的关系消逝了，发现与被发现、生与使之生的因果关系似乎也失效了。石因为在此的"入手"而复生了，而"我"也因这一亘古之物的"来到"同样复生了一个世界。

与因果关系一齐失效的，还有流俗的时间性。《园冶》中记载了明代的好事者有收藏"旧石"的习惯。这时候太湖石名盛已久，开凿既多，逐渐稀少。众人为求真太湖石，闻得是某名人名园之旧石，便蜂拥而求，竞价而沽。于是，许多商贾就开始用一些人工的方法，使石头看起来经受过剥蚀，再附会其事，这些石头

便也成了"旧石"。计成感叹这些世俗之相道:"斯亘古露风,何为新耶?何为旧耶?"[1]石同其他被称作"物"的东西的一个明显区别,就是没有"新旧"之分。同样在流俗时间中具有新旧的变化并且带来价值演变,日用品与艺术品具有显著而截然不同的面向。器物经过一段时间的使用或是闲置,都成了旧物;只有那些刚刚脱离生产不久,没有经过人手之物,方可为新。对日用之物,一般人会"喜新厌旧",这是由于用品的"功能"在刚生产出来时是完备的,而经过时间的消磨之后,功能逐渐消退的缘故。对于那些功能上合意的日用品,人们解释为来自制作者的"巧",海德格尔称之为"上手"(vorhanden)。"能工巧匠"的作品在对于"用"的满足上,要远远超过那些无法达意的粗劣品。但是,正如海德格尔所揭示的,这些"精巧"的用具,在被制造出的那一刻便注定了会消磨在这种"巧"之中。在一件被称为艺术作品的物之中,人们并没有看到使用当中的这种消磨。相反,艺术品一旦制作出来,通常是保值的,年代越久越珍贵。甚至,艺术品虽然不是由于其制作可以满足某种功能,却亦可以称为"巧",因为它通过艺术家的手完美地呈现了艺术的意义,而对这种意义的认同则令人不断地通过"收藏"来挽留其本来有限的物质生命。当然,艺术品的物质依然是会损耗的,历史上的艺术品也不断地在减少,意义和物质之间的张力造成了它的稀缺性,它的名气也才变得越来越高,从而出现了"喜旧胜新"的现象。

石被人为地纳入园林和书斋,成为人观赏的对象,这的确符合艺术品的某种特质。当石被看作艺术品的时候,它的价值也会随着时间水涨船高。就如白居易笔下的《双石》一样,它们最开始被诗人发现,固然因为其"不堪俗用",但当白居易获得了历史之名后,双石必然也在时人的追捧中成为价值连城的宝物。倘若观者之眼被这些外在的价值所迷,他便永远无法真正将其石"入手"。从亘古而来,到亘古而去的石头,是天地之造化。与一切人工物不同,石从根本上远离一切以某种目的为前提或者说以某种结果为动力的"做"。石的这种自立令其天然地远离了"巧",也远离了人造物在时间当中所呈现的变化。文人称之为"拙"。"拙"既是说它在形态上的粗朴,不会如艺术作品般因为"制作"的精良而损坏,也表达出它由于功能上的不应,而不会如日常物在使用中被消磨。白居易笔下,那"时人"眼中有俗用的物,终究会在这种俗用当中沉沦,而石永不沉沦。也正因为如此,石将人从这种沉沦状态中解救出来,亦将人的生命带离了那随"时"而老的窘境。当这

---

[1] [明]计成:《园冶》,杭州:浙江人民美术出版社,2013年,第197页。

"不盈尺"之物被人卷入怀中的片刻，人逗留于如此这般不可消磨的绵延当中，这正是"石令人古"的含义。

二、生之痕

在文人眼中，石从不是一个超越时间的客体，它就存在于时间之中。尽管它的生长和变化远不是人可以把握的，但它在时间中的延续和变迁，流露于它身体上的"痕迹"中。白居易大和元年有《太湖石咏》诗云："烟翠三秋色，波涛万古痕。削成青玉片，截断碧云根。风气通岩穴，苔文护洞门。三峰具体小，应是华山孙。"石之成为石，是经万古的涤荡、千秋的点染。在石的纹脉上，留下了"过去"所雕琢的痕迹。这一痕迹提示人们对于往昔那未曾有人迹的某种场景的追忆。诚然，被追忆的场景不是白居易，也不是任何前人所"经历"的，那太古的时代只有通过想象才能够呈现出来。但这想象的追忆并非肆意的，而是在此展开的；诗人面对这一形状"具体"的小石，满怀着对时间的敬意，去追想那往昔的烟云与浪涛。时间的绵延呈现于这种"不知其所以"的追忆之中。

曾被洪流激荡抑或被清泉流抚的痕迹，最令人联想到沧海桑田的岁月迁徙。宋范成大在《吴郡志》中写道："（太湖石）以生水中者为贵。石在水中，岁久为波涛所冲撞，皆成嵌空。石面鳞鳞作靥，名曰弹窝，亦水痕也。"[1]比起在陆地上风化而成的旱石，诸如太湖石一类的水石最被钟爱，便是由于它们身上那经过千万年的水流冲化而成的印迹。水的绵延不绝，最能令人联想起时间。它以不移的温柔将石抚摸出时间的痕迹。但水流的痕迹不但无法让人抓住时间的证据，反而更澄明了这时间的"不可知性"。这一痕迹需要等待诗人之笔的雕琢，才能更明晰地展现其不可雕琢之意。苏东坡《次韵滕大夫三首》之《雪浪石》诗云："太行西来万马屯，势与岱岳争雄尊。飞狐上党天下脊，半掩落日先黄昏。削成山东二百郡，气压代北三家村。千峰右卷矗牙帐，崩崖凿断开土门。墙来城下作飞石，一炮惊落天骄魂。承平百年烽燧冷，此物僵卧枯榆根。画师争摹雪浪势，天工不见雷斧

---

[1]〔宋〕范成大：《太湖石志》，〔宋〕杜绾等：《云林石谱（外七种）》，上海：上海书店出版社，2015年，第39页。

痕。离堆四面绕江水,坐无蜀士谁与论。老翁儿戏作飞雨,把酒坐看珠跳盆。此身自幻孰非梦,故国山水聊心存。"这是元祐八年(1093)苏轼在定州所得的一块白脉黑石,他抚摸着那石上的痕迹,觉得好像蜀国孙位、孙知微所画,可尽见大水奔流变幻之貌。后来,他又得到一曲阳白石,做成大盆以盛前石,名之曰"雪浪石",又名其室曰"雪浪斋"(《雪浪斋铭并引》)。这块飞石来自气魄雄伟的太行山,或许在我军与敌人交战时飞落而下。在历经千百年平静之后,它身上烽火硝烟的味道渐渐冷却,留下卧于枯木之下的僵态。但是它身上被远古的浪涛无数次击打的水痕并没有消逝,这将它从那不可知的亘古传递而来的时间感呈现出来。苏轼说此石"天工不见雷斧痕",道出了一个时间的道理。雷斧之痕与流水之痕的分别,就在于时间的立断和绵延、确知和不知。在苏轼看来,有些痕迹即便是自然之作,也还不算是"天工"。"天工"显现于"时间"的绵延中。自然界的雷劈所带来的痕迹和人工的斧凿之痕一样,都让人联想到某一个具体"时刻"的创造,而这种时刻的确然性,就仿佛艺术品被制作的确然时间一样,损伤了石在时间中的自然的绵延。"雪浪"二字,既道出它曾经经历的波涛的洗礼,又显现出它存在于时间的不可把捉的洪流中。这流动的形貌,是时间性在物身上的一种具体的表达。是诗人的知觉刻画了这一形象,但是当这一形象传递给历史之后,有意无意之中,它变成了人们熟知的赏石的品度。

如果说湖石上光滑而蜿蜒的褶皱是对它在长久的时间中徘徊的提示,那么石上的青苔则以有机生命的绵延呈现出石的苍古。在文人眼中,这不断滋长的青苔,不但不会破坏石的本质,相反还会在石成为园林中惯常景致之时,重新引起人对时间的思考。唐人刘长卿《题曲阿三昧王佛殿前孤石》诗云:"孤石自何处,对之疑旧游。氤氲岘首夕,苍翠剡中秋。迥出群峰当殿前,雪山灵鹫惭贞坚。一片孤云长不去,莓苔古色空苍然。"[1]一首小诗,孤石之"时"的况味荡然纸上。石不为旧,却引起诗人对旧的感悟。一种对往昔的记忆,在这石上被唤醒了,他追随着石游于那不可知的往昔和那不可知的所在,仿佛那里是自己曾经去过的地方。那不是别处,正是太古八荒之所。原来,自己的生命本身也是如此孤在的,而只有在与石相对的此刻,才意识到了"我"的来处,也才意识到天地间"我"的存在。在如此的意识之中,"我"也作为自立之物显现了。

苔藓是石的另一种印记,也可以说是石之"旧"的一种形容。它在石的角落上

---

[1] [唐]刘长卿著,储仲君笺注:《刘长卿诗编年笺注》,北京:中华书局,1996年,第100—101页。

默默地生长，几乎不会让人体察到其存在。虽是生命体，但苔藓与石一样，也是"不知年"的。当它的蔓延被人所发觉时，岁月已经过了一段时间。在石的身上，那渺无人踪的苔痕正将人引入一种回忆，这回忆却并不指向某一个特定的场景，它通过时间在过去的绵延提示了当下的存在。德国现象学家胡塞尔认为我们对过去和未来的认知都基于以当下的"在场"为原点的时间意识，而如此定位了的时间的被给予方式便是回忆和期待——将现实、当下、或近或远的时间性"环境"当下化[1]。在诗句中，这一记忆通常也被回溯到它生长的特定场景中：冰凉的夜色，滑动的露珠，那不可为人所知的寂静。白居易诗云："泉石磷磷声似琴，闲眠静听洗尘心。莫轻两片青苔石，一夜潺湲直万金。"（《南侍御以石相赠助成水声因以绝句谢之》）李德裕咏平泉山庄中的叠石云："潺湲桂水湍，漱石多奇状。鳞次冠烟霞，蝉联叠波浪。今来碧梧下，迥出秋潭上。岁晚苔藓滋，怀贤益惆怅。"（《思平泉树石杂咏一十首》之《叠石》）[2] "潺湲"本是形容水声的，然而在如此幽寂的不可知之境中，它却让人感到，时间的延展不是依循着一个个连续在场的叠加，它是"潺湲"地在场。这可以更进一步地体味出胡塞尔后来对内时间的一种修正：在聆听一种声音时，被滞留的意识不断地追踪，最后，这种意识及其充实地延续是在一条"连绵的河流"中被意识到的。[3] 无论在人看起来它是何等寂静、何等固持，它在每一个空间内的"现在"，都终将随时间的绵延而消逝，也将随下一个在场而被追忆。

这种绵延常常被纷乱的人事所打断。钱起有《药堂秋暮》诗云："唯怜石苔色，不染世人踪。"[4] 青苔的生长，源于它对人迹的远离。而为何对世人的不沾染，唤起的是作者之"怜"呢？若有人迹的存在，时间便在人难以蜕去的行踪之中，在那役使物也因而役使人的风烟之中，被不自觉地遗忘。同时，人迹也意味着这段时间中的场景具有了可知性。而当过去都被纳入认知之内时，时间便会被具体的地点、活动、意图甚至感情所沾染。只有当"人迹"不见，或者被时间磨去了痕迹之后，在此的时间才可以一种纯粹的状态呈现出来，石苔上那青青的"色"才被此刻的诗人所察觉。而这样的察觉，伴随着对于它不可知的因而也是在绵延中生长的领悟。与其说石唤起了人对石的爱怜，不如说石唤起了人对生命、对时间的爱怜。在沾满青

---

[1]〔德〕埃德蒙德·胡塞尔：《内时间意识现象学》，倪梁康译，北京：商务印书馆，2010年，第274—277页。
[2]〔清〕彭定求等编：《全唐诗》，北京：中华书局，1960年，第5409—5410页。
[3]〔德〕埃德蒙德·胡塞尔：《内时间意识现象学》，倪梁康译，北京：商务印书馆，2010年，第459页。
[4]〔唐〕钱起著，王定璋校注：《钱起集校注》，杭州：浙江古籍出版社，2015年，第190页。

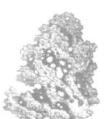

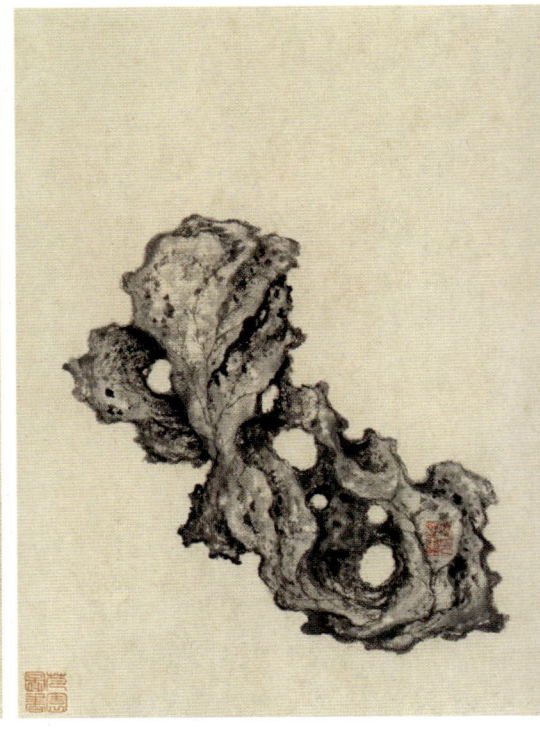

图 7-3　项圣谟　灵石图册八开之四　私人收藏

苔之石的提示下,对当下的追忆隐没在了一种绵延当中,并将眼前的这一本不可转移的沉重之物抚摩成生命中的"潺湲"。(图 7-3)

痕迹是时间的延续留给人的记忆。真正的爱石者,不会去通过人工的方法刻意地遮掩这种痕迹。那些在亭园或是文房之内的石头,其采掘依循了对其痕迹的判断,这是对其身上时间感的一种敬意。它们的安置是对这种痕迹的认同和挽留。并且,既然石头身体的痕迹是它"曾经"在时间中存在的证据,那么,人们也不会回避即将到来的时间。于是,哪怕风与水的剥蚀以及蔓延于角落的青苔都对石质是一种潜在的损伤,但文人们明白这损伤的过程恰恰是石立于此地的缘由。物,一切的物,本身都在时间当中接受着洗礼。石作为其中一种被发现的时中之物,用它的痕迹印证着时间的存有。对石的追忆是永恒的,它每一次被认识的此刻,都被牵扯入那不可认识的过去当中。在这个意义上,似乎被采已久的石头在时间的风烟中真的变得"旧"了,但这并不意味着它的黯淡,相反,时间的痕迹令一种存在的意义澄明。对在此的印记的感知,令采掘之前与采掘之后的时间连绵为一体,并将这种时间延展至无限的远方。

三、鬼工不可图

清人梁九图说选石一定要看是否有"天然画意",这是许多藏石家和造园人的共识。苏轼就曾在《雪浪石》诗中认为他拾得的雪浪石有唐代画家孙位、孙知微的画意。在宋代杜绾所编的《云林石谱》中,常常讲到石如图画之意。如无为军石"两面多柏枝,如墨描写。石色带紫或灰白,间有纹理,或成冈峦遍列,林中有径路,全若图画之状,颇奇特,又有仿佛类诸物像。土人装治为屏,颇近自然";而蜀地的永康石则"平如板","上有山一座,高低前后凡十数峰",目为"江山小平远";还有一种虢石,"色黄白,中有石纹如山峰,罗列远近,涧壑相通","多作砚屏,置几案间,全如图画";另有奉化石,"其纹横裂两道,如细墨描写,一带夹径寒林、烟雾朦胧之状,或如浓墨点染成高林,与无为军所产石屏颇相类"。[1]此外,书中还记载,当时的一些工匠为了让石看起来"如画",甚至用化

---

[1] [宋] 杜绾等:《云林石谱(外七种)》,上海:上海书店出版社,2015年,第4、9、17、20页。

学的方法作伪。[1] 石纹的"如画"似乎已经成为藏石和造园者判别天然之石优劣的准绳。

不过，在中晚唐，诗人们对石的最初认知，是石乃是难以成画之物。如唐末诗人张碧咏石云："寒姿数片奇突兀，曾作秋山秋水骨。先生应是厌风雷，着向池边塞龙窟。我来池上倾酒尊，半酣书破青烟痕。参差翠缕摆不落，笔头惊怪粘秋云。我闻吴中项容水墨有高价，邀得将来倚松下。铺却双缣直道难，掉首空归不成画。"(《题祖山人池上怪石》)[2] 诗人面对这僧舍庭院中寒姿奇骨的片石，想着若请一位名画家项容来绘一幅《松石图》，而当画家将画绢铺好之后，连连称难，因为他发现了此石的"不成画"。晚唐皮日休也有《太湖石》云："兹山有石岸，抵浪如受屠。雪阵千万战，薛岩高下刭。乃是天诡怪，信非人功夫。白丁一云取，难甚网珊瑚。厥状复若何，鬼工不可图。"[3] 在皮日休眼中，那承受了千百年浪击、雪战、薛剥、岩刭的湖石，其形态天然诡谲，不可捉摸，就算鬼工降临人间也不可能将其图画出来了。

如此，"不可图"的石又如何得以"如画"了呢？北宋仁宗朝士大夫一次关于石屏的唱和，对"如画"的问题曾展开过有趣的讨论。翰林学士吴冲卿偶然从别人手中得到一天然虢石屏，其纹理仿佛古木参差，中有两鸦栖止，俨然一幅宋人小品，遂名之曰《鸦鸣树石》。王安石在《和吴冲卿鸦鸣树石屏》[4] 中说石屏上的纹理使人感到仿佛在古画中见过，但是"云此非人乃天巧"，这样绝妙的图画却又是任何人力所不能为。"吾观鬼神独与人意异，虽有至巧无所争"，人由于其"智力"固然有其所巧，并且历代不断在追求技术（"工"）的完善，但是这鬼神之工与人的想法不同，它虽有"至巧"却不介入任何比附当中。王安石称之为"天巧"。"天巧"，在于它超越了人对于巧拙妍媸的认识，不和任何人比附一种"美"的价值，却在时间之中独占天地的元气。（图7-4）

这些诗说"鬼神功成"，说的正是一个"不可图"的道理。如果说"人"是可以以个体的方式指明并认知的，"鬼"则代表了形相的不可认知性。"图"指向了人在艺术上的创造，而这鬼的创造，远超越于人的意图可以企及的结果。欧阳修说石屏"殚精竭思不可到"(《吴学士石屏歌》)，王安石诗中说的"天巧""天成"，都是这个意思。不论在形式还是功能上，石都天然地具有一种不可思虑性。无论你如何

---

[1] 如《云林石谱》记载，宋代"土人"就以石药粘缀青州石四面取巧，像云气、枯木、怪石欹侧之状。同上书，第2—3页。
[2] [明] 林有麟：《素园石谱》，杭州：浙江人民美术出版社，2013年，第269页。
[3] [唐] 皮日休、[唐] 陆龟蒙撰，王锡九校注：《松陵集校注》，北京：中华书局，2018年，第579页。
[4] [宋] 王安石著，[宋] 李壁笺注：《王荆文公诗笺注》，北京：中华书局，1958年，第109页。

看到石头的某一面,它作为一个整体都是不可认知的,观察者不可能完全在意识中形成关于石头的完整形象。因此,也不可能存在一种由理性衍生的"形相",去依循它而建造出一块石头来。但是,正是由于"片面"的不可捕捉,也就断绝了形式被分解的可能;面向石头的视域是一个不断新出的不可预知的过程,这一过程不会终结,也便不可分割,石头终以一种全体的形式——"天"呈现出来。[1]

图7-4 五峰仙馆大理石座屏 苏州留园

古人常常称赏他们的丑石、怪石,这难免不被认为是中国人的一种奇异的审美癖好。与"鬼工"的表述相似,丑和怪并不意味着某种风格的形态,而意味着直观中形式的不可规约。苏轼元丰五年在给佛印写的《怪石供》中说:"虽巧者以意绘画有不能及。岂古所谓怪石者耶?"怪石之意,恰在于其看似工巧却又"不可图"的特质。故苏轼又说:"凡物之丑好,生于相形,吾未知其果安在也。使世间石皆若此,则今之凡石复为怪矣。"康德以来,审美被认为是一种无目的地合目的性(purposiveness without a purpose)的判断。苏轼说"怪""丑",并不是由于它的"不合目的",而是由于在石的身上,根本寻找不到这样一种"目的",石因为这种目的的不可企及而"巧者以意绘画有不能及"。郑板桥评苏轼"石文且丑"的判断时说"一丑字则石之千

---

[1] 德国现象学家胡塞尔提出"本质直观(Wesenschau)"的认识方法,也即对象在一个"视域(Horizont)"中的意向性显现。视域作为一种权能性,自身是可以表现一个完整的意向的。他举例说我们在看到一个桌子的一面的时候,虽然看到的只是一面,但却具有了认识桌子整体的"权能性"。胡塞尔的这一观念,是对古代哲学中基于感官的感性认识与基于概念的理性认识二分论的一个回避。感知者对桌子的接受,是一个意向显现的过程,并不是概念的施予。石头的有趣之处在于,它似乎让这两种认识事物的方法都失效了,不符合一种可形塑的"概念"的它,不可能通过一种意向的看(思)而被全面认识。又或者可以说,它通过极力地抵抗理性,而让胡塞尔的"视域"在石头身上以一种极限化的方式达成了。〔德〕埃德蒙德·胡塞尔著,〔德〕克劳斯·黑尔德编:《生活世界现象学》,倪梁康译,上海:上海译文出版社,2005年,第57—60页。

态万状皆从此出"[1]。刘熙载的《艺概》说:"怪石以丑为美,丑到极处,便是美到极处。一丑字中,丘壑未易尽言。"[2] 丑意味着变化万千,意味着不可捉摸,任何精妙的画家都不可能再现出石头的全貌,换言之,任何侧面的表达都不能完整地说明石头的形式。而石头的每一个侧面都不是静止的,它们延伸到石的表面和内在而成为一个全体,当到达这种"极处"之时,与它的每个侧面照面都意味着同它的全体照面;这不是透过一面看到的"全体",而是由于石的全体本身有千万个不断涌现的面孔。这便是千岩万壑,这便是极致的美。

在中国文化中,石有一个清晰的对照物,那就是玉。玉作为人类社会中最为古老的用物,向上可以追溯到旧石器时代晚期,距今万年之久。从诞生之初,玉的美一在其温润剔透之质,二在其巧夺天工之形。质地来自天然,而形状则在于雕琢。玉用于祭祀和装饰的成品有玉璧、玉玦、玉圭等,皆有特定的方圆之形式,越符合这一形式,也便是雕琢得越好的"玉器"。《诗经·卫风·淇奥》中说"如切如磋,如琢如磨",儒家将其解释为一块顽石必须要反复切磋、雕琢,才能成为美玉,同理,一个人也需要经过长期的教化、修养,才能成为"文质彬彬"、合乎礼节的君子。然而,道家哲学看到了过分雕琢带来的人心性的滞浊,"质"逐渐丧失而一切都按照规矩成了形式。《老子》第三十九章说:"是故不欲琭琭如玉,珞珞如石。"宁肯作珞珞坚硬的顽石,不做晶莹剔透的美玉,这是对贵贱之别,也是对被形式所拘缚的生命的反省。《庄子·秋水》篇用了更为极端的譬喻,当被楚王使者请入仕时,庄子说自己宁愿去做在泥里曳尾的老龟,也不去当高堂上雕琢精美、用以占卜的龟壳。这正是石和玉的分别。

时间造化的不可度知以及由此而成的石在形式上的不可把捉,令石成为文人眼中那独特的"立乎不测,而游于无有者"(《老子》第四十一章)。这亦正是文人对山水画的认知,是山水诞生的根基。当然,山水亦有其"法",有其脉,有其势,此皆假山如画需要取法之处。然其法、其脉、其势,无一不自造化中来。也在这个意义上,石的"画意"和"不可图"的悖论得到了化解。山水画并不是再现某种物象的画,也不是表现"一片被安置的自然风景",它展现给人的是一种"自然之性""造化之功",是大千世界不可把捉的无穷之感。文人眼中石应"如画",指的正是石与山水在超越物象的全体意义上的相似。

在"如画"之外,石的譬喻便常常是那些不可捉摸之物。前引皮日休《太湖

---

[1] [清]郑燮著,卞孝萱、卞岐编:《郑板桥全集》,南京:凤凰出版社,2012年,第351页。
[2] [清]刘熙载:《艺概》,杭州:浙江人民美术出版社,2017年,第174页。

图 7-5　瑞云峰　苏州第十中学

石》诗说："或拳若虺蜴，或蹲如虎貀。连络若钩镶，重叠如萼跗。或若巨人骼，或如太帝符。"这一连串形貌各异的譬喻，便也不能是"某物"相对"某物"的譬喻了。这说的正是此前所道出的"厥状复若何，鬼工不可图"的道理。唐人还常常将石比作云，如刘长卿形容石如"一片孤云"，白居易言其"截断碧云根"。后世许多声名斐然的奇石，都被冠以"云"的雅号，如留园的"冠云峰"、曲院风荷的"绉云峰"、苏州第十中学的"瑞云峰"（图 7-5）等。《云林石谱》也说石乃是"细碎磊魂，皆成物状"，或云"随其大小，具体而生，或成物象"。[1] 黄公望称郭熙"画石如云，古人云'天开图画'者是也"[2]，正因为如云那样漂缈且深邃不可测，方才称得上"天开图画"。宋徽宗曾亲笔摹写宫苑内的《祥龙石图》（图 7-6），并以瘦金体题云"其势胜涌，若虬龙出为瑞应之状，奇容巧态，莫能具绝妙而言之也"，故而画之。这些自然或神秘世界中变化莫测的无形之物，大概并不适合做"喻体"，而最令人联想到这些事物的石，也因而不能被模仿、被再现。如遥远的云和那神秘的龙一样，在这种不可认知之中，石就脱离了世界中某一个"具体"的因而在时间和空间上也有限的物状，而在这变幻莫测、不可名状间臻于永恒。苏轼将定州遇到

---

[1]［宋］杜绾等：《云林石谱（外七种）》，上海：上海书店出版社，2015 年，第 2 页。
[2]［元］黄公望：《黄公望集》，杭州：浙江人民美术出版社，2016 年，第 27 页。

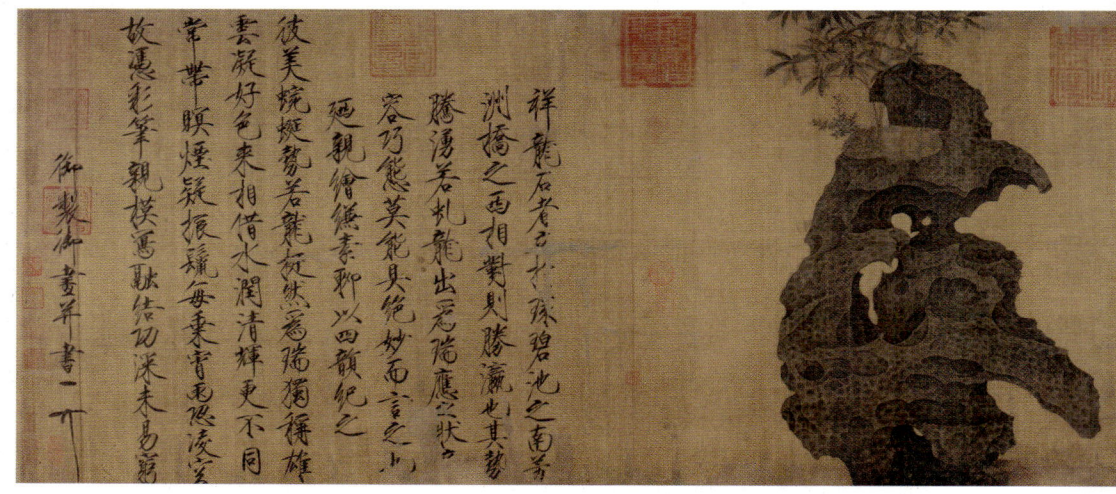

图 7-6 赵佶 祥龙石图 绢本设色 故宫博物院

的石比为"雪浪",并说"画师争摹雪浪势,天工不见雷斧痕"。这一天工的造化,正引得画师争相描摹。他又说:"作诗必此诗,定知非诗人。"同样,绘一石必此石,便永远不可能绘出石的真义。在这个意义上,石作为一物,本身就具有诗画的隽永真味。能够画出这千变万化的石,便是一位画家至高的成就。(图 7-7)

然而石又不是如幻影般的云和龙,更不是那缥缈而不可见的天道。石是密实的、顽笃的、可感的。其以不可捉摸的无形之状而为坚固笃实的有形之体,这又让人回到了一种"实在的形式"之中。石由此同一切神秘之物和超越的观念区分开来。石无法透射于任何外在的观念和物之中,它只能作为"它自身的真实"而存在。对石而言,永恒的不是它的躯体,而是这样一种真实。

由于"石"的确是一个如此确定的"存在者",难免会令人们为之"设定"一些鉴赏的原则。宋人《渔阳公石谱》记载:"元章相石之法有四语焉,曰秀、曰瘦、曰雅、曰透,四者虽不能尽石之美,亦庶几云。"[1] 此说法在后世又屡相传变,如明代毛子晋《海岳志林》说"米南宫相石法,曰瘦、曰秀、曰皱、曰透"[2],屈大均在《广东新语》中也说园林中所用的小英石以"皱、瘦、透、秀"四者备具为良[3]。至清代郑板桥题画《石》又与前者不同,言"米元章论石,曰瘦、曰皱、曰漏、曰透,可谓尽石之妙矣"[4]。这就是今天常听到的"赏石四原则"。米元章之说是否真

---

[1] [宋] 杜绾等:《云林石谱(外七种)》,上海:上海书店出版社,2015 年,第 42 页。
[2] [明] 毛凤苞辑:《海岳志林》,《丛书集成初编》本,上海:商务印书馆,1939 年,第 7 页。
[3] [清] 屈大均:《广东新语》,北京:中华书局,1985 年,第 177 页。
[4] [清] 郑燮著,卞孝萱、卞岐编:《郑板桥全集》,南京:凤凰出版社,2012 年,第 351 页。

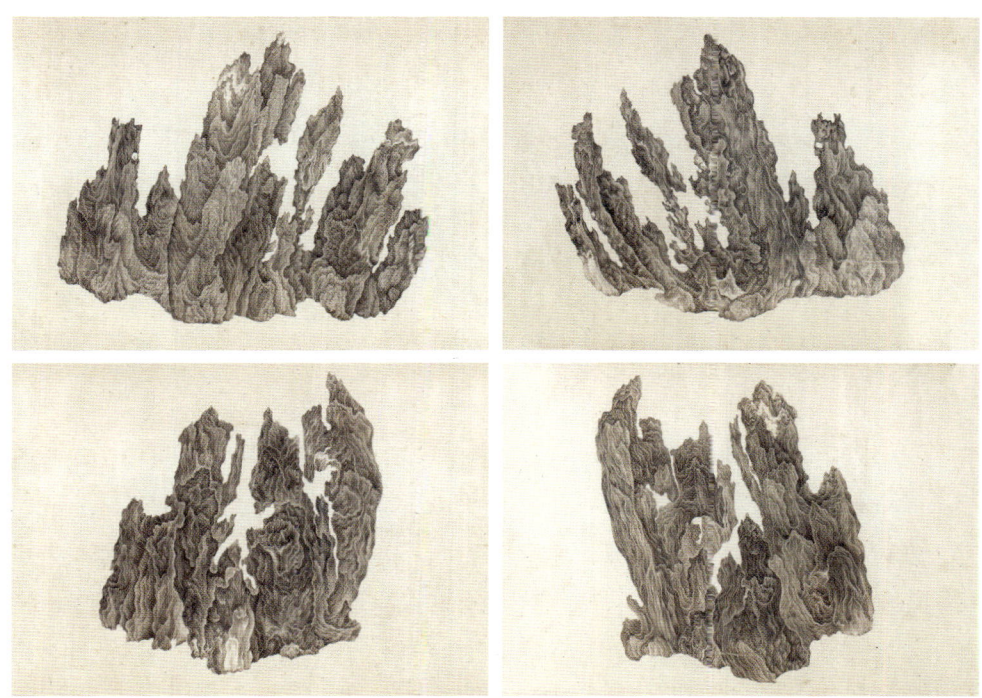

图 7-7　吴彬　十面灵璧图（取四面对照）　纸本墨笔　私人收藏

有其事，无法考证，但这些"法则"被历代《石谱》、类书和文人书写所接受。于是，天下之石皆由此从形态上断其优劣。

可是，当这成为现成的鉴赏"法则"而被过于强调时，石作为文人之物的来由——那被知觉的时间之隽永也就被遗忘了，它那不可认知、不可捉摸的深境也就消失了。《渔阳石谱》中的说法其实已意识到法则不能尽石之美，故只言"庶几云"。当晚明因为追求这种"瘦、漏、透、皱"之石而不断出现作伪的情况，并且石原本的自然姿态也变成了"气象蹙促"的那些求奇诡、求孔窍的矫作之态，一些文人开始对这样的风气有所反思。文震亨说一种"尧峰石"："近时始出，苔藓丛生，古朴可爱，以未经采凿，山中甚多，但不玲珑耳。然正以不玲珑，故佳。"[1] "玲珑"本来是说石通透可人，苏轼称他的壶中九华石是"碧玲珑'，上海的豫园还有一块"玉玲珑"石，皆是空明莹透之意。但是当"玲珑"被作为一种固有的形式来理解时，它身上那灵秀的天趣、它被诗人所欣赏的那种原初的态度也就被遮蔽了。唯有逃离这种标准，石被选择的原初意义方能重新澄明。

---

[1] [明] 文震亨、[明] 屠隆：《长物志 考槃馀事》，杭州：浙江人民美术出版社，2011年，第57页。

因此，晚明的文人在叠山选石上刻意回避"玲珑"而回归"天然"。计成在《园冶》中则说："无窍当悬，古胜太湖。好事只知花石，时遵图画；匪人焉识黄山，小仿云林，大宗子久。"[1]在他看来，那灵窍的太湖石，不如那些没有孔窍的质朴之石"古"，而那些仿佛倪云林和黄公望之"画"的叠石，其实也不再能识得真山水的妙处了。清人梁九图更为明确地说："藏石先贵选石，其石无天然画意者为不中选，曰皱、曰瘦、曰透，昔人已有成言，乃有时化工之妙，却不在此，赏识当在风尘外也。"[2]这"风尘"正是指石在时间之中的表象，无论是"赏石四原则"，还是纳入《石谱》中的那些名贵之石，其实都只是给人提供了这样一种表象。如瘦、透、皱，看上去指涉了形态的某种特点，因而容易被认作某种特殊的审美偏好；然而在这些看似有些畸怪的审美背后，都隐藏着对时间之意的某种构想。瘦指体态嶙峋，筋骨挺拔，展现出剥离了一切风华之后所存留下来的独立之貌；皱指迂回流曲，丘壑纵横，这是在时间不间断地持续琢磨之后留下的痕迹；而透则意味着变化之中的通明无滞、空灵自见，石头已经和时间融为了一体。石不是由工匠制成，而是天然而成，也只有了解了深藏于石中的"时化工"的质性，才能在古拙的石上看到这种通透之意。

四、与尔为友

《云林石谱》的跋文开篇即说"石与文人最有缘"，的确，石因文人被发现，也是文人最亲密的伴侣。在历代石谱中，文人的影子清晰地呈现出来，如《云林石谱》里，石头皆以产地或材质命名、分类，如青州石、太湖石、临安石、武康石等，又有依其形貌名之云灵璧石、红丝石、石绿、钟乳、墨玉石等，其中多有对石材质、颜色、形状、声响之描述，只有少数对于典故的记载。而到了明代时写作的《素园石谱》，固然仍保留了《云林石谱》的一些石名，却也增加了大量因前人典故而流传下来的名石。如苏轼的壶中九华、米芾的风秀丹山，还有米芾的宝晋斋砚

---

[1] 云林乃"元四家"之一的倪瓒，其画格平淡天真，子久乃"元四家"之一的黄公望，多有气势磅礴之作。[明]计成：《园冶》卷三，杭州：浙江人民美术出版社，2013年，第192页。
[2] [清]梁九图：《谈石》，见黄宾虹、邓实编：《美术丛书》二集第七辑，杭州：浙江人民美术出版社，2013年，第253页。

山、海岳庵砚山、苍雪堂砚山，欧阳修的虢州月石屏、醒石、醉石、潇洒石，皆以典故而闻名。这些石的样貌、产地，似乎并不是最重要的，与文人道不尽、说不完的故事，才是它们真正的价值。

尽管有些石后来成为"名石"而为人所珍藏甚至供奉了，但是在石最初进入文人的世界时，文人会特别地将它置于一个"触手可及"的地方。白居易《双石》诗说："一可支吾琴，一可贮吾酒。峭绝高数尺，坳泓容一斗。五弦倚其左，一杯置其右。洼樽酌未空，玉山颓已久。"白居易在双石"入手"之后依然在"用"着它们，他把一块石用来做支琴架，另一块当作贮酒器。这两种用途实在是可有可无，完全可以被一件专门制作的更符合其功能的"用具"所代替。然而，同那些实现其功能的用具不同，石并不是由于要来当作琴架、酒樽而被"制作"，文人也没有必然要用它"做某事"的意图；石是在"无作"与"不作"的意义上而"无用"的。同时，它又应当可"触手"，这隐藏着对它被当作远离于人的供物或是全然的玩物的拒绝，在时间之中将物的存在挽救了出来。白居易后来给这块"支琴石"又写了一首诗："疑因星陨空中落，叹被泥埋涧底沉。天上定应胜地上，支机未必及支琴。提携拂拭知恩否？虽不能言合有心。"（《问支琴石》）白居易说，这块石大概是作为陨石自天而降的吧？只是，虽然天上似乎胜于地上，但是在天上做织女的"支机石"未必比得上做我的"支琴石"。这是由于，"支机石"是实实在在被当作一件工具而用了，织女一天也未必看它一眼；"支琴石"却不然，它时时被拂拭、被抚摸，可以听琴，可以兴诗，已经脱出了作为自然质料被掩埋的大地，也逃离了作为工具被消磨的命运。它成为同主人共在于世的一件"有心"的物，正由于此，它的生命是得到了"提携"的，这提携正是在"拂拭"的触手之中所发生的。

白居易在他的诗中，屡次用伴侣、对偶和朋友来表达自我和石之间的缘分和陪伴。他在《杨六尚书留太湖石在洛下借置庭中因对举杯寄赠绝句》云："借君片石意何如？置向庭中慰索居。每就玉山倾一酌，兴来如对醉尚书。"一个"借"字，道出了石不能为人所有的禀性；而一个"对"字，道出了这位醉尚书在庭院里和石友举杯相就、快意人生的逍遥。又在《北窗竹石》中说："一片瑟瑟石，数竿青青竹。向我如有情，依然看不足。况临北窗下，复近西塘曲。筠风散余清，苔雨含微绿。有妻亦衰老，无子方茕独。莫掩夜窗扉，共渠相伴宿。"这一朋友的价值，甚至可以取代妻子儿女，而成为终身的心灵伴侣。这种至诚至深的情义，就连人世间也罕有，他却赋予了那冰凉的片石。白居易在《双石》一诗中又说："人皆有所好，物各求其偶。渐恐少年场，不容垂白叟。回头问双石，能伴老夫否。石虽不能言，许我

为三友。"在人间"少年场"的繁华中所规定的自我名利的实现，已经和衰颓的自我不再兼容。此时，唯有两块无所可用的顽石在默默地陪伴着诗人。聊弹一曲，品酌一杯后，带着朦胧的醉意，他问双石：是否愿意和老夫做朋友？

石之为"侣"，是由诗人书写的，亦是在诗人长期对世界的理解和反省中所"求得"的。白居易在大和三年重题《太湖石》时写道："远望老嵯峨，近观怪嶔崟。才高八九尺，势若千万寻。嵌空华阳洞，重叠匡山岑。邈矣仙掌迥，呀然剑门深。形质冠今古，气色通晴阴。未秋已瑟瑟，欲雨先沉沉。天姿信为异，时用非所在。磨刀不如砺，捣帛不如砧。何乃主人意，重之如万金？岂伊造物者，独能知我心。"他与此石惺惺相惜，它是他的一位"知心"者。何以知心？白居易在诗中已经写得很清楚：石乃是世俗的"异类"，不能为"时"所用，这是同他自己相似的；正由于这种相似，才令彼此得以靠近、相依。这样的想法在他为庐山草堂三物素屏风、蟠木几、朱藤杖所作的《三谣》中亦可窥见。《蟠木谣》云："尔既不材，吾亦不材，胡为乎人间裴回？蟠木蟠木，吾与汝归草堂去来。"《素屏谣》云："物各有所宜，用各有所施。尔今木为骨兮纸为面，舍吾草堂欲何之？"《朱藤谣》云："朱藤朱藤，吾虽青云之上，黄泥之下，誓不弃尔于斯须。"草堂三物，也是三件无用之物，白居易在它们的无用中看到了自身的无用。无用意味着不受役使，这是自我获得自由的前提，并且也只有在这种对彼此无用的认同之中，诗人才可能与器物成为一种伴侣。在白居易对双石之"问"，以及为草堂三物所作的"歌谣"当中，人们看到了一种亲近的态度。这样的态度，已经不能被理解为一种"认识"，诗人并没有企图通过主体性的建立和对理想的自觉"认识"眼前之物。它们是他的"朋友"，他们彼此相遇、相知、相伴，他通过对它们作为自身写照的"认同"而将其纳入个人的世界中。在白居易的生命中，无用未必是一种现世的状态——白居易直到去世前两年才致仕——而是在一个意义的世界内对自我价值的一种认同，这也就是他在《太湖石记》中所云"苟适吾意，其用则多"。"吾志一也"，这个"志"，便是文人世界中作为存在者的"真"，也就是一个"一"的世界。当一物真正进入了"吾志"之中，它也就进入了这"一"的世界。在这个世界中，它同其他文人之物是可以有许多方式"用"的。这"用"自然不是工具的利用，而是存在于世界中的相伴。

后世许多"友石"故事皆由此而来。米芾爱石的故事，屡被后世文人引为美谈，但又易被理解为一种拜物式的癫狂。许多文献记载，说他任无为州监军时，见衙署内有一立石，形貌奇诡，他立即兴奋异常，命人取来官袍官帽，手握笏板，恭敬跪拜，并呼"石丈"。（图7-8）在宋代《梁溪漫志》中，又说米芾守濡须时听说

第七章 友 石

图 7-8
陈洪绶
米芾拜石图
绢本设色
私人收藏

209

有怪石在城外河岸边，便命人移进州府衙内赏玩。石运到后，他大为惊遽，忙命设席，拜于庭下曰："吾欲见石兄二十年矣！"[1]石之伟岸独拔，固然足以让人"拜"；但这并不能理解为，米芾是把这块石当作自己的先辈或者神祇来尊崇。文人对石，不是如孝子贤孙般的祭祀供养而生敬畏，石是他们可敬、可爱的前辈、朋友。明代毛凤苞《海岳志林》中为此事翻案，说有人问米芾拜石事是否为真，米芾徐徐地说："吾何尝拜？乃揖之耳。"[2]"石兄"的称呼或许用"揖之"更为妥洽。不过，即便呼为"石丈"，他对这位老丈也不是瞻仰敬畏，而是作为一位深具心灵之契的朋友相待。

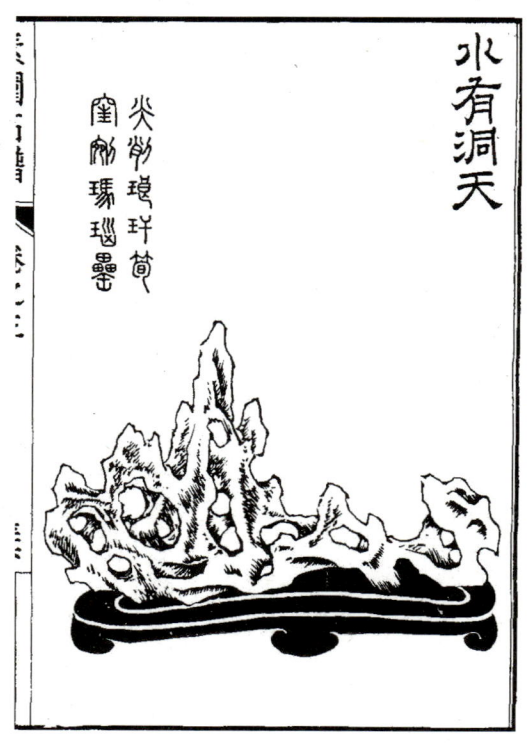

图 7-9　苏轼"小有洞天"石　《素园石谱》

　　尽管历史不能避免"时人"的曲解，但是文人与石之间"曾在"（海德格尔语）的这种温暖的解语，依然借着石的身体和诗的羽翼不断在当时及后世的知己心中播下种子。林有麟《素园石谱》载东坡有"小有洞天"石，玲珑多窍，石下有座，座中藏香炉，焚香时，烟云满岩岫。（图 7-9）后此石入豫章郡黄庭坚家中，其家人珍重之，将此石与任命官职的文书"告身"置于一箧。再后来林有麟在杭州僧寮获得此石，携归置于自家梅花馆内，叹曰"恍然与苏眉山相对矣"。[3]这一块小石，几经辗转，所得珍视尤重。而其珍贵，并非由于曾经为某位名人所蓄，而是对那数百年之前的知己的怀想。清人张希良在为宋荦所藏的一块据说曾属苏轼的"怪石"题写时说："自有宇宙即有此山，有此山即有此石，何以湮晦数千年？至苏公而始蒙一盼幸，已阅数百年，又得先生大加拂拭，文以青黄。然则凡物苟有其质，含光隐

---

[1] 转引自 [宋] 米芾：《米芾集》，杭州：浙江人民美术出版社，2014 年，第 260 页。
[2] [明] 毛凤苞辑：《海岳志林》，《丛书集成初编》本，上海：商务印书馆，1939 年，第 3 页。
[3] [明] 林有麟：《素园石谱》，杭州：浙江人民美术出版社，2013 年，第 271 页。

耀，终不能自晦。而至于知己之前，快遭逢而感遇合者，又不独此累累片石也。"[1] 石虽来自宇宙大荒之中，固有其美贡，但若无苏公慧眼所识，其品性只能长久隐没于历史；在被苏公点化之后，它含藏着光彩，等待着与下一位知己相遇。《素园石谱》载赵孟頫有一湖石，名"太秀华"，苍鳞隐隐，浑然天成，置于几案间，"殆与顾顾君子相对"，遂铭其上曰："片石何状，天然自若。鳞鳞苍窝，背潜蛟鳄。一气浑沦，略无岩壑。太湖凝精，示我以朴。我思古人，真风眇邈！"[2] 他所思所想之古人为谁？无非白居易、苏轼、米芾耳。对他的时代来说，这些人还不算很"古"，但他们以其诗文在这拳拳顽石身上，成就了缥缈的"古风"。

五、他山之石

石以一种不为其所有的方式成了文人的朋友。它与文人既亲密无间，又不相役使。他们的亲密建基于"价值"的相似：疏离了那个结构化的俗世，他们在对彼此独立性的认同中，获得了一片自由的世界。文人也非常清楚石与人的疏离。这并不是由于情感的冷漠，而是石作为独立的自身，指向久远的孤独；而石与文人的亲密，实是建立在各自的孤独之上。文震亨说"石令人古"，并不是说"石为古物"，这中间有一个本质的差异。古物意味着对那确然历史遗存的重新占据，隐含着个人的欲望对超然历史的僭越。但石不可能成为人的所属物，在茫茫的宇宙中，它只会是生命暂时的陪伴。古来有多少人言之以爱石之名，其实却是意欲占有石。中唐时期，"牛李党争"的权相牛僧孺和李德裕"石癖"之名最著。李德裕《平泉花木记》云："鬻平泉者，非吾子孙也。以平泉一树一石与人者，非佳子弟也。"[3] 他希冀这平泉花石能够永远为他家族所有。同李党争一生，却同样有"石癖"的宰相牛僧孺，甚至把家中的藏石分为"甲乙丙"三等，各等又有"上中下"三级，石头俨然已成为他家中一个个高矮胖瘦、各司其能的仆从。白居易在《太湖石记》言说此事叹曰："百仞一拳，千里一瞬，坐而得之，此所以为公适意之用也……噫！是石也，百千

---

[1]〔清〕宋荦：《怪石赞》，见黄宾虹、邓实编：《美术丛书》初集第五辑，杭州：浙江人民美术出版社，2013年，第171—172页。
[2]〔明〕林有麟：《素园石谱》，杭州：浙江人民美术出版社，2013年，第227页。
[3]〔唐〕李德裕著，傅璇琮、周建国校笺：《李德裕文集校笺》北京：中华书局，2018年，第682页。

载后,散在天壤之内,转徙隐见,谁复知之?"此句常被解为白居易宽慰失意的牛相之句。其实白居易对石的态度和牛僧孺是不同的。纵然爱石,也不过是一时的"玩好";倘若石的价值仅仅在此,那它恐怕也会如所有湮灭在历史风烟中的"玩好"一样,只是一种"风尚之物"。石从那亘古高山之上,来到人的手边,不过是为了适意而已。但它终将要辗转回归到那遥远的天壤之内,不被人所得所知。石本不属于人,人却用自己的价值标准去规定石,以石为自己的囊中物,岂不可笑!

牛李的"痴癖"是后世文人理解"石"之意义的一个经典话头。苏轼论石,数次谈到这个典故。嘉祐六年(1061),二十六岁的苏轼第一次见到刘敞,见其家中石林亭有其购得的唐苑中石,二人赋诗,苏轼写道:

都城日荒废,往事不可还。惟余古苑石,漂散尚人间。
公来始购蓄,不惮道里艰。忽从尘埃中,来对冰雪颜。
瘦骨拔凛凛,苍根漱潺潺。唐人惟奇章,好石古莫攀。
尽令属牛氏,刻凿纷斑斑。嗟此本何常,聚散实循环。
人失亦人得,要不出区寰。君看刘李末,不能保河关。
况此百株石,鸿毛于泰山。但当对石饮,万事付等闲。
(《次韵和刘京兆石林亭之作石本唐苑中物散流民间刘购得之》)

年轻的苏轼已认识到,物之兴废,不由人来转圜。牛李二人作为宰相,连国家尚不能保全,又如何能永远拥有这几块石头呢?不如对石而饮,在快意中将这些物欲都付诸一樽吧。三十多年后,到元祐八年,经历了一生风浪,已经五十八岁的苏轼在定州获雪浪石,有诗云:"我顷三章乞越州,欲寻万壑看交流。且凭造物开山骨,已见天吴出浪头。履道凿池虽可致,玉川卷地若为收。洛阳泉石今谁主?莫学痴人李与牛。"(《次韵滕大夫三首》之《雪浪石》)当时牛李在洛阳的园林何等风雅绝代,但是如今的主人却不知为何人。有学者认为苏轼这句话影射了当时的新旧党争。这首诗的确是写于高太后刚刚去世而新党即将重新执政之时,不久之后,苏轼即将开始他往惠州、儋州的另一次流徙。不过,他不是在争孰是孰非,而是在提醒时人,牛李之"痴"不只在于将石看作无论是个人还是某个集团的从属,还有其对于权力和从属关系的看重。此前,苏轼特别敬重的宰相文彦博在《又读平泉花木记》其三中已经提到了李德裕之失,他说:"吾观李太尉,所失在夸权。名遂不知退,膏明惟自煎。终身恋华组，何日到平泉。徒有思归意，歌诗盈百篇。"[1]久经政事的文彦博一针见血地指出，李德裕虽然坐拥平泉山庄，并有众多相关诗作，然而一直不能放下权位，他的心灵便永远也不能回归林泉。这种贪恋之心，使得他对于太湖石的态度便也是"为我所有"了。

石的意义就在于这种不可占有的远去之中。不只是繁华和富贵，甚至连石作为物质的自身，也终将化为虚无。《红楼梦》讲述了一块石的故事：在开辟鸿蒙之始，女娲补天，遗下一石，化而为玉，成为宝玉出生时口中所含的那个"命根子"。众人对宝玉之玉的重视，与他们对荣华富贵的重视一样，把持有价值的事物是他们生命中最渴求的。然而宝玉似乎从一开始，就对此玉不属于自己有所领悟。他屡次为自己钟爱的朋友摔玉，又屡次丢玉，并在摔玉、丢玉之后不以为意，声称那是个他早就不想要的"劳什子"。这个牵绊他的什物最终在不知不觉中离开了他，家族的荣光也随之黯淡了。整部书中，这块玉的所有之人宝玉是真正理解玉终为石的意义的。一切的富贵，都是他乡之物，而那些"认他乡作故乡"的人，也不免在这种可欲而不可得之中终了一生。被遗落的石头，无论曾经被怎样珍视，也是永远不可能被役使、被拥有的，于是，曹雪芹念道："无才可去补苍天，枉入红尘若许年。"最终，这块石头又回归到洪荒之中，回归到一片白茫茫的大地上。

一切的石都是"他山之石"。在这里，没有一个永恒的"自我"，亦没有一个永恒的本质。《诗经·小雅·鹤鸣》中说："鹤鸣于九皋，声闻于野。鱼潜在渊，或在于渚。乐彼之园，爰有树檀，其下维萚。他山之石，可以为错。"《毛诗》说这是宣王对他国隐逸贤者的一首"招隐"诗，鹤、鱼、檀、石皆是对隐者的暗语。[2]可是，在文人心里，这一片在彼处的乐土，鹤自鸣，鱼自游，檀木高高，灌叶凋零，栖居其间的山石，又为何要成为别人手工制作美玉的物料呢？《毛诗》的阐释或有其历史根据，但《诗经》的意味乃至后人对其意味的领悟却在这"故事"之外。宋代著名的隐士林逋有《林间石》咏石云："入夜跏趺多待月，移时箕踞为看山。苔生晚片应知静，云动秋根合见闲。瘦鹤独随行药后，高僧相对试茶间。疏篁百本松千尺，莫怪频频此往还。"[3]这独行之鹤、疏落之篁中的石怎会有一丝离开这一幽境的

---

[1] [宋]文彦博著，申利校注：《文彦博集校注》，北京：中华书局，2016年，第261页。此诗作于嘉祐三年到嘉祐五年判河南府日，故在苏轼嘉祐六年诗之前。
[2] [汉]毛亨传，[汉]郑玄笺，[唐]孔颖达疏，[唐]陆德明音释：《毛诗注疏》，上海：上海古籍出版社，2013年，第957—959页。
[3] [宋]林逋：《林和靖集》，杭州：浙江古籍出版社，2012年，第80页。

念想？这里是石之家园，而这一家园，对一个在世间的人而言，永远是一个在"彼处"的存在。林和靖以一种绝然于尘世的态度，成为这乐园"在此"的永久的栖居者，可以说，他自身就是这里的一片石。

诚然，多数的文人并不能像林和靖那样生活，无论是白居易、李德裕还是苏东坡、米元章，他们现实中都不是生活在"乐彼之园"的隐士，并不能始终不问世事。但他们并没有期待着以石"攻玉"。石作为他山长久的存在，固然可以暂时被拿来作为工具，终归属于他山之物。在他山这一世界之中，石呈现出一个不属于我的"自身"。对于这一他山之"自身"的把握，是文人在石上看到的关于自我生命的一种理想。尽管真实的肉身正在此处"为错"，但他山之"我"却在那个无碍的乐园中获得了解悟与自由。也正因为这一他山之"我"的存在，在此的"我"才得以秉持其石的真质，不论暂时栖于何地，永不会成为他人占有、役使之物。

文人对石的态度，以一个"荒"字为开始，也以"荒"字为结局，从荒天古地中来，回荒埋雾海中去。《红楼梦》一开始，便说那块石是在大荒山青埂峰之下。但这"荒"恰恰成就了石的完整。无论是驻留在庐山之巅，还是成为园林中叠石之一隅，或是在书房中用作砚山，又或许遗留在那业已荒芜的断壁残垣中，它的身体并没有停下在时间之内辗转的脚步。如果说人世间的繁华都终将展露出其作为废墟的面貌，那么本就来自那一片荒芜丘墟中的石却永远不会被"废弃"。即便是在历尽繁华之后，以一种零落的面貌存世，它依旧是它自己。它的不可被废弃，是由于它从未被占有。（图7-10）

也正因为这种不可废弃，它的生命还会有再同来者相遇的契机。晚明的一个深秋，叶小鸾听闻家附近的汾湖有石出水，累累可观，故命人荡舟而至。看到奇状各异、古色苍然的奇石，感叹其周遭水域曾为繁华之所而今却湮没无闻，皆不可见，只留下"颓垣废井，荒涂旧址之迹"，独有此石仍卧于其间，不免生悲。但此石曾"存于天地间也，其殆与湖之水冷落于无穷已"，它的生命仍然自在地流转，终因湖水的干涸而被人再次"发现"了。叶小鸾想到，这是此在的生命与他山之石的一次偶遇，倘若为其荫茂树、披苍苔，点以飞花，植以翠竹，或者将之置于庭园楹槛之间，于清风明月之下观之、咏之、啸之，"回思昔之啸咏流连游观之乐者"，岂不又令其复见之于今乎？因而又不可不为之喜。她不禁感叹："石固亦有时也哉！"[1]豆

---

[1] [明]叶小鸾:《汾湖石记》，见[明]叶绍袁编，叶德辉重辑:《午梦堂集》，北京:中华书局，1998年，第354—355页。

图 7-10　苏州网师园一角

蔻年华的叶小鸾与阅尽人世的文震亨,都在石中发现了"时间"。文震亨从中体味出了亘古绵长,而叶小鸾则看到石又辗转来到眼前的此"时"。这"时"不是作为客体的时间,而是以生命存有的际遇而丈量的时间。这也同苏轼所言"人失亦人得,要不出区寰"相照应。湖石与人的生命的相遇,都乃时间之中的一瞬,而这一此在的际会,便又可复有家园的建造,又可获得生命可乐的根本。

这正是文人对"自我"的映照,也是文人得以与石相遇的前提。元丰五年五月,苏轼从江上偶然得到一块怪石,遂将其置于古铜盆,注入清水以观赏。后来庐山归宗佛印禅师来访,苏轼于是将其作为禅师的"石供",并撰《怪石供》。佛印在石上刻其言,苏轼笑说:"这块石是我用饼从小童那里换来的,您却如此看重而在石上刻字,倘若用饼供您大概不必刻吧?"佛印回答说:"供者,幻也。受者,亦幻也。刻其言者,亦幻也。夫幻何适而不可。"苏轼由此而感作《后怪石供》。面对着这块怪石,他并没有看作"面对"着"我"而供,也没有感觉到"我"是作为主体而受。供者,受者,这种相对的关系本身就是一种空幻。不但如此,在石上铭刻的行为,也是一种幻,文字所代表的一切意义,对于这超越时间的石而言,都是如此的微渺。虽然说其他供物亦可作如是观,但只有"石"才可以更明确地昭示这种"幻"的意义。它自身挣脱了一切繁华与时空,真正能够认识它的智者,本身就非

常清楚它不会被权位与名言拘缚的意义。苏轼在《雪浪石》诗最后说道:"老翁儿戏作飞雨,把酒坐看珠跳盆。此身自幻孰非梦,故园山水聊心存。"他将眼前的石头看作一种"儿戏",因为他早已意识到,那石并不属于自身,它令自我意识到此身亦是一梦幻的存在。在世界彻底的"自幻"中,生命不是空寂与虚无,"此处"就是他最真实的自我得以归栖的山林。

一石清供,千秋如对。

第八章

玩 古

一、遗世之美

谈到文人之物的品性,明人陈继儒在《岩栖幽事》中有"十七令"云:"香令人幽,酒令人远,石令人隽,琴令人寂……金石彝鼎令人古。"[1]这有别于文震亨在《长物志》里"石令人古,水令人远"的说法。如果说石之古在于其年代不可蠡测,其形式不可把捉,时空上的幽深落入此在,造就了它身上一种永恒的气氛,那么金石彝鼎之古则似乎源于它们身上确然的"历史"印记:它们曾在的那个被称为"三代"的世界在中华文明史中散发着最璀璨的光芒。由于其物质不易消磨而存诸后世,它们是那个遥远时代存在的严肃证据。不过,倘若铜器仅仅是作为一件历史之物,那么同它"共在"的物,应当如今日博物馆中的情境一样是其他出土文物,或者至少是同样代表历史的文献善本。当思索古铜器在文人空间中可以同那并无历史的石、同那令时空远去的琴与酒并置无碍,便会疑惑这"古"的含义。"古"在此乃同香之幽、石之隽、琴之寂有着一种默契,它所言说的是一种比历史更为永恒的遗世之美。(图 8-1)

图 8-1　墙盘　1976 年扶风县庄白村 1 号西周窖藏出土　西周中期　宝鸡周原博物馆

[1] [明] 陈继儒:《岩栖幽事》,明《广百川学海》本。

若要理解文人对金石彝鼎的态度，需从金石学的开创时代——北宋说起。王国维在晚年的《宋代之金石学》演讲中谈及古器之价值时，曾高度评价宋人的古器物学，甚至认为其远胜于古器收藏和研究更为丰富的近世。[1]在文章的"后论"中，他总结此一兴盛之根由：

> 金石之学，创自宋代，不及百年，已达完成之域。原其进步所以如是速者，缘宋自仁宗以后，海内无事，士大夫政事之暇，得以肆力学问。其时哲学、科学、史学、美术，各有相当之进步，士大夫亦各有相当之素养，赏鉴之趣味与研究之趣味，思古之情与求新之念，互相错综。此种精神于当时之代表人物苏（轼）、沈（括）、黄（庭坚）、黄（伯思）诸人著述中，在在可以遇之。其对古金石之兴味，亦如其对书画之兴味，一面赏鉴的，一面研究的也。汉、唐、元、明时人之于古器物，绝不能有宋人之兴味，故宋人于金石书画之学，乃陵跨百代。近世金石之学复兴，然于著录考订皆本宋人成法，而于宋人多方面之兴味，反有所不逮。故虽谓金石学为有宋一代之学，无不可也。[2]

在王国维看来，宋代古器物学取得如此成就，根源在于士大夫在各个领域的全面素养，这些素养既培育了"赏鉴之趣味"，也培育了"研究之趣味"。而清代以来的金石学研究继承宋人的开创性方法以外，在"多方面之兴味"上却"有所不逮"。他在这里提到了几个关键人物——苏轼、沈括、黄庭坚、黄伯思，只有黄伯思和沈括有专门的金石著作，苏、黄二人都称不上有系统深入的研究[3]，但四人却有一共同之处——都是学养丰富、精于书画、趣味卓群的鉴赏大家。如果没有这种鉴赏的"趣

---

[1] 此文为1927年11月王国维为北京大学历史学会所作演讲的手稿，收入《静庵先生续集》，见王国维：《王国维遗书》第3册，上海：上海书店出版社，2011年，第713—718页。
[2] 王国维：《王国维遗书》第3册，上海：上海书店出版社，2011年，第718页。
[3] 沈括实际上只在《梦溪笔谈》的"器用"章节记载了古铜器的研究，唯有黄伯思才堪称当时研究金石学的大家。其金石著作《博古图说》十一卷今已佚，唯有《古器说》收于《宣和博古图》，其传世书论著作《东观馀论》中有为数不多的金石文字的记载与研究。黄伯思表亲李纲曾撰《黄公墓志铭》，言其"诸子百家、历代史氏之书、天官、地理、律历、卜筮之说，无不精诣；又好古文奇字，官洛下，得名公卿家所蓄商周秦汉钟鼎彝器，（遂）试研究字画体制，悉能了达，辨正是非，道其本末，遂以古文名家在馆阁"（见 [宋] 黄伯思：《东观余论》，北京：人民美术出版社，2010年，第192—193页）。有趣的是，对北宋金石学极有研究的王国维在这里却并没有提到《考古图》的作者吕大临和《金石录》的作者赵明诚，于此可以察觉王国维对古器的"审美"的态度是一贯的，他或许觉得过于恪守圣王之道的吕大临和赵明诚虽然古物收藏及其知识丰富，但在他所说的古意之赏上，并不如苏、黄等人。

味",没有"思古之情与求新之念"并重的精神,也便没有宋代金石学或古器物学的繁荣。

王国维这篇文章中将"趣味"同"古意"并重、将"学问"与"赏鉴"统一的认识,不禁让人联想起他在早年的《古雅之在美学上之位置》一文中的观点。此时王国维的学术兴趣尚未完全转向金石与经史研究,但他已经谈到,古代的艺术品,包括"三代之钟鼎、秦汉之摹印、汉魏六朝唐宋之碑帖、宋元之书籍"中,存有一种"古雅"的美感。[1] 在王国维看来,同单纯依据造型的艺术不同,古代钟鼎碑帖书画这些"物"之所以成为被欣赏的对象,源于一种"遗世之感"。它们在当时未必出类拔萃,然一旦传诸后世,便自然引人怜爱,此乃"古"之由来。而欣赏古雅艺术的要求是"人格诚高,学问诚博",是在后天的教育和涵养中逐渐形成的,这也就是"博雅"的由来。王国维认为国人欣赏古物乃依循这两个条件,而可以达康德所云审美经验之契机,如王国维所说,"无关于利用故,遂使人超出乎利害之范围外,而惝恍于缥缈宁静之域"。故而,古铜器同样也是可以令人超越这种利害之心而深入此一宁静之喜的物。

这种喜悦在北宋中期士大夫同古器初遇时就已种下了。只不过,这种"可喜"一方面由于士大夫们对古代文字和历史学养的积累,另一方面却只是由于这类器物在当时的罕见。如欧阳修在《与刘原父帖》中就说到当时的士大夫获得古物的方式:

> 余所集录古文,自周穆王以来莫不有之,而独无前汉时字,求之久而不获,每以为恨。嘉祐中,友人刘原甫出为永兴守。长安,秦汉故都,多古物奇器埋没于荒基败冢,往往为耕夫牧竖得之,遂复传于人间。而原甫又雅喜藏古器,由此所获颇多,而以余方集古文,故每以其铭刻为遗。[2]

当时并没有大规模的考古发掘,也没有古器的市场,很多古器都是民间的农夫、牧民偶然获得,自然缺乏对其价值的认识。此时"古物"又被称为"奇器",即便士大夫也是难得见到的。在《集古录》中,欧阳修《后汉无名碑》讲了一块碑的来

---

[1] 此文作于1907年,收入《静庵文集续编》。一般学界根据罗振玉在《观堂集林》之序言中所评,认为王国维的学术在三十五岁(1911)时有一清晰的转向。之前他喜好西方哲学、美学,后治中国古典词曲说部,之后"尽弃前学,专治经史"。王国维:《王国维遗书》第3册,上海:上海书店出版社,2011年,第614—623页。
[2] [宋] 欧阳修:《集古录跋尾》,北京:人民美术出版社,2010年,第25页。

历，感叹道："夫好古之士所藏之物，未必皆适世之用，惟其埋没零落之余，尤以为可惜，此好古之僻也！"[1]他收藏和研究古物，却还要专门为自己辩护一下，说这些古物虽然没有"适世之用"，但是好不容易保存下来，所以自己才有这种惜物的"好古之僻"。还有一次他给刘敞写信，说到自己收到刘敞所赠"古器铭"，大喜过望以致失声，引得旁人问："什么事如此高兴？"他信中有感而发："信吾二人好恶之异如此，安得不为世俗所憎邪！"[2]这仿佛是一件不合时宜之事，甚至得到古器的喜悦也无法对旁人言之。欧阳修还在题自家收藏"葛氏鼎"诗中说："天旋海沸动九州，此鼎始出人间留。滑人得之不敢收，奇模古质非今侔。器大难用识者不，以示世俗遭揶揄。"[3]此鼎是可列诸侯"五鼎"之一的罕见的大鼎，因形貌奇崛古朴，与当时人的审美趋向已经很不一样，甚至会因为"难用"而引起嘲笑。稍晚的李公麟在诗中也记述了古器同样的"困境"，他在为蔡绦非常珍贵的"商祖丁彝"写的诗中说："上溯虞姒亦易尔，下考妘嬉置周秦间。造端宏大町畦绝，往往世俗遭讥讪。"[4]花费千金所买的"上古铜器"竟然因为体型庞大而遭到世俗的嘲笑，"古物学家"和"世俗眼光"之间的这种矛盾，是业已认定"古器"有重要文物价值的今日之人难以想象的，可在古器收藏刚刚开始的北宋前期到中期却很常见。

然而，这些"不合时宜"的古器引发的"好奇之心"，正是金石学发展的动力之一。法国哲学家鲍德里亚在《物体系》中说："艺术品作为艺术品，要求一个理性的阅读；古物呢，却不要求阅读，它是'传奇（legende）'。"[5]对北宋较早收藏古器、集录古字的士大夫而言，古铜器同时具有"历史文献""艺术品"和"古物"三重身份——既是值得精研的古代文献，也是用以观美的艺术品，还是令人惊叹的"奇古之物"。如赵明诚就说："盖收藏古物，实始于原父；而集录前代遗文，亦自文忠公发之。后来学者稍稍知搜抉奇古，皆二公之力也。"[6]他还提到刘敞收集古物乃因为"好奇博识"，于是便广泛地收集长安附近民间所发掘的古器，渐成规模。而欧阳修在给蔡襄的一封信中，请蔡襄帮助他把已经写好的《集古录目序》中的"周宣王"改作"穆王"，又担心已经镌石，难以更改，于是说"闲事屡以烦煎，惟恃

---

[1]［宋］欧阳修：《集古录跋尾》，北京：人民美术出版社，2010年，第73页。
[2]［宋］欧阳修著，李之亮笺注：《欧阳修集编年笺注》，成都：巴蜀书社，2007年，第142页。
[3]［宋］欧阳修著，洪本健校笺：《欧阳修诗文集校笺》，上海：上海古籍出版社，2009年，第194页。
[4]［宋］吴曾：《能改斋漫录》，北京：中华书局，1985年，第335页。
[5]［法］尚·布希亚：《物体系》，林志明译，上海：上海人民出版社，2001年，第82页。
[6]［宋］赵明诚撰，金文明校证：《金石录校证》，北京：中华书局，2019年，第241页。

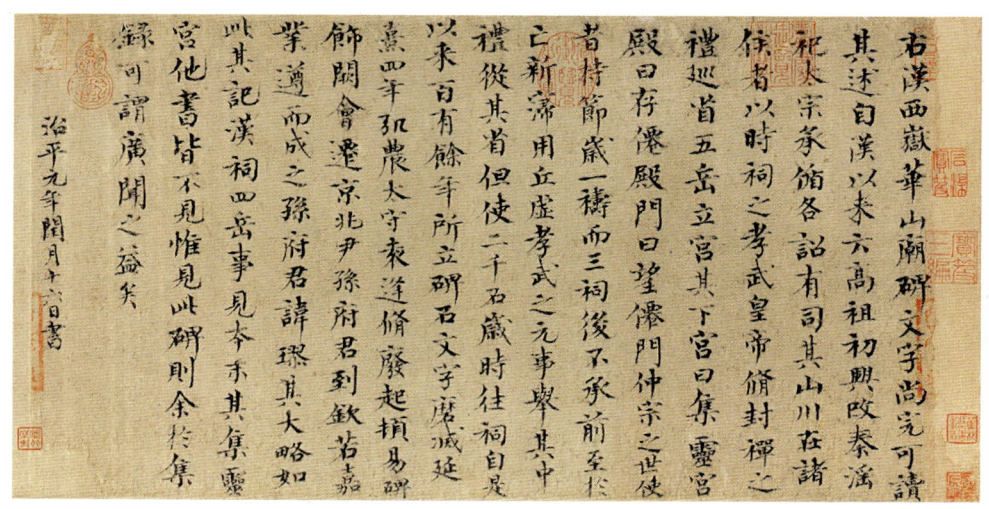

图 8-2 欧阳修《集古录跋》（局部） 纸本 1064 年 台北故宫博物院

物外之趣同耳，惶恐惶恐。"[1] 好古对他们而言，乃是一种小圈子里的"物外之趣"，是不进入世俗世界的癖好。欧阳修在《集古录目序》中也表达了自己沉浸于此一奇古世界的欣喜："汤盘，孔鼎，岐阳之鼓，岱山、邹峄、会稽之刻石，与夫汉、魏已来圣君贤士桓碑、彝器、铭诗、序记，下至古文、籀篆、分隶诸家之字书，皆三代以来至宝，怪奇伟丽、工妙可喜之物，其去人不远，其取之无祸。"[2] 三代以来的"古物"所显现出来的"怪奇伟丽、工妙可喜"，并不完全在于其文字本身的美感，尤其是"怪"和"奇"的感觉，显然并不是文字书写之时人们的感觉。这感觉无疑是由于文字在漫长历史中的"跌落"而造成的。美国学者艾朗诺指出，欧阳修所谓"古"，并不一定是三代甚至较远的汉魏，其中大部分的碑铭都出自唐代——这"古"实际上是一种时间的隔离感和历史的断裂感，"他认为自己站在崖谷的一边，时间的崖谷将他的时代与先宋时代分割开来"[3]。这正是王国维所说的"遗世之感"。（图 8-2）

由于对古器"遗世之美"和"物外之趣"的沉潜，将其带入自己的朋友圈就成为很自然的事。在仁宗时期，以刘敞、欧阳修、梅尧臣、蔡襄为中心的士大夫群体常在酒席上观赏他们新近得到的收藏品。皇祐四年（1052），梅尧臣的诗里曾

---

[1]〔日〕东英寿考校，洪本健笺注：《新见欧阳修九十六篇书简笺注》，上海：上海古籍出版社，2014 年，第 67 页。
[2]〔宋〕欧阳修：《集古录跋尾》，北京：人民美术出版社，2010 年，第 1—2 页。
[3]〔美〕艾朗诺：《美的焦虑：北宋士大夫的审美思想与追求》，杜斐然、刘鹏、潘玉涛译，上海：上海古籍出版社，2013 年，第 37—38 页。

提到有一次在刘敞家喝酒，刘敞拿出两枚古钱作劝酒物，"其一齐之大刀，长五寸半，其一王莽时金错刀，长二寸半"，众人遂用之为席上"覆射"之物，让大家来猜它的年代以劝酒。这的确是属于这一好古小群体的游戏了。[1] 次年梅尧臣在《吴冲卿出古饮鼎》一诗中又说："精铜作鼎土不蚀，地下千年薜花幂。腹空凤卯留藻文，足立三刀刃微直。左耳可执口可斟，其上两柱何对植。从谁发掘归吴侯，来助雅饮欢莫极。又荷君家主母贤，翟羽胡琴令奏侧。丝声不断玉筝繁，绕树黄鹂鸣不得。我虽衰荼为之醉，玩古乐今人未识。"[2] 吴冲卿就是曾给欧、梅等人看石屏风的人，互赠、共赏器玩对当时的他们而言是常有的事。众所周知，"鼎"不是用作酒器的，从描述看这个器物更像是"爵"。此物来源也不可知，但是梅尧臣说最快乐的是将它用作雅饮助兴，再令人一旁弹奏胡琴。这"时乐"和"古器"共在的情形，对当时的士大夫而言可谓别具兴味。过了几年，随着古物知识的增加，他们的宴席上所展示的古物明显变得更精妙，而诗中对它们的描写也更详尽。在嘉祐三年所写的《饮刘原甫舍人家同江邻几陈和叔学士观白鹇孔雀凫鼎周亚夫印钿玉宝赫连勃勃龙雀刀》中，梅尧臣详细地解释了这几种古器"辨认"的过程，除了对外形的描绘，还将其风格进行比较。[3] 这并不是一件枯燥且严肃的事，而是"共来东轩饮，高论杂谈谑"。每出一器，主人必劝众人饮酒一杯，还会让侍女丫鬟行酒令，席间颇有古人"曲水流觞"的雅意。他还不忘强调这种欢乐不是"世俗欢"，而是这一群体自己的"阅古乐"——在同好友的相聚中，共同感慨着古代圣贤泯然于历史的风烟，体会着眼前古器身上那不为世俗所知的遗世之美，是他们疲冗的官宦生活中难得的乐事。

二、博雅之学

在最初对古器这种遗世之美的感知中，艺术上的认知也逐渐被改变了。在遗世的新奇中来逾越这种时间隔阂，又在此一时间的逾越中体会那古文字的超拔之美，是当时士大夫的一件赏心乐事。由于古器和古碑自身难以移动，器铭和碑铭的拓本

---

[1] [宋] 梅尧臣著，朱东润编年校注：《梅尧臣集编年校注》，上海 上海古籍出版社，2006年，第635页。
[2] 同上书，第676页。
[3] 同上书，第1057页。

便是士大夫之间传播的主要物件。欧阳修特别喜欢古朴的汉隶，可惜他只有东汉之拓，从未见到西汉的原拓，于是写信给收藏丰富的刘敞，刘敞便将他在长安周边所得的谷口铜甬、博山香炉等"模其铭文"送给欧阳修，"于是西汉之书始传于世矣"。[1]有学者指出，欧阳修在"古"的问题上并没有明确区分石碑的原物和碑拓，因此，碑帖上的文字对他而言意义不亚于收藏古物本身。[2]

到了更晚的李公麟那里，在雅集中如今日的展览会一般，将古器原物以及自己所绘的摹图展出以供友人观玩，则堪称一项有创意的策展。后来，李公麟将其所收器物以图、铭并置的形式，著成《考古图》，成了此后包括《宣和博古图》在内的金石著录的一种典范体例。[3]在雅集中常常亲见李公麟所拿出的器物、摹图和铭文的人，包括元祐年间他经常会面的好友苏轼、黄庭坚、王诜、米芾等。[4]对这几位极富艺术才华的士大夫而言，他们观摩古器便远不只是将其看作一种令人好奇的历史之物了。将古器和铭文中上古时期的笔法尤其是古人书写中的质朴之"意"揣摩至精，并融于自身书写，对此四人的书法乃至整个北宋书风自然有新意的风格的形成，产生了极大的影响。如王诜的书法曾被《宣和画谱》评为"真行草隶，得钟鼎篆籀用笔意"[5]。王诜的四种书体中，皆有钟鼎篆籀文字中那种古朴的笔意。东坡曾在《小篆〈般若心经赞〉》中说："善哉李子小篆字，其间无篆亦无隶。心忘其手手忘笔，笔自落纸非我使。"东坡认为李斯的小篆高明之处，不在于对古人的模仿，而恰恰在书写时心手两忘的自然状态，这既是古人的书写状态，也是他自己在书法中所寻求的。[6]如他的《评草书》自评"吾书虽不甚佳，然自出新意，不

---

[1] [宋]梅尧臣著，朱东润编年校注：《梅尧臣集编年校注》，上海：上海古籍出版社，2006年，第240—241页。
[2] Yun-Chiahn C. Sena, "Ouyang Xiu's Conceptual Collection of Antiquity", in Alain Schnapp, Lothar Von Falkenhausen, Peter N. Miller (ed.), *World Antiquarianism: Comparative Perspectives*, Los Angeles, California: Getty Research Institute, 2013, p. 220.
[3] 蔡絛曾云："李公麟字伯时，实善画，性希古，则又取平生所得暨其闻睹者作为图状，说其所以，而名之曰《考古图》。"[宋]蔡絛：《铁围山丛谈》，北京：中华书局，1983年，第79页。
[4] 后来在南宋时期出现了传为李公麟作、米芾题记的《西园雅集图》（图8-1），描绘了王诜西园中文人雅集之事。其真伪是艺术史上反复讨论的问题。如美国梁庄爱伦（Ellen Liang）《"西园雅集"与〈西园雅集图〉考》（《朵云》1991年第1期）等经考证认为画中16人从未同时出现在西园，其画为南宋人出于对元祐文人之钦慕而伪作出来的。但王水照根据南宋初年的文献信息，认为"此图乃是一种艺术创作，它不是对苏轼等16人某次聚会的照相式的如实记录，而是把苏门聚会时常有的或挥毫，或作画，或听弹阮琴，或题石，或讨论佛理的场景艺术地再现出来"。王水照：《苏轼研究》，北京：中华书局，2015年，第5页。此画当中出现的古铜器较少被讨论，铜器在北宋绘画中出现很少，但这正是画家李公麟的一大爱好。
[5] 王群栗点校：《宣和画谱》，杭州：浙江人民美术出版社，2012年，第131页。
[6] 傅申认为，东坡和米芾皆不以篆书名，但是他们对篆书的了解，即便当时以篆名家者亦不能及，自北宋至清代中叶的近千年中，篆书正多有"隶体不除"的问题。傅申：《宋代文人书画评鉴》，上海：上海书画出版社，2020年，第15页。

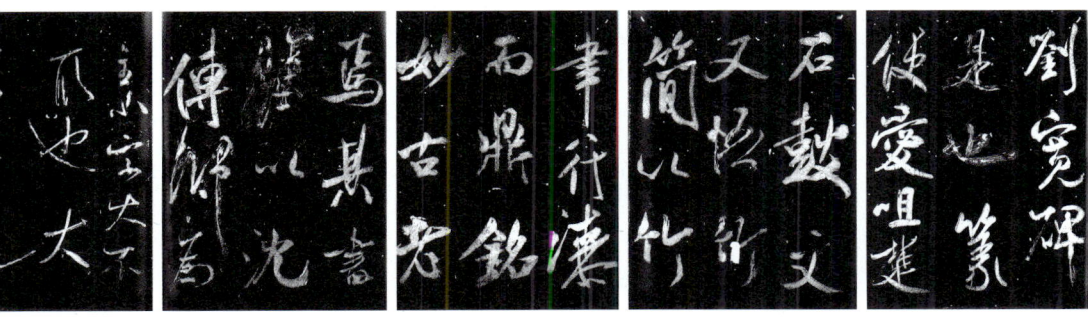

图 8-3 米芾 学书帖（局部）《群玉堂帖》拓本

践古人，是一快也"。当时唐人书法已成书写圭臬，而东坡可以不践古人，是出于其对包括唐人在内的古代书家"心忘其手手忘笔"的理解。黄庭坚对古书更有深研，如他的《跋翟公巽所藏石刻》云："《石鼓文》笔法，如圭璋特达，非后人所能赝作。熟观此书，可得正书、行、草法，非老夫臆说，盖王右军亦云尔。"[1]山谷从石鼓文笔法中看到正书和行、草之法，表明其于书道的融会贯通。他曾评宋宣献公书云"古之肺腑，不能安入我腹肠"，对于不知作者的古代碑铭的文字，这"古之肺腑"的意会更为不易之事，但也最能得其真谛。他又说："周秦古器铭皆科斗文字，其文章尔雅，朝夕玩之，可以披剥华伪，自见至情，虽戏弄翰墨，不为无补。"[2]"朝夕玩之"的"周秦古器铭皆科斗文字"，大抵也是拓本，他并不只将其看作一种收藏品，而更见其剥去华巧伪饰，展现至情至性的书写之道。雅集的另一位客人米芾在其传世的《学书帖》（图 8-3）中自述早年学颜、柳、欧、褚，后来"入晋魏平淡"，学篆书后"爱《诅楚》《石鼓文》"，又"悟竹简以竹聿行漆"，到最终解"鼎铭妙古，老焉"。[3]米芾在学书的最后一个阶段，是去学习最原初的鼎铭，无疑，在米芾心里，这来自上古的文字，最具一种自然之美。他的书法被评为"不践陈迹，每出新意于法度之中，而绝出笔墨畦径之外"[4]，"随意落笔，皆得自然，备其古雅"，自然的笔意并非肆意创造，而是"取诸长处总而成之"的结果。[5]

到了北宋晚期，无论是士大夫还是皇家，古器收藏都逐渐形成体系化的趋势。

---

[1] [宋] 黄庭坚著，郑永晓整理：《黄庭坚全集辑校编年》，南昌：江西人民出版社，2011 年，第 1560 页。
[2] 同上。
[3] [宋] 米芾：《宝晋英光集》卷八，《丛书集成初编》本。
[4] [明] 张丑：《清河书画舫》，上海：上海古籍出版社，2011 年，第 452 页。
[5] [宋] 米芾：《宝章待访录（外五种）》，杭州：浙江人民美术出版社，2018 年，第 107 页。

政和年间（1111—1118），徽宗命人在民间广为收集古器，汇于府内者，"品之多，五十有九；数之多，五百三十有七"[1]。数目和品类的丰富保证了收藏的系统性。政和三年，徽宗命王黼等人广泛参考了当时已经成集的金石学研究和图像，汇纂《宣和博古图》[2]。蔡京在宣和元年（1119）应召入刚修好的保和殿[3]侍宴，记录了徽宗对殿中所藏三代古铜器的介绍：其殿"中楹置御榻，东西二间列宝玩与古鼎彝器"，左挟阁曰"妙有"，设"古今儒书、史子楮墨"；右曰"日宣"，藏"道家金柜玉笈之书，与神霄诸天隐文"[4]；向前的"稽古阁"藏有"宣王石鼓"，再历"古、尚古、鉴古、作古、传古、博古、秘古诸阁，藏祖宗训谟，与夏、商、周尊彝鼎鬲爵斝卣敦盘盂，汉、晋、隋、唐书画，多不知识骇见，上亲指示，为言其概"[5]。徽宗不吝亲自为蔡京讲解每件文物的概要，后又指阁内对其说"此藏卿表章字札无遗者"，以表对蔡京书法的欣赏。这些被称为"古"的场所，更类似于盛满了徽宗个人"藏品"的皇家艺术博物馆。而收藏的标准完全是徽宗的审美眼光，三代古器同汉唐书画，甚至他所喜爱的臣子的奏章信札，都被纳入了这一收藏的范畴。

秘府的收藏之巨，以及《宣和博古图》等金石著录的出版，令当时学者对古代文字的"雅趣"有了更全面的认识。董逌《广川书跋》云："政和三年，内降《宣和殿古器图》，凡百卷，考论形制甚备。于是馆下以藏古器，别为《书谱》上。"[6]这说明《宣和书谱》中古器部分的文字来源于《宣和博古图》。当时任校书郎的黄伯思常有机会进入秘阁，在日日的照面、摹刻、传写中，铭文与器物渐渐影响了文人内心对书法的感觉。在欧阳修看来"怪奇伟丽"的古代文字，到了黄伯思那里，已被严肃地看作一种"高质古雅"的字体，并被他传摹、品评、题跋。黄伯思的《考古图》憾未传世，而在流传下来由他撰写的《东观余论》中，有许多金石文字对他产生影响的证据。如《跋苏氏篆后》说其"古文高质而难遽造，若三代鼎彝遗篆是

---

[1] [宋] 王应麟：《玉海》卷五十六《宣和博古图》，扬州：广陵书社，2003年，第1070页。
[2]《直斋书录解题》卷八言修编《宣和博古图》时对黄伯思《博古图》"颇采用之，而亦有所删改"，可证明《宣和博古图》对黄伯思的考古方法有颇多借鉴。[宋] 陈振孙：《直斋书录解题》卷八，清《武英殿聚珍版丛书》本。此外，《宣和博古图》中也记录了大量李公麟的收藏，可知其书亦从李公麟《考古图》而来。
[3] "保和殿"也即政和年间的"宣和殿"，《宣和博古图》正因此殿而名。
[4] [宋] 蔡京：《保和殿曲燕记》卷一，见 [元] 陶宗仪：《南村辍耕录》卷十九，又见 [宋] 王明清：《挥麈录》，北京：中华书局，1961年，第276—277页。
[5] 此段未见《南村辍耕录》卷十九，仅见 [宋] 王明清：《挥麈录》，北京：中华书局，1961年，第277页。
[6] [宋] 董逌：《广川书跋》，杭州：浙江人民美术出版社，2016年，第2页。

已"[1]，当时已有不少人开始模仿金文的字体，而黄伯思则是将三代铜器上的金文作为一个"标准"，来评价当时的一篇篆体书法；《跋所书诗轴》在说其四体法书"颇传魏晋余韵"后，又说"复欲汉碑字及钟鼎古文二种，因附卷末，盖曲终奏雅之义也"[2]。对书史上最超逸的魏晋之韵，黄伯思觉得金石文字甚至较之更为古雅，故附在卷末尽"曲终奏雅"之趣。

北宋末年以赵明诚和李清照为代表，古器的私人收藏也具有相当的规模。赵明诚在《金石录》序中说自己收藏古器，其内容"上自三代，下讫隋、唐、五季；内自京师，达于四方遐邦、绝域夷狄，所传仓史以来古文奇字、大小二篆、分隶行草之书，钟鼎、簠簋、尊敦、鬲鬶、盘杅之铭，词人墨客诗歌、赋颂、碑志、叙记之文章，名卿贤士之功烈行治，至于浮屠、老子之说，凡古物奇器、丰碑巨刻所载，与夫残章断画、磨灭而仅存者，略无遗矣"[3]。可见，赵明诚的收藏并不是单纯为了考据或是寻求"圣王所立"，无论是上古文字还是近人诗赋，无论是宗器名碑还是残章断画，凡是有"遗迹"者，他都尽力搜取，他的目标是数量之丰和种类之全"略无遗矣"，这正是一位典型的收藏家的心态。但他的收藏并非如后世的一些收藏家般有种为了显示身份而占有的权欲。元祐年间同苏轼、李公麟等交好，后又曾为赵明诚《古器物铭碑》题序的刘跂，在给赵明诚写的诗中道："收藏又何富，摹写粲黄卷。沉酣夏商周，余嗜到两汉。铭识文字祖，曾玄成籀篆。颇通苍雅学，不畏鱼鲁眩。"[4]同欧阳修一样，吸引赵明诚的是摹写古代铭文碑帖的沉酣。但如果说欧阳修"好古"的主要动力，是那不加以时代分别、只看书风之感染力的"愉悦感"的话，那么赵明诚则更为心醉于对汉代以前的"文字祖"的追慕。这在当时已经成为一种"苍雅之学"。这一学问不只有对书法的精研，甚至在鉴定古器的时候，也可以根据"文字奇古"而断其为真。[5]可以说，由好奇而诞生的偶发的收藏和由美感而生发的鉴赏的趣味，此时已经成为系统的收藏和知识的累积了。也可以说，先前那些仅属于文人小群体而远离时俗的"古意"之物，在北宋晚期已经逐渐成为具有公共意义的历史文物了。

---

[1] [宋]黄伯思：《东观馀论》，北京：人民美术出版社，2010年，第112页。
[2] 同上书，第166页。
[3] [宋]赵明诚撰，金文明校证：《金石录校证》，北京：中华书局，2019年，第1页。
[4] 刘跂：《题古器物铭赠得甫兼简诸友》《学易集》卷二，清《武英殿聚珍版丛书》本。
[5] 如赵明诚《金石录》卷十一载"文王尊彝铭"："……其言颇近乎亨，故当时疑以为伪。然兹器制作精妙，文字奇古，决非伪物，识者当能辨之。"[宋]赵明诚撰，金文明校证：《金石录校证》，北京：中华书局，2019年，第223页。

三、三代之辩

伴随着这种"公共意义"的是儒学影响下士大夫对于维护"三代"文明的历史责任感。李清照在《金石录后序》中提到,赵明诚在靖康之后的离乱中与她告别时,嘱托她危急时刻"必不得已,先去辎重,次衣被,次书册卷轴,次古器,独所谓宗器者,可自负抱,与身俱存亡,勿忘也"[1]。此言已可以看出不同的"物"在赵明诚心中价值的次第。日常用物是最先舍弃的,其次是书画古籍,古器的价值已在书画之上,而作为三代之物的宗器,竟可令爱妻舍身与之共亡,这是士大夫将古器作为至珍之物,甚至将"自我生命"融入其中的一个明证。这是李清照对夫婿最后的记忆,二人自此再未能重聚。[2]

对三代宗器的看重,并非古器收藏的结果,而是一个初衷。以作为"物"的古器为中心的收藏,同以铭文为中心的收藏是不同的。碑帖的可复制、可临摹性,在某种意义上令其更多地作为一种艺术品而存在;而从历史中走来的唯一的"古物",则永远带有本雅明笔下的"光晕"(aura)。[3] 甚至,这古代文献的流传和摹写愈久,那原物身上的光晕就愈明亮。在三代的古物身上,裹挟着由整个中国历史所辐射的光芒——三代,这个经典和圣贤所存的理想时代,其书只有传世的摹本,其人早已无所终,唯有这地下出土的古器,经历了千年的沉寂,终于有幸令后人得以观瞻历史的痕迹。由此,对古铜器身上所凝聚的天下与历史的责任,在金石学开始发生时就已经深植于士大夫心里了。

北宋时期几位重要的金石学家如刘敞、吕大临、黄伯思,都是对"六经"有极深精研的大儒,在他们看来,对于这个铜器大发现的时代,搜集、整理、研究上古

---

[1] [宋]李清照:《金石录后序》,见[宋]赵明诚撰,金文明校证:《金石录校证》,北京:中华书局,2019年,第582—583页。
[2] 宇文所安于此察觉到李清照与爱和尊崇交织的"极为细弱的怨恨",并婉转地说:"我们可以提醒李清照,与其像她丈夫要她做的那样,自觉自愿地满抱铜器去高贵地死,倒不如潜心于这些精善版本的书画来得更为明智。"[美]宇文所安:《追忆:中国古典文学中的往事再现》,郑学勤译,北京:生活·读书·新知三联书店,2004年,第107页。联想到二人早年也曾经有相互考验章句页码而饮酒的闺房之乐,宇文所安的判断或许是可以理解的。但正如赵明诚在《金石录序》中所云,"非特区区为玩好之具而已",在新儒学影响下的士大夫眼中,古代流传下来的器物不只是一种鉴赏或是学问的对象,而是见证"三代历史"的"天下公器"。
[3] 本雅明在《机械复制时代的艺术》一书中指出,在机械复制的时代,许多艺术载体如照片、唱片等都由于大量复制而失去了原作的价值,而绘画一类原作永远具有一种光晕。[德]瓦尔特·本雅明:《机械复制时代的艺术》,李伟、郭东译,重庆:重庆出版社,2006年,第4—5页。

的学问便是面对这一"新材料"最重要的事业。[1]如刘敞在《先秦古器记》序中便感叹:"三王之事,万不存一,《诗》《书》所记,圣王所立,有可长太息者矣。"之所以去找寻实物材料进行研究,除了要去找寻那文献中已不可得的"三王"事迹外,更是为了发掘那古代"圣王"所立之法则。刘敞于是言明金石研究的学术意义乃"礼家明其制度,小学正其文字,谱牒次其世谥"[2],古铜器的物质材料与先秦传世经典共同构成了那时候礼学、史学和小学的"二重证据",这不只是由于古器上的铭文本身,更重要的是作为文字载体的古器实物的现身,令人们坚信其所传达信息的确实。这是任何"流传"的拓片或是书籍都比不了的,而北宋的经学在此基础上走向一种有据可依的自信。[3]稍晚的黄伯思在《东观馀论》中对三代制器的论断便已显现出一种积淀:"三代制器,其寓于理也详,其适于用也周,故曰:'百工之事,皆圣人之作也。'"[4]对于这些出土材料的义理和用途的精研,令儒者们深切地领悟到了传说中所谓"圣人之作"的真切含义。

而新儒学的核心人物吕大临在《〈考古图〉自序》中则更为强调人们对待三代器物应有如面对圣贤般的敬爱之意:"观其器,诵其言,形容仿佛,以追三代之遗风,如见其人矣。以意逆志,或深其制作之原,以补经传之阙亡,正诸儒之谬误,天下后世之君子,有意于古者,亦将有考焉。"[5]吕氏家族是宋代儒学的重要传承者,吕大临及其兄吕大钧都是大儒张载的弟子,另一位兄长吕大防也举荐过张载,整个吕氏家族可以说是以张载为首的"关学"的经济支柱。近年出土发掘的蓝田吕氏家族墓,证实了他们丰富的古器收藏;而对他们而言,收藏古器最大的意义就是通过研究和考订,去追寻那业已湮没的三代圣王的遗风。

然而,随着古器收藏之风日盛,世俗对三代铜器随意而用的问题也开始出现。如沈括在《梦溪笔谈》补笔谈卷二中说:"古器率有曲意,而形制文画大概多同,盖有所传授,各守师法,后人莫敢辄改。今之众学,人人皆出己意,奇邪浅陋,弃古

---

[1] 陈芳妹认为对"三代"新知的渴求也是新儒家的一种精神的体现,"直接针对他们所认为来自三代的新视觉材料,犹如北宋初到中期的新儒学运动,力求把握儒家经典的根本精神"。陈芳妹:《青铜器与宋代文化史》,北京:生活·读书·新知三联书店,2004年,第15页。当然,对新儒学学者而言,道统和新知并不是直接的因果关系,而是以道统来条理化新知,以新知来印证道统。
[2] [宋] 刘敞:《公是集》,北京:中华书局,1985年,第437页。
[3] 李零曾指出,这一由王国维所提出的现代中国史学的奠基原则,不是来自西方考古学(西方考古学与文献历史学是两门学问),而是来自宋代"考古学"(铭刻学与文献学相结合的史学研究)。李零:《我读〈观堂集林〉》,《书城》2003年第8期。
[4] [宋] 黄伯思:《东观馀论》,北京:人民美术出版社,2010年,第80页。
[5] [宋] 吕大临等:《考古图(外五种)》,上海:上海书店出版社,2016年,第2页。

自用，不止器械而已。"[1]吕大临在《〈考古图〉自序》中对此有更为严厉的批评：

> 庄周氏谓儒者逐迹丧真，学不善变……夫学不知变，信有罪矣。变而不知止于中，其敝殆有甚焉！以学为伪，以智为凿，以仁为姑息，以礼为虚饰，荡然不知圣人之可尊，先王之可法……孔子自道亦曰好古，敏以求之。所谓古者，虽先王之陈迹，稽之好之者，必求其所以迹也。制度法象之所寓，圣人之精义存焉……形制文字且非世所能知，况能知所用乎？当天下无事时，好事者畜之，徒为耳目奇异玩好之具而已。噫！天之果丧斯文也！[2]

在吕大临看来，时人尚不能辨识古代器物和铭文就随意借而用之，实在是一种丧失斯文之事。他认为必须以虔敬的心态去面对"先王之陈迹"，以体会上古圣王的寓意和教诲，"非取以器为玩也，观其器，诵其言，形容仿佛，以追三代遗风"。于是，在日常生活中，儒家学者对待古铜器是一种静观而审思的态度。黄庭坚在《与敦礼秘校帖五》其五中提到一种身伴古器的儒者风范："闲斋清净，古器罗列左右，思古人不得见，诵其书，深求其义味，则油然仁义之气生于胸中，虑淡而其乐长，岂与频频之党喧哄作无义语之乐可同日哉！"[3]这间名为"比承轩"的书房，明窗净几，古器陈列，主人终日静坐其间而养仁义之气，颇能让人体会异乎庸人的"孔颜乐处"。[4]蓝田北宋吕氏家族墓所出土的一系列铜器中，就既有商末周初的"乳钉纹簋"，也有汉代仿周的"墨书刻铭铜盖鼎"，还有北宋新制的"仿古鎏金錾花铜匜"。[5]三代之物和后世的仿制品，固然都可以算作家族的收藏，但亦可以推测，

---

[1] [宋] 沈括：《梦溪笔谈》，北京：中华书局，2015年，第300页。李公麟曾经的友人刘跂后来在诗中记述他"爵觚屡饮我，鼎鬲贮肴膳"，竟照搬先秦仪式的铜器用法，这似乎正是一种将古器作为"俗用"的表现。刘跂：《题古器物铭赠得甫兼简诸友》，《学易集》卷二，清《武英殿聚珍版丛书》本。
[2] [宋] 吕大临等：《考古图（外五种）》，上海：上海书店出版社，2016年，第2页。
[3] [宋] 黄庭坚著，郑永晓整理：《黄庭坚全集辑校编年》，南昌：江西人民出版社，2011年，第1205页。
[4] 这是一种典型的新儒家的做法。《二程遗书》中吕大临记录程颢从佛教"入定之法"谈到"静坐"，又认为"养气犹是第二节事，亦须以心为主"，"只闭目静坐，为可以养心"。[宋] 程颢、程颐：《二程遗书》，上海：上海古籍出版社，2000年，第101页。吕大临深受其染，亦终日燕坐，可以想象，家藏古器颇多的他，同样亦是如此静对古器，同他的老师一样"我思古人，实获我心"。
[5] 各器的名称参考陕西省考古研究院、陕西历史博物馆、北京大学考古文博学院、北京大学中国考古学研究中心编著：《异世同调——陕西省蓝田吕氏家族墓地出土文物》，北京：中华书局，2013年，第50、54、60页。

图 8-4
乳钉铜簋
西周
陕西蓝田吕氏家族墓出土

其物应当都是"不用"的,尤其是属于三代的"乳钉纹簋",大概是陈设在厅堂或书斋以供主人朝乾夕惕之物。(图 8-4)

时人滥用铜器或许只是由于"无知",但对最高统治者而言,代表着上古圣王的天命与正统的三代铜器,难免成为有目的地利用和追逐的对象。"形而上者谓之道,形而下者谓之器",在王权的历史中这些"吉金"很早就裹挟上了一层神性的色彩。铜器尤以"鼎"为"正位之象"。《周易·鼎卦》云:"木上有火,鼎;君子以正位凝命。"然而,也正因此,很多觊觎正统的人便开始了对代表正统的三代之鼎的追索。《左传·宣公三年》载,楚庄王伐陆浑戎,顺道在周都城洛邑郊外阅兵。他对前来的周天子使臣王孙满询问周鼎大小轻重,王孙满回答:

> 在德不在鼎。昔夏之方有德也,远方图物,贡金九牧,铸鼎象物,百物而为之备,使民知神奸。……周德虽衰,天命未改。鼎之轻重,未可问也。[1]

---

[1] [晋] 杜预注,[唐] 孔颖达等正义:《春秋左传正义》,上海:上海古籍出版社,1990 年,第 368 页。

在楚庄王或是当时很多人眼中,九鼎就意味着天命,获得了九鼎也就意味着天下的归属。但王孙满指出,夏朝是因为"有德",所以"铸鼎象物",而后鼎就随着历代之"德"而迁徙了。天命并不追随鼎的迁徙,真正决定天命的,是国君的善治,也即"德之休明",倘若不修德,即使获得了鼎也不可能拥有天命。这段经典的回答,奠定了后代士人对于器物(鼎)、国家治理(德)和正统性(天命)之间关系的认识。

这段话并没有阻止君王对周鼎的迷思。秦汉之间,帝王对鼎之追逐尤为频繁。秦始皇二十八年(前219),北游琅琊归途过彭城时,便令千人潜入泗水搜寻周鼎,终究一无所获。[1] 此事在汉画像石中所传甚多,讽刺始皇其位不正不得天命。至西汉孝文帝十五年(前165),赵人新垣平进言说渭阳有金气,可能是周鼎所在,于是文帝设立渭阳五庙,欲祠出周鼎,后有人上书告新垣平所言皆诈,令之被诛。[2] 而"尤敬鬼神之祀"的武帝时,宝鼎的"神迹"更对国家祭祀、年号订立和意识形态的巩固产生了巨大影响。《史记·孝武本纪》记载,公元前116年,朝廷接到奏报说汾阴发现了一个大鼎,后来武帝将大鼎当作至宝迎至甘泉宫,公卿大夫皆议请尊宝鼎。而当群臣纷纷来恭贺武帝得到"周鼎"时,只有吾丘寿王独曰"非周鼎"。武帝怪而问之,对曰:

> 臣闻周德始乎后稷,长于公刘,大于大王,成于文武,显于周公,德泽上昭,天下漏泉,无所不通。上天报应,鼎为周出,故名曰周鼎。今汉自高祖继周,亦昭德显行,布恩施惠,六合和同。至于陛下,恢廓祖业,功德愈盛,天瑞并至,珍祥毕见。昔秦始皇亲出鼎于彭城而不能得,天祚有德而宝鼎自出,此天之所以与汉,乃汉宝,非周宝。[3]

吾丘寿王这段话道出了同王孙满相似的道理,即"天祚有德而宝鼎自出",但其阿谀之辞,更令武帝对天命和此宝鼎之间的关联深信不疑,遂在泰山举行封禅仪式,并改国号为"元鼎"[4]。自此尽管君王放弃了去寻找上古时代的"宝鼎",然恢复三代之礼制,重铸周代之九鼎,将礼乐和方术合而为一,更成为那些正统性不足的君

---

[1] [汉] 司马迁:《史记》,北京:中华书局,1982年,第248页。
[2] 同上书,第430页。
[3] [汉] 班固:《汉书》,北京:中华书局,1962年,第2797—2798页。
[4] [汉] 司马迁:《史记》,北京:中华书局,1982年,第464—468页。

主热衷之事。《汉书·王莽传》记载，王莽登基之前制定了"九锡之法"，也就是赐给诸侯、大臣有殊勋者九种礼器，用这些礼器来表示象征之意和稳固人心。[1]唐代证圣二年（695）正月，武则天也亲享明堂，四月"铸九鼎成，置于明堂之庭前"，并有臣子薛谦光上"九鼎铭"，钟绍京书其上。[2]而到了北宋崇宁四年（1105），徽宗又听方士魏汉津所言，以铜二十二万斤铸造九鼎，装饰以黄金，并仿明堂，在中太一宫之南建造九成宫，内有九室，陈列九鼎；政和七年（1117）又用道教名铸造了"神霄九鼎"，合称"十八鼎"。[3]后来"靖康之变"发生，徽宗自己也成为金人的俘虏，顾颉刚先生讽之云，"此一腐化之最高统治者铸造九鼎以证成其受命于天之自豪感于是破灭"[4]。

在此之前，面对日盛的"古器热"，士大夫们已隐隐地感受到了那来自最高统治者的对代表无上权力的礼器的渴望。苏轼曾在一篇为友人而作的《汉鼎铭》序言中，对九鼎崇拜展开了一番精彩的评述：

> 禹铸九鼎，用器也，初不以为宝，象物以饰之，亦非所以使民远不若也。武王迁之洛邑，盖已见笑于伯夷、叔齐矣。方周之盛也，鼎为宗庙之观美而已。及其衰也，为周之患，有不可胜言者。匹夫无罪，怀璧其罪。周之衰也，与匹夫何异？嗟夫 孰知九鼎之为周之角齿也哉？自春秋时，楚庄王已问其轻重大小。而战国之际，秦与齐、楚皆欲之，周人惴惴焉，视三虎之垂涎而睨己也，绝周之祀不足以致寇，裂周之地不足以肥国，然三国之君，未尝一日而忘周者，以宝在焉故也。三国争之，周人莫知所适与。得鼎者未必能存周，而不得者必碎之，此九鼎之所以亡也。周显王之四十二年，宋太丘社亡，而鼎沦没于泗水，此周人毁鼎以缓祸，而假之神妖以为之说也。秦始皇、汉武帝乃始万方以出鼎，此与儿童之见无异。

---

[1] [汉] 班固：《汉书》，北京：中华书局，1962年，第4069—4070页。
[2] [后晋] 刘昫等：《旧唐书》，北京：中华书局，1975年，第126页。
[3] [元] 脱脱等：《宋史》，北京：中华书局，1985年，第2544—2546页。
[4] 顾颉刚：《九鼎》，《史林杂识初编》，北京：中华书局，1963年，第162页。事实上，在徽宗的生命世界中，确认正统性的渴望似乎并没有那样强烈——他既不是开国之君，不是篡位者，也无人与他争夺皇位。他甚至无心大位，继位只是由于其兄哲宗无子嗣。他制造九鼎，可以说在一定程度上是出于对道教的信仰，和对铜器新奇而浪漫的"复古"之念的结果。可是，对于掌握至高权力的帝王，无论是文物的收藏还是建造，最后都极可能变为滥用权力、奢靡无度或是玩物丧志，这是文物和政治之间永恒的矛盾，而最终"靖康之变"的惨烈更令徽宗难辞其咎。

苏轼这里言明，大禹所铸鼎最初的意义就是实用的器物，并非什么珍贵之物，而上面的装饰也只是为了"象物"，并不是要抬显自己的身份。武王把九鼎迁于洛邑，被伯夷、叔齐所取笑。国运昌盛时，其尚可以在宗庙作观美之用，但国运衰退时，此物便成为诸侯垂涎的对象，令周人不得不毁鼎以缓祸。他感叹道，秦皇、汉武，乃至后世帝王，想尽办法要得到周鼎，这实在是舍本逐末，"与儿童之见无异"。苏轼感叹"夫周有鼎，汉亦有鼎，此《易》所谓正位凝命者。岂三趾两耳之谓哉！"于是作铭曰：

> 惟五帝三代及秦汉以来受命之君，靡不有兹鼎。鼎存而昌，鼎亡而亡。盖鼎必先坏而国随之，岂有易姓而鼎犹传者乎？不宝此器，而拳拳于一物，孺子之智，妇人之仁，乌乎，悲矣。

在苏轼看来，礼器一定是和当时那个曾在此的"政治空间"联系在一起的。在这个意义上，虽然古代铜器被重新铸造的官方说法仍是用于礼仪祭祀，但在本质上"器"早已失去了同那时的德治之间的联系，只是一件用以装门面的器物罢了。同王孙满一样，苏轼的这段论说意在打破作为"器物"的"鼎"对正统的永恒的象征性，使王朝兴衰的规则回归到现实的制度和治理中。

相较于老师辈的刘敞、欧阳修、文彦博以及与其同时的李公麟等人，苏轼并不十分热衷收藏古器。[1] 英宗治平元年（1064），年轻的苏轼刚刚开始在凤翔任判官时，这一带的周秦汉古墓颇多，有许多人都热衷发掘，而他的妻子王弗特意劝诫他不要发掘地下所藏。[2] 他后来在给驸马王诜写的《宝绘堂记》中还有"君子寓意于物，不留意于物"的箴言，反省自己早年过于醉心于书画玩好，这令他更有了一种不执着于物的心态。在他的诗文中，始终对古铜器之"用"有着一种萧散而玩世的态度。他有一次收到一秀才赠古铜器，答诗云：

---

[1] 尽管《铁围山丛谈》卷四中说："（好古）始则有刘原父侍读公为之倡，而成于欧阳文忠公。又从而和之，则若伯父君谟、东坡数公云尔。"但苏轼本人以铜器为主题的诗文相对而言很少，且其器多数都是他人相赠之物。
[2] 孔凡礼：《苏轼年谱》，北京：中华书局，1998年，第130页。又苏轼有《记先夫人不发宿藏》云："先夫人僦居于眉之纱縠行。一日，二婢子熨帛，足陷于地。视之。深数尺，有一瓮，覆以乌木板。夫人命以土塞之，瓮中有物，如人咳声，凡一年而已。人以为有宿藏物，欲出也。夫人之侄之间闻之，欲发焉。会吾迁居，之问遂僦此宅，掘丈余，不见瓮所在。其后吾官于岐下，所居古柳下，雪，方尺不积雪，晴，地坟起数寸。吾疑是古人藏丹药处，欲发之。亡妻崇德君曰：'使先姑在，必不发也。'吾愧而止。"

> 只耳兽啮环，长唇鹅擘喙。三趾下锐春蒲短，两柱高张秋菌细。君看翻覆俯仰间，覆成三角翻两髻。古书虽满腹，苟有用我亦随世。嗟君一见呼作鼎，才注升合已漂逝。不如学鸱夷，尽日盛酒真良计。（《胡穆秀才遗古铜器似鼎而小上有两柱可以覆而不蹶以为鼎则不足疑其饮器也胡有诗答之》）

对着古器观察良久，苏轼觉得这并非秀才所认为的"鼎"，他猜度应该是一种酒器，但终未深究，只是说倒不如将其作为"鸱夷"终日畅饮来得快意。[1] 诗里说的这个"鸱夷"是先秦时牛皮做的酒囊，可尽日盛酒亦可折起藏身，春秋时范蠡在归隐时就以此作化名，寓随宜可用之意。苏轼取此意，说古器可以同"我"一起在世间沉浮，而不必一定要从古书中究其本来之"用"。这一态度，同吕大临等儒者颇为不同。

还有一次，他把恩师张方平所赠鼎甗转赠自己所敬慕的怀琏法师，并作《大觉鼎铭》云：

> 在昔宋、鲁，取之以兵。书曰郜鼎，以器从名。乐全、东坡，予之以义。书曰大觉之鼎，以名从器。挹山之泉，烹以其薪。为苦为甘，咨尔学人。

此铭之中，苏轼从其得、其名、其用三点来说明此鼎的古今之别。此鼎本为春秋时期郜国宗器，宋灭郜后夺之，后又赂鲁桓公，桓公献于太庙，故苏轼说此鼎原先之辗转乃因武力，而今张方平持赠，则是师生情谊的见证。此鼎原称为"郜鼎"，是以其器的封属地来命名；而如今命名为"大觉"，则是以所赠大觉怀琏之"名"来定义"器"。此名既是人名，又是佛理，于是，名便不再是物的限定，而是明其意义的语辞。将其作为茶鼎烹以山泉，正是让人抛弃尘俗风烟，在亲尝此间人世之甘苦

---

[1] 今天的学者很容易看出这是一只"斝"，程大昌《演繁露》卷十四考："文忠不正命其器以为爵，而徇穆之所名，姑以为鼎。然味其所咏，形模大小，以较礼象，则与李公麟古爵正同。古'爵''雀'通。绍兴间，奉常铸爵，正作雀形，如《礼象》所绘，知其有所本也。则夫以爵为觞，而命之羽觞，正指实矣。……第其制，随事取便，铸铜为之，则可坚久，于祭燕为宜。若以流泛，即刻木为之，可饮可浮，皆通变矣。"许逸民校证：《演繁露校证》，北京：中华书局，2018年，第984—985页。林欢又说："羽觞是指耳杯，战国晚期出现。"林欢编：《宋代古器物学笔记材料辑录》，上海：上海人民出版社，2013年，第23页。李零对此铜器亦有详细考证，见其《铄古铸今：考古发现和复古艺术》，北京：生活·读书·新知三联书店，2007年，第70—73页。

中觉悟的用意。如前所述,苏轼还曾颇有"创意"地以一汉代的古铜盆注水而供白石,"挹水注之粲然"。这不只是白石注水的粲然,还有在那斑驳的古代文明遗物上"供"一块毫无文明痕迹的顽石,古器在时间的寂历中涤洗掉世俗功名的尘烟,而同顽石一道来到了一个自在而无碍的世界之中。在《后怪石供》中他转述佛印言:"供者,幻也。受者,亦幻也。刻其言者,亦幻也。夫幻何适而不可。"那曾经缺少"适世之用"的铜器,在此处却以一种奇妙的"适"而呈现了古今变幻的梦寐之感。

自元祐文人始,古器不再只是人们追捧的对象和复原古礼的参照,它们融会于一个亲在的生活世界之中,从此开启了与文人相伴的岁月。元祐重臣、家中有不少古器收藏的文彦博,在看到同僚苏度支拿给他看的古铜器时说:"古鼎良金齐法精,未知何代勒功名。更须梓匠为凫杓,堪与仙翁作酒枪。涤濯尚应劳犠鼻,腥膻不复染羊羹。水边林下风清处,长伴薰然醉玉倾。"(《外计苏度支示古铜器形制甚雅辄书五十六字还之》)[1] 在文彦博看来,观察古器铭文书法之精,考察古器制作年代的同时,更应该忘记它身上曾经承载的腥膻和功名。在这种遗忘之下,去徜徉于林泉的胜境,令君子伴着清风,在那缥缈的悠古之中长醉不醒,乃是一种真正风雅的对待古器的方式。在想象元祐文人生活的《西园雅集图记》中,描写驸马王诜的西园"孤松盘郁,上有凌霄缠络,红绿相间,下有大石案,陈设古器、瑶琴、芭蕉围绕"[2],将古

---

[1] [宋] 文彦博著,申利校注:《文彦博集校注》,北京:中华书局,2016年,第222—223页。
[2] [宋] 米芾:《米芾集》,杭州:浙江人民美术出版社,2014年,第217—218页。

图 8-5 （传）李公麟 西园雅集图（局部） 纸本墨笔 私人收藏

铜器陈放于自然花木、瑶琴之中而行书画、品茶、玄谈、静思之事，这种闲适、古雅的布置，令古器逃离了流俗历史的定义，显现出当下本真的存有；亦可以说，是古器之古意改变了文人空间的气氛，令此处更蕴荡着一种超越尘世的深静。（图 8-5）

四、古色之綮

北宋晚期，同古器朝夕相处，观者对铜器在日常中的呈现有了更细腻的感受。如果说对古文字及其书法的研究，是基于原来对书法史的认知，那么对古器之器型的认识，则可以说完全依赖于新的收藏。在《宣和博古图》中，充盈着对古器的形制与颜色如对艺术品般的审美体验和浪漫想象，这同吕大临"体例谨严，有疑则阙"的《考古图》很是不同。[1] 对古器的"审美的感知"此前在士大夫身上并不鲜见，但《宣和博古图》却将此一"感知"作为考订器物的依据——尽管其中许多论

---

[1] [清] 纪昀等：《四库全书总目》卷一百一十五，清乾隆武英殿刻本。台湾大学许雅惠认为，《宣和博古图》未提吕大临之《考古图》一字，主要是因为其兄吕大防乃"元祐党人"，为当时负责编修该著的蔡京之子蔡絛外忌讳。Alain Schnapp, Lother Von Falkenhausen, Peter N. Miller (ed.), *World Antiquarianism: Comparative Perspectives*, Los Angeles, California: Getty Research Institute, 2013, p. 243. 然二著风格之异，不宜以政治揣度之，当主要反映了徽宗个人的艺术趣味。

断都被后世认为"不无牵合"[1]。不同于现代考古学的"类型学"中"拆分"器型纹样而作比较，《宣和博古图》考订的方法乃是首先根据器物整体"气韵"，其次观察器型和文字风格来考证年代、真伪，这很类似于考察一幅画先看其"气韵生动"的方法。其中，一方面，对商、周之器的风格特点有明确分别：商人"尚质"，其器常"纯素""简古"，商盛时又"精炼浑厚"（商秉仲鼎）；周人"尚文"，其器文缛英华，绚烂夺目，若铭文、纹饰定为周物，但质朴有古风者，则疑为"去商未远"（周文王鼎、周鲜鼎）。[2]另一方面，无论尚文还是尚质，商周的器物对宋人来讲皆有一种古韵。如果"制作纯素，意若简易"，却"气韵非古""窃近人情"，则断为"汉工所造耳"（汉素温壶四，汉蟠虬匜壶二）。汉器若"颇有古风"，则为汉器中的佳品（汉如意方壶）。还有一件汉兽耳罍壶，"不设贲饰，比商则质有余，比周则文不胜"，故判断"盖亦体古而仅得其形模焉，以汉去古为未远也"。而倘若"务作奇巧"者，则"比汉器尤不典，殆唐人所造耳"（唐三螭鼎）。[3]这些论断，在《考古图》中即便言及同一器物，也未见之。

这种想象也延伸到对"时代品格"的评判中。如《宣和博古图》"周兽耳镂"云："体纯素无纹，然形制古雅，盖非后世俗工之所能到。以类求之，真周物耳。""周觚棱壶"言："尝观汉方壶数品，皆浇薄凡陋，此器浑厚端雅，体方而觚棱四出，腹着饕餮，间以夔龙，郁郁之文，焜耀人目，益知后世淳风扫地，而不能仿佛周之万一也。"[4]甚至，表面上用于"礼仪"的古铜器的重铸，其实涵有的也不是三代礼制本身的意义。李零认为，徽宗制礼作乐的一个新的特点，是以"考古"为背景，有艺术鉴赏的品味蕴涵其中。[5]这在《宣和博古图》"周饕餮罍"的描述中清晰可见："此罍在诸器中特为精致高古，可以垂法后世，于是诏礼官其制作为之楷式，以荐之天地宗庙，使三代之典炳然还醇，见于今日，亦稽古之效也。"[6]在仪式当中感召人心、垂法后世，令三代之礼"荐之天地宗庙"的，是古器中那"精致高古"的美。（图8-6）

尤为引人注意的是一件"商癸鼎"，这件器物本来是李公麟旧藏，吕大临《考

---

[1] [宋] 陈振孙：《直斋书录解题》，上海：上海古籍出版社，1987年，第234页。
[2] "商尚文，周尚质"的说法源自《史记·梁孝王世家》："殷道质，质者法天，亲其所亲，故立弟。周道文，文者法地，尊者敬也，敬其所本。故立长子。"此处借用来谈古器风格。
[3] [宋] 王黼：《宣和博古图》，上海：上海书店出版社，2017年，第232、97页。
[4] 同上书，第349、205页。
[5] 李零：《铄古铸今：考古发现和复古艺术》，北京：生活·读书·新知三联书店，2007年，第83页。
[6] [宋] 王黼：《宣和博古图》，上海：上海书店出版社，2017年，第128页。

图 8-6
铜卣
山西曲沃曲村墓地出土
西周早期
北京大学赛克勒考古与
艺术博物馆

古图》中就已经引用了李氏对其的记录,其中既有文字的考辨,亦有古籍如《说文解字》《吕氏春秋》及《刀剑录》的征引。但当这件器物出现在《宣和博古图》中时,作者除了辨证许慎的说法有误外,还用了很大篇幅赞美其形态:"铜色灿然若金,纹作龙虎,班固诗曰'洛修贡兮川效珍,吐金景兮歊浮云。宝鼎现兮色纷缊,焕其炳兮被龙文。'今眼角鬣尾,龙事略具,象物之法,雅而不迫盖如此。"[1] 这处文字未出现于《考古图》中,而《考古图》则多了"天下之民谓之饕餮,古者铸鼎象物,以知神奸。鼎有此象,盖示饮食之戒"之句。[2] 这两处取舍的不同,颇可反映出《考古图》与《宣和博古图》在思想倾向上的差异——前者除了考据严谨以外,还有浓重的儒家训诫含义;后者则对古器在审美上的特点尤着笔墨,富有文人的浪漫趣味。

---

[1] [宋] 王黼:《宣和博古图》,上海:上海书店出版社,2017 年,第 5—7 页。
[2] [宋] 吕大临等:《考古图(外五种)》,上海:上海书店出版社,2016 年,第 7 页。

图 8-7
子匨圆鼎
山西闻喜酒务头墓地出土
山西博物院

此外,《宣和博古图》中还说"商父丁尊"乃"色几渥赭,而绿花萍缀,其古意最为观美"[1],"周史张父敦盖"则"青紫相间,灿然莹目"[2],"周三兽饕餮尊"亦"苍翠如瑟瑟,纹缕华好"[3],诸如此类的审美经验今天已很少出现在学术著作中了。这些描述如今依然可以令我们陶醉,仿佛回到千年之前,同那时的文人一道观赏这些美丽的色彩。(图 8-7)眼前莹目、斑斓、绚烂或苍翠之色,在文人心底却是一种最可观美的"古意",这不能不说是一种对"颜色"的特别体验。近代物理学发现光谱之后,人们认识到,我们对颜色的感觉是眼睛接触光的一种反应,由此

---

[1] [宋] 王黼:《宣和博古图》,上海:上海书店出版社,2017 年,第 104 页。
[2] 同上书,第 317 页。
[3] 同上书,第 121 页。

而启发了随着光线变化色彩的印象派画作。莫奈陶醉于巴黎火车站附近那潮湿的混杂烟雾的紫灰色天空，而毕沙罗特别善于表现阳光射入丛林那"黄色、蓝色和绿色"交织的明亮感觉。法国现象学家梅洛-庞蒂说，光线的变化并未带来颜色认知的改变，因为这种恒常性建立在作为我们全部体验之界域的最初意识上，"我的知觉本身向一个世界和向事物开放，我才重新发现了恒常的颜色"[1]。在"古色"身上伴随着文人对上千年时间中物的细微演化的感知，而对"古色"来说，以"在我身上的一种预先构成的各种积淀为前提"[2]，本身不只是依赖于此刻的知觉。知觉不只是向着眼前的这一物开放，亦不只是向着这一物所存在的空间开放，而是向着久远的历史的时间开放。不过，文人眼中的铜色之"古意"，并不是一般意义上由事实所组成的"历史"，而是无数个打动人心的事件不断地在"我"之中累积，这累积深厚到"我"必须让渡出主体性，同眼前的颜色一起投入时间的洪流之中。故宫博物院所藏的徽宗《听琴图》中，主人公端坐于一古松下抚琴，他的正前方有一玲珑山石，石上置一小古铜鼎，鼎中伸出一斜逸的花枝。此处清幽的户外庭院，以及古松、古琴、湖石、古鼎和那花枝所陈设的，并不是某处空间的场景，此处的"物"都是"在时间之内"的物。而古鼎身上明亮且斑斓的颜色，同那鲜妍的花枝一并绽放之时，这种时间的错置感就尤为深刻地震动人心。同那令人有"天际之想"的琴一样，同那来自洪荒之中的顽石一样，古鼎不再是文明史庄肃仪式中的礼器，而显示出一种超越古今、荡然宇宙的生命情味。

到了南宋，铜器身上这一"古色"，成为古器"鉴"和"赏"的核心。在《宣和博古图》中，虽有对古色夺目的描写，但直到南宋文献中，古色才成为古器考订的依据。如《绍兴内府古器评》说到《宣和博古图》中出现过的"商癸鼎"时，除了如原文一样引用班固之诗，还评论说："历观商周之器，或古色凝绿，或绿花萍缀，或赭晕斓斑，或土渍黯沁，而此鼎独灿然若精……"详解其独特。[3] 张世南《游宦纪闻》卷五说："辨古器则有所谓款识、腊茶色、朱砂斑、真青绿、井口之类，方为真古。""腊茶色亦有差别。三代及秦、汉间之器，流传士间，岁月浸久，其色微黄而润泽。……亦有数百年前，句容所铸，其艺亦精，今铸不及。必竟黑而

---

[1]〔法〕梅洛-庞蒂：《知觉现象学》，杨大春、张尧均、关群德译，北京：商务印书馆，2021年，第432页。
[2] 同上书，第298页。
[3] [宋] 张抡：《绍兴内府古器评》，北京：中华书局，1986年，第8页。

燥。须自然古色,方为真古也。"[1]周密《志雅堂杂钞》卷上也说:"铜器最佳者:盥水匜,文藻精妙,色如绿玉,无款,必周器也。商甗,亦碧色可爱,内有款。……汉朱砂,色如点血,汉器之最佳者。"[2]而赵希鹄的鉴赏专著《洞天清录》中说:"铜器入土千年,纯青如铺翠。其色午前稍淡,午后乘阴气,翠润欲滴。间有土蚀处,或穿或剥,并如蜗篆自然。或有斧凿痕,则伪也。铜器坠水千年,则纯绿色而莹如玉;未及千年,绿而不莹。"[3]可以想象,这种细致入微的体会,一定是作者与铜器长时间相对而得出的经验,绝非偶然的观览可得。这些鉴定法在今天当然已经无效了,是宋代金石学最为后世所抛弃的"知识"。但我们可以从这些描述中发现知识之外的意义,那就是对颜色的静观之中获得的对古物之存在的感知。

此古色中那种"伤感的愉悦",令古铜器供花成为文人最喜爱的清供。(图8-8)赵希鹄《洞天清录》就说:"古铜入土年久受土气深,以之养花,花色鲜明如枝头,开速而谢迟……"[4]南宋文人也常有歌咏铜器之句。辛弃疾词云:"酴醿在,青虬快剪,插遍古铜彝。　谁将春色去?鸾胶难觅,弦断朱丝。"(《满庭芳·和洪丞相景伯韵呈景卢内翰》)[5]晚春的荼蘼插入古器中,花事将尽的落寞和铜彝上寂历的古色相碰触,蕴荡出一种沉郁的美。赵秉文还有首《古瓶腊梅》云:"石冷铜腥苦未清,瓦壶温水照轻明。土花晕碧龙纹涩,烛泪痕疏雁字横。未许功名归鼎鼐,且容风月入瓶罂。娇黄唤醒朝阳梦,汉苑荒凉草棘生。"[6]在土花斑驳的瓶身上,往昔那鲜明威武的龙纹也黯淡晦涩,本寄予功名的铜器,如今只容纳着眼前的风月及对江山沦亡的感伤。对生命寂历的感触,对山河风烟的伤怀,都发生在这时间的"显露"中。

古铜色让"我"不仅进入不断沉淀如梦幻的时间中,也同样进入无限广袤的自然里。南宋以后"古铜色"成为同样具有超世意味的自然之物的赞辞。南宋陈著《到徐晚郫点木潭三首》其一云:"江云薄薄弄秋晴,小小篮舆款款行。才近晨光山自别,稍迂石险路方清。峭崖全是古铜色,好鸟略无京样声。林下住家图稳静,近来此处亦多争。"[7]方岳《秋江引》云:"水天一色磨古铜,落日欲没芦花风。双飞

---

[1] [宋] 张世南:《游宦纪闻》,北京:中华书局,1981年,第40—42页.
[2] [宋] 周密:《周密集》第4册,杭州:浙江古籍出版社,2015年,第23页。
[3] [宋] 赵希鹄等:《洞天清录(外二种)》,杭州:浙江人民美术出版社,2016年,第23页。
[4] 同上书,第26页。
[5] [宋] 辛弃疾撰,邓广铭笺注:《稼轩词编年笺注》,上海:上海古籍出版社,1993年,第82页。
[6] [金] 赵秉文:《赵秉文集》,哈尔滨:黑龙江大学出版社,2014年,第194页。
[7] 北京大学古文献研究所编:《全宋诗》,北京:北京大学出版社,1998年,第40189页

图 8-8 陈洪绶 花卉图册八开之八 四川省博物馆

野鸭忽惊起,渔歌渐远秋江空。烟波渺渺无终极,中有江南未归客。短篷夜泊洲渚寒,孤雁横江声正急。"[1]用自然来形容人工之色并不稀奇,但用人工物的颜色形容自然之色却很少见。峭崖的灰褐色崖壁上生长着的斑驳新绿,和傍晚水天相接的暗青色调中隐约的赤碧色,本皆天然而成。南朝王微在《叙画》中说山水:"虽有金石之乐、珪璋之琛,岂能仿佛之哉!"[2]然当宋人以一种"真赏"将一切世俗和文明涤洗后,金石身上那超逸绝尘的"古色"同样可以与自然山水相仿佛。

对铜器超越世俗之义的领会,令其在居室中不再如礼器般陈列,而是同书、

---

[1] 北京大学古文献研究所编:《全宋诗》,北京:北京大学出版社,1998年,第38446页。
[2] 朱良志编著:《中国美学名著导读》,北京:北京大学出版社,2004年,第69页。

图 8-9　仇英　仿宋人画册之竹园玩古　绢本设色　故宫博物院

画、琴、砚等并置,成为文人之物的一员。(图 8-9)《南宋馆阁录》中记载,一年一度的"暴(曝)书会"中秘阁下设的方桌上陈列御书图画,"东壁第一行古器,第二第三行图画,第四行名贤墨迹,西壁亦如之"。此处还近似徽宗的秘阁博物馆,而御屏后内室所陈设的器物则是"古器琴砚",更像是一个文人日常读书的书斋了。[1] 南宋洪适曾描写友人方稚川"恕斋"内的布置云:"左琴,右书,坐胡床,挥麈尾,香鼎、茶瓯相对。"就是当时一个典型的书斋的模样。[2] 赵希鹄在《洞天

---

[1] [宋] 陈骙:《南宋馆阁录》,北京:中华书局,1998 年,第 68—69 页。
[2] [宋] 洪适:《恕斋记》,《盘洲文集》卷三十一,《四部丛刊》影宋刊本。

清录》序中对他理想中的书斋环境亦有书写：

> 明窗净几，罗列布置，篆香居中，佳客玉立相映，时取古人妙迹，以观鸟篆蜗书、奇峰远水，摩挲钟鼎，亲见商周。端砚涓岩泉，焦桐鸣玉佩，不知身居人世。所谓受用清福，孰有逾此者乎？[1]

在明窗净几之中独对古器，不将其作为利用之对象，也不将其在研究中加以归类，甚至不在声色之中欣赏它，而是在古器那奇崛书体及朴雅形态中，还有那幽远的山水、清亮的琴音中，"亲见"那超尘拔俗的"古色"。那"曾在此"的神话在此在的世界之中，澄明为存在的真意。如今，宋人之物又成"古雅"之典范，而宋人亦是在深体"古人之心"中去领会"物"身上那遁于时空的真淳而隽永之美的。

五、骨董之忧

北宋晚期，帝王的癖好、学者的兴趣、官方和私人著述的出版，令古器的价值不断抬升，从而在民间市场引起了另一种古器收藏的风潮。蔡絛《铁围山丛谈》记载，《宣和博古图》面世后，"世既知其所以贵爱，故有得一器，其直为钱数十万，后动至百万不翅者。于是天下冢墓，破伐殆尽矣"[2]。古器备受宫廷和市场欢迎，而随之产生的则是其世俗化的灾难性后果。事实上，以历史观之，古物从来就难以抵抗世俗趋利的倾向。日常之物，时人可造，并且随着工艺提高，未必今不如古，即便是书画一类，后代还是可能不断产生超越古人的大家，但是，古代金石彝鼎这种绝对的稀缺品不但难以寻找，而且后代即使有高手仿制，论其价值绝无可能以新代古。[3] 隋代王通在《中说》卷四中就说到一位邳公好古物，"钟鼎什物，珪玺钱贝，

---

[1] [宋] 赵希鹄等：《洞天清录（外二种）》，杭州：浙江人民美术出版社，2016年，序第3页。
[2] [宋] 蔡絛：《铁围山丛谈》，北京：中华书局，1983年，第80页。
[3] 如在唐代天宝年间至南唐后主时，今江苏省句容县已经开始制作一种仿古青铜器，这并非刻意造伪，有监官花押，且制作工艺精良，"甚轻薄，漆黑，款细"，"岁久亦有微青色者"，但是"虽可爱，要非古器"，可知其价值相去甚远。[宋] 赵希鹄等：《洞天清录（外二种）》，杭州：浙江人民美术出版社，2016年，第26页。元代杭州姜娘子、平江路王吉都是仿铸铜器名家，但至明代更"不甚值钱"。[明] 王佐：《新增格古要论》，杭州：浙江人民美术出版社，2011年，第220页。

必具",王通听闻此事叹道:"古之好古者聚道,今之好古者聚财。"[1] 人们对古人的品行总有美好的想象,但好古有为名为利者,古今未有其变。到了宋代,虽有士大夫出于对古物内在价值的看重而收藏之,但古物一旦商品化后,逐利的现象就难以避免。

靖康之难后,北宋宫廷大量古器遗落民间,高宗认为古器乃代表了祖宗,遂令人各处收集。因此当时宋金边界的"榷场"中,就有许多人贩卖北宋宫廷散失的古器,作为收藏品的古物逐渐有了一个新的名词——"骨董"。[2] 至明代,"骨董"又因其所售皆号称古物而被俗称为"古董"。这一词语恰是在民间市场中变换的,相对于原本的"骨董","古董"更能表明其"文物"的历史特性,也因此显得更具市场价值。明宣德年间,官方的又一次大规模仿古器制作引领了艺术市场的再度繁荣。祝允明在《宣德彝器图谱》序中说,这些鼎彝在铸造时所费就与金玉同价,因为主要官用,流传到民间的极少,到一百年后就已经是极为珍稀之物,"当与商彝周鼎共宝"。[3] 这里,评判"共宝"的主要依据当然也是市场价值。当时的人无论贫富,争相收集古董的风气较北宋末年更甚,致使古董价格一路攀升。据艺术史家柯律格统计,那时甚至很难断定年代的青铜器小件都能够以比古代名家的书画作品高得多的价格售出。[4] 李渔在《闲情偶寄》之"骨董"一节中也说当时"数百金购一鼎,犹有病其价廉工俭而不足用者。常有为一渺小之物,而费盈千累万之金钱,或弃整陌连阡之美产,皆不惜也"[5]。直至金石学又达鼎盛的乾隆中叶,尤其两淮盐官、盐商互相勾结,士大夫中更多有"情贿夤缘,朋党标榜,貌为集古之目录,实

---

[1] 张沛:《中说译注》,上海:上海古籍出版社,2011年,第111—112页。
[2] 徐梦莘《三朝北盟会编》卷二百零八记载,靖康之变后"(毕)良史到(金)县,乃搜求京城乱后遗弃古器、书画一应古今骨董,买而藏之",后来良史回到南宋杭州,"尽载所有骨董而到行在,上大喜"。[宋]李心传:《建炎以来系年要录》,北京:中华书局,2013年,第2794页。又如《南宋杂事诗》卷一有云:"得遇天家毕骨董,虚将薰染供郊园。金龟已苦多尸气,彝鼎输他列死轩。"[清]厉鹗等:《南宋杂事诗》,杭州:浙江古籍出版社,1987年,第42页。
[3] 官修的《宣德鼎彝谱》记载,因为当时宗庙及内廷陈设的鼎彝"其式范非古用",刚好暹罗国向朝廷进贡了数量巨丰的洋铜(黄铜),"厥号风磨,色同阳迈",因而决定铸造新器,"以供郊坛太庙内庭所用"。其款式除了参考《宣和博古图》等考古类书外,还增加了"内库所藏柴、汝、官、哥、钧、定各窑器皿款式典雅者"。最后,共造出一百一十七款,三千三百六十五件之多。这份记录详细地列出了各种仪式和场合中礼器的形制款式,甚至连和礼器相配的御几等物都按照仪制罗列妥当。[明]吕震著,洪奔编:《宣德彝器图谱》,杭州:浙江人民美术出版社,2013年,第2—9页。
[4] [英]柯律格:《长物:早期现代中国的物质文化与社会状况》,高昕丹、陈恒译,北京:生活·读书·新知三联书店,2015年,第170—172页。
[5] [清]李渔:《闲情偶寄》,西安:三秦出版社,1998年,第111页。

即苞苴之变相"[1]，这也实在是一幕似曾相识的玩古众生相。

兼具稀缺品和艺术品价值的古器，不但可以作为玩好和收藏，更可以彰显拥有者的情趣和身份。尤其是一个时代新兴的阶层，有时比原本的贵族更加热衷于收藏，因为古物不但可以保值、升值，更是身份跃进的有力证据。但是，一旦古器成为商品乃至权贵交易的工具，对有操守的文人而言，它身上原初的那种林泉古意便荡然无存了。柯律格就曾指出，"骨董"一词使得书画、铜器等古物淡化了其作为商品而令品格降低的风险。[2]而乔迅则为之辩驳说，奢侈物品作为实现和满足消费者欲望的工具，与形塑社会性的"人"无关，他将主体性解释为"身"；消费主义，就像性欲、爱情、愉悦一样，是关乎"身"的主体性，而此一身体主体性帮助一个人逃离了无可奈何作为"网中人"的困境。[3]

世俗的欲求和消费主义令物欲盈荡于社会之中，虽不能不说其满足了文人心头的痴癖，但他们从心底和行动上也在不断地抵抗着古物的异化。对这一异化的抵抗首先是对于"鉴真"的重视。如文徵明题仇英的《玩古图》就强调："惟其法鉴者，始能藏真，且知其品第高下而甲乙之，若者宜玉轴，若者宜牙签，若者宜囊，若者宜函，未可矫强也明矣。"[4]文徵明所强调的"物"的"法鉴"，一在真伪，一在品第。唯有二者结合，古器才能始终将自身的"真"存于文人心中。而到了晚明，当古物被大量社会化地复制，雅俗之辨就成为当时文人的核心议题。文徵明曾孙文震亨《长物志》卷六"几榻"一节谈到"古雅"云：

> 古人制几榻，虽长短广狭不齐，置之斋室，必古雅可爱，又坐卧依凭，无不便适。燕衎之暇，以之展经史、阅书画、陈鼎彝、罗肴核、施枕簟，何施不可？今人制作，徒务雕绘文饰，以悦俗眼，而古制荡然，令人慨叹实深。[5]

在文震亨看来，古人器物的古雅可爱，虽不是"量身定制"，然在文人空间"燕衎

---

[1] [清] 许指严：《骨董祸》，见罗惇曧、李岳瑞：《太平天国战纪 春冰室野乘》，重庆：重庆出版社，1998年，第305—306页。
[2] [英] 柯律格：《长物：早期现代中国的物质文化与社会状况》，高昕丹、陈恒译，北京：生活·读书·新知三联书店，2015年，第82页。
[3] [美] 乔迅：《魅惑的表面：明清的玩好之物》，刘芝华、方慧译，北京：中央编译出版社，2017年，第42页。
[4] [清] 陆心源纂辑：《穰梨馆过眼录》，上海：上海书画出版社，2018年，第351—352页。
[5] [明] 文震亨、[明] 屠隆：《长物志 考槃馀事》，杭州：浙江人民美术出版社，2011年，第87页。

之暇"却"无不便适",不让人感到它是这个空间的缀余。而特别重视"雕绘文饰"的"今人制作",却完全是为了取悦"俗眼",只重感官吸引。这种看法在铜器上也颇为常见。明代的高濂在《燕闲清赏笺》中说:"秦汉不及三代,唐宋不及秦汉者,非人力不到,而质料不精。但秦汉之匠拙,而不善模三代之精工;唐宋之匠巧,而欲变三代之程式:所谓世代不及,伤拙伤巧故也。孰知愈巧愈拙,愈工愈失,敦朴古雅,三代之不可及也。"[1] 后世不如前代并非材料和工艺的不足,秦汉的工匠固然没有三代的精细,但唐宋时技艺的熟巧反而损伤了古器中那种醇厚古拙的雅致,制作出的器物也就越发丧失了古朴之美。因此,文人之追求"真",并不只是出于文物鉴定的目的,更是要在鉴真中避离此种"俗眼",恢复"敦朴古雅"的真趣。董其昌在《骨董十三说》中说对待古器"唯贤者能好之而无敝也",可"高出于世俗,其胸次自别,或可即目前,以开其未发之蕴也"[2],唯有超越于世俗心胸方能够涤洗出古器那隽永之味,甚至开启那前人未发的意蕴。

此时有一些鉴赏类书开始极为细致地分辨古器形制的雅俗。高濂《燕闲清赏笺》中对古器的鉴赏,便根据鼎的形制之美,分上赏、次赏、下品,并有因其形制而共其用者。如周王伯鼎"可宜书室熏燎",彝炉式"堪为堂上焚具";圆之小者,如周大叔鼎、垂花鼎、周䜌鼎、唐三螭鼎,"俱堪入清供,但式少大雅耳",商母乙鬲、周蔑敖鬲、饕餮鬲、周师望敦、兕敦、翼敦,"亦可充堂中几筵之供";他如彝、敦、鬲、炉等件"虽古,不堪清供"。[3] 铜器除了根据其"型式"来区分外,还有一个重要的判断标准——"赏格"。所谓"格"在唐代以降的艺术评鉴当中一直作为主要的方法,最初主要品诗格与画格。这里,"入格"是一个模糊的说法,但可以确信的是,"格"本身意味着一种更高明的趣味。作者通过对形式的鉴赏,而非依据器物的年代,将不同器物纳入上赏、次赏、可入格或不堪入格。如周代的大叔鼎和唐代三螭鼎,同样被纳入"花纹特美,可充上赏"的行列。除了对形款纹饰的品鉴,这些"赏"还有具体环境的考虑,何种形制适宜作堂上焚具,何种宜书室熏燎,何种适宜为几筵之供,何种虽古但不宜做清赏,何种宜清赏但式少大雅,一一列出。这些陈设的意图,都基于一种"清赏"的观念:"赏"既不拘泥于物的年代和历史事件,是一种静观之赏,又要将这种静观置于居室的情境之中,让古物的美在

---

[1] [明] 高濂:《燕闲清赏笺》,杭州:浙江人民美术出版社,2012年,第23—24页。
[2] [明] 董其昌:《骨董十三说》,见黄宾虹、邓实编:《美术丛书》二集第八辑,杭州:浙江人民美术出版社,2013年,第255页。
[3] [明] 高濂:《燕闲清赏笺》,杭州:浙江人民美术出版社,2012年,第29—30页。

当下的生活中得到绽放。

古董市场建立起来后,古器的世俗化便是难以避免的。即便明人将这种鉴赏以一种类书的方式呈现出来,其实同时传递了一种"天趣"亦可以学习、模仿的意味。这便难免影响到世俗基于市场的需求而对"古雅"进行大量复制,就如今日大量出现的"明式家具"一样。清中期黄图珌在《看山阁闲笔》中谈到乾隆时期尚古之风时,便说:"器用大有关于人之幽俗,不可不究心也。旧制则喜其款素而性淳,时物则厌其色华而气烈。是以君子常取旧而不取时也。然虽有古人之器,而无古人之风者,何敢当邪?"[1] 他又说到时人仿制古物时的粗糙:"时兴之物人皆所好,则知志幽慕古者鲜矣。夫旧款翻新,必致改头换面,殊失古人制造之

图8-10 陈洪绶 痛饮读骚图 绢本设色 上海博物馆

妙旨。如铜器,古者淳厚,虽朴素而神气喜其韫藏,尝邀百世之赏;今者浇薄,即精工而光华嫌其毕露,仅饰一时之观耳。"[2] 为何古时鼎彝有"百世之赏",而一些新浇铜器只能饰"一时之观"?这并非仅仅由于古物制作的精良,更表现出今人喜华美而慕功利的浮躁之感。在这种感觉的促动下,即便是"仿古"之器,

---

[1] [清]黄图珌:《看山阁闲笔》,上海 上海古籍出版社,2013年,第162页。
[2] 同上。

也脱不了时俗之器；即便是真古器物，若无古人之风，对其玩赏也是亵渎。因此，比起建立一种形式上的雅俗标准，提醒人们回归到对古器意义之原真性的建立，对古人"曾在此"之诚心的"此在之会"，或许在市场与考古的双重机制业已形成的今日，更为珍贵。（图8-10）

第九章

煎 茶

一、冷泉一味

茶是中国人最平常的一种饮品。我们常说"粗茶淡饭""茶饭不思",茶的平常与生命必需的"饭"并列,它已经融入了我们的血液里,成为我们生命的一部分。一个民族所偏爱的饮食,似乎的确有一种特别的味道。人类学家西敏司(Sidney W.Mintz)在名著《甜与权力——糖在近代历史上的地位》中就指出,当人们第一次发现别人吃着与自己完全不同的食物时,便会意识到食物和吃是特定习惯、口味以及深层感受的集中体现,并且食物令人们作出了自我界定,将自我和他人分别开来。[1]这也是今天我们对"茶"的认识——它代表着这个民族味觉的偏好和文化的习性。

不过,倘若进入中国文人"自我"的叙事,去寻找我们爱茶的缘由,便会发现茶叶中的"特殊"味道并没有得到更多的书写。比起茶叶,人们更注重的是那看似没有味道的"水"。曹雪芹在《红楼梦》第四十一回讲了一个"栊翠庵茶品梅花雪"的故事。贾母带着刘姥姥和贾府一干人来栊翠庵吃茶,妙玉前往接待。贾母先说,我不吃"六安茶",妙玉说知道,呈上的是"老君眉"。贾母又问是什么水,答云"是旧年蠲的雨水"。对颇懂生活雅事的贾母而言,饮茶除了有个人对品种的喜恶外,最重视的就是水源,这自然也是宝、黛、妙玉等人的常识。后妙玉独请林、薛二姐妹另入耳室品茶。黛玉因问起这茶是否也是旧年雨水,不承想却遭妙玉嘲笑为"大俗人",原来,这是妙玉五年前在苏州蟠香寺收的梅花上的雪,一直埋于地下,这年夏天才开。妙玉又说:"隔年蠲的雨水,那有这样清浮?如何吃得!"[2]红楼这一段茶事中,并没有对于茶叶来源、品质、烹制方法的细致讨论,话题主要都围绕着"水"来展开。妙玉评黛玉是大俗人,这当然是曹公对她"过洁世同嫌"的讽刺,亦可看到在当时品水的能力甚至可以作为一种人品来评判了。

中国人品水的传统的确是伴随着茶史的建立而形成的。唐代的苏廙《十六汤品》云:"汤者,茶之司命。若名茶而滥汤,则与凡末同调矣。"[3]汤就是煎茶之水,

---

[1] [美]西敏司:《甜与权力——糖在近代历史上的地位》,王超、朱健刚译,北京:商务印书馆,2010年,第17页。

[2] [清]曹雪芹:《脂砚斋重评石头记》(庚辰本),北京:人民文学出版社,2010年,第943—946页。

[3] 清人周中孚认为这本书"似宋元间人所伪托,断不出于唐人"。但它已被五代陶毂的《清异录》所引,故成书年代当在晚唐至五代时。见杨东甫、杨骥编著:《中国古代茶学全书》之《十六汤品》导读条,桂林:广西师范大学出版社,2011年,第27页。

无论是唐代的煎茶法还是宋人的点茶法,将水煎好是第一步,也是最决定茶之品质的一步。故五代陶榖认为苏廙此言"最得茶之三昧"。而若想得到上佳的"汤",一在水源,二在煎法。自唐代"茶圣"陆羽所写《茶经》(图9-1)开始,历代茶书中必有关于水源的精鉴。《茶经》中说:"其水用山水上,江水中,井水下。其山水,拣乳泉、石池慢流者上"。[1] 这"上""中""下",就是以是否适合煎茶为标准。唐代张又新《煎茶水记》中曾记载陆羽对水的"神鉴",说的是湖州刺史李因有一次见到陆羽,知道他善茶,遂命军士去附近的扬子江取南零水。军士回来后,陆羽只用勺扬一扬取来的瓶水,便知其乃临岸水,而非自己所好之扬子江南零水。倒出一半后,又用勺扬,说从这里往下才是南零水。这令军士大骇。原来,军士取来南零水后,舟中遇颠簸,水洒了一半,因害怕完不成任务受罚,所以随手取了岸边的水装满。李因于是请陆羽评价所喝过的水的优劣,才有了所谓"陆羽二十品",定庐

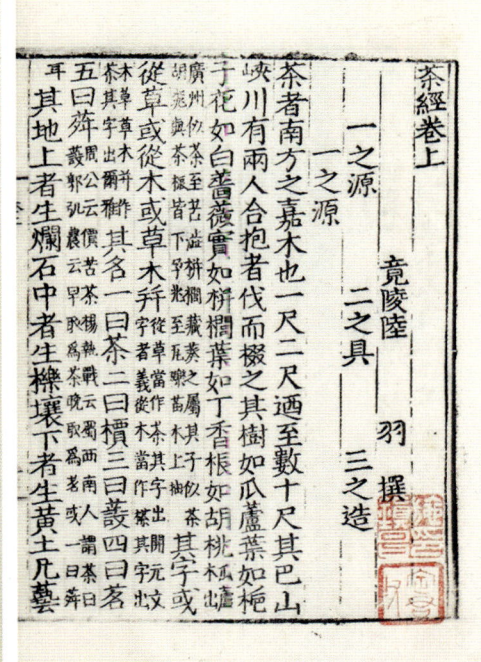

图9-1 陆羽《茶经》明弘治年间无锡华珵刻《百川学海》本

---

[1] [唐] 陆羽等著,宋一明译注:《茶经译注(外三种)》,上海:上海古籍出版社,2017年,第35页。

山康王谷水帘水为第一，惠山寺石泉水为第二，扬子江南零水排到了第七。[1]自此之后，中国人对天下水源的认识，乃源于饮茶中的品味。

张又新《煎茶水记》又说："夫显理鉴物，今之人信不逮于古人，盖亦有古人所未知而今人能知之者。"[2]"今不如古"的说法在文人口中并不鲜见，但在品水的问题上，前代的认识却不断被后来的个人经验重新书写，品味的历史也在这经验的积累中逐步建立起来。即使被称为"经典"的《茶经》也没有被奉为唯一"准则"——文人对水源总是要亲身尝试，方定下伯仲。中晚唐后，陆羽所定"第二泉"——惠山石泉的名声在文人中间尤盛。李德裕钟爱惠山泉，专门命人设驿站取水，千里传送，时人称为"水递"。[3]与他同时的诗人李绅到了惠山寺，写下《别石泉》诗，其小序云："在惠山寺松竹之下，甘爽，乃人间灵液，清澄鉴肌骨，含漱开神虑。茶得此水，皆尽芳味。"[4]对其赞不绝口。在北宋，惠山泉常常被作为文人之间馈赠的礼物。欧阳修在一封信中提到，蔡襄为他写《集古录》目序刻石，他为了表示感谢，以"鼠须栗尾笔、铜绿笔格、大小龙茶、惠山泉等物"为润笔，蔡襄对这些礼物"以为太清而不俗"。[5]此外，苏轼有《焦千之求惠山泉诗》，黄庭坚有《谢黄从善司业寄惠山泉》，皆可见惠山泉在文人中间的口碑。尤其是苏轼绝句"独携天上小团月，来试人间第二泉"（《惠山谒钱道人烹小龙团登绝顶望太湖》）的凌空出世，令这"第二泉"美名更盛。

到了晚明，品水之风益盛。在有些茶书之中，惠山泉已被确立为"天下第一泉"。明代许次纾《茶疏》中谈到，彼时中冷泉由于"陵谷变迁，已当湮没"而不复存在了，故"今时品水，必首惠泉，甘鲜膏腴，致足贵也"[6]。张谦德《茶经》中说："（《煎茶水记》所云）余不得一一试之，以验其说。据已尝者言之，定惠山寺石泉为第一，梅天雨水次之。南零水难真者，真者可与惠山等。"[7]张岱《陶庵梦

---

[1] [唐]张又新：《煎茶水记》，见方健汇编校证：《中国茶书全集校证》第1册，郑州：中州古籍出版社，2015年，第200—201页。
[2] 同上书，第200页。
[3] [唐]佚名：《玉泉子》，明《稗海》本。
[4] [清]彭定求等编：《全唐诗》，北京：中华书局，1960年，第5485页。
[5] "蔡君谟既为余书《集古录目序》刻石，其字尤精劲，为世所珍。余以鼠须栗尾笔、铜绿笔格、大小龙茶、惠山泉等物为润笔，君谟大笑，以为太清而不俗。后月余，有人遗余以清泉香饼一箧者，君谟闻之叹曰：'香饼来迟，使我润笔独无此一种佳物。'兹又可笑也。"[宋]王辟之、[宋]欧阳修：《渑水燕谈录 归田录》，北京：中华书局，1981年，第27页。
[6] [明]许次纾：《茶疏》，见方健汇编校证：《中国茶书全集校证》第2册，郑州：中州古籍出版社，2015年，第773页。
[7] [明]张谦德：《茶经》上篇，见杨东甫、杨骥编著：《中国古代茶学全书》，桂林：广西师范大学出版社，2011年，第292页。

忆》中还记载了某次他精鉴惠泉之事：他去南京桃叶渡拜访著名茶人闵汶水，闵汶水泡了一盏茶有意查验他的品鉴能力，当他指出泉水是惠泉，然水质"圭角不动、鲜爽不损"，不像是几百里路途运来的时，闵汶水惊奇万分，赞其"精赏鉴者，无客比"，并与之订交。原来，他乃自淘一井，在静夜里等待第一股新泉，立即用瓮汲出，又以山间磊石放入瓮中以增鲜活，行舟途中非顺风不行船，如此方得此清冽鲜活之惠泉。[1]

不过，即便在惠泉享有如此盛名的明代，许多文人根据亲身的经验仍然有自己偏爱之水。尤其由于政治中心北移，士人足迹遍及南北，北方地区的一些山泉遂开始得到文人佳赏。拙政园有一处"玉泉"，得名于主人王献臣在北京香山饮过的玉泉。文徵明在《拙政园图咏》中记载说："京师香山有玉泉，君尝勺而甘之，因号玉泉山人。及是得泉于园之巽隅，甘冽宜茗，不减玉泉，遂以为名，示不忘也。"他并且题诗云："曾勺香山水，泠然玉一泓。宁知瑶汉隔，别有玉泉清。修绠和云汲，沙瓶带月烹。何须陆鸿渐，一啜自分明。"[2]在文徵明眼中，品水无需恪守陆羽之说，只消自己亲用烹茶，一啜便能识得水之佳处。此外，晚明王士禛在《古夫于亭杂录》中说陆羽与刘伯刍眼界太狭，只知江南数百里内的水，而他自己所在的山东地区的七十二眼名泉，烹茶皆不在惠山之下。[3]许次纾也在认定天下泉水"必首惠泉"的同时，说黄河之水通过土法澄清，"尤宜煮茶，不下惠泉"。[4]

自陆羽以来，历代制茶法、烹茶法改进的主旨，亦在是否能唤起茶的"真味"。如陆羽《茶经》中说，当时的人烹茶常要加入葱姜、橘皮、胡椒等物，甚或煮成茗粥，陆羽嗤之为"沟渠间弃水"，这正是由于佐料和熬煮的方法影响了茶的原味。他在茶中祛除了这种杂味，又将这种煮茶法简化为"三沸"的煎茶法："其沸如鱼目，微有声，为一沸；缘边如涌泉连珠，为二沸；腾波鼓浪，为三沸。"[5]三沸实际上煎的是水，不是茶，直到最后一沸，才将茶投入壶中，片刻即饮，如此才能保留真味。制茶方面，张谦德《茶经》中论北宋自仁宗时丁晋公龙团茶、蔡君谟小龙团至神宗之密云龙、哲宗之瑞云翔龙虽益精，但"天趣皆不全"，直到徽宗宣和

---

〔1〕[明] 张岱：《陶庵梦忆 西湖梦寻》，上海：上海古籍出版社，2001年，第47—48页。
〔2〕[明] 文徵明：《文徵明集》，上海：上海古籍出版社，2014年，第1178页。
〔3〕[清] 王士禛：《古夫于亭杂录》，北京：中华书局，1988年，第70页。
〔4〕[明] 许次纾著，周道振辑校：《茶疏》，见方健汇编校证《中国茶书全集校证》第2册，郑州：中州古籍出版社，2015年，第771—773页。
〔5〕[唐] 陆羽等著，宋一明译注：《茶经译注（外三种）》，上海：上海古籍出版社，2017年，第35页。

年间由漕臣始创银丝冰芽,"盖将已熟茶芽再剔去,只取心一缕,用清泉渍之,光莹如银丝……号'龙团胜雪'。去龙脑诸香,极称简便,而天趣悉备,永为不更之法"。[1]真味的显现,并不是以刺激味觉为目的,而是将影响口味的原料和方法祛除,现出一种最具"天趣"的味道。明太祖朱元璋于洪武二十四年(1391)九月下诏"罢造龙团,惟采茶芽以进……"[2],改团为散,改造了茶法。其子朱权在《茶谱》中解释说,宋仁宗时"立龙团、凤团、月团之名,杂以诸香,饰以金彩,不无夺其真味。然天地生物,各遂其性,若莫叶茶,烹而啜之,以遂其自然之性也。予故取烹茶之法,末茶之具,崇新改易,自成一家。为云海餐霞服日之士,共乐斯事也"[3]。将前代龙凤团茶中的香料、金彩祛除,而还原其自然的色味,将需要磨成末的茶饼改成叶茶,直接冲泡,这一简化有人说是出身底层的朱元璋以民间饮茶法取代了文人的点茶法,其实这种对"自然之性""天然之味"的寻求,正是文人对茶的认识。由此文震亨在《长物志》中就说:"吾朝所尚又不同,其烹试之法,亦与前人异,然简便异常,天趣悉备,可谓尽茶之真味矣。"[4]

这"真味"乃是从舌尖的味道直指人心之真。刘禹锡在《西山兰若试茶歌》的结尾道出了品茶名句:"欲知花乳清泠味,须是眠云跂石人。"[5]水虽需煎开方能烹茶,但茶汤味道的根柢却在于"清泠"。而能了解这清泠之味的,唯有那不染一丝尘滓的心灵。这句话可谓后世饮茶之人的箴言。在择水的问题上,文人所珍视的亦正是不受人间烟火沾染的"清泠"。在天下的水中,山泉水被认为是上品,不只在于口感,更因其秉受天地之精粹,凛冽而清寒。在《茶经》中,即便是列为三等的井泉也要"以寒为上",明人徐献忠《水品》也说"泉水不绀寒,俱下品"[6]。清泠,意味着对世俗热络的避离,意味着心底的安静和空寂,意味着那如孤鹤一般遗世独立的存世态度。楚辞《九歌·山鬼》云:"山中人兮芳杜若,饮石泉兮荫松柏。"屈子笔下的松柏石泉既是山中人的生活情境,亦是对山中人之高洁的隐喻。能饮石泉者也必是不肯与世同污之人,或者说只有不肯与世同污之人才能闻得杜若之芳,品

---

[1] [明]张谦德:《茶经》上篇,见杨东甫、杨骥编著:《中国古代茶学全书》,桂林:广西师范大学出版社,2011年,第291页。
[2] [明]陈建辑:《皇明通纪法传全录》卷九,明崇祯九年刻本。
[3] [明]朱权:《茶谱》,见杨东甫、杨骥编著:《中国古代茶学全书》,桂林:广西师范大学出版社,2011年,第152页。
[4] [明]文震亨、[明]屠隆:《长物志 考槃馀事》,杭州:浙江人民美术出版社,2011年,第157页。
[5] [唐]刘禹锡撰,陶敏、陶红雨校注:《刘禹锡全集编年校注》,北京:中华书局,2019年,第1010—1011页。
[6] 方健汇编校证:《中国茶书全集校证》第2册,郑州:中州古籍出版社,2015年,第704页。

得石泉之冷。当南宗禅确立后，泉水中那空寂、幽玄之趣便以一种日常的形象或感知与文人会意了；在眼中，这是深山、古寺、太虚、片云、野鹤、幽林、古潭、苍苔所组成的荒寒世界；在口中，便是茶中所蕴的空寂幽冷之韵。妙玉所用的雪水，本来在陆羽笔下并不是烹茶的上品，其在后世受到称赏，更在于它的冷绝。[1]雪水是至寒之物，明田艺蘅在《煮泉小品》中说"雪者，天地之积寒也"，并列雪水为"灵水"之一[2]。晚明的屠隆说雪"为五谷之精，取以煎茶，幽人清贶"[3]，雪水之茶以其寂冷在历史上于文人的心灵里种下了它独特的品度，亦于茶事中造就了一段幽人的历史。唐代白居易给好友元宗简的一首诗中便说："吟咏霜毛句，闲尝雪水茶。城中展眉处，只是有元家。"（《吟元郎中白须诗兼饮雪水茶因题壁上》）寒冬腊月在这繁华而森然的京城之中，唯有好友家里烹的一盏雪水茶，可以一解诗人的忧怀。苏轼在黄州的第二个冬天恰值大雪初晴，他夜里梦到了"以雪水烹小团茶"，醒后以绝句记梦云："酡颜玉碗捧纤纤，乱点余花唾碧衫。歌咽水云凝静院，梦惊松雪落空岩。"（《记梦回文二首》其一）在流放生涯的困顿中，东坡梦中见碧衫女子以雪水烹小团茶，恍然间有种幽冷却缱绻的韵致。辛弃疾《六幺令》（酒群花队）下阕云："长喜刘郎马上，肯听诗书说。谁对叔子风流，直把曹刘压。更看君侯事业，不负平生学。离觞愁怯。送君归后，细写茶经煮香雪。"[4]一生的风流事业，不输前代英雄，看遍古今历史，回头却只是细写茶经，煮雪烹茶。

二、茶烟一缕

茶之真味源于心灵的真诚，在诗人笔下，这一"真诚"在煎茶时某一个"真切"的此刻显现。这一"此刻"常常并不是"喝茶"的时候。白居易任杭州太守时，在虎跑泉边煎茶并写下《山泉煎茶有怀》：

---

[1]《煎茶水记》的"陆羽二十品"中，"雪水"虽入品却只列第二十，且注云"用雪不可太冷"。
[2][明]田艺蘅：《煮泉小品》，见方健汇编校证：《中国茶书全集校证》第2册，郑州：中州古籍出版社，2015年，第683页。
[3][明]屠隆：《茶笺》，见黄宾虹、邓拓编：《美术丛书》二集第九辑，杭州：浙江人民美术出版社，2013年，第169页。
[4][宋]辛弃疾撰，邓广铭笺注：《稼轩词编年笺注》，上海：上海古籍出版社，1993年，第124—125页。

> 坐酌泠泠水，看煎瑟瑟尘。无由持一碗，寄与爱茶人。

此刻，坐在泉边的诗人，口中是煎好的茶，心中感知的却是泠泠的水；他了解煎茶之法，但他眼中注视的，只有那煎茶时所起的茶烟。诗人之所以能够体尝到这泠泠之味、瑟瑟之尘，正在于他并不是为了什么特别的因由而喝茶，甚至连"得到"本身都是应当被遗忘的，在手持茶盏的此刻，这尘烟升起的一瞬打开了一个清寂且真实的世界。

在这凝视空寂的片刻，"岁月"成了唯一的在场者。时间的显现尤为真切地提示着生命的有限性，当下此刻的茶事于是成为此生不可重复的存在。陆羽之友戴叔伦在一个春日来访，有《春日访山人》诗云：

> 远访山中客，分泉谩煮茶。相携林下坐，共惜鬓边华。归路逢残雨，沿溪见落花。候门童子问，游乐到谁家。[1]

戴叔伦走了很远的山路来访陆羽，二人一道坐在林间分泉煮茶。此刻的相聚已是难得，生命的归途不可预料，残雨落花的意象伴随着已生的华发，唯有在这林下相携之时，惜取转瞬而逝的乐处。晚唐杜牧的《题禅院》一诗，同此诗意趣有些相似，不同的是更有一种对生命流逝的感伤和孤绝：

> 觥船一棹百分空，十岁青春不负公。今日鬓丝禅榻畔，茶烟轻飏落花风。[2]

银发的老者静坐于禅榻，十年的繁华岁月都在这轻飏的茶烟中、在静舞的落花里荡去了。掠过鬓角的银丝、与落花共飘散的茶烟，是荡去尘世的羁绊、在虚无中观悟人生幻化的写照。这句诗后来成为著名的诗典。苏轼在黄州所写《安国寺寻春》有"茶烟"句："病眼不羞云母乱，鬓丝强理茶烟中。"在这凄楚时节里，衰朽的身躯似乎让人有无限的悲凉，但东坡并没有过于惆怅。生命的喜怒哀乐本来是受到外物引荡的表现，在禅榻前静观着茶烟飏过鬓丝的片刻，一切的忧虑和遗憾都随之消散，

---

[1] [清] 彭定求等编：《全唐诗》，北京：中华书局，1960年，第3077页。
[2] [唐] 杜牧著，[清] 冯集梧注：《樊川诗集注》，上海：上海古籍出版社，1962年，第245页。

图 9-2　唐寅　落花诗意图　纸本墨笔　私人收藏

生命的本来面目就在此时呈现。元代诗人虞集也用此典来描述苏东坡的一生："老却眉山长帽翁，茶烟轻飏鬓丝风。锦囊旧赐龙团在，谁为分泉落月中。"[1]那放在锦囊中的御赐龙团茶，如今可与谁分泉共品呢？只有那鬓角银丝随着茶烟静静飘飏。这不是对年华的感伤，而是对当下的觉慧。旧物繁华褪去，而回忆中分泉时的水中落月却是永恒的真实存在。

即便是在煎茶已不再流行的明代，文人诗作中也从未忘记这茶烟中的寂静。高启曾赠倪云林诗云："寒池蕉雪诗人画，午榻茶烟病叟禅。"[2]雪中芭蕉与榻边茶烟，自然都不必是日常情态，而是一种物态的"无常"，是存在之转瞬即逝的暗语。为了追逐某个目的，或者就是为了追逐那令人满意的茶汤，生命中的许多瞬间都被人们所遗忘了。可是，得来的茶汤也不过是这一个瞬间而已。对生命真正的把握恰是在当下领略这易逝的此在。吴门唐寅和沈石田《落花诗三十首》其八说："蛰燕还巢未定时，山翁散社醉扶儿。纷纷花事成无赖，默默春心怨所私。双脸胭脂开北地，五更风雨葬西施。匡床自拂眠清昼，一缕茶烟飏鬓丝。"[3]花事已了，繁华将尽，风雨之后，落英满院，独眠清榻，唯有一缕茶烟相伴。（图 9-2）

诗人在煎茶中所体会到的这种平常之情，以及在茶烟、松风中看到的生命当下的空寂，同佛教的思想是分不开的。唐代柏林禅寺赵州大师有个"吃茶去"的

---

[1]［元］虞集：《题苏东坡墨迹》，《道园学古录》卷四，《四部丛刊》景明本。
[2]［元］高启：《高太史大全集》卷十五，《四部丛刊》景明本。
[3]［明］唐寅：《唐寅集》，上海：上海古籍出版社，2013 年，第 67 页。

话头,极大地启迪了佛门于吃茶的日常修行中体悟佛理。赵州大师问新到的和尚:"曾到此间?"和尚说:"曾到。"赵州说:"吃茶去。"又问另一个和尚,和尚说:"不曾到。"赵州说:"吃茶去。"院主听后问:"为甚曾到也云吃茶去,不曾到也云吃茶去?"赵州呼院主,院主应诺,赵州说:"吃茶去。"此后,僧人问"祖师西来意"之类的话时常得到"吃茶去"的回应。南宋初年宏智禅师解释这个话头说:"到与不到,吃茶一样。不着机关,殊无伎俩。且非平展家风,岂是随波逐浪。惟嫌拣择没分疏,识得赵州老和尚。"[1]生命没有来处,亦没有去处;这个"地方"来过,也没有来过;赵州的问题,又不是问题。一切的执着都被赵州的一碗茶化去。而那位院主却将来作来,将不来作不来,将问题作问题,自然也会得到一句"吃茶去"。"吃茶去"说的是一个不起动念、不沾不滞的道理。正由于此一平常心,文人和禅师在茶事中所观觉到的,便是一个"空"的世界,这是世界之中,无一身份、成见和利益之"外物",所有的是一个清朗的当下即现的世界。南宋环溪惟一禅师还有诗偈云:"来去客情千样别,高低主礼一般施。相逢不饮空归去,明月清风也笑伊。"(《颂古三十六首》其一)[2]与一般礼仪所暗示的身份次序不同,茶的主客之间抱求的是一个平等的态度。在这相逢中,饮与不饮都不是最重要的,关切此刻生命的,唯有明月清风。明代董其昌有《赠煎茶僧》诗云:"怪石与枯槎,相将度岁华。凤团虽贮好,只吃赵州茶。"[3]此诗用的也是东坡的典故。怪石枯木,是东坡最喜欢的画题。怪石枯木,因其无生无情,所以没有追索;赵州之茶,因为无名无功,所以没有差等。没有什么茶是赵州茶,亦没有什么茶不是赵州茶。与这种没有追索、没有差等之物相伴,年华不再是在对物的掌控的欲望中被遗忘,而是以一种最真实的面貌被"度过"。

较之茶事初盛的唐代,北宋诗人笔下的茶事不只是空无的幻境,而是在每一个程序中皆细细体味着煎茶的日常。隐士林逋有《茶》诗说:"石碾轻飞瑟瑟尘,乳香烹出建溪春。世间绝品人难识,闲对茶经忆古人。"看着那茶碾磨出的轻尘,闻着点茶时乳花的香气,在林逋心底,这是建溪茶中的一个"春"的世界,生命的此在就在这春的萌发之中显现。这时候随手翻看《茶经》,看到的并不是其中煎茶的要领,而是一种回忆,此刻的春意大概正是茶圣当年烹茶时的心境吧?林逋还很认真地在诗后自注云:"陆羽撰《茶经》而不载建溪者,意其颇有遗落耳。"[4]"茶圣"的

---

[1] 佛光大藏经编修委员会编:《佛光大藏经·宏智禅师广录》,高雄:佛光出版社,1994年,第6页。
[2] 北京大学古文献研究所编:《全宋诗》,北京:北京大学出版社,1998年,第39017页。
[3] [明] 董其昌:《容台集》,杭州:西泠印社出版社,2012年,第56页。
[4] [宋] 林逋:《林和靖集》,杭州:浙江古籍出版社,2012年,第167页。

往事充满了历史的诗意，但亦有其不识今日佳茗的遗憾。苏轼在《和钱安道寄惠建茶》诗中也提到对建茶的喜爱："森然可爱不可慢，骨清肉腻和且正。雪花雨脚何足道，啜过始知真味永。"无须追求"雪花""雨脚"这些唐茶名品，亲自啜过一口建茶，茶汤中那隽永的真味就在舌尖的缱绻之中。

古人对茶的知识固然有局限，但其对世界的真诚之心却是常被后人遗落的。苏轼在杭州通判任上曾写下极负赞誉的《试院煎茶》：

> 蟹眼已过鱼眼生，飕飕欲作松风鸣。蒙茸出磨细珠落，眩转绕瓯飞雪轻。银瓶泻汤夸第二，未识古人煎水意。君不见昔时李生好客手自煎，贵从活火发新泉。又不见今时潞公煎茶学西蜀，定州花瓷琢红玉。我今贫病长苦饥，分无玉碗捧蛾眉。且学公家作茗饮，砖炉石铫行相随。不用撑肠拄腹文字五千卷，但愿一瓯常及睡足日高时。

诗中说当时人认为茶事就是"银瓶泻汤"的点茶，乃并不理解古人说的"煎茶只煎水"的道理。当下和历史之间的错置感，又令诗人更加确信亲身体会的重要。当"三沸"中的蟹眼刚过，鱼眼初生，听到飕飕的水声仿佛松风的鸣响时便可倒入瓯中，那茶末如飞舞的雪花般在瓯中旋转。耳畔的松风和眼前的飞雪，既说出了当时点茶的实际的方法，又提示着生命真实的"此刻"。东坡门人黄庭坚的《煎茶赋》开篇便说："汹汹乎如涧松之发清吹，皓皓乎如春空之行白云。"[1]明人陈继儒赞赏这句话得"煎茶三昧"[2]。"涧松之发清吹"是说煎水时发出的声响，"春空之行白云"乃是点茶时乳花的颜色。此松风、白云之"三昧"道出了茶事当下即现的朗照之义。

对"此刻"的珍视，正是古人煎茶之道的缘起。苏轼的茶诗特别重视"手自煎"之意。元祐四年，苏轼再次来到杭州任刺史，称赞为其设茶的南屏禅师"妙于茶事，自云：'得之于心，应之于手，非可以言传学到者'"，并在以此为题引的诗中写道："道人晓出南屏山，来试点茶三昧手。忽惊午盏兔毛斑，打作春瓮鹅儿酒。天台乳花世不见，玉川风腋今安有。先生有意续《茶经》，会使老谦名不朽。"（《送南

---

[1] [宋] 黄庭坚著，郑永晓整理：《黄庭坚全集辑校编年》，南昌：江西人民出版社，2011年，第970页。
[2] [明] 陈继儒：《茶话》，见方健汇编校证：《中国茶书全集校证》第2册，郑州：中州古籍出版社，2015年，第860页。

屏谦师》)在苏轼心目中，南屏禅师点茶的"三昧"妙手，不是单靠语言的传授便能学到的，亦不是知晓古人一两个典故甚至学习一部《茶经》就能够领悟的。无论是天台乳花还是玉川风腋，其实都是古人亲手煎茶时自我世界的展现，而此时的南屏禅师，亦在亲手点茶之中领悟到了茶之真谛，对此一真谛的领悟亦足以续写《茶经》了。晚年的东坡在海南流放时，依然不改喝茶的爱好，在海南江边写下有名的茶诗《汲江煎茶》："活水还须活火烹，自临钓石取深清。大瓢贮月归春瓮，小杓分江入夜瓶。茶雨已翻煎处脚，松风忽作泻时声。枯肠未易禁三碗，坐听荒城长短更。"王文诰注次公曰："烹茶论脚者尚矣。"[1]此时"尝尽溪茶与山茗"的苏轼对煎茶之道有了更为圆熟的理解，对松风的感知和对雨脚的领会，正来自他多年来"自临钓石取深清"的经验。

如果说赵州茶是以"吃茶"一事来破除过往分别，令人以日常明心见性的一个开头，那么东坡则是用日常茶事的每一个"瞬间"和"手法"，去细细地"体证"三昧觉慧。东坡还有首《南歌子·晚春》词说得最好："日薄花房绽，风和麦浪轻。夜来微雨洗郊坰。正是一年春好、近清明。　　已改煎茶火，犹调入粥饧。使君高会有余清。此乐无声无味、最难名。"邻近清明，众芳初绽，微雨洗尘，最是煎茶调粥好时节。煎茶岂无声？有松风声。调粥岂无味？有平常味。这些日常饮食最普通的事情，在苏轼看来却是难以名状的乐事，生命的原意就显现于这无声无味的相会之中。明人李日华《紫桃轩杂缀》说茶："曰佛、曰仙，当于空元虚寂中嘿嘿证入，不具是舌根者，终难于说也。"[2]这说的也正是东坡在茶中的智慧。这智慧并非从道、佛、茶经中的"语言"就能领悟，在"空元虚寂中"，没有语言，没有经典，没有法则，有的是当下的无意义中对意义的言说。深谙庄禅之理的文人于茶事中的体悟，恰恰是在日常的"行动"中，在清风明月中，"证入"这生命的本来面目。晚明祁彪佳的寓山有一处"沁月泉"，他也写道："其味岂堪敌中泠、北干？予谓正不必尔。但得啜之者到舌空隽，有一种松风之韵，可沁诗脾，足矣。"其注云："此便是第一泉。"[3]这泉即便在味道上不能同天下名泉媲美，但是这种"争比"却着实是不必要的。沾染舌根之时，那空幽隽永之感便将人带入松风明月的世界，在这一意义上，此处便可称为主人心中的"第一泉"。

---

[1]"脚"指点茶所出现的花沫，是观察点茶是否合宜的机杼。蔡襄《茶录》载："茶少汤多则云脚散，汤少茶多则粥面聚。"
[2] [明]李日华：《六研斋笔记　紫桃轩杂缀》，南京：凤凰出版社，2010年，第260页。
[3] [明]祁彪佳：《寓山注》卷一，明崇祯刻本。

三、清风一碗

煎好茶后，坐酌一盏，顿时神清气爽，意兴焕然。饮茶之风最初兴起于佛门，僧人饮之乃为了夜坐禅修时保持不寐，后来自然地用于士人学者的案牍之劳了。[1] 陆羽在《茶经》中说："蠲忧忿，饮之以酒；荡昏寐，饮之以茶。"白居易也曾有《赠东邻王十三》诗："驱愁知酒力，破睡见茶功。"在茶兴起之初，文人闲暇时主要的喜好还是饮酒，于是人们经常将二者并举，甚至还有人专门写过《茶酒论》，以提示这种新兴的事物。[2] 不过，自先秦以来，"酒"已不只是一种功能性的饮品，《庄子》中就有"醉者神全"的说法，魏晋名士饮酒的风雅故事更是文人吟诗作赋最为喜爱的典故来源，其意义早已进入了哲学和文化精神当中。为了赋予茶同样的真趣，从陆羽的时代开始，诗人们就不断地书写着茶之高情。陆羽的好友皎然《九日与陆处士羽饮茶》诗中说"俗人多泛酒，谁解助茶香"[3]，他有意地在雅俗的"品味"上论及茶酒之高下。皎然还有《饮茶歌诮崔石使君》道："越人遗我剡溪茗，采得金牙爨金鼎。素瓷雪色缥沫香，何似诸仙琼蕊浆。一饮涤昏寐，情来朗爽满天地。再饮清我神，忽如飞雨洒轻尘。三饮便得道，何须苦心破烦恼。此物清高世莫知，世人饮酒多自欺。愁看毕卓瓮间夜，笑向陶潜篱下时。崔侯啜之意不已，狂歌一曲惊人耳。孰知茶道全尔真，唯有丹丘得如此。"[4] 这是中国诗文中罕有地提到"茶道"之处，不过，这一茶道并不在于任何方法和仪则，而在于"清"，一饮清人脑，二饮清人神，三饮清人心，最终可引人进入"全真"的世界之中。[5]

---

[1]《封氏闻见记》卷六记载："开元中，泰山灵岩寺有降魔师大兴禅教，学禅务于不寐，又不夕食，皆许其饮茶。人自怀挟，到处煮饮，从此转相仿效，遂成风俗。"[唐]封演撰，赵贞信校注：《封氏闻见录集校注》，北京：中华书局，2005年，第51页。当时，佛门中的诗人不少都提到这一点。诗僧皎然《对陆迅饮天目山茶因寄元居士晟》即云："投铛涌作沫，着碗聚生花。稍与禅经近，聊将睡网赊。"

[2] 敦煌本《茶酒论》杜撰了一段茶与酒之间的对话。茶说自己为"百草之首，万木之花"，又被"贡五侯宅，奉帝王家"，因而"自然尊贵，何用论夸"。酒则说自己"君王饮之，赐卿无畏"，又"有酒有令，礼智仁义"，因此"自合称尊，何劳比类"。茶又说自己"万国来求"，迎合市场，又有高僧大德，饮之出劫，并指责酒令人疯癫，误事误身。酒反驳说自己"公卿所慕"，举国礼乐，又有仙人才子，饮之流芳，也指责茶令人腰疼腹胀，于身心无益。这二者说得看似各有道理，却皆非文人意义上的酒与茶。它们争论的焦点，一在权力秩序，二在社会普及，三在养生功能，但这些"常识"只是用一种世俗的功利主义的效能来看待物，未解茶酒之真意。王重民：《敦煌变文集》，北京：人民文学出版社，1957年，第335—336页。

[3][清]彭定求等编：《全唐诗》，北京：中华书局，1960年，第9211页。

[4] 同上书，第9260页。

[5] "茶道"的说法在后世的中国诗文中极少见到，文人更常用的表述是"茶事"。"茶道"只是在茶刚刚兴起的时候诗僧为了"提示"茶的特别而提出的。

在中唐文人中间，"以茶代酒"之风遂起。大历八年（773），陆羽入颜真卿幕府，自此举办茶会渐成文人聚会的风气，大历年间有许多茶席上的联诗流传下来，如《五言月夜啜茶联句》："泛花邀坐客，代饮引情言。（陆士修）醒酒宜华席，留僧想独园。（张荐）不须攀月桂，何假树庭萱。（李萼）御史秋风劲，尚书北斗尊。（崔万）流华净肌骨，疏瀹涤心原。（颜真卿）不似春醪醉，何辞绿菽繁。（皎然）素瓷传静夜，芳气清闲轩。（陆士修）"[1]此诗处处在说何以"以茶代酒"，酒适合那热闹富丽之宴会，而茶则在这幽僻的僧园中，在静谧的月色里，令人感到《庄子》中的"疏瀹五脏，澡雪心原"。"大历十才子"之一钱起在《与赵莒茶䜩》中说："竹下忘言对紫茶，全胜羽客醉流霞。尘心洗尽兴难尽，一树蝉声片影斜。"[2]"竹林七贤"本多好酒，钱起同他们一样钟爱着竹下的清幽，但在他看来，陶渊明饮酒时所说的"此中有真意，欲辩已忘言"，同样可以说茶，而茶比起酒，更有一番清心静意之功，更有助于洗去尘滓，令世界显露出其天真与深静。在另一首《过长孙宅与郎上人茶会》中他写道："偶与息心侣，忘归才子家。玄谈兼藻思，绿茗代榴花。岸帻看云卷，含毫任景斜。松乔若逢此，不复醉流霞。"[3]又有《过张成侍御宅》云："杯里紫茶香代酒，琴中《绿水》静留宾。"[4]这些诗也同样提到了以茶代酒的想法。贞元十年（794），一名叫吕温的进士记述了他与柳宗元、刘禹锡等赴茶会的情景："三月三日上巳禊饮之日，诸子议以茶代酒，拨花砌，爱庭荫，清风遂人，日色留兴，以青霭攀花枝、莺近席而不惊，花拂衣而不散，酌香沫，浮素杯，凝琥珀之色，不令人醉，微觉清思，虽玉霞仙浆，无复加也。"（《三月三日茶宴序》）[5]此时正值晚春，新茶刚刚下来，在落花里手持素杯，在清风中默观茶烟，文人对茶中这种清朗而静寂的体会，正在于这天地间的此时此地。

比起在茶中看到一个"得道""通仙"的宗教世界，在身处宦海的白居易笔下，茶的意义则显得更为"在世"。白居易常常以古调体诗，诉说他喝茶时心中所体会到的一个世界。如《首夏病间》云："移榻树阴下，竟日何所为？或饮一瓯茗，或吟两句诗。内无忧患迫，外无职役羁。此日不自适，何时是适时？"生病的时候没有职役羁绊，一边饮茶，一边吟诗。《咏意》云："常闻南华经，巧劳智忧愁。不如无

---

[1]［清］彭定求等编：《全唐诗》，北京：中华书局，1960年，第8882页。
[2]［唐］钱起著，王定璋校注：《钱起集校注》，杭州：浙江古籍出版社，2015年，第288页。
[3]同上书，第110页。
[4]同上书，第261—262页。
[5]［宋］李昉：《文苑英华》，北京：中华书局，1966年，第3673页。

能者，饱食但遨游。……或吟诗一章，或饮茶一瓯。身心一无系，浩浩如虚舟。富贵亦有苦，苦在心危忧。贫贱亦有乐，乐在身自由。"他要摒除的，或是车水马龙的城市繁华，或是羁绊自由的宦海职分，或是忧患丛生的人间富贵。他所向往的，是遨游而有兴致的山水，是饱食而无忧愁的适意，是逍遥而忘尘滓的闲情。《山路偶兴》云："泉憩茶数瓯，岚行酒一酌。独吟还独啸，此兴殊未恶。假使在城时，终年有何乐？"走在山间小路上，在泉边休息时就喝一壶茶，在山间雾霭中前行就饮上一盏酒。为什么"我"能在此有这种快乐？因为在山林中，"我"远离了城市中那种琐事与俗务。无论是茶还是酒，都是这一世界中的伴侣，让人进入一种平淡却没有挂碍的状态之中。从白居易的诗来看，他是将茶和酒平等看待的诗人，茶和酒于他而言具有一种相似的意义，就是带给他远离俗事羁绊的自由。人世的忧愁就来自尘俗的烦劳，茶和酒帮助人不断远离的，正是一个需要练达人情、洞明世事的俗世，在其中，人的价值是被政治和社会的位置所决定的，因此每个个体都被要求是冷静和理性的。而茶不是要让人回归理性，而是让人回归生命本来的存有，回归自由与自我。

尼采在《悲剧的诞生》中曾辨析希腊悲剧中相对的"日神精神"与"酒神精神"：日神阿波罗代表了冷静的直观，他目光睿智，精神中立而严肃，并创造出高贵而静谧的幻象；酒神狄俄尼索斯则在醉的迷狂中迸发出激情，并在遗忘中解脱了自我。在尼采眼里，日神精神代表着一种先天的理性的观照，它带给人以美的幻觉；而酒神精神是人最本真的性情的流露，是属于希腊艺术的真正的精神。他批判道，苏格拉底以后，理性主义将日神中的圆融分解为机械的木偶，将逻辑变为通往知识的唯一渠道，酒神也在这种刻板的理性框架中变得不再可见，西方艺术的精神于是只能依附于"辩证法"而存在，而不复见它曾经拥有的生命深处的能量和气质。[1]尼采的洞见似乎给了我们一种很有力的提示。在对酒的书写中间，自然有"李白斗酒诗百篇"的名句，"诗仙"之诗、"草圣"之书，无疑都散发出尼采所说的源自生命原始动力的酒神精神。无论是尼采还是中国诗人，他们所面对的都是一种长久的强大的世俗社会和正统价值。尼采以"酒神"来代"日神"，正意味着对柏拉图以来的希腊理性主义的艺术精神的回绝。他不是观照一个外在世界的"真相"，而是体察自己的内在生命。这一体察同样也建立在对俗世的涤洗中，只不过

---

[1]〔德〕弗里德里希·尼采：《悲剧的诞生》，孙周兴译，北京：商务印书馆，2012年，第103—104、111—114页。

这一涤洗不是通过让人"迷幻",而是通过不断让人从内在的精神中"醒来"。

在中唐以后诗人的笔下,张放的酒神精神逐渐淡漠了,茶碗中那冲淡而清灵的感受逐渐进入了人的精神世界中。卢仝《走笔谢孟谏议寄新茶》中留下了最为后世称道的"七碗茶"歌,可以说是这种精神最重要的指引之一:

> 一碗喉吻润,两碗破孤闷。三碗搜枯肠,唯有文字五千卷。四碗发轻汗,平生不平事,尽向毛孔散。五碗肌骨清,六碗通仙灵。七碗吃不得也,唯觉两腋习习清风生。蓬莱山,在何处?玉川子,乘此清风欲归去。[1]

隐士卢仝在当时可以说是籍籍无名,仅有韩愈感其人品,曾写长诗《寄卢仝》说他"先生事业不可量""故知忠孝生天性"[2]。卢仝(自号玉川子)是修道之人,亦是一位文章、道德俱佳的士大夫。在他笔下,这七碗茶是一个"清"的过程,先清的是肉体的感官,再清的是内心的孤闷,再清胸中神思,可助下笔若神,再清生平不平事,解除功利的迷障,再清涤身体的知觉,摆脱肉体的捆缚,而最后七碗将尽,诗人仿若两胁生清风,欲向着无穷广袤的蓬莱仙界归去。这清的过程就是涤荡胸中尘滓,而随清风畅游于自由世界的过程。世界的真相既不是幻觉,也不是本体,而是在这一涤洗之中呈现的明达之感。值得一提的,卢仝本身也是爱酒之人,他的《自咏三首》其三有句云"生涯身世梦,耽乐酒为乡"[3]。这一"乡",其实正是《庄子·逍遥游》中那株无用的大树所在的"无何有之乡,广袤之野",酒令人"回归"的是一个如梦中一样无利害的自由的世界。如果说酒让人因为沉醉而遗忘,将自我否定之后而与天地自由地往来,那么茶的清醒,并非重新堕入醉之前那个劳烦的世间,而是在遗忘后彻底醒悟。这种醒悟让人重新发现并肯定了自我,此一自我不再受到世间不平的叨扰,甚至不再受到肌骨感官的拘缚,这是一种将真实的自我面向一个自由世界敞开的法门。

北宋时,当士大夫在茶事中的"自我"肯定逐渐被接受之后,卢仝的"七碗茶"歌以及"蓬莱山,在何处?玉川子,乘此清风欲归去"的名句,甚至比陆羽的

---

[1] [清] 彭定求等编:《全唐诗》,北京:中华书局,1960年,第4379页。
[2] [唐] 韩愈著,钱仲联集释:《韩昌黎诗系年集释》,上海:上海古籍出版社,1984年,第782页。
[3] [清] 彭定求等编:《全唐诗》,北京:中华书局,1960年,第4384页。

《茶经》更能够代表文人茶的真意。苏轼在诗中经常引用他的典故，如"买羊沽酒谢玉川，为我醉倒春风前"（《余与李廌方叔相知久矣领贡举事而李不得第愧甚作诗送之》），"群仙正欲吾归去，共把清风借玉川"（《次韵答黄安中兼简林子中》），"明月来投玉川子，清风吹破武林春"（《次韵曹辅寄壑源试焙新芽》）等。这些诗句很多都是在说"酒"，但借用的却是"七碗茶"歌的典故。他眼里的清风裹挟着春的精神，令自我的生命在其中沉醉、张放、圆满。晁补之给自己的叔辈晁端禀写墓志铭，记载其"善为长歌，怪处似玉川子，平处似香山居士"[1]，可见卢仝在当时的盛名。香山居士的"平"，在于他对自我功名沉浮的淡然处之，能道出生活中处处小事的平常；而玉川子的"怪"，则在于他在看起来最为平淡、沉寂的茶事中涌现出一种生命超拔的气象。这一气象在当时看起来"怪"，但在北宋士大夫眼中，这一"怪"却同苏轼最爱的"怪石"一样，成为自我独立精神的不朽的象征。

四、嘉期一候

茶的世界，是一个隽永而静谧的世界，同时它也需要在那当下的一个时节和一种物候中展开。在饮茶之风初起的唐代，诗人们对茶之候便有许多书写。杜甫《重过何氏五首》其三有句"落日平台上，春风啜茗时"[2]，春风之中正是品茶的良辰，一个落日映照的平台就是最佳的啜茗之地。饮茶需要考虑采茶的时节，但更重要的是此时敞开的世界容许一个自在的心灵。白居易喝茶的地方，是在"山路偶兴"之时；钱起的茶宴，则是在"竹下忘言"之处；柳宗元、刘禹锡那一次"以茶代酒"的佳话，是落花时节临时而起的念头，值得书写的茶事不过就是"那时那地"的情之所起、兴之所至。僧人的禅房中有时会安置一固定的饮茶之所。陆羽的朋友皎然的僧舍就是同友人茶集之所，其有诗为证："清宵集我寺，烹茗开禅牖"（《答裴集阳伯明二贤各垂赠二十韵今以一章用酬两作》）[3]，"露茗犹芳邀重会，寒花落尽不成期"（《日曜上人还润州》）[4]，"喜见幽人会，初开野客茶"（《对陆迅饮天目山茶因寄

---

[1] [宋] 晁补之：《鸡肋集》卷六十三，《四部丛刊》景明本。
[2] [清] 彭定求等编：《全唐诗》，北京：中华书局，1960年，第2393页。
[3] 同上书，第9188页。
[4] 同上书，第9238页。

元居士晟》）[1]。但也绝非着意为之的茶室，而只是禅寺中一处小舍。诗人似乎并没有关心此一处所内部空间的营造和装饰，在他心底"清宵之刻""寒花之期"便是最好的茶候。明人陆树声《煎茶七类》有"茶候"云："凉台静室，明窗曲几，僧寮道院，松风竹月，晏坐行吟，清谭把卷。"[2]这些说法大多是从唐宋茶诗而来。文震亨《长物志》卷一中也说过在园林中构筑"茶寮"："构一斗室，相傍山斋。内设茶具，教一童专主茶役，以供长日清谈、寒宵兀坐。幽人首务，不可少废者。"[3]比起古代礼仪中饮酒的场合，抑或日本茶道精心布置的"茶室"，这些场所似乎都太过随性了。的确，文人的"茶候"不必是什么特别的节日，也不必强调明前雨前的茶味佳时，品茶的场所既不用是专门的茶室，也不必是名胜所在，只消在那幽僻之处、心静之时，偶啜一盏，便有无穷滋味。[4]

这种滋味并非人人皆可尝到。皎然诗中的"幽人""野客"，亦隐藏在这茶候之中，甚至可以说茶客就是最重要的茶候。皎然说"喜见"，说"初开"，唯有等来如此幽客，方才欣喜地为其开启共品佳茗"真性"的此刻。唐宋以来，茶客常常成为文人"确认"真正朋友的方式。欧阳修在论茶时常提到一种"真赏"。在给好友蔡襄写的一封信中他就说："承惠茶，独酌甚奇，但无佳客与共真赏。"[5]还有一次，他尝了新茶后写了《尝新茶呈圣俞》诗云："泉甘器洁天色好，坐中拣择客亦嘉。新香嫩色如始造，不似来远从天涯。停匙侧盏试水路，拭目向空看乳花。可怜俗夫把金锭，猛火炙背如虾蟆。由来真物有真赏，坐逢诗老频咨嗟。须臾共起索酒饮，何异奏雅终淫哇。"[6]茶品之佳、泉水之甘、茶器之洁、节候之宜，能"真赏"茶事的人，固然需有知识和经验，但更重要的是心存"诗意"。（图 9-3）

不过，对北宋的士大夫而言，此一种"嘉客"，不只需要有此刻体味茶之真意

---

[1] [清] 彭定求等编：《全唐诗》，北京：中华书局，1960 年，第 9225 页。
[2] [明] 陆树声：《茶寮记》，见方健汇编校证：《中国茶书全集校证》第 2 册，郑州：中州古籍出版社，2015 年，第 734 页。
[3] [明] 文震亨、[明] 屠隆：《长物志 考槃馀事》，杭州：浙江人民美术出版社，2011 年，第 27—28 页。
[4] 当然这并不是说被布置的茶室就一定失去了当下的意义。日本当代茶人冈仓天心说："茶室必须依循某种个别特定的品位来建造，乃是在遵照一项重要的艺术原则；若要淋漓尽致地赏玩艺术，就必定得真诚面对此刻的生活与生命。"自千利休以后，日本的寺院便有专门布置的茶室，这看起来同中国偏向自然而无定则的"茶候"很不同，不过，针对茶的环境的原则其实是相似的：茶的真意就在于对此在的关注。茶事与对名贵饮品的追逐是无关的，这是在静心中回看人生烟云的一个过程。[日] 冈仓天心：《茶之书》，古意译，北京：北京出版社，2010 年，第 78 页。
[5] [日] 东英寿考校，洪本健笺注：《新见欧阳修九十六篇书简笺注》，上海：上海古籍出版社，2014 年，第 70 页。
[6] [宋] 欧阳修著，洪本健校笺：《欧阳修诗文集校笺》，上海：上海古籍出版社，2009 年，第 201 页。

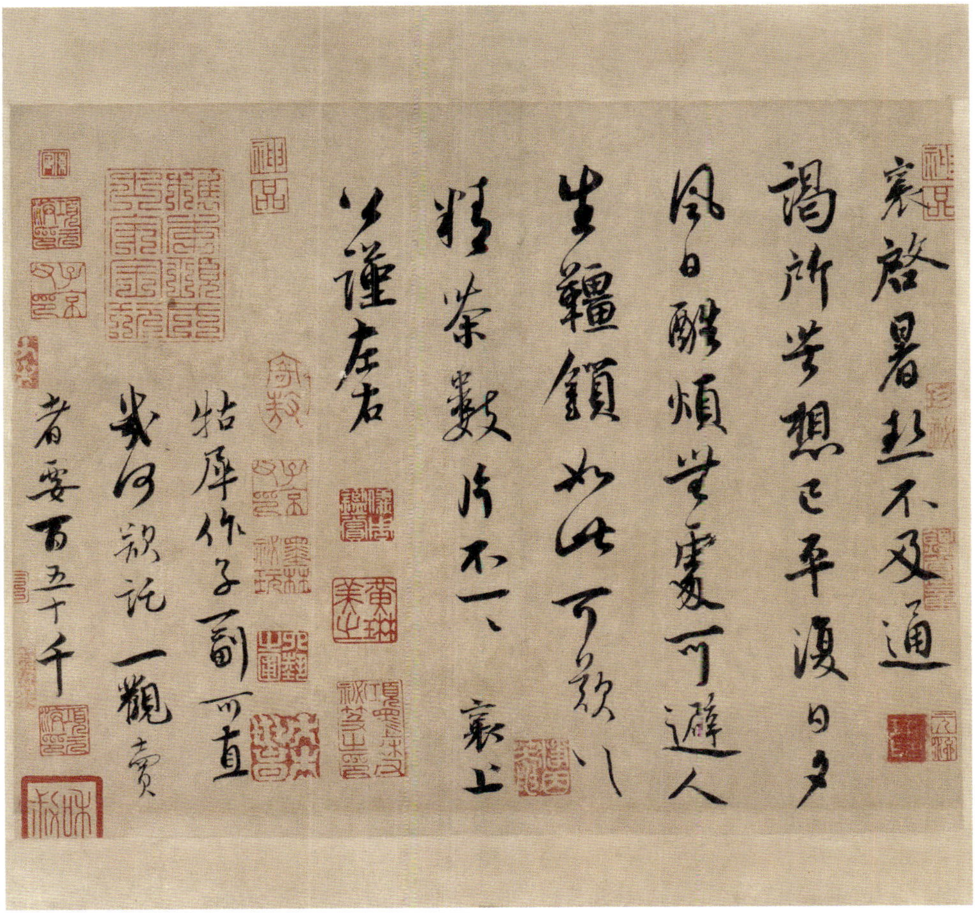

图 9-3　蔡襄　暑热帖　1052 年　台北故宫博物院

的诗情，他的整个生命历程和行事态度，都可能被"包含"在这一评价之中。被欧阳修称为"嘉客"的蔡襄进贡小龙团茶之事就曾饱受当时的士人非议。蔡襄在仁宗朝曾任福建转运使一职，在任上他改良制作了极为珍贵的小龙团茶饼，作为岁贡之茶。[1] 这件事看起来似乎颇为荣耀，却几乎成为蔡襄一生的重大污点。欧阳修作为他的好友，虽然也为其撰写了《龙茶录后序》《茶录叙》，并赞其《茶录》的书法

---

[1] 欧阳修在《龙茶录后序》中提到，当时只有在南郊大礼斋夕时，"中枢、枢密院各四人共赐一饼，官人翦金为龙凤花草贴其上"，而欧阳修在朝中为官二十年，才得获赐，"每一捧玩，清血交零而已"。同上书，第 1743 页。另据欧阳修《归田录》卷二记载："茶之品莫贵于龙、凤，谓之团茶，凡八饼重一斤。庆历中蔡君谟为福建路转运使，始造小片龙茶以进，其品精绝，谓之小团，凡二十饼重一斤，其价直金二两。然金可有而茶不可得，每因南郊致斋，中书、枢密院各赐一饼，四人分之。官人往往缕金花于其上，盖其贵重如此。"[宋] 欧阳修：《渑水燕谈录 归田录》，北京：中华书局 1981 年，第 24 页。

"劲实端严"[1]，但对此事亦感叹道："君谟士人也，何至作此事！"[2]曾经极为推崇蔡襄书法的后学苏轼，更是用一首《荔支叹》将此事与唐代安禄山为杨贵妃进贡荔枝事作比，直讥其与始进大小龙茶的丁谓"争新买宠各出意"，并坚持不肯执笔书写其法书名篇《茶录》。事实上，欧阳修与蔡襄乃是同朝为官多年的好友，常常互赠茶礼，并且当欧阳修得到仁宗所赐小龙团时，也是十分欢喜的，"相家藏以为宝，时有佳客，出而传玩尔"[3]。苏轼还有《行香子》词表达他得赐密云龙的心情："绮席才终。欢意犹浓。酒阑时、高兴无穷。共夸君赐，初拆臣封。看分香饼，黄金缕，密云龙。"那么，为何送茶给同僚好友可表厚意，得到君主赏赐也是满怀欣喜，而只有进贡给君主就备受责难呢？

从蔡襄的为人看，他似乎也只是因为自己的爱好和趣味，正好又任转运使之职而"恪尽职责"而已，但是，从权力关系看，这却是文人士大夫极为鄙夷的一种"争宠"之举。历来以上馈下才可以展现"君臣清事"，这是以君王为主体来表达"惠赐"，代表对个人的一种肯定。而"贡物"代表着臣服、奉迎和对利益的期待，也即"贡物"中必然存在着"权力关系"。美国人类学家马歇尔·萨林斯（Marshall Sahlins）在讲述近代中英关系时，提到英国人馈赠中国的"礼物"，被中国的皇帝当作"贡物"。[4]法国人类学家马塞尔·莫斯（Marcel Mauss）在《礼物》一书对安达曼岛人的礼物形式的研究中，又提出一种反社会交换的看法，认为在他们的交换中，"人们将灵魂融于事物，亦将事物融于灵魂"[5]。这种原初的"灵"可以说也是人类学家面对世俗社会时所显现出来的，而当同样面对世俗社会的文人用礼物言说或"混融"自我时，他们以一种经过涤洗而秉持原真性的"清"的态度进行馈赠。可以认为，"礼物"对代表着一种信任的平等关系而言，是将自己珍爱之物献出以表达友谊，而"贡物"则是对个人臣服甚至逢迎姿态的一种展示。蔡襄以下奉上，无论这一小团茶如何"精绝"，甚至"清绝"，也无法遮掩其为"贡物"的本质。欧阳修《龙茶录后序》所谓"自君谟始造而岁贡

---

[1]〔宋〕欧阳修著，洪本健校笺：《欧阳修诗文集校笺》，上海：上海古籍出版社，2009年，第1937页。
[2]〔宋〕欧阳修：《欧阳修全集》，北京：中华书局，2001年，第1936页。此语本见苏轼《荔支叹》自注。
[3]〔宋〕欧阳修著，洪本健校笺：《欧阳修诗文集校笺》，上海：上海古籍出版社，2009年，第1743页。
[4]〔美〕马歇尔·萨林斯著，王铭铭编选：《人性的西方幻象》，赵丙祥、胡宗泽、罗扬译，北京：生活·读书·新知三联书店，2019年，第22页。
[5]〔法〕马塞尔·莫斯：《礼物》，汲喆译，上海：上海人民出版社，2002年，第45页。

焉"[1]，让后世福建的北苑茶人苦于进贡，蔡襄难辞其咎。

这一段故事只是茶史之插曲，蔡襄也并没有因此就彻底失掉了历史的清誉，至少同北宋末年另一"蔡"（蔡京）相比，他最终还是被列入了后人认可的"宋四家"。董其昌后来曾为蔡襄作辩护，说他此举只是"点缀太平世界一段清事而已"[2]。董其昌将蔡襄与皇帝的关系曲意阐释为一种文人之间的交谊关系，而茶礼完全是由于君臣的惺惺相惜，故可作为不沾染权力关系的"一段清事"。但是从当时的士大夫对此事的重视，可看出士人在茶事上对人品的严格"拣择"，这"清癖"，根本上是出于对茶事之中平等心的一种维护。

在晚明的茶书中，"清俗"之论成了最核心的议题。田艺蘅《煮泉小品》云："煮茶得宜而饮非其人，犹汲乳泉以灌蒿莸，罪莫大焉。饮之者一吸而尽，不暇辨味，俗莫甚焉。"[3]这段话恰似应合了《红楼梦》中刘姥姥饮茶事。刘姥姥"一口吃尽"又说"再熬浓些就好了"，连对黛玉无法尝出梅花雪水都嫌弃其为"俗人"的妙玉见了，自然有种"汲乳泉以灌蒿莸"之感。然而，曹公之意，是在讽刺这种以品味辨别"俗人"本身就是另一种庸俗。事实上，明代文人在很多时候说的"俗"，并不是平常百姓，也不是不懂分辨茶味之人，而正是胸中充满功利之心的人。《煎茶七类》列人品为第一："煎茶非漫浪，要须其人与茶品相得。故其法每传于高流隐逸，有云霞泉石、磊块胸次间者。"[4]饮茶最重要的不在味觉上的"精熟"，乃在对世味尘俗的超逸。罗廪的友人屠本畯在《茶解》序言中记罗廪自述云："山堂夜坐，汲泉煮茗，至水火相战，如听松涛倾泻入杯，云光潋滟，此时幽趣，未易与俗人言者。"[5]煎水的细吟、茶烟的清寂，这诗意世界的存在，浸润着中国人在茶事中所颖悟的生命的真实。

甚至，有时这"俗"未必是"某一类人"，亦可以是"某一种情境"。唐寅好友顾璘曾题唐寅《煮茶图》云："朱门酒肉如山海，沉湎徒云性灵改。松关宴坐真天人，朗如玉树生华采。"[6]沉湎于酒肉奢靡生活中的性灵是无法尝到茶中的天真之味

---

[1] [宋] 欧阳修著，洪本使校笺：《欧阳修诗文集校笺》，上海：上海古籍出版社，第2009年，第1743页。
[2] [明] 董其昌：《容台集》，杭州：西泠印社出版社，2012年，第605页。
[3] [明] 田艺蘅：《煮泉小品》，见方健汇编校证：《中国茶书全集校证》第2册，郑州：中州古籍出版社，2015年，第682页。
[4] [明] 陆树声：《煎茶七类》，见方健汇编校证：《中国茶书全集校证》第2册，郑州：中州古籍出版社，2015年，第734页。
[5] [明] 罗廪：《茶解》，见方健汇编校证：《中国茶书全集校证》第2册，郑州：中州古籍出版社，2015年，第815页。
[6] [明] 顾璘：《顾璘诗文全集》，清《文渊阁四库丛书》本。

的,而唯有宴坐松间,澄心朗照,方能体会茶的乐趣。李日华在《紫桃轩杂缀》中甚至说:"精茶岂止当为俗客吝!倘是日汩汩尘务,无好意绪,即烹酒,宁俟冷以灌兰蕙,断不以俗肠污吾茗君也。"[1] 好茶不只要回避"俗客",连自己心中萦满日常冗杂之事的时候也要防止以"俗肠污吾茗君"。文人对品茶之"候"的执着,以及对茶侣选择的挑剔,不允许一丝一毫的"俗气"与"俗念"沾染其身,这看起来的"偏执",实在是几百年来文人对茶事之中平常心和真实义的一种长久的领悟。

五、真赏一事

同其他的文人之事一样,伴随着文人对茶的意义的点化,"茶事图"逐渐成为文人画中一个重要的主题。尽管在陆羽《茶经》的第十节就已经有图的表达了,但这只是"图示"(reference),而并非一幅绘画。[2] 晚唐至宋初,当烹茶成为一种家内的风气,再现茶事"场景"的绘画即有出现。如晚唐善画仕女画的周昉和张萱,都画过仕女烹茶主题的绘画。现存的唐代《宫乐图》中,围坐在桌前的贵族仕女们,有人演奏着音乐,有人以耳杯饮酒,也有人手捧着越窑的茶碗在品茶。(图9-4)这些类似于17世纪法国洛可可室内画的茶事画,表现了贵族女主人的"家内"生活。在河北宣化下八里辽墓群10号墓出土的《进茶图》(又名《备茶图》,图9-5)也是在表现一个家内备茶的场景,几乎将陆羽《茶经》中备茶的图示以"叙事"的方式展现出来,我们可以据此清楚地了解到彼时各色茶具的形制和使用方式。

这些重在"指示"(reference)或"再现"(representation)的绘画,所指向的是类型化和叙事化的"物"。自五代开始,由于陆羽"煎茶赢得好名声",一些画家开始尝试表达文人煎茶的故事,如五代王齐翰的《陆羽煎茶图》和董逌《广川画跋》所载《陆羽点茶图》,可惜皆未传世。到南宋时候,经由北宋苏轼等诗人的化

---

[1] [明] 李日华:《六研斋笔记 紫桃轩杂缀》,南京:凤凰出版社,2010年,第260页。
[2] 陆羽《茶经》第十节说:"以绢素或四幅、或六幅分布写之,陈诸座隅,则茶之源、之具、之造、之器、之煮、之饮、之事、之出、之略,目击而存,于是《茶经》之始终备焉。"陆羽将茶的各种类别,包括茶具、煮法、饮法,以图示绘制出来,裱在座位边的屏风上以便参考。这种"图示法"在后代常被茶的谱录所继承,如宋审安老人《茶具图赞》、明顾元庆《茶谱》一类的书中之图,亦是教人辨明茶具的。[唐] 陆羽等著,宋一明译注:《茶经译注(外三种)》,上海:上海古籍出版社,2017年,第84页。

图9-4 佚名 宫乐图 绢本设色 台北故宫博物院

育,在唐时寂寂无闻的卢仝,在刘松年的笔下,成为后世最具"真性"的茶事图中的人物。刘松年所画的《卢仝煎(烹)茶图》有许多版本,其中一个摹本现藏于故宫博物院。(图9-6)此图描绘古松掩映下巨石矗立,一文士坐于茅屋之中,其目光所及处,耳室中一仆正在炉旁烧火,屋外的泉水之畔一位童子正躬身从泉中汲水。相比唐代的《宫乐图》、辽墓中的《备茶图》甚至董逌所载的《陆羽点茶图》,在这幅画中,碾茶、送茶、点茶和饮茶以及文人茶诗中常出现的"采茶"等事皆被略去,只留下了"煎茶/煮茶/烹茶"这一场景。这是茶事当中这一"瞬间"而非"叙事"的表达。这样的选择无疑来自前代诗人对"茶事"含义的领会,而画家则基于"画面感"之瞬间性的理解,将他们心底最能够呈现茶事真意的那一个"决定性的瞬间"展现出来。元人李复在此画后题:"观其布景萧散,用意清远,倏然有出尘之想。噫!卢仝之趣,非松年莫能写其真,而松年之画今之所见者盖以寡矣。"[1]题跋虽没有具体说明画面的内容,但说其是一幅真正令人感到有"出尘之想"的文人之画。作者感叹卢仝其人的风流往事"非松年莫能写其真",这一"真",显然不是卢

---

[1]《宋画全集》编辑委员会:《宋画全集》第1卷第6册,杭州:浙江大学出版社,2008年,第104页。

图 9-5　备茶图　1093 年　河北宣化 10 号辽张匡正墓前室东壁

全的故事或是容貌,而是作为一完整世界的煎茶"真意"之所在。

厉鹗的《南宋院画录》中也记载了一幅刘松年《卢仝烹茶图》,后录有都穆的一则题跋:

> 玉川子嗜茶,见其所赋《茶歌》。松年图此,所谓破屋数间,一婢赤脚,举扇向火,竹炉之汤未熟,而长须之奴复负大瓢出汲。玉川子方倚案而坐,侧耳松风,以俟七碗之入口,可谓善于画者矣。夫茶未易烹也,予尝览《茶经》水品,又尝受其法于隐人,始知人之烹茶率漫浪,而真知其味者鲜也。呜呼,安得如玉川子者,与之谈斯事哉![1]

这段描述的妙处在"俟"一字。卢仝以《七碗茶》歌闻名,但这幅画没有如其歌所述画其神思泉涌,奋笔疾书,也没有画其两袖清风,飘然欲仙,而是画了几间破屋,一个赤脚的婢女在扇火候汤,另一个僮仆在一旁汲水,诗人则倚案而坐,侧耳松风,"等候"茶汤煮开。都穆评价说,这是懂茶且善画之人的笔法。

再看都穆之友唐寅的《跋刘松年烹茶图》:

---

[1] [清] 厉鹗:《南宋院画录》,杭州:浙江人民美术出版社,2016 年,第 104 页。

图9-6 （传）刘松年　卢仝烹茶图　绢本墨笔　故宫博物院

右玉川子烹茶图，乃刘松年作。玉川子豪宕放逸，傲睨一世，甘心数间之破屋，而独变怪鬼神于诗。观其茶歌一章，其平生宿抱，忧世超物之志，洞然于几语之间；读之者可想见其人矣。松年复绘为图，其亦景行高风，而将以自企也夫！玉川子之向洛阳，人不知也，独昌黎知之。去昌黎数百年，知者复寥矣；而松年温之，亦不可不为之遭也。予观是图于石湖卢臬副第，喜其败炉故鼎，添火候鸣之状，宛然在目，非松年其能握笔乎？书此以俟具法眼者。[1]

此跋虽不见于故宫博物院所藏之卷后，但画家和主题皆同，或许乃是刘松年之作的另一个版本。唐寅这里特别对卢仝的身世作了回顾，说玉川子的"景行高风"，在同时代只有韩愈了解，后来逐渐无闻。而刘松年可以说又"发现"了其人之高，而独画其"败炉故鼎，添火候鸣"的情形。比起都穆认为画候汤是因为茶不易烹，唐寅却觉得这一"候"的场景正是茶的真意所在，唯有独具慧眼的画家才能把握。唐宋以来所奠立的那个与自我照面的茶烟一缕的瞬间，也的确需要一位真正的诗人方才能有所领悟。

　　文人对于茶事的表达，是对茶事如何与自身生命勾连的映照。出于对生命真实

---

[1] [明] 唐寅：《唐寅集》，上海：上海古籍出版社，2013年，第517页。

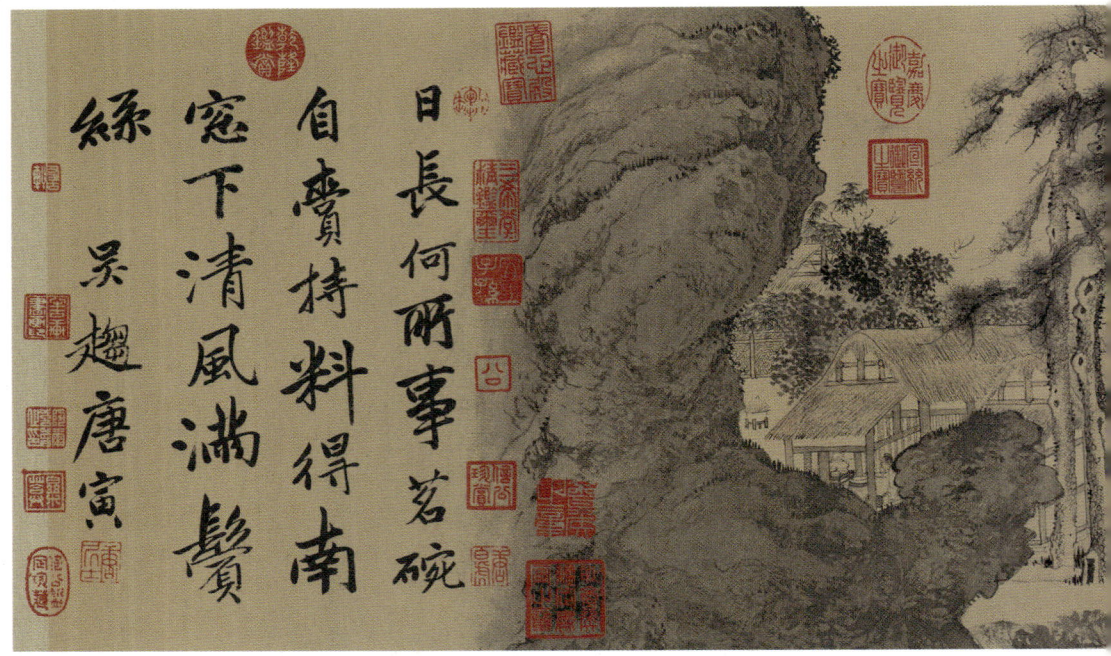

性的认识,他们笔下的画面,或者说他们所选择的那个被描绘的场景,必然是要将茶之"清"从那日常之"事"和历史之"名"中澄明出来。明代凌云翰题龚翠岩所画《煎茶索句图》也道出此意:"玉川和靖总清标,煮茗吟梅共寂寥。时世不同人物似,正如雪里见芭蕉。"[1] 从诗里看,这幅画描绘的是唐代的玉川子和宋代的林和靖一起煮茗吟梅的场面。时代不同的二人在历史上自然不曾谋面,但他们皆因禀性的"清标"而进入了文人的视域之内。正如雪中芭蕉一样,这时代的错置恰恰反映出一种文人意义的真理性:那历史之真无关紧要,文人画面向的是对意义之真的理解和表达。后来唐寅自己也绘了一幅《卢仝煎茶图》,自题云:"千载经纶一秃翁,王公谁不仰高风;缘何坐所添丁惨,不住山中住洛中?"[2] 在他心中,卢仝乃是古今难得的饱学高士,倘若是别人写此诗,大概会写他为何一生没有出仕做官,但唐寅却感叹道,为何如此高风之人没有住在山里,反而沦落住到繁华的洛阳去了,这正是唐寅对自我处境的反观。

故宫博物院所藏《事茗图》(图9-7),也是唐寅茶画中的杰作。此画1924年曾被溥仪带出紫禁城运至长春,饱经战乱,几被焚毁,幸得张伯驹买下,才得以留存

---

[1] [明] 凌云翰:《柘轩集》卷一,清《武林往哲遗著》本。
[2] [明] 唐寅:《唐寅集》,上海:上海古籍出版社,2013年,第128页。

图 9-7　唐寅　事茗图　纸本设色　故宫博物院

至今。画中,唐寅对茶"事"的意义有了更深的体会。引首"事茗"二字由文徵明所题写。在画面左上,唐寅自题云:"日长何所事?茗碗自赍持。料得南窗下,清风满鬓丝。"[1]从画面背部陆粲写的《事茗辩》可知,这幅画其实是画给一位叫"陈事茗"的友人。又据刘九庵先生考订,陈事茗乃唐伯虎之婿王宠的近邻,与唐伯虎也有交往。[2]这是一幅在吴门画派中常见的"别号图"。明代文人常有以嘉景清物为"别号"之风,而画家便以别号为题为友人写园居日涉之趣。本来,具体人物的表现,必然牵引着此人的某些"故事"场景,更何况此图就是为了送给这个人所作。这似乎很符合艺术史上的惯例:尽管不能详知陈事茗是不是这幅画的赞助人,但唐寅之"送"显然出于某种人情的考虑,因此他应该画的就是这个馈赠对象的生活。然而,无论在画面还是题跋中,唐寅都没有专门提到这幅画描绘的就是陈事茗,相反,他将相赠之人完全融化在了这一不知主人为谁的茗"事"当中。唐寅又在卷尾题诗第一句便说"日常何所事"——茗事的意义在于"无事之事"的此刻,没有令

---

[1] 浙江大学中国古代书画研究中心编:《明画全集·唐寅卷》,杭州:浙江大学出版社,2018年,第354页。
[2] 日本《书道全集》影印有王宠《致陈事茗杂诗》卷,款云:"辛卯五月王宠为事茗书"。辛卯为嘉靖十年(1531)。书后有文彭跋,跋中云:"盖事茗为其邻友,善琴能棋,颇相狎匿,故所蓄甚多。而事茗每求不已。"参见刘九庵:《吴门画家之别号图及鉴别举例》,《故宫博物院院刊》1990年第3期。

人烦扰的俗事,在窗下的清风中对着手中所持的茶碗,生命的静好就凝驻在这山中的日常中。对文人而言,这并不只是属于某个人的个别的情景,而是真实的自我之存有的世界——对文人而言,这便是他们生命中最值得珍重的"事"。

画中表现了一个幽隐的氛围,崚嶒山石左右环抱,远处黛色的青峦列屏隐现。数间茅舍开于两株古松下,主屋内一人独坐于桌前,桌上有书卷和白瓷茶壶。画面左侧巨石掩映的茅屋内,一位童子正在扇风煮茶,炉内火光正旺。这正是与刘松年《卢仝烹茶图》相似的画法。王连起根据画面近景中长松的郭熙笔法,以及杂树叶子的李唐笔意,说此画"驾驭两宋之法而能自然和谐,但笔墨的轻灵文雅还是唐寅自家风貌"[1]。艺术史家葛兰佩(Anne de Coursay Clapp)也认为,这幅画中的山水有意突破宋画的传统:刘松年的作品中,山水是以李郭画派的平远之姿表现于画面上方,而唐寅的画则是以巨大的山石分布在画面两侧。[2] 唐寅的画法显示出他的意图正在于表现一个"茶事"的场所。唐寅还画过一幅《品茶图》,乾隆皇帝曾挂于河北蓟县(今天津蓟州区)盘山"静寄山庄"品茶精舍"千尺雪"斋之中,图上的题诗很有名:"买得青山只种茶,峰前峰后摘春芽;烹煎已得前人法,蟹眼松风候自

---

[1] 王连起认为,《事茗图》中"远山近石都一改其带水长皴,两棵主树长松,完全是法郭熙……图中的杂树,叶子或勾或点,还保留了李唐画遗意。驾驭两宋之法而能自然和谐,但笔墨的轻灵文雅还是唐寅自家风貌",皆是唐寅成熟期的风格,应作于其四十岁前后。王连起:《唐寅书画艺术问题浅说(之二)》,《紫禁城》2017年第4期。
[2] Anne de Coursay Clapp, *The Painting of T'ang Yin*, Chicago: The University of Chicago, 1991, p. 94.

图 9-8　文徵明　惠山茶会图　纸本设色　故宫博物院

嘉。"[1]"买得青山"的意义只在于茶事，而茶事的真意却在目中蟹眼、耳畔松风和嘉美风候的此刻。

　　茶的环境、口味得宜后，还必须要有"诗"来令其味隽永清灵。沈周在一个中秋月夜于虎丘汲泉试茶，后绘《汲泉煮茗图》，又题《是夕命童子敲僧房汲第三泉煮茶坐松下清啜》诗云："夜扣僧房觅碉腴，山童道我吝村沽。未传卢氏煎茶法，先执苏公调水符。石鼎沸风怜碧绉，磁瓯盛月看金铺。细吟满啜长松下，若使无诗味亦枯。"[2]写诗的人，也必有一颗真赏之心。文徵明在嘉靖辛卯年（1531）也曾绘《惠山茶会图》，卷后并没有画家的题诗，后顾文彬引文徵明《煎茶赠履约》诗云："嫩汤自候鱼生眼，新茗还夸翠展旗。谷雨江南佳节近，惠泉山下小船归。山人纱帽笼头处，禅榻风花绕鬓飞。酒客不通尘梦醒，卧看春日下松扉。"认为"移题此画，觉有九龙峰下，松风茶烟，飘堕襟袖矣"。[3]当志同道合的友人来访，共同在清泉白石畔煎一壶好茶，一切的尘务都被荡去，只有对时节的感伤萦绕在心头。事终人散后，唯记取此刻的相会。画成展卷观之，唯有那松风和茶烟在衣袖之间飘落。（图 9-8）

---

[1]［明］唐寅：《唐寅集》，上海：上海古籍出版社，2013 年，第 438 页。
[2]［明］沈周：《沈周集》，杭州：浙江人民美术出版社，2013 年，第 385 页。图见何炎泉、陈阶晋、陈韵如编：《明四大家特展·沈周》，台北：台北故宫博物院，2014 年。
[3]［清］顾文彬、［清］孔广陶：《过云楼书画记　岳雪楼书画录》，上海：上海古籍出版社，2011 年，第 134 页。

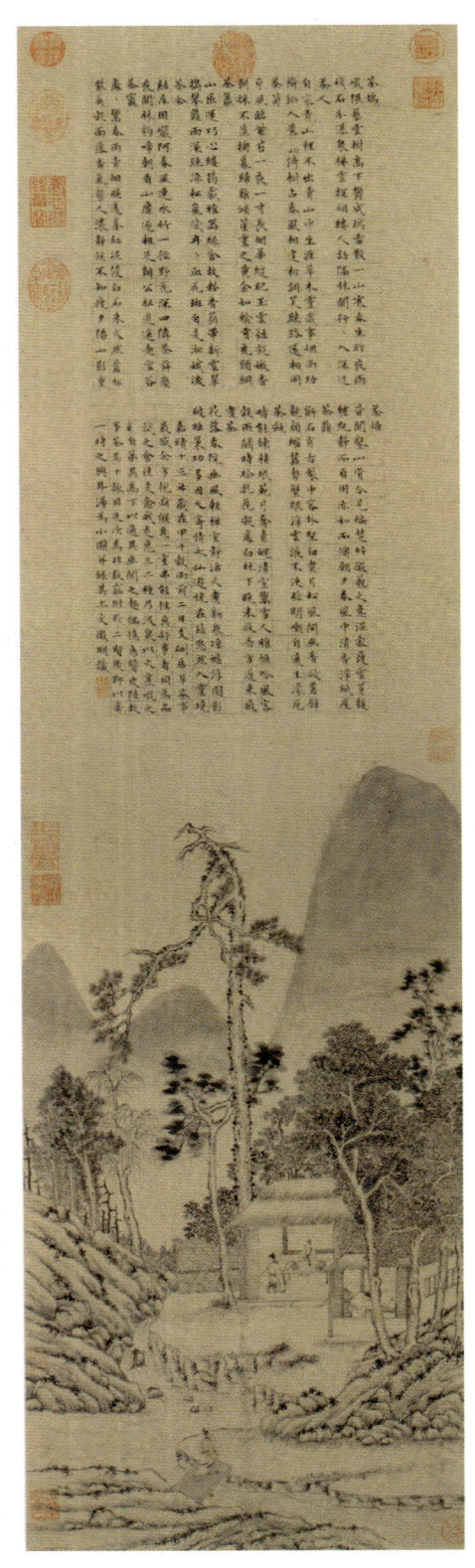

于此,"茶事"中的"茶具"也就不再只意味着某种样式或是功能,而是一诗意之物。文徵明的《茶具十咏图》中,上方文徵明以工整的小楷录其追和皮日休及陆龟蒙的《茶具十咏》诗,而每一首"咏物"之诗道出的皆是这一"诗的世界"。如《茶鼎》诗云:"斫石肖古制,中容外坚白。煮月松风间,幽香破苍壁。龙头缩蠢势,蟹眼浮云液。不使弥明嘲,自适王蒙厄。"《茶瓯》又云:"畴能炼精珉,范月夺素魄。清宜䴙雪人,雅惬吟风客。谷雨斗时珍,乳花凝处白。林下晚未收,吾方迟来屐。"[1]这两首诗首联都是对"茶鼎""茶瓯"形制的描绘,而从颔联起引入了煮茶时松风、幽香与乳花的茶境,后又引入古时的典故、今朝的手眼。由诗意而来的图画中,茶具之器具性已经退隐到了茶事的世界之后,而正是这一世界的展露才令这些茶具不再只是用器,转而成为一件和文人共在于这个世界的物。(图9-9)

吴门的"茶事图"还有一处独特的语言。《事茗图》中,在另一侧一注飞瀑之下、一湾清泉之上有一石桥,一位远客正策杖来访,身后跟随一童子抱琴。这是吴门画派的"茶事图"与前人不同的地方。文徵明《茶具十咏图》和故宫藏《烹茶图》中也可见相似的画法,在群山环抱的松林之间有一小轩,轩内一桌上放着书卷

图9-9 文徵明 茶具十咏图 纸本设色 台北故宫博物院

---

[1] [明] 文徵明:《文徵明集》,上海:上海古籍出版社,2014年,第1181页。

和茶壶，两位文士对坐而谈，他们身后是一面素色屏风。侧屋内，一位童子在引炉烹茶，窗前梧桐相荫，轩外流水潺潺。前景中小桥之上，一位迟到的朋友正漫步而来。（图9-10）通过艺术史的考察，固然可以猜测这位友人"是谁"，然而，这种猜测一定是徒劳的，因为真正的茶会的人数往往是多于画面的，更重要的是，"是谁"的认识实际上已经脱离了"茶事图"本身的旨趣了。唐寅题自己所画《落花卷》："空山春尽落花深，雨过林阴绿玉新；自汲山泉烹凤饼，坐临溪阁待幽人。"[1]在落花时节，竹林深处，空寂的春山中，时间在这种静寂的等待中绵延而流淌，而"我"坐在溪阁之中，静静地等待着那位"幽人"。那与其说是"某个人"，不如说他是一"可待之人"。仿佛另一个"自我"，他的心胸性灵足以体会这落花春尽时，松风茶烟里。对于那些感情深笃、志同道合的朋友而言，这些作品的意义又像是一种"认同"。可以说，"茶事图"中的"事"正在于这种"等待"：童子在等待炉火旺，茶水开，屋中的人在等待童子煎好茶，也在等待那尚未到来的友人，而小桥上的那位迟来的文士也在等待与好友

---

[1] [明]唐寅：《唐寅集》，上海：上海古籍出版社，2013年，第119页。《石渠宝笈》卷三十四录其为《坐临溪阁图》题诗，并录其识云："辄作小绝，并画以为赠存道老兄，具俦昔之欢，并居处之胜焉。时弘治甲子四月上旬。"

图9-10 文徵明 品茶图 纸本设色 台北故宫博物院

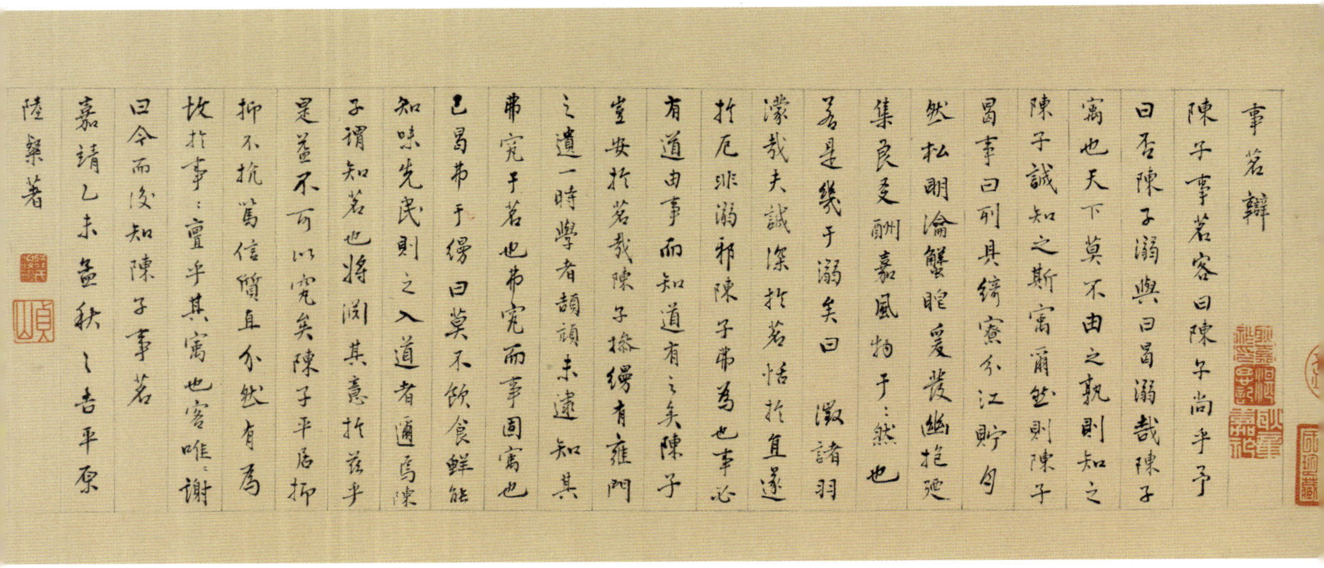

图 9-11　陆粲　事茗辨　唐寅《事茗图》尾跋

相聚。可是，似乎又没有人在等待。童子只是在扇旺炉火，屋内一人在独坐，桥上的一人在款款而来。这是一个生命的瞬间，它是茶事最为宁静的时刻。最初的送茶场景，或是准备茶具，或是人都来齐后的欢宴，或是散场之后的茶冷，都不足以呈现茶事的永恒意味。茶事的真意自然地流露在这等待中的无待里。

当陆粲在嘉靖乙未年（1535）秋天为此图写《事茗辩》时，唐寅已去世十二个春秋了。（图 9-11）这一长跋的对话之中，又再次言说了茶事的意义：

陈子事茗。客曰："陈子尚乎？"予曰："否。""陈子溺与？"曰："曷溺哉？陈子寓也。天下莫不由之，孰则知之？陈子诚知之，斯寓尔。""然则陈子曷事？"曰："列具绮寮，分江贮月，然松明，瀹蟹眼，爰发幽抱，乃集良友，酬嘉风物，于于然也。""若是几于溺矣。"曰："征诸羽蒙哉！夫诚深于茗，恬于直，遂于厄，非溺耶？陈子弗为也。事必有道，由事而知道有之矣，陈子岂安于茗哉？陈子操缦，有雍门之遗，一时学者颉颃未逮，知其弗究於茗也。""弗究而事，固寓也已，曷弗于缦？"曰："莫不饮食，鲜能知味，先民则之，入道者迹焉，陈子谓知茗也，将渊其意于兹乎？是益不可以究矣。陈子平居，抑抑不抗，笃信质直，介然有为。故于事事亶乎其寓也。"客唯唯，谢曰："今而后知陈子事茗。"嘉靖乙未孟秋之吉，平原陆粲著。[1]

陈事茗眼里的"茶事"，乃"列具绮察，分江贮月，然松明，瀹蟹眼，爰发幽抱，乃集良友，酬嘉风物，于于然也"，而这些"事"，并不会令人沉溺，而是"事必有道，由事而知道有之矣"。陈事茗说，他是"寓"于茶事。"寓"的说法应从东坡而来。东坡为王晋卿写《宝绘堂记》，说自己早年沉溺于收藏书画，到了后来才逐渐领悟到"寓"的道理："君子可以寓意于物，而不可以留意于物。寓意于物，虽微物足以为乐，虽尤物不足以为病。留意于物，虽微物足以为病，虽尤物不足以为乐。"苏轼又引用老子"五色令人目盲"的话，说倘若沉溺于物之声色，以"得到"为执念，"留意而不释"，便为病而不为乐矣。而陈事茗说，若要"寓"于茶事，首先是"弗究于茗"，而后才可"渊其意于兹"。也就是说，不必穷究于茶本身的种类、文化、身份，以及那被规定的茶室、茶席、茶具，愈是研究，愈是分别，愈是带有功利之心，其味也便愈远离自我本真的生命，人也便愈不可能"寓"于"茶事"了。正如唐寅所题，自持茗碗，鬓入清风，又如陈事茗所说，"乃集良友，酬嘉风物"，这便是"事茗"的意义所在。

能得"真赏"者，不只是"茶"，还有这幅画本身。无论是文徵明之引首，还是陈事茗之话语，抑或陆粲之书写，都在诉说着《事茗图》之"清"的价值。晚明时钟爱茶事的福建太守喻政对唐寅《陆羽烹茶图》的收藏，亦颇能说明读画者的心迹。画中有唐寅自题，还有文徵明、庄懋循、王穉登等人题跋。喻政对它爱不释手，朝夕相对，遇好友来访或去友人家拜候则拿出共赏，并请其题诗，后来辑录为《〈烹茶图〉集》[2]。王穉登题云"太守风流嗜酪奴，行春常带煮茶图"，这在当时已成一段佳话。在这个题画诗集中，几位友人都言道，喻政与此图为伴，乃是得到了茶之"三昧"。其中喻政的一位名叫于玉德（字润父）的旧日下属写得忒为有趣，他看过这幅画后说："羽耻一物不尽其妙，伯虎亦耻妙不尽其图。正之因图见伯虎，因伯虎而得羽之味茶也，自以为可贵如此。"在他看来，画中人陆羽、作画者唐寅和读画者喻政简直是超越时空的知己。陆羽了解了"物"的妙意，唐寅则因为了解了"图"的妙意，因此能够将陆羽"物"之妙传递给读画者，这真乃世间最为珍贵

---

[1] 浙江大学中国古代书画研究中心编：《明画全集·唐寅卷》，杭州：浙江大学出版社，2018年，第354页。句读有部分改动。
[2] 以下相关引文皆见方健汇编校证：《中国茶书全集校证》第2册，郑州：中州古籍出版社，2015年，第922—929页。

的"相知"了。有友人不以为意,说这不过是文人逸士传玩助兴之物罢了,而润父答云:

> "夫有形之饮不过满腹,传玩之味淡而幽,永而适,忘焉仙也,怡焉清也。无清汗,亦无枯肠;无孤闷,亦无喉吻,安知风吹不断、白花之妙不浮光凝满图乎?"夫正之醉翁之意耳!志不在荈,我知之矣。正之开朗坦洞,略无城府,不言而饮人以和,可醉可醒,可寐可觉,可歌可和。余以是谓正之善饮茶也,是真善饮者矣。

画非饮物,却承载了"蟹眼松风候自嘉"的茶意,它是同冷泉、茶烟、清茗一样的"真物"。观画者虽不饮茶,却在传玩之中体味到茶的妙处,亦如见松风白云同样的"真赏"。意义的领略固然有不同的媒介,但媒介的"物质性"并非文人所求,题跋者周之夫、文尚宾等甚至认为,对于这幅画的真伪亦不必介怀。茶图之妙理,茶诗之真趣,茶事之三昧,本不存于对原作的苛求中,而在梅边清泉间,在竹里茶烟里,在明月映雪之时,在落花松风之处,固也可在这茶汤之中,在这尺素之内,在这黄卷之中。

第十章

种 菜

一、最爱天真味

饮食之事，众人皆有所欲。在一般的印象中，重视吃食的人，也便是过日子的世俗人，而文人以笔表达的清高世界似乎离这口腹之想很遥远。然而在北宋以来的文人画传统中，"菜"这一题材一直受到别样的重视，尤其是元代以来，画菜成为文人画中主流的形式。徽宗主持的《宣和画谱》中，已专门设有"蔬果"一门，其中言："灌园学圃，昔人所请，而早韭晚菘，来禽青李，皆入翰林子墨之美谈，是则蔬果宜有见于丹青也。……诗人多识草木虫鱼之性，而画者其所以豪夺造化，思入妙微，亦诗人之作也。"[1] 诗人所识之"性"并非色、形等简单的物理特征，更非单纯为了果腹的生存之需，而是日常之中涤洗尘心，体味生命滋味的法门。（图10-1）

黄庭坚题南唐画家徐熙的一幅《画菜》曾云：

> 不可使士大夫不知此味，不可使天下之民有此色。[2]

徐熙以落墨小品画出尘之趣，与北宋初年以赋彩精丽著称的后蜀翰林待诏黄筌齐名，郭若虚《图画见闻志》记载当时就有谚语"黄家富贵，徐熙野逸"。沈括形容徐熙"以墨笔画之，殊草草，略施丹粉而已，神气迥出，别有生动之意"[3]。徐熙的野逸，不是那种荒疏的感觉，而是因为脱去了赋彩重敷的俗气，生发出活泼泼的生命灵意。不过，在黄庭坚眼里，这幅画显然不只是一种写生的趣味，其中凝结着士大夫对个人的修身和天下的安平之间关系的深切理解，这句画跋甚至可以作为宋朝士大夫人生的座右铭。"此色"，菜色也，指饥馑之色。《后汉书》说"尧遭洪水，人无菜色"[4]，意指尧治水有道，百姓无恙。如果说"不可使天下之民有此色"表达的就是士大夫的社会使命的话，那么"不可使士大夫不知此味"却着实有些令人费

---

[1] 王群栗点校：《宣和画谱》，杭州：浙江人民美术出版社，2012年，第232页。
[2] 语见《山谷别集》卷十，清《文渊阁四库全书》本。另，罗大经《鹤林玉露》卷九载："真西山（真德秀）论菜云'百姓不可一日有此色，士大夫不可一日不知此味。'余谓百姓之有此色，正缘士大夫不知此味。若自一命以上至于公卿，皆是咬得菜根之人，则当必知其职分之所在矣，百姓何愁无饭吃。"真德秀所言与《山谷别集》中此句类似。《鹤林玉露》比《山谷别集》稍早，然《山谷别集》乃南宋黄氏后人根据家族内部所流传的黄庭坚著述编成，当可信。（感谢北京大学中文系张鸣教授提供版本的参考。）
[3] [宋] 沈括：《梦溪笔谈》，北京：中华书局，2015年，第164页。
[4] [南朝宋] 范晔：《后汉书》，北京：中华书局，1965年，第1764页。

图 10-1　许迪　野蔬草虫图扇面　绢本设色　台北故宫博物院

解。做官者一向被称为"肉食者",为何士大夫"不可不知"菜味呢?《中庸》言:"人莫不饮食也,鲜能知味也。"[1] "知味"并非一件容易的事。这句话后面朱熹又说:"道不可离,人自不察,是以有过不及之弊。"不知味不是由于感官尝不出食物的味道,而是由于离于道而不自知。在中国的士人看来,口味最淡薄的蔬食中,存有的是关于生命之道最悠长的况味。(图 10-2)

在北宋士大夫中,对黄庭坚这句话最有启迪的无疑是苏东坡。东坡一生为民尽心尽力,甚至还有两次出色的抗洪经历。[2] 他也是一位"知菜味"之人。这

---

[1] [宋] 朱熹:《四书章句集注》,北京:中华书局,1983 年,第 19 页。
[2] 苏东坡一生有两次抗洪经历。一次是做徐州太守时黄河决口,他几十天不回家,在城墙上搭建了临时的棚子,日夜在那里指挥抗洪。洪水威胁了徐州四十五天后归故道而退去,徐州城得救,百姓对东坡感激涕零,在他离开时夹道而送。另一次是元祐间做杭州太守,连绵的大雨导致钱塘江发洪水,在半年之内,他给皇太后和朝廷上表七次,陈述详情,吁请急速设法调拨粮款救济。可惜这一次,朝廷中当政的嫉恨他的人作梗,最后调他离杭而令灾情延误,造成了当地饿殍遍地的情况,更引发了次年的全国性饥荒。孔凡礼:《苏轼年谱》,北京:中华书局,1998 年,第 396、926—937 页。

图 10-2 恽寿平 蔬果册八开之三 纸本设色 广东省博物馆

种"养"在他很小的时候就开始了。苏家在眉州并非豪门大户，仅是有田产的中等之家，后来东坡尝言自己来自"田家""寒族"。他的母亲程氏夫人出身富贵人家，却"甘此蔬粝"，不求于娘家。[1] 元丰元年的春天，东坡在徐州做太守时，看到园中初生之菜，写了一首《春菜》诗，其中有句"蔓菁宿根已生叶，韭芽戴

---

[1] [宋] 司马光:《司马光集》，成都：四川大学出版社，2010 年，第 1554 页。

土拳如蕨",感叹这些菜经历了苦寒的一冬,还如铁甲一样生起。他又不禁想到了蜀地那宜人的气候,说"岂如吾蜀富冬蔬,霜叶露芽寒更苦"。黄庭坚与他唱和的《次韵子瞻春菜》也言"北方春蔬嚼冰雪,妍暖思采南山蕨",还说"万钱自足宰相事,一饭且从吾党说"。[1] 黄庭坚自嘲为"吾党",这一"党"非共同攫利之党,实乃对蔬食同样"知味"之党。甚至在晚年被流放广东时,东坡仍会在诗中回忆:"我昔在田间,寒庖有珍烹。常支折脚鼎,自煮花蔓菁。"(《狄韶州煮蔓菁芦菔羹》)正是少年时代在田间的这种自养的生涯,令他一生尤其在颠沛的谪居生活中得以安处。宦海沉浮,他又在同诗中感叹"中年失此味,想像如隔生",人到中年,在奔波劳碌之中,失去的不仅仅是不能种菜的生活,还有一种恍如隔世的故乡的"味道"。

东坡当然不是天生的只偏好食菜,他被后世称为美食家,且以"东坡肉"而闻名,从不讳言天性喜欢肉。这很容易让人想起孔子。孔子和东坡一样爱吃肉,弟子来拜访他,需要专门携带"束脩",他在齐国听到韶乐而"三月不知肉味"。然而《论语·述而》言孔子"饭疏食饮水,曲肱而枕之,乐亦在其中矣"。《论语·雍也》中,孔子又赞颜回"一箪食,一瓢饮,在陋巷,人不堪其忧,回也不改其乐。贤哉,回也"。[2] 这就是周敦颐心中儒学的根基之一——"孔颜乐处"。然而,从"孔颜乐处"两句话中的"亦"和"也"字的语气可以看出,孔子并不是全然享受这种口腹清素的生活,但他选择了"道"。《论语·卫灵公》中孔子说"君子谋道不谋食……君子忧道不忧贫"[3],当"肉食"成为一种欲望和身份的象征的时候,一位君子拒绝了用不义的方式对名利的追逐,反过来去通过"节制"来实现"克己复礼"的泰然之感。

不过,东坡的"知味"并不只是源于对"道"的信仰和对"礼"的恪守,而是作为一位士大夫基于敏达的知觉在颠沛的生涯中逐渐养成的。真正令苏轼开始体尝"菜味"正是在失去了"肉食者"身份的流放生涯中。苏轼写《春菜》的第二年,就因得罪朝中得势的新党诸人而引发"乌台诗案"差点死于狱中,后获恩赐以戴罪之身贬黄州团练副使。他描述自己当时的生活是"何殊病少年,病起须已白""空

---

[1] [宋] 黄庭坚著,郑永晓整理:《黄庭坚全集辑校编年》,南昌:江西人民出版社,2011年,第457页。
[2] [梁] 皇侃:《论语义疏》,北京:中华书局,2013年,第166、135页。
[3] 同上书,第410—411页。

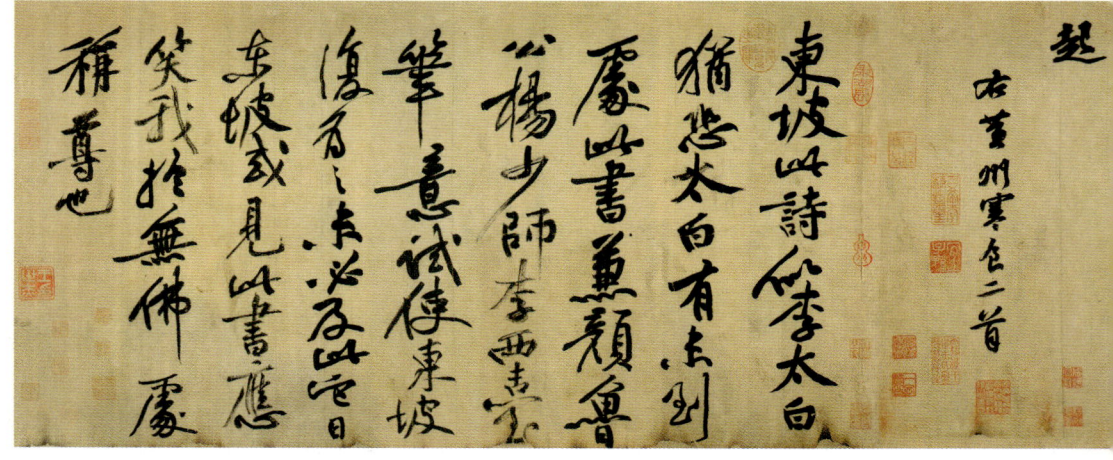

庖煮寒菜,破灶烧湿苇"(《寒食雨二首》)。(图 10-3)即使在这种落魄中,他依然想念着家乡的味道。他托眉州的友人元修从家乡寄来二人都非常喜爱的一种豌豆的菜籽,在自己开垦的东坡上随意播撒,因为元修说过"使孔北海见,当复云吾家菜耶"(《元修菜》),他便向当地人介绍这种菜叫"元修菜"。他在给元修的诗中说:

  彼美君家菜,铺田绿茸茸。豆荚圆且小,槐芽细而丰。种之秋雨余,擢秀繁霜中。欲花而未萼,一一如青虫。是时青裙女,采撷何匆匆。烝之复湘之,香色蔚其馈。点酒下盐豉,缕橙芼姜葱。那知鸡与豚,但恐放箸空。春尽苗叶老,耕翻烟雨丛。润随甘泽化,暖作青泥融。始终不我负,力与粪壤同。我老忘家舍,楚音变儿童。此物独妩媚,终年系余胸。君归致其子,囊盛勿函封。张骞移苜蓿,适用如葵菘。马援载薏苡,罗生等蒿蓬。悬知东坡下,塉卤化千钟。长使齐安民,指此说两翁。(《元修菜》)

他对这种圆圆的豌豆的生长观察得如此细腻,记得刚结骨朵时就像青虫的样子,还记得结豆荚时如同穿着青裙的少女。"此物独妩媚,终年系余胸",离家二十载,他心里始终怀有对这种菜柔美样子的记忆。他煮菜的方法又如此讲究,要先蒸再湘(烹煮),用酒兑豆豉,再放陈皮丝、姜、葱。在异乡经年的流离中,这家乡的味道育化出一种无限的满足来。

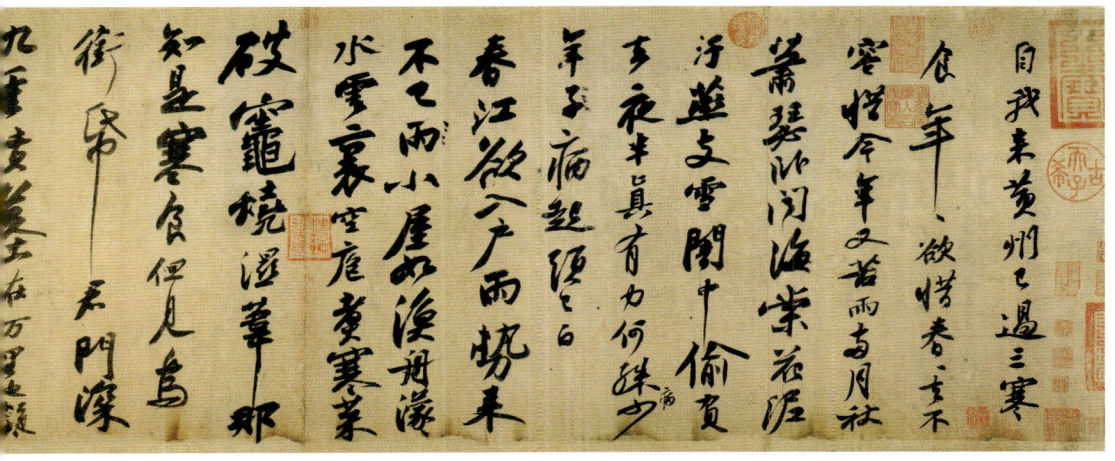

图 10-3 苏轼 寒食帖 绢本 台北故宫博物院

这一年他还发明了一种"骨董羹",南岳应纯禅师称为"东坡羹"。[1]这种羹不用酱醋,也不用鱼肉五味,而以多种杂菜烹成,东坡说其味有"自然之甘"。来黄州探望他的应纯在即将归庐山之际,向东坡求取这种羹的制法,以分享给山中之人。在《东坡羹颂》的小引中,东坡很详细地讲述了烹饪之法,并写了一首颂偈云:

> 甘苦尝从极处回,咸酸未必是盐梅。问师此个天真味,根上来么尘上来?

这是一个颇有禅意又语带双关的提问。佛教中有"六根",又有六根所对的"六尘":色、声、香、味、触、法。"根"是人的本性,而"尘"则是附着在本性上的各种感欲,这些感欲如尘垢一般皆为梦幻泡影,将之祛除后才能澄洗出生命的本来面目。而减少欲望的素食便是洗除尘的法门之一。王维在《戏赠张五弟諲三首》其三中说"吾生好清静,蔬食去情尘"[2],蔬食可以替人摒除这世情中芜杂的尘垢,使人在这简单中体味到生命的清净无碍。如果从佛理出发,东坡之问的回答似乎应该是,蔬食的天真之味,既不从根上来也不从尘中来,因为"根"和"尘"本来就是

---

[1] "骨董羹"也就是今天说的"杂菜粥",东坡并未称之为"骨董羹",但此名在后世流传甚广。如刘绩《霏雪录》言"骨董乃方言,初无定字。东坡尝作'骨董羹',用此二字。晦庵先生《语类》只作'汩董'"。[明] 刘绩:《霏雪录》,明弘治刻本。
[2] [唐] 王维著,[清] 赵殿成笺注:《王右丞集笺注》,上海:上海古籍出版社,2007年,第25页。

图 10-4
金农
蔬果花卉图册十六开之二
纸本设色
中国国家博物馆

空无的。但是,东坡既然有此一问,却又暗示着他并非作此解。此时生活困顿的他,对于朋友送来的豆粥无限感激,写《豆粥》诗云:"干戈未解身如寄,声色相缠心已醉。身心颠倒不自知,更识人间有真味。岂如江头千顷雪色芦,茅檐出没晨烟孤。地碓春秔光似玉,沙瓶煮豆软如酥。我老此身无着处,卖书来问东家住。卧听鸡鸣粥熟时,蓬头曳履君家去。"正是在这种此身如寄、身心颠倒的状态之中,他的口舌和心灵,都更能够体察到人间的"真味"。受到南宋禅尤其是云门宗的影响,在苏轼眼中,乾坤、大地、微尘、诸佛,同那茅屋、晨烟、鸡鸣、粥熟,皆为世界真实的显现,而自身的根柢就在对这如寄世界的"着处"之中。(图 10-4)

当他在晚年再次绝望地被流放至遥远的海南儋州时,黄州时期对"真味"的体会依然陪伴着他。到儋州不久,他借王参军的半亩地来种菜,供养自己和儿子苏过。在为此写的《撷菜》诗序中,他说:"夜半饮醉,无以解酒,辄撷菜煮之。味含土膏,气饱风露,虽粱肉不能及也。人生须底物,而更贪耶?"其诗云:"秋来霜露满东园,芦菔生儿芥有孙。我与何曾同一饱,不知何苦食鸡豚。"在那简陋的小房子里,吃着自家种的蔬菜,却体尝到其中的"味含土膏,气饱风露",尝到那从大地的尘土中而来的天真之味。他说过"天涯踏尽红尘,依然一笑作春温"(《临江仙·送钱穆父》),这生命的天真之味,恰由此根与尘中孕育而来。他不仅不贪恋锦衣玉食的富贵生涯,还能在清淡的蔬食中,体会到风物之喜悦;他也并非离世厌俗之人,在这土膏风露中,安享着在世界中生活的滋味。

东坡去世前不久,终于从海南遇赦而归,途中路过韶州,专门为给他做东坡羹的州守狄咸写诗道:"中有芦菔根,尚含晓露清。勿语贵公子,从渠醉膻腥。"(《狄韶州煮蔓菁芦菔羹》)在他看来,羹中这含着晨露的清新之味,是那沉醉于腥膻的贵公子很难体会的。他再次作了《菜羹赋》云:

> 嗟余生之褊迫,如脱兔其何因。殷诗肠之转雷,聊御饿而食陈。无刍豢以适口,荷邻蔬之见分。汲幽泉以揉濯,搏露叶与琼根。爨铏锜以膏油,泫融液而流津。汤蒙蒙如松风,投糁豆而谐匀。覆陶瓯之穹崇,谢搅触之烦勤。屏醯酱之厚味,却椒桂之芳辛。水初耗而釜泣,火增壮而力均。滃嘈杂而麋溃,信净美而甘分。登盘盂而荐之,具匕箸而晨飧。助生肥于玉池,与吾鼎其齐珍。鄙易牙之效技,超傅说而策勋。沮彭尸之爽惑,调灶鬼之嫌嗔。嗟丘嫂其自隘,陋乐羊而匪人。先生心平而气和,故虽老而体胖。计余食之几何,固无患于长贫。忘口腹之为累,以不杀而成仁。窃比予于谁欤?葛天氏之遗民。

这篇文字,将一位士大夫的"知味"表达得荡气回肠。在颠沛困顿的生活中,东坡并没有怨天尤人,反而以平和的心境,用细致的笔触,来描绘如何制作这道"东坡羹"。这烹调的方法,已经摒除了"醯酱之厚味""椒桂之芳辛",令其回到一种原真的味道中来。在这菜味之中,他忘记的不仅仅是口腹之累,还有那浮世的繁华美景;就如那上古的遗民,他以虔敬之心体会着上天的馈赠。

二、微物观不足

对平淡天真之味的体察,不只在菜的味道中,更在种菜的生涯中。种菜一事常让人想起《论语》中樊迟问稼的故事,孔子答:"吾不如老农""吾不如老圃"。樊迟因这次提问,被孔子斥为"小人",因孔子认为"君子劳心,小人劳力"。皇侃《论语义疏》又解释说:"君子喻于义,小人喻于利,樊迟在孔子之门,不请学仁义忠信之道,而学求利之术,故云'小人'也。"[1]皇侃的意思是,耕田种菜都是为了从土

---

[1] [梁]皇侃:《论语义疏》,北京:中华书局,2013年,第328页。首句乃是《论语·里仁》中的原话,而孔子在《论语·述而》中还说过"不义而富且贵,于我如浮云",故这里有断章取义之嫌。

地中获利,君子不应该从事这种活动,而应该求取仁爱之心、圣人之道。[1]不过,孔子对于樊迟的"问圃",并没有说那是"喻于利"的,而只是说那是"劳力"的。在孔子的时代,贵族出身的人大多是不需要"劳力"的。然而,到了唐代以后,对于无官俸的士人,在田间种地艺圃常常是必需之事。二苏在入仕以前,曾在东京怀远驿旁经营了一块他们称为"南园"的小圃。在那里,他们种了野菊、萱草、牵牛花等,也有葡萄、石榴、芦笋、秋瓜等菜果,还有芎䓖、白芷等草药,当然更不能缺少的是竿竿翠竹。对于苏轼来说,这个小园有别样的意趣。在《和子由记园中草木十一首》其一中他回忆说:

> 煌煌帝王都,赫赫走群彦。嗟汝独何为,闭门观物变。微物岂足观,汝独观不倦。牵牛与葵蓼,采摘入诗卷。吾闻东山傅,置酒携燕婉。富贵未能忘,声色聊自遣。汝今又不然,时节看瓜蔓。怀宝自足珍,艺兰那计畹。吾归于汝处,慎勿嗟岁晚。

这一小园并不单纯是一处自养之所,而是一个在熙熙攘攘的皇都之内闭门"观物之变"的所在。其中的"物"在世人眼中都是微不足道的,苏轼却观之不倦。在苏轼的时代,如何"观物"乃是士大夫们所谈论的一个命题,这后来也成为理学中一个核心的问题。与苏轼同时的儒学家程颢《秋日偶成》诗中有"万物静观皆自得,四时佳兴与人同""道通天地有形外,思入风云变态中"之语[2],《宋元学案》中还记载他书窗前有茂草覆砌,或劝之除去,曰:"不可!欲常见造物生意。"他还曾置盆池蓄小鱼数尾,时时观之,或问其故,曰:"欲观万物自得意。"[3]苏轼同苏辙咏南园草木,也有这一功利之外的"观物"之趣。只不过,在观物之时,苏轼似乎并没有想到道通天地、风云变态,他所喜观的不是天地"万物",而是"微"物。[4]

---

[1] 古希腊哲学家亚里士多德也曾说"牟利的生活是一种约束的生活,财富并不是我们寻求的善",但与孔子的意思一样,亚里士多德所说的"牟利"生活并不是指自然的家庭经济生活。〔古希腊〕亚里士多德:《尼各马可伦理学》,廖申白译注,北京:商务印书馆,2003年,第11页脚注。
[2] [宋]程颢:《秋日偶成》,《二程集》第2册,北京:中华书局,1981年,第482页。
[3] [清]黄宗羲原著,[清]全祖望补修:《宋元学案》,北京:中华书局,1986年,第578页。
[4] 苏轼早年在一些官方的书信中,也曾表现出颇接近理学家的态度。如他在《上曾丞相书》中说:"凡学之难者,难于无私。无私之难者,难于通万物之理。故不通乎万物之理,虽欲无私,不可得也。己好则好之,己恶则恶之,以是自信则惑也。是故幽居默处而观万物之变,尽其自然之理而断之于中。"然而在他的诗中,则很少出现"万物"的说法,他多是在一种微小的事物中体会"此物"的生意。

观"微物"同观"万物"有何分别呢？体会程颢"万物静观皆自得，四时佳兴与人同"和苏轼"吾归于汝处，慎勿嗟岁晚"这两句诗的差别，便可明了：程颢乃是以"我"作为主体，万物对他而言是一个作为"他者"的"全体"，在此，每一棵草、每一朵花，都是这个全体的宇宙的一分子，人乃万物之理中的静观者。而"万物"是属于四时的，同这四时之中的全体之物一样，人心的道德法则亦作为一个全体而统摄着宇宙。而苏轼所说的"微物"，却并非这"万物"的一部分。当心的关切在于每一个"此物"时，所"观"者乃是生命当下的"此刻"。"此刻"中存在着一个在此的唯一的"汝"。当庄子对惠子说出"吾知之濠上也"的时候，鱼对他而言已经不是"万物"的一分子，而是此时此地在此与我共在的鱼之乐。宇宙天地作为那个绝对的存在，而万物尽遁守于宇宙无情无欲的逻辑，是不可能成为或者容纳眼前这一独特的"汝"的。可以说，唯有面对生命中的"微物"，我们才能够称之为"汝"。"汝"意味着同"我"建立一个共同的世界，也正由于这一"汝"的显现，庄子知道了鱼的乐处，苏轼寻到了他的"归处"。当他在"时节"中看到瓜蔓时，在这极细弱身躯中体会到的是让自我归于"此物"之生命的"汝处"。用现代的话说，便是"我回到你那里去"。

在"汝处"中，无论是眼前的瓜蔓还是自我的生命，都不是永恒的；也由于生命并非永恒，物的此在才显得尤"足珍"。程颢甚至在盆池养鱼时，所念想的依然是"万物"；而苏轼心之所系，就在于眼前。但恐怕也只有作为诗人的他可以"看见"这一缠绕"在时间中"的纤细瓜蔓。苏轼又说东晋名士谢安的隐居生活看似惬意，实际上也并没有忘记富贵，只是以声色生活聊以自慰。而他所选择的是在这小园之中看瓜蔓的生长"时节"。在他看来，正如谢安看不到陶渊明曾看到的那东篱边的小菊，心怀富贵之人也看不到这缓缓生长的瓜蔓。在观物之中沉浸于"物"，才能尽忘富贵和声色而得到在此的安栖。

对此时的苏轼而言，深入于"汝"所获得的安顿并不能完全解除他对生命拘缚于时俗的感慨。在《和子由记园中草木十一首》其二中，他便以一种"常情"的视角写物的盛衰：

> 荒园无数亩，草木动成林。春阳一以敷，妍丑各自矜。蒲萄虽满架，困倒不能任。可怜病石榴，花如破红襟。葵花虽粲粲，蒂浅不胜簪。丛蓼晚可喜，轻红随秋深。物生感时节，此理等废兴。飘零不自由，盛亦非汝能。

诗中他可怜那生病的石榴花残破的红瓣，感慨葵花虽然灿若明霞，盛开时却花蒂较浅而不能簪于头上，说蓼花夜晚盛开时轻红虽美，但随着秋意渐浓颜色也要加深。"物生感时节，此理等废兴。飘零不自由，盛亦非汝能。"万物皆难免有兴废，这是一种"常理"，而在时节中对其有所感伤，也是一种"常情"。由于这一生命时间的有限和物之盛衰的必然，草木看起来便陷入了一种"不自由"之中，就如海德格尔笔下的"被抛"状态，苏轼这里的用词是"飘零"。

但从根本上说，这种不自由的感受并不是由于"生命"的有限，而在于人对物的喜恶之情。喜健全而恶残病，喜可用而恶无用，在这种"常情"中的人自然常常感到被盛衰所束缚。于是当苏辙在一首诗中对苏轼说园中杂草比种下的草木生长得还好，苏轼在和诗中说：

> 种柏待其成，柏成人已老。不如种丛棘，春种秋可倒。阴阳不择物，美恶随意造。柏生何苦艰，似亦费天巧。天工巧有几，肯尽为汝耗。君看藜与藿，生意常草草。（《和子由记园中草木十一首》其三）

苏轼笑言与其种那百年的苍柏，不如种一岁便长成的丛棘。在阴阳造物者眼中，世间之物无所谓工与巧，也没有美与恶：万物天成，随意而造；草木芸芸，本无所分。以此而观之，似乎比起长时间等待其"成"的苍劲的松柏，那不引发人功利之心的低微的藜藿却常常"生意草草"。在这里，苏轼实际上道出了他一生的一种喻示：他觉得比起那有目的的"成材"，似乎只是做一个最平庸无用的人更能常为自在——这正是他对自己由于超拔才华而人生常有坎坷的感叹。

此时，年轻的二苏对物中所见的年华之逝仍存有一种哀婉之心。不久后，苏辙因种菜久旱不生，又寄诗一首给兄长，苏轼亦和诗。二人的唱和中又提到了"时间"的问题。苏辙诗云：

> 久种春蔬旱不生，园中汲水乱瓶罂。菘葵经火未出土，僮仆何朝饱食羹？强有人功趋节令，怅无甘雨困耘耕。家居闲暇厌长日，欲看年华上菜茎。（《种菜》）[1]

---

[1] [宋] 苏辙：《栾城集》，上海：上海古籍出版社，1987年，第25页。

苏轼和诗云：

> 新春阶下笋芽生，厨里霜虀倒旧齑。时绕麦田求野荠，强为僧舍煮山羹。园无雨润何须叹，身与时违合退耕。欲看年华自有处，鬓间秋色两三茎。（《次韵子由种菜久旱不生》）

苏轼的感叹"身与时违合退耕"，正是北宋士人的一种普遍心境。苏辙此时尚且不知入仕后争名逐利的苦楚，长居闲暇乃至有些烦恼这种生活，只得将心绪归于这个小园，盼望着春蔬可以"年华上菜茎"，快快生长。但在宦海中操劳的东坡，却对他感到几分羡慕，感慨不觉中年华已在鬓间留下了两三茎"秋色"。在一个功利的世界中，人更容易感受到人生的有限、岁月的催迫，更容易悲慨于自己的衰老。对苏轼而言，艺圃不但不是"喻于利"，并且还是远离名利场的一处暂时的安顿之所。在凤翔的苏轼，自己也曾修葺了一座小园。他在《新葺小园二首》其二中写道："三年辄去岂无乡，种树穿池亦漫忙。暂赏不须心汲汲，再来惟恐鬓苍苍。应成庾信吟枯柳，谁记山公醉夕阳。去后莫忧人剪伐，西邻幸许庇甘棠。"在"种树穿池"的忙碌身影中，暂就这样欣赏小园美景，此刻的内心不再处于一种汲汲营营的功利之中，他仿佛又寻到了故乡。小园对心怀的安放，同辗转人世而老去的焦虑形成了一种对比。

而苏轼后来自有他的开解之道。几年后苏轼在密州任上所写的《超然台记》中，对前半生"观物"的体会作了一个总结：

> 凡物皆有可观。苟有可观，皆有可乐，非必怪奇伟丽者也。餔糟啜漓皆可以醉，果蔬草木皆可以饱，推此类也，吾安往而不乐。夫所为求福而辞祸者，以福可喜而祸可悲也。人之所欲无穷，而物之可以足吾欲者有尽。美恶之辨战乎中，而去取之择交乎前，则可乐者常少，而可悲者常多。是谓求祸而辞福。夫求祸而辞福，岂人之情也哉。物有以盖之矣。彼游于物之内，而不游于物之外。

他在密州"治其园圃，洁其庭宇，伐安丘、高密之木，以修补破败"，又想象自己如隐君子"撷园蔬，取池鱼，酿秫酒，瀹脱粟而食之，曰：'乐哉游乎！'"于是苏辙为此台取名为"超然"。人之观物，常常足具"美恶之辨战""去取之择交"，这是一种

"外物"的目光,将物作为对象而观察其形与性,又根据自己对形制的偏好而作出拣择。儒家"格物"所知物之理,虽不能说以自己的喜爱去判断物,却是以普遍的社会道德去判别物,亦不能跳出此一"去彼取此"之心。理学言"存天理,灭人欲",而对"天理"之存岂非亦是一种人欲?在如此的观念之中,"可乐者常少,而可悲者常多"。《庄子·德充符》说:"自其异者视之,肝胆楚越也;自其同者视之,万物皆一也。"郭象注:"夫因其所异而异之,则天下莫不异。而浩然大观者,官天地,府万物,知异之不足异。故因其所同而同之,则天下莫不皆同;又知同之不足有,故因其所无而无之,则是非美恶莫不皆无矣。"[1] 当以一种平等去观物时,便会免除对物去留的欲望和美恶的判断,如此方可有"浩然大观",获得"超然于物"的自由。

三、走遍人间,依旧却躬耕

当人处顺境之时,此一不别美恶祸福的"超然"心境尚易道出,而处逆境之时的超然,才是一种真正的解悟。元丰二年的乌台诗案,无疑是苏轼为官生涯中第一次重大的波折,其后在黄州四年的躬耕生活,让苏轼心底对"菜味"以及"观物"的态度有了至深的体会。后世最为熟知的他的号——"东坡",本来只是他在黄州居所旁的一处高低不平的坡地,他刚到这里不久便拾瓦砾、种黄桑,次年又在边上的荒地建成了"雪堂"[2]。这平淡无奇的所在,不仅仅是他幽赏野花之处、"隐几昼暝"之所、拄杖散策之地,也是他耘耔躬耕之圃。他在给李常的信中说:"某见在东坡,作陂种稻,劳苦之中,亦自有乐事。有屋五间,果菜十数亩,桑百余本,身耕妻蚕,聊以卒岁也。"(《与李公择十七首》其九)在给好友王子安的信中亦说:"近于城中得荒地十数亩,躬耕其中。作草屋数间,谓之东坡雪堂。种蔬接果,聊以忘老。"(《与子安兄七首》其一)从早年看到蔬菜生长而感叹年华易老,到如今将种菜作为一种"聊以忘老"的方式,苏轼在此间经历的不仅仅是年龄的变化。海德格尔在《存在与时间》中,认为作为时间中存在的向死而生者,其存在本身并不意在对最终完成者的形塑,而总在对周遭世界的操劳中,他将这种状态称为"Sorge"

---

[1] [晋]郭象注,[唐]成玄英疏:《南华真经注疏》,北京:中华书局,1998年,第551—552页。
[2] 苏轼《雪堂记》云:"苏子得废圃于东坡之胁,筑而垣之,作堂焉,号其正曰雪堂。堂以大雪中为之,因绘雪于四壁之间,无容隙也。起居偃仰,环顾睥睨,无非雪者。苏子居之,真得其所居者也。苏子隐几而昼暝,栩栩然若有所适而方兴也。"

（Care，牵挂，又译为"烦"）。苏轼早年为官时，回忆小圃间草木生长所感受到的是对变老的忧患。但是，当他经历了为官生涯最大的打击而到了黄州，种菜真的成为一种必需的自养方式时，在这种同样可以称之为"操劳"的艰辛生活中，却寻找到了一种同他在官场全然不同的生命体验。他发现，唯有在这耕作的生活中，真正不必考虑葆全、谋取官场的位阶，甚至不必计较琐事中的得失，他终于得以忘记这种忧患，因而忘记世俗时间的流逝。此时，他不但在耕作之时，甚至在"观物"之中，都能真正无碍地体察到生命的平淡而又绵长。

苏轼的这种感受，很大程度上出自读陶渊明的诗文时所产生的共鸣。在元丰五年他写下《江城子》词：

> 梦中了了醉中醒。只渊明。是前生。走遍人间，依旧却躬耕。昨夜东坡春雨足，乌鹊喜，报新晴。　雪堂西畔暗泉鸣。北山倾。小溪横。南望亭丘，孤秀耸曾城。都是斜川当日境，吾老矣，寄余龄。[1]

词前有注云："乃作斜川诗，至今使人想见其处。元丰壬戌之春，余躬耕于东坡，筑雪堂居之。南挹四望亭之后丘，西控北山之微泉，慨然而叹，此亦斜川之游也。"尽管早年就喜欢阅读陶诗，但是在黄州流谪时期，他才开始体察到陶渊明的田园的真切含义。当种菜从年轻时的"观物"进入一种"躬耕"的经验中，他方始觉得陶渊明才是他的"前生"。尽管看上去是不得不耕耘以自养，可是"走遍人间、依旧却躬耕"这句话道出了：这是他经历了世事的沉浮后自我的回归。在如此的"躬耕"生活中，他的诗中并不见苦闷与消沉，在东坡上，他看到那润物的春雨，听到雨后初晴的乌鹊之鸣。当他回到雪堂，聆听着西边隐隐的泉水声，回首南望又看到一段青山隐于城前，正是陶渊明"悠然见南山"的诗境。在如此的风景中，他说"吾老矣"，这"老"却不是一种伤怀，而是终于可以安居于此的平宁。

在耕作的安然中，这一年七月一次赤壁之游后，苏轼写下了闻名于世的《赤壁赋》，道出了一段旷然天地的"观物"至言：

> 盖将自其变者而观之，则天地曾不能以一瞬。自其不变者而观之，则物与我皆无尽也，而又何羡乎？且夫天地之间，物各有主。苟非吾之所有，

---

[1] [宋]苏轼著，邹同庆、王宗堂校注：《苏轼词编年校注》，北京：中华书局，2016年，第352页。

> 虽一毫而莫取。惟江上之清风，与山间之明月。耳得之而为声，目遇之而成色。取之无禁，用之不竭。是造物者之无尽藏也，而吾与子之所共食。

他不只超然于物外表和性质的"美恶"，而且超然于物的时间与存在。"自其变者而观之"是儒家以"我"作为不断变换的四时之全体去观物，所谓"思入风云变态中"，那么"每一物"的存在就都是有限的甚至可以说就是一瞬间；而"自其不变者而观之"则是忘记物外之"我"，当领会了世界万物在时间之中皆非"我"能占取，甚至连"我"自身也非"我"能占取，于是便以物去观物，那么物不只不再有因"判断"而生的大小美恶的分别，它自身的存在也不再受有限之时间的拘缚。而此"以物观物"之人，不必再因这种差等去羡慕或欲取，他自身也便于那"江上之清风，与山间之明月"，与那令人共享自由的"造物者之无尽藏"相遇了。

黄州数年，他饱经流离和贫苦，也从自养的生活中得到了最大的安慰。元丰五年他终于得到敕令，赴汝州的途中遇到广陵吕申公，在游览其屋后小园后为其题扇云："露叶风枝晓自匀，绿阴青子净无尘。闲吟'绕屋扶疏'句，须信渊明是可人。"（《广陵后园题扇子》）园林固然有诸多美好形式，但在苏轼心里，绿阴风露之间，最"可人"的是陶渊明诗中所咏的田园境界。"绕屋扶疏"出自陶渊明《读山海经十三首》其一：

> 孟夏草木长，绕屋树扶疏。众鸟欣有托，吾亦爱吾庐。既耕亦已种，时还读我书。穷巷隔深辙，颇回故人车。欢然酌春酒，摘我园中蔬。微雨从东来，好风与之俱。泛览周王传，流观山海图。俯仰终宇宙，不乐复何如？[1]

在被贬谪的几年中，苏轼已领悟到陶渊明才是林园真趣、生活真意的发现者。魏晋南北朝时期常被认为发现了"自然美"，《世说新语·言语》载梁简文帝在华林苑说"会心之处不在远。翳然林水，便有濠濮间想也，觉鸟兽禽鱼，自来亲人"[2]，这《庄子·秋水》的境界更为后世园林的旨趣定下了基调。然而，看似自然的所在，其营造的方法其实并不那么自然。据《邺中记》记载，梁武帝的华林苑乃是石虎命尚书张群"发近郡男女十六万人，车万乘，运土筑华林苑，周回数十里，又筑长墙

---

[1] [晋] 陶渊明：《陶渊明集》，北京：中华书局，1979 年，第 133 页。
[2] 余嘉锡：《世说新语笺疏》，北京：中华书局，1983 年，第 143 页。

数十里",后来张群"以烛夜作,起三观、四门,又凿北城,引漳水于华林苑。虎于园中种众果,民间有名果,虎作虾蟆车箱,阔一丈深一丈四,掘根面去一丈,合土载之,植之无不生"[1]。如此的园林和庄子那"曳尾于涂"的逍遥生活是格格不入的。南朝大诗人谢灵运虽推崇古代隐居生活,但他的始宁墅也是"北山二园,南山三苑。百果备列,乍近乍远。罗行布株,迎早候晚。猗蔚溪涧,森疏崖巘"[2]。他们从根本上说都是庄园的主人而不是耕作之人。英国学者马尔科姆·安德鲁斯(Malcolm Andrews)在谈到18世纪英国自然美和风景时曾说,自然之美在人与风景分离时方可体会到,而土地上的劳作者是看不到风景的,风景本身是对土地的塑造和解读。[3] 18世纪末的画家托马斯·庚斯博罗(Thomas Gainsborough)笔下的自然风景园林中,有着蜿蜒的道路和宽阔的湖水,于其园中近景,必有绅士或淑女,暗示着他们是这片土地的主人和不劳作的"欣赏者"。这同中国中古时代的山水诗描绘远方的奇谲山景或自家的富丽园林的感受是相似的。

陶渊明的小园并不是梁武帝的华林苑,也不是谢灵运的始宁墅,而只是一个普通的菜园,疏落的林木、寻常的果蔬、僻陋的深巷、老旧的马车,实在是再平常不过的乡间景色了,甚至比《诗经》中"淇水""蒹葭"诸篇的景致更为简单。他在这里的生活也是极平淡的,或引壶自酌,或临流小憩,或植杖耘耔,或琴书寄傲。真正动人的并非一种感官中的"美",而是把酒欢颜、俯首摘蔬的生活中所流露的静素平宁。此时陶渊明的生命是真正"自然"的,他既不需要像儒者一样执意去做君子的"劳心"之事,也无需如《庄子》中那个灌园老叟为排斥技术性的方法而刻意劳力。[4] 他或许早已接受了水利技术,但这并不妨碍他采摘园蔬时的欣喜和惬适。这个小园是他作为自身的"吾庐",是将全体的世界容纳于自身,又将自身寄予这一作为全体的世界的所在。在这里,最平常的事物、最平淡的生活中,上古的历史和四海的风物作为一个此在的世界展开了,他在俯仰间盘桓于时间与空间

---

[1] [晋]陆翙:《邺中记》,清《武英殿聚珍版丛书》本。
[2] [南朝宋]谢灵运:《山居赋》,顾绍柏校注:《谢灵运集校注》,台北:里仁书局,2004年,第331页。
[3] [英]马尔科姆·安德鲁斯:《风景与西方艺术》,张翔译,上海:上海人民出版社,2014年,第7—10页。
[4] 《庄子·天地》中说子贡看到一位老叟一次次抱着瓮去浇菜,建议他用机械汲水浇灌,老人却坚决地拒绝了,并说:"吾闻之吾师,有机械者必有机事,有机事者必有机心。机心存于胸中,则纯白不备。纯白不备,则神生不定。神生不定者,道之所不载也。吾非不知,羞而不为也。"在他看来,机械表面上提高了生产"效率",实际上却把人完整的劳作分割为一件件功利性的"机事",再以机事让人从此生出了机心。机心与"纯白"之心相对,是一种外物的、功利的做事意图。

的无限之中。

同样，苏轼的世界也不是理学家那远及宇宙的万物，而就是他耕作的这片东坡。在"日涉"于东坡的步履中，没有对世界纷扰的关心，唯有与物相处的平淡与悠长；在"朝为灌园，夕偃蓬庐"的生涯里，没有富贵与"帝乡"的身影，却处处都是自我安栖的所在。陶渊明的这种小园境界，到了唐宋时期更加清晰地显现出来。其时，做官几乎是一个不能回避的选择，尤其是一位平民子弟，在这条必然之路上所经受的名与利的考验，是贵族社会无法想象的。《东坡志林》卷十二记载，在黄州期间苏轼曾经说起他对归田的想法：

> 士人历官一任，得外无官谤，中无所愧于心，释肩而去，如大热远行，虽未到家，得清凉馆舍，一解衣漱濯，已足乐矣。况于致仕而归，脱冠佩，访林泉，顾平生一无可恨者，其乐岂可胜言哉！余出入文忠门最久，故见其欲释位归田，可谓切矣。他人或苟以借口，公发于至情，如饥者之念食也，顾势有未可者耳。[1]

士人做官之际，能够没有诽谤又不愧于心，便已是颇为难得了。倘若可以致仕归田，更是"平生无恨"的乐事了。在苏轼交往的人中，他认为只有欧阳修是真心诚意地想要"释位归田"，而其他人都只是将其作为不得已而为之的借口罢了。在苏轼的时代，无论是出于仕途的需要，还是出于"为生民立命"的理想，想要体会到陶渊明的田园之乐，洵为不易。后来元祐年间知杭时苏轼还在《跋李伯时卜居图》中说："士大夫逢时遇合，至卿相如反掌，惟归田古今难事也。……吾若归田，不乱鸟兽，当如陶渊明。""不乱鸟兽"是他儿时慈母所教，也是他在后来人生的流离之中反复读陶诗而得来的识见。在此后的颠沛人生中，和陶几乎成为他"归安"天命的一种方式。陶渊明的"田园生活"在无法解除世间缧绁的苏轼身上是不可即的，他甚至根本没有立场去说"不为五斗米折腰"，没有立场去说"富贵于我如浮云"。苏轼经历的两次长途流放，看起来乃是人生大坎坷，实则为他的心灵开辟了一个领域。伴着对陶诗的记忆，他在流离中时时回味并营建着如此的"小园"。

绍圣二年（1095），年近六旬的苏轼又被贬惠州。从开封到广东，尽管一路已颇疲惫，但一到驻地，他便又开垦了一块小圃。看着菜圃中的小苗慢慢冒出土地，

---

[1] [宋] 苏轼:《东坡志林》，北京：中华书局，1981年，第32页。

他写下《雨后行菜圃》诗：

> 梦回闻雨声，喜我菜甲长。平明江路湿，并岸飞两桨。天公真富有，膏乳泻黄壤。霜根一蕃滋，风叶渐俯仰。未任筐筥载，已作杯案想。艰难生理窄，一味敢专飨。小摘饭山僧，清安寄真赏。芥蓝如菌蕈，脆美牙颊响。白菘类羔豚，冒土出蹯掌。谁能视火候，小灶当自养。

晚年被流放南方瘴地，东坡无所抱怨，反而在诗中流露出看到雨后菜苗生长的喜悦，感叹造物慷慨的馈赠。吃菜的时候，他尤其记得留香齿颊时清脆声响的欣愉，体会到对眼前事物"真赏"的清安；然后再回到田间观察那慢慢出土的小芽，终于领略种菜中"自养"的滋味。事实上，他此时并不是只想到自己。处在贫患交加的流放生涯中，已经没有官职责任的他，不忘托在当地任职的表亲教农民们《秧马歌》以改善生产。他并没有改变自己作为一位士大夫对百姓之"养"的关心。但得以"自养"的他，或许比起食君禄时更加平静和真实，这里没有政绩没有赞辞，只有一颗真正热爱世界，包括那菜甲和生民的心。

就在他刚刚建好白鹤山的新居，以为要在岭南终老时，命运再起波澜：他又收到了被贬海南的命令。这一次，所有人都明白六十岁的他可能永远无法再回归了。到海南后，他买好了棺木，在永远无法回归的心境中，取陶渊明诗言及草木蔬谷五篇分别和之。在《和陶下潠田舍获》中，他写道：

> 聚粪西垣下，凿泉东垣隈。劳辱何时休，宴安不可怀。天公岂相喜，雨霁与意谐。黄菘养土膏，老楮生树鸡。未忍便烹煮，绕观日百回。跨海得远信，冰盘鸣玉哀。茵蒫点脍缕，照坐如花开。一与蜑叟醉，苍颜两摧颓。齿根日浮动，自与粱肉乖。食菜岂不足，呼儿拆鸡栖。

陶渊明在"为五斗米折腰"时感叹"田园将芜，胡不归"，东坡流放海南，耕籽和食蔬的生活虽然也需要身体上的辛劳，但对他的心灵而言却是一种平宁的归处，在本质上更是他寻求个人自由的方法。他依然不倦地书写着自己品尝带着土膏味的青菜，听着齿颊里清脆响声的体会，依然说此处是一种真正的"安居"。当"客死异乡"的感受如此迫近时，这种安居并没有一个可追的来者，但东坡却在这平淡的味道里获得了自由。他后来说：

然吾之于渊明，岂独好其诗也哉？如其为人，实有感焉。渊明临终疏告俨等："吾少而穷苦，每以家弊，东西游走。性刚才拙，与物多忤。自量为己，必贻俗患，俛俯辞世，使汝等幼而饥寒。"渊明此语，盖实录也。吾真有此病而不蚤自知，半世出仕，以犯大患，此所以深愧渊明，欲以晚节师范其万一也。[1]

"与物多忤，自量为己，必贻俗患"，这是陶渊明毕生的反省，苏轼在多年的官宦生涯中尤有所感。真正的"俗患"并不是世俗的樊笼本身，而是自我在世俗之中同"物"相悖逆、役使之心，是将自我作为衡量和利用世界的唯一尺度。苏轼说"半世出仕，以犯大患，此所以深愧渊明"，其实在他的时代入仕实在是比陶渊明的时代更为普遍而必需的。在晚年的流放生涯中，在对陶渊明逐渐的体悟之中，在一种"安蔬"的存在方式中，内心方存下了这真正的慰藉。

四、肉味何如此味长

宋末元初，钱选和赵孟頫这对友人笔下的果蔬作品和他们的题诗，将画菜这一写生传统从其他小品画中淬出，令其成为文人画之题。钱选和赵孟頫是身份殊异之人。钱选是一介布衣隐士，一生过着清贫的生活。钱选的好友马臻在《题钱舜举画竹萌茄蔬图》中写道："秋茄恋我遣不去，饮水曲肱有真意。达官日日饱大羹，笑我出言蔬笋气。"[2]诗中自嘲有蔬笋之酸，便是讽喻那些终日饱食的达官贵人。钱选还有一幅很有名的《瓜茄图》（图10-5），摹本现藏华盛顿佛利尔美术馆。画中有钱选自题诗云："忆昔毗山爱写生，瓜茄任我笔纵横。自怜老去翻成拙，学圃今犹学不成。"[3]在钱选心里，隐居生活中写生作画就是一个"学圃"的过程，瓜茄就是"我"在这山间育化出的笔墨纵横的世界。而赵孟頫则因为在元朝入仕，受到不少

---

[1] [宋]胡仔纂集：《苕溪渔隐丛话》，北京：人民文学出版社，1962年，第21页。
[2]《御定历代题画诗类》卷九十一，清《文渊阁四库全书》本。"大羹"原本为"大官"，此据其意而改。
[3] 曾在佛利尔美术馆任职的高居翰认为此图的时间应为元代晚期或清代早期，并且认为与之高度相似的一个私人收藏的版本应更早，此本曾在北京宝瑞盈2018年秋拍中出现。

图 10-5 （传）钱选 瓜茄图 纸本设色 华盛顿佛利尔美术馆

当时士人的诟病，但他也同样是一个热爱画菜的人，他的夫人管道升还有一幅《画茄》流传下来，现存台北故宫博物院。李日华《味水轩日记》卷二记载了一幅赵孟頫大德四年（1300）三月所作的《画菜》图，这幅画甚至比钱选画茄还早了几年。赵孟頫在画上跋云："余归自京师，道经松陵。适风雨，系丹驿亭，煮菜以饭，味殊美，遂写此纸，并赋。"又自题诗云："几年肉食走京尘，梦想山中菜甲春。归来倚舵江沙晚，烂煮香根永玉津。"[1] 只看赵孟頫对这菜味的理解，或可感受到他满怀的无奈。在宦海中浮游、在琐事中沉陷的他，现实的生活中恐难消受这隽永的平淡了。他有首《题自画像》诗云："致君则物已无由，梦想田园雪水头。老子难同非子传，齐人终困楚人咻。濯缨久判随渔父，束带宁堪见督邮。准拟新年弃官去，百无拘系似沙鸥。"[2] 此诗同上引《画菜》几乎为同样的意旨，他常说自己"一生事事总堪惭"（《自警》），只能将田园理想寄予笔墨，在古淡的画风之中体会那梦中的菜园春色了。（图10-6）陈继儒《妮古录》记载家中曾藏有钱选的茄、菜二帖，皆有赵孟頫题。其中题《画茄》云："天上归来两鬓皤，山园近日竟如何。年年五月黄梅雨，老瓦盆中此味多。此余友十年前所画。今余谢事归来，偶阅书笥而得此，因作诗以识之。至治元年五月廿二日也。"题《画菜》云："归老林泉无外慕，盘中野菜饤黄粱。交游来往休相笑，肉味何如此味长。至治元年五月廿二日检出筐，既得

---

[1] [明] 李日华著，屠友祥校注：《味水轩日记校注》，上海：上海远东出版社，2011年，第124页。
[2] 《松雪斋集》中题为《岁晚偶成》（[元] 赵孟頫：《赵孟頫集》，杭州：浙江古籍出版社，2012年，第125页），另见美国大都会博物馆藏《赵文敏公像》上赵孟頫自题诗，款云"大德二年正月人日赵孟頫自题"。

图 10-6　赵孟頫　自画像　绢本设色　故宫博物院

钱舜举茄画一幅，而又有其画菜，因有所感而吟□之也。子昂记。"[1] 此时（1321）距离他大德四年画菜已经过了二十余年。在官宦冗事之后回家，他翻开书箱竟偶然看到了老友十年前所画瓜茄之作，看着自己两鬓霜白，心中不免有更多感慨。他说"天上归来"，自然指从朝中归来，然而这"天上"，似乎并非一个令人向往的所在；他追问"山园近日竟如何"，乃是追问那能够享有人间况味的所在已经几乎远离了"我"。而偶然见到老友的画菜图，蔬菜中的悠长，更是林泉生活的悠长。

　　形容一种滋味，人们经常用"醇厚""甘甜"或"苦涩"，这些都是知觉"即时"的判断。而在文人笔下，这清淡之极、他们所认为的生命最真醇的味道，却以一段时间的描述表达出来。什么样的味道才可以被称为"长"？无疑，悠长展现了时间的影子，那味道不再是一时的口舌耳目之娱。肉菜之别，并非感官上"味道"的差别。赵孟頫说"肉味"没有"菜味"长，显然是由于，肉味是由味觉的感官获取，只是一时的鲜美滋味激发下的身体感知，这滋味又不断激起人饕餮的欲望。而菜味从感官来说是清淡的，是近于无欲的，但正是这清淡的滋味更能摆脱物欲和感官的牵制，于是，清淡的滋味转变为淡泊的心性，淡泊的心性又化为平淡的生活本身，生命便自在地在这"淡"之中绵延和滋养，在时间之中更澄明出自身的真醇，

---

[1] [明] 陈继儒：《妮古录》，上海：华东师范大学出版社，2011年，第21—22页。

不会由于"物"的得失而消磨在欲望之中。

事实上，这"物"中的悠长之味在宋诗中就出现了。苏轼在黄州写《次韵乐著作送酒》诗："少年多病怯杯觞，老去方知此味长。万斛羁愁都似雪，一壶春酒若为汤。"悠长在年华老去之后的春酒中。陈著在给弟弟的诗中写："床头无酒可归算，窗外有鸡留伴吟。过午忽修菜菔茶，悠长滋味在山林。"[1]悠长在午后共饮的那杯山茶中。南宋理学家姚勉《冷泉亭纳凉》诗云："惟有兹泉冷，冷中滋味长。"[2]悠长在那清冷的泉水中。道士潘紫岩诗云："道人扫洒一间房，纸帐梅花滋味长。"[3]悠长在那清雅的梅帐上。善画兰的郑思肖的《隐居谣》也说："布衣暖，菜羹香，诗书滋味长。"[4]悠长在那布衣蔬食的读书人心底。文人之事，似乎都有这种悠长之味；或者，这种悠长之味，恰恰是判断文人之事的机杼。

赵孟頫也不是第一个写"菜味之长"的诗人。南宋末年曾写《梅花喜神谱》的宋伯仁有《午睡》诗云："午梦惊回笋簟凉，坦夷襟度即潇湘。诗高自与梅花好，食淡方知菜味长。"[5]将清远的梅花同平淡的菜味对举，诗人对菜味之长已深有所感。但是，赵孟頫将肉味和菜味的对比用于《画菜》，道出了这一画作远非"小品"而是文人之画的意义。小品画只是描摹物之性，而文人画却是在表达文人自己的心性。画中的菜味，是远离声色犬马，回归平淡天真的写照。由此，在赵孟頫之后，许多题画菜的诗都会用这样一种对比。如陶宗仪有《题画菜》："晓起畦丁送，长斋思益清。平生耽此味，厌说五侯鲭。"[6]"五侯鲭"也就是汉代王氏五侯家珍馐所烹的杂烩，这里也指喧嚣的官宦生活，长居于清斋生活中的他，精神和思绪愈发清灵澄澈，已经不愿再进入这种纷扰的滋味中。邵亨贞题吴镇《墨菜》说："菜为群蔬长，隽永久不磨。所以山林间，脍炙不啻过。"[7]白菜之所以为群蔬之长，乃因其有一种"隽永不磨"之意，这也正是山林生涯的意义；而若在此吃肉，甚至可以说是对生命的一种损伤了。此外，明中叶临济宗高僧笑岩德宝题吴镇《墨菜》图也说："小园春雨后，旋摘晚菘香。尽道羊羹美，谁知此味长。"[8]沈周还题过自己

---

[1] [宋] 陈著：《本堂集》卷十六，清《文渊阁四库全书》本。
[2] [宋] 姚勉：《姚勉集》，上海：上海古籍出版社，2012年，148页。
[3] [宋] 刘克庄编：《千家诗选》，清《宛委别藏》本。
[4] [元] 郑思肖：《郑思肖集》，上海：上海古籍出版社，1991年，第5页。
[5] [宋] 宋伯仁：《雪岩吟草》，汲古阁影宋钞本。
[6] [元] 陶宗仪：《陶宗仪集》，杭州：浙江古籍出版社，2014年，第117页。
[7] [清] 卞永誉：《式古堂书画汇考》，杭州：浙江人民美术出版社，2012年，第1885页。
[8] 同上。

图 10-7　沈周　白菜图　纸本墨笔
台北故宫博物院

的《画菜册》："东园昨夜雨，肥胜大官羊。党氏销金帐，不知滋味长。"[1]此皆以肉味比菜味，可知这胜于肉味的菜味，这生命平淡的真味，正是元明时期文人画菜的主旨所在。（图 10-7）甚至，有诗人题画菜时，常以"十年"言此。曹溶有题《画菜》二首："建安城外老袈裟，只画青蔬不画花。赠与他人应未识，黄羊宴罢拨琵琶。""十年锄菜忽军前，喜见新图玉甲圆。闲却一丘湖水上，紫菘空忆晚春天。"[2]这位住在城外的老僧，从来不画那为人供赏的花卉，十年里一边耕种锄菜，一边终日只描绘着青蔬。这画不会被那些吃着黄羊拨着琵琶的豪客所欣赏，但老僧却乐见那图上萌生的菜芽。王文治题恽南田《白菜写生》云："下箸直千钱，竟羡侯鲭贵。清斋逾十年，方知此滋味。"[3]十年，并不是三千六百天的叠加，而是在漫长的平淡生涯中，将流俗的时间和事物尽皆遗忘。一件世俗之事是难以令人遗忘时间的。无论是在朝中为官，还是在市井牟利，俗事为人划定了时间，它将时间确定为"做到"（to have done）某事的时刻，光阴最后积累为"物"或某种可观的成果，譬如丰厚的积蓄或者高明的技艺。这便是海德格尔讲的"技术时间"，它在现代社会以前，早已普遍地存在于社会的每个角落。但文人在这漫长的"不作之作"（doing what is not to be done）中体察到的是一种"淡味""闲境"。他们称吃菜是"清斋"，称自己是"闲人"，他们的画也被称为"戾家画"[4]，也就是业余

---

[1]　[清]卞永誉：《式古堂书画汇考》，杭州：浙江人民美术出版社，2012 年，第 1497 页。此诗前三句同台北故宫博物院所藏沈周《画菜》轴上题诗一致，唯最后一句轴上云"何曾得一尝"。
[2]　[明]曹溶：《僧以画菜见贻漫题二首》，《静惕堂诗集》卷四十三，清雍正刻本。
[3]　[清]王文治：《王文治诗文集》，北京：人民文学出版社，2014 年，第 431 页。
[4]　元时赵子昂问钱舜举"如何是士夫画"，答曰："戾家画也。"[明]曹昭著，杨春俏编著：《格古要论》，北京：中华书局，2012 年，第 31 页。

之画。的确，这些并不是他们的"职业"，即使到了不得不种菜、卖画为生的时候，他们也无意从中获得名声和利益。而正是这些"闲"事，对他们而言是真正的生命之事。白居易说"渐老渐谙闲气味，终身不拟作忙人"（《闲意》），在岁月中生命逐渐脱去了俗尘，人不再于时间中被劳役，而是在这滋味的清淡里，在这时间的悠长中，体会自由舒展于世界之中的喜觉。

五、作为造化的墨戏

董其昌《画旨》说"元季高人皆隐于画史"[1]，在元末，文人在江南一带的隐居，可谓造就了一代天下画士。如果说元初时隐居还仅仅是士人由于易代硝烟而作出的无奈选择，那么到了此时，远离世俗搅扰的真醇之味已沉淀于文人的心底。在元季画家中，梅花道人吴镇是少数从未有过入仕念头的人，他一生大部分时间隐居于家乡嘉兴魏塘一带，为人"抗简孤洁，高自材标表"[2]，不轻易与权贵结交，亦不轻易为人落笔。他的画皆从性情，诉说着从世间尘扰中解脱的法门。他笔下的墨梅，有"江城吹笛月未落，梦回一夜生春愁"[3]的散淡之致；他的渔父图，乃画其"碧波千顷晚风生，舟泊湖边一叶横"[4]的出尘之心；而他晚年喜画的墨竹，亦道出"京华客梦醒，一片江南雨"[5]的平宁与适意。（图10-8）他还曾多次画过"墨菜"。[6]在七十岁那年（至正九年，1349）春天于嘉兴春波客舍寓居时，他曾画过一幅当时非常有名的《墨菜图》。[7]此图上有"元四家"中三位（倪瓒、黄公望、吴镇）的题跋，其余题跋者还有陆居仁、钱惟善、黄玠、邵亨贞等吴镇之好友、当世之名士，可谓画史一段佳话。惜原画已佚，幸得收录于明万历间常熟赵琦美编

---

[1] [明] 董其昌《容台集》，杭州：西泠印社出版社，2012年，第675页。
[2] [明] 孙作：《沧螺集》卷三，清《文渊阁四库全书》本。
[3] [清] 陈邦彦编：《御定历代题画诗》卷八十三，清《文渊阁四库全书》本。
[4] [明] 同上。
[5] [明] 李日华：《六研斋笔记 紫桃轩杂缀》，南京：凤凰出版社，2010年，第246页。
[6] 吴镇好友钱惟善说"梅花庵中吴道人，写遍群蔬何德色"，可知当时吴镇即以画菜闻名了。除本章所载《墨菜》画的诸个版本外，《铁网珊瑚》中还载其另有一幅《菜图》。汪珂玉《珊瑚网》卷三十三亦记吴镇《画菜》并题云："菜叶阔干长，花开黄金细。直须咬到根，方识淡中味。"
[7] 吴镇至六十八岁（至正七年，1347年）开始在嘉兴春波门外春波客舍寓居，常与友人会于精严寺僧舍，并始自称"梅沙弥"。四年后回到魏塘，自题其墓"梅花和尚之塔"。

图10-8 吴镇 枯木竹石图 纸本墨笔 故宫博物院

《赵氏铁网珊瑚》卷十四中,令今人得以了解当时隐居者的一段心事。[1]

首先吴镇在画上自题云:

> 菘根脱地翠毛湿,雪花翻匙玉肪泣。芜蒌金谷暗尘土,美人壮士何颜色。山人久刮龟毛毡,囊空不贮挪揄钱。屠门大嚼知流涎,淡中滋味吾所便。元修元修今几年,一笑不直东坡前。

后自注:"梅花道人因食菜糜,戏而作此。友人过庐索墨戏,因书而遗之,聊发同志一笑也。"比起豪门的大快朵颐,他所喜爱的是那菜根刚脱土时沾湿的毳毛,还有化在口中的平淡滋味。他有一枚白文小印,上书"淡中有味",这是从他心底流淌出

---

[1] 此卷后经整理集成《梅道人墨菜诗》一卷,收入《黄氏书目》卷二十九中。见[明]朱存理集录,韩进、朱春峰校证:《铁网珊瑚校证》,扬州:广陵书社,2012年,第784—790页。明詹景凤所录《詹东园玄览编》卷一中云:"吴仲圭一小幅《墨菜》,傍有倪元镇题七言绝句诗,上又有黄公望题百余字,皆真。"此记叙颇似指此画,唯《铁网珊瑚》所记倪云林为五言律诗,非七言绝句。此外,李日华《味水轩日记》所记《梅花道人画册》中八幅为"寒菜",其题诗与此篇《墨菜》同。清人陆时化《吴越所见书画录》又有梅道人《墨菜》立轴,题诗亦同,后有夏文彦题诗,疑为后人重装。

来的生命底色。作画时,他不禁想起东坡元修菜的故事,谦说此画不值东坡一笑,自己只是因吃菜糜而"戏"作此画;当友人来索"墨戏"时,他又说此画只是用来令志趣相投友人"一笑"。比起赵孟頫观钱选《画菜》图时矛盾和沉重的心境,吴镇的话语中充满了真趣,这真趣源于在长久的蔬食生活中的自在与安宁。他的好友钱惟善因而特别次其韵而解其"一笑"云:"晚菘香凝墨池湿,畦菜摘尽春雨泣。梅花庵中吴道人,写遍群蔬何德色。怪我坐客寒无毡,床头却有买菜钱。四时之蔬悉佳味,乃知此等吾尤便。有客忽携画卷至,一笑落笔南风前。"那晚菘的香气浸湿了砚池,满纸的墨色淋漓仿若畦菜沾着春雨。身无长物的吴镇,连保暖的毛毡都没有,唯有床头买菜的钱。在这寒微之下,唯有至友才能懂得,四时群蔬中最是可以滋养他们生命的佳味。

这样的感受对倪瓒而言当然亦颇为熟悉,他的题诗云:

> 肉食固多鄙,菜烹元自癯。晓畦含露气,夜鼎煮云腴。春醪时一进,林笋与之俱。游戏入三昧,披图聊我娱。

倪瓒本人的画本以"寒山瘦水"为质,而他对菜的看法"元自癯",正是在说菜是还复"物"本来面目的内在之质。他也称此画为"聊发我娱"的"游戏",这同他"逸笔草草,不求形似"的自评一样,是"聊以自娱耳"[1]。禅宗中有"游戏三昧"的说法[2],后来衍化为文人画中的"墨戏"。吴镇题杨补之《墨梅》云:"墨戏之作,盖士大夫词翰之余,适一时之兴趣,与夫绘画之流,大有寥廓。尝观陈简斋《墨梅诗》云'意足不求颜色似,前身相马九方皋。'此真知画者也。"[3]"草草逸笔"的墨戏,不是表达物象的"绘画",而是"词翰之余,适一时之兴趣"。这对形似的"不求",这笔墨之中的"游戏三昧",恰是在一种游戏的自在无得之中立得对世界之真实的领会和显现这一真实的坚定之心,看似荒诞不经和狂放不羁,却可化解人内心之中对法则和自我的执着。传王维所写的《绘事微言》中说:"手亲笔研之余,有时游戏三昧,岁月遥永,颇探幽微。妙悟者不在多言,善学者还从规矩。"[4]吴镇在

---

[1] [元] 倪瓒:《清閟阁集》,杭州:西泠印社出版社,2010年,第319页。
[2] 《维摩诘经》中有"游戏神通"的说法,宗宝本《坛经》"顿渐品第八"又说:"见性之人,立亦得,不立亦得,去来自由,无滞无碍。应用随作,应语随答,普见化身,不离自性,即得自在神通。游戏三昧,是名见性。"
[3] [明] 朱存理集录,韩进、朱春峰校证:《铁网珊瑚校证》,扬州:广陵书社,2012年,第703页。
[4] [唐] 王维著,[清] 赵殿成笺注:《王右丞集笺注》,上海:上海古籍出版社,2007年,第489—490页。

他的《画竹自题》中有相似的说法："图画书之绪，毫素寄所适。垂垂岁月久，残断争宝惜。始由笔研成，渐次忘笔墨。心手两相忘，融化同造物。"[1]墨戏之法是一种"有时"之法，最初由笔砚的规矩而成，渐次心手两忘而同造物相容，在"戏"之中体味岁月的"遥永"；这也是"一时"之法，乃笔墨寄于兴之所至，其"遥永"之味在于当下妙悟，非殚精竭虑所能造也。

这种"融化同造物"的"墨戏"旨趣在黄公望的跋中又有一番解释：

> 其甲可食，既老而查；其子可膏，未实而葩，色本翠而忽幽，根则槁乎弗芽。是知达人游戏于万物之表，岂形似之徒夸。或者寓兴于此，其有所谓而然耶！大痴学人平阳黄公望书于云间客舍，时年八秩有一。

大痴以八十一岁的高龄欣然为此图作跋，可见他对其作的喜爱。他描述此画说，那本可入口的菜甲，似乎过于成熟而菜叶分开；菜籽本可制油，但却还没结籽就绽开菜花。菜的颜色本是碧绿的，然而此图却将其画作幽黑色，它的根作枯槁状，似乎不能生芽。这种并不"写实"的画法却正显现出画者梅道人仿若《庄子》中"乘物以游心"的达人，兴之所至，不求形似，却浑然成天趣，自成一格；他笔下的墨菜绝非被"再现"的小品，而是同黄公望那苍莽涌荡的山水一般，乃是可令人寓兴于其间的一个大千世界。

这一评价不只是在"意"的层面，也可落实到笔墨之上。沈周曾评黄公望的《富春山居图》"墨法笔法深得董巨之妙，此卷全在巨然风韵中来"[2]。但是相较黄、董二人，吴镇的画作更重用墨，王绂《书画录》曾评吴镇："其笔端豪迈，泼墨淋漓，无一点朝市气，虽似率略，人莫能到。"[3]而吴镇用墨学习的正是巨然。沈周曾评："吴仲圭得巨然笔意，墨法又能轶出畦径，烂漫惨淡，当时可谓自能名家者。"[4]吴镇的山水画尤其是晚期主要学习的是巨然的墨法，但他并不完全同于巨然的秀润清逸，而是以一种烂漫惨淡的墨色立得自己的风格。从倪、黄的题诗看，吴镇的墨菜，菜叶部分极有可能也同他的山水一样，以类于巨然山水的秀润烂漫的淡墨写得，其根则以枯笔飞白画出了枯槁之态。在这种画法之中所涵蕴的，既有那隽永的

---

[1]［清］卞永誉：《式古堂书画汇考》，杭州：浙江人民美术出版社，2012年，第2024页。
[2]［清］胡敬：《胡氏书画考三种》，杭州：浙江人民美术出版社，2015年，第442页。
[3] 卢勇编著：《元代吴镇史料汇编》，杭州：浙江大学出版社，2013年，第159页。
[4]［明］汪珂玉：《珊瑚网》卷三十七，清《文渊阁四库全书》本。

"淡中滋味",又充满了脱出形似的"游戏"。

吴镇纯以墨写出,不施粉色,这同前代的花鸟小品画家已经不同。章焵在此画的题诗中,说到了"味"与"色"的问题:"厚味生五兵,彩色瞀双目。所以山林人,食菜胜食肉。"菜中的天真之味,唯有墨色才能写出。写意的墨色、平淡的菜味,并不是将自我分别为"视觉"和"味觉"等感官而求取物。他们将这种感觉称为"淡",淡不是一种比醇厚的美味、浓烈的色彩少一点、浅一点的感觉,而是生命在世界之中无分别的存有。生命所感知的天真之味,不止于食菜的生涯,还有那以全体的自我所体尝的耕耘/书画生涯;因而对此一意味的表达,当然也唯有一种融于纸之中亦浸于物之内的氤氲笔触。这写意不是"随意",而是对画菜而言唯一的"知味"法门。

在这一全体的意义之中,画史上关于画科的"俗论"便可以破除了。[1] 邵亨贞在题跋中,提出了自己对"菜"之题材的看法:"画法贵形似,山水为首科。花木与写生,自古品汇多。难能在兴趣,宁论工拙何?菜为群蔬长,隽永久不磨。所以山林间,脍炙不啻过。图之匪适目,寓意期无他。艳岂比苑芳,秀难并林柯。重之在真味,甘苦无偏颇。对此恒自况,淡泊适太和。抚卷若有得,行当老山阿。"在邵亨贞看来,正如苏轼批评"论画以形似,见与儿童邻"一样,当时流行的"山水为首科"的说法实在荒谬。绘画不为取悦于耳目,而为寓兴于其间。若"菜"之为物,其艳不及群芳,其秀不及林木,似乎并非一上佳的图绘对象,然其隽永不磨之意,存于其可寓之生命、其可令人自适的"真味"之中。故此,"菜"可谓与山水齐同的真正的"文人画"之题材,它带给抚卷者的,是足可蒙养生命的淡泊滋味。

吴镇《墨菜图》虽憾未传世,但"墨菜"画却由于元人的这一段"清史",在明代吴门的沈周那里确立了其"文人画"题材的地位。而吴镇出自巨然的"轶出畦径"的淋漓淡墨法,也成为晚年沈周对画菜笔墨的最终选择。[2] 沈周是一位尤喜画菜的画家。他在《题菜》小序中说"菜之于味,沈周极其嗜好,故为之传神",于是作赞云:

---

[1] 如元代汤垕《画鉴》说:"世俗立画家十三科,山水打头,界画打底。"[元] 汤垕:《画鉴》,北京:人民美术出版社,1959年,第75页。
[2] 李日华《六研斋笔记》中说:"石田绘事,初得法于叔父,于诸家无不烂漫,中年以子久为宗,晚乃醉心于梅道人。"[明] 李日华:《六研斋笔记 紫桃轩杂缀》,南京:凤凰出版社,2010年,第7页。

天茁此徒，多取而吾廉不伤；士知此味，多食而吾欲不荒。藏至真于淡薄，安贫贱于久长。后畦初雨，南园未霜。朝盘一箸，齿颊生香。先生饱矣，其乐洋洋。[1]

南朝宋宇在《种蔬三十品》中云"天茁此徒，助予鼎俎"[2]，是后世论菜经常征引的佳句。这本自《庄子·人间世》："内直者，与天为徒。与天为徒者，知天子之与己，皆天之所子，而独以己言蕲乎而人善之，蕲乎而人不善之邪？若然者，人谓之童子，是之谓与天为徒。"[3]"与天为徒"之外，尚有"与人为徒""与古为徒"。"与人为徒"是对他人的曲从，与古为徒需要听奉于历史，对一般人而言，这可以说是无法避免的存世之法。而蔬菜的生长乃自然天性，其滋味乃自然天成，它就如同自然而生的天真童子，不必刻意求取，也无需奢靡种养；多吃蔬菜，可蒙养口腹，不生贪欲，长此以往，终如山谷所言"士知此味"。虽言"士"，沈周和吴镇一样一生布衣，从来没有做过官，甚至没有去参加过科举考试。前引沈周题诗云："东园昨夜雨，肥胜大官羊。党氏销金帐，不知滋味长。""不知滋味长"应是借用赵孟頫"肉味何如此味长"的诗句而来，他内心对自我的选择是十分笃定的，深知此一平淡滋味在富贵之中是难以求取的。这首将自己的生活同官贵生活相区分的诗，更为清楚地表达了沈周画菜时作为一位"布衣士人"的自觉。"藏至真于淡薄，安贫贱于长久"，同吴镇《墨菜图》题诗"淡中滋味吾所便"一样，这是沈周在菜味中找到的生命情态。这首赞的后几句又表达了这种淡泊并非乏味的。早春时节，田畦中下起初雨，菜园中未曾结霜，心中充满了对天时调和的欢喜。收获新菜，饱食一顿，齿颊生香，立时感到这是一种难得的快乐。伴着这种喜悦，画家作了此图，他也一定如吴镇一般，有种同东坡写元修菜时一样的心情。

沈周并不只是在画菜的旨趣上继承了吴镇。他曾题吴镇画云："梅花庵主是我师，水墨微茫一一奇。此纸拾他余馥去，淡烟松树晚离离。"[4]沈周早年学习王蒙繁厚细密的画法，被称为"细沈"，而晚年则转向黄公望、倪瓒和吴镇。《卧游图册》中有四幅山水作品，其中有两幅在题跋中明确提到是对古人的摹习，其一是倪瓒，

---

[1] [明] 沈周：《沈周集》，杭州：浙江人民美术出版社，2013年，第346页。
[2] [宋] 陈景沂辑：《全芳备祖》，杭州：浙江古籍出版社，2014年，第1178页。
[3] [晋] 郭象注，[唐] 成玄英疏：《南华真经注疏》，北京：中华书局，1998年，第80页。
[4] 此为沈周题"至正三年春三月梅花道人戏墨"。[明] 汪砢玉：《珊瑚网》卷四十三，清《文渊阁四库全书》本。

图 10-9　沈周　卧游图册之七　纸本设色　故宫博物院

其二就是吴镇。（图 10-9）二者相较，沈周虽然喜爱云林，但对其笔法并不能算得心应手，董其昌就曾借王世贞之语评沈周学倪"笔力太过"[1]，而沈周更推崇并且也更适合他自身性情的还数吴镇。吴镇的作品虽然不多，但沈周几乎每见即临。[2] 他五十岁以后许多作品的笔墨和题材都有吴镇的影子。[3] 这幅仿吴《秋景山水》自题："淡墨疏烟处，微踪仿佛谁。梅花庵里客，端的是吾师。"再次表达了他是真正将吴镇作为老师看待的。

沈周也十分清楚吴镇笔墨的来源。他跋吴镇《草亭诗意图》（美国波士顿博物馆藏）云："我爱梅花翁，巨老传心印。修此水墨缘，种种得苍润。树石坠笔峰，造化不能吝。而今橡林下，我愿执扫汛。"（图 10-10）他虽然很谦虚地说愿为吴镇

---

[1] [清] 张照、梁诗正编：《石渠宝笈》卷四十一，清《文渊阁四库全书》本。
[2] 阮荣春：《沈周》，长春：吉林美术出版社，1996 年，第 11 页。
[3] 何炎泉、陈阶晋、陈韵如编：《明四大家特展·沈周》，台北：台北故宫博物院，2014 年，第 291 页。

图10-10　吴镇　草亭诗意图　纸本水墨　波士顿美术馆

"执帚汛"，但他并不是一味仿照，而是以自己的本然审美去发扬其墨法之妙，正如吴镇"自出畦径"地发扬巨然的墨法。如孔广陶《岳雪楼书画录》卷五载沈周《仿梅道人山水长卷》，自跋云："然不知仲圭之妙从董巨墨法中来，非草草可仿。邯郸之步，学者非直为难将并故而失之矣。"[1]在他看来，吴镇的妙处主要在于其对董巨墨法的学习，并加以融会而自用，这绝不是简单地模仿能够习得的，因此可以说，他晚年作画的笔墨来源就是承袭于吴镇而远溯董巨。

沈周晚年所画的一些写生蔬菜之作，日本铃木敬先生认为乃学习了南宋牧溪（法常）的水墨蔬菜传统。（图10-11）[2]其中，一幅有沈周长跋的牧溪《水墨写生图》（故宫博物院藏）常被提到，其中，沈周说此画"不施彩色，任意泼墨，俨然若生；回视黄筌、舜举之流，风斯下矣"[3]。他并不喜欢黄筌、钱选的设色画法，而觉得墨色尤其是"泼墨"最可表现出"物"的生意与自然。不过，从牧溪这幅作品本身来看，很难说是典型的泼墨之作，如其萝卜的画法，根茎部分是用线条勾勒而成，而叶脉虽未以线勾勒轮廓，却依然是用湿墨将形象细致地晕染出来，且用笔显得稚拙，远不是元明时期文人淋漓澹荡、天然而成的泼墨笔法。而沈周的写生作品并非继承牧溪的写生风格。故宫博物院所藏《辛夷墨菜图》（图

---

[1]〔清〕孔广陶编：《岳雪楼书画录》卷四，清咸丰十一年刻本。
[2]〔日〕铃木敬：《中国绘画史》，东京：吉川弘文馆，1995年，第151页。
[3]《宋画全集》编辑委员会编：《宋画全集》第1卷第5册，杭州：浙江大学出版社，2008年，第194页。

10-12）中的墨菜，用粗笔侧锋以水分较少的浓墨渲染出散开的菜叶，然后以干笔飞白草草几笔勾勒菜的茎以及枯槁的根部，最后以墨点点出伸出菜叶的菜花。这幅画的笔墨，非常容易让人联想起黄公望对吴镇《墨菜》"其甲可食，既老而查；其子可膏，未实而菹。色本翠而忽幽，根则槁乎弗芽"的描述。画上有吴宽题诗："翠玉晓笼筅，畦间足春雨。咬根莫弃叶，还可作羹煮。"这首题诗和《卧游图》上"南畦多雨露，绿甲已抽新。切玉烂蒸去，自然便老人"的沈周题诗颇有相似之言，都说明了菜乃是"天茁此徒"的自然之物。自然就是"育化"青菜的老翁，无论在画中还是园里，在长久的耕耘中，自我的生命同一片春绿的菜畦共化于时间，而那清新的味道已入口中。

　　故宫博物院藏有沈周一套《卧游图册》，其中《白菜》一页的形貌也很近似

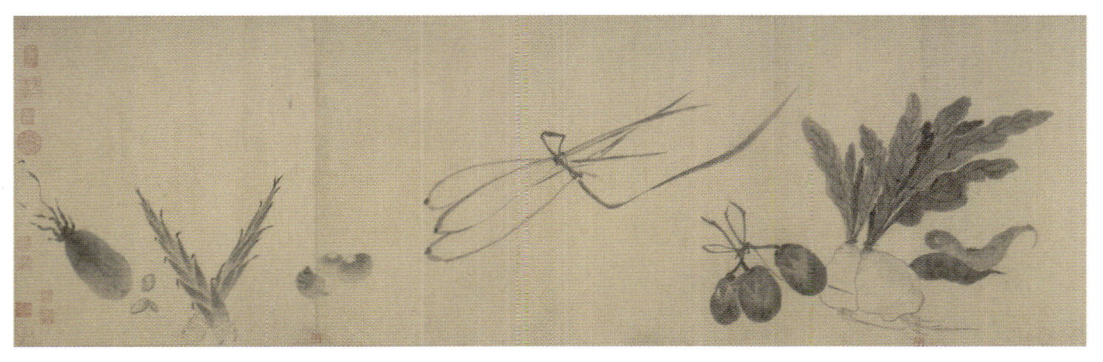

图 10-11　牧溪　水墨写生图（局部）　纸本墨笔　故宫博物院

图 10-12　沈周　辛夷墨菜图卷　纸本设色　故宫博物院

于《辛夷墨菜图》，除了菜叶是在淡墨中加上了浓淡有致的翠绿，扬起的菜花以鹅黄点出。（图 10-13）这种画法和这幅画的主题都说明沈周的"写生"乃是继承了吴镇以笔墨"游戏于万物之表"之意。这套《卧游图册》的内容也非常有趣，不仅有山水野趣、秋山雪江，有各色花果蔬菜，还有耕兽鸣禽。沈周还在题跋中说如何欣赏此画："宗少文四壁揭山水图，自谓卧游其间。此册方可尺许，可以仰眠匡床，一手执之，一手徐徐翻阅，殊得少文之趣。倦则掩之，不亦便乎，于揭亦为劳矣！真愚闻其言，大发笑。"这段妙趣横生的话把沈周的幽默个性表现得淋漓

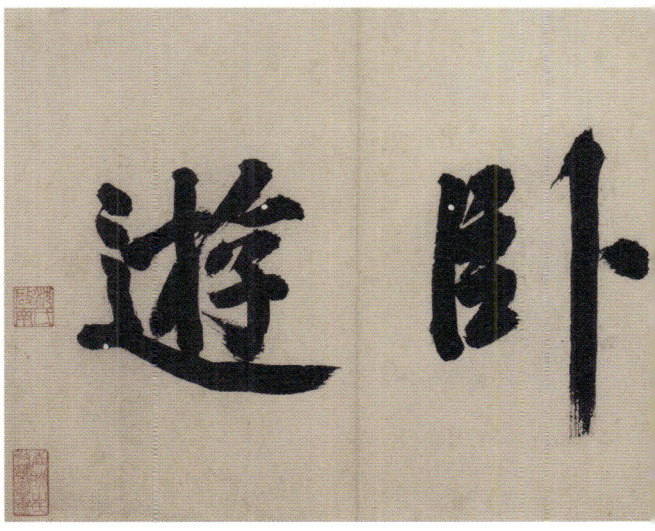

图10-13　沈周　卧游图册之白菜　纸本墨笔　故宫博物院

尽致。他说昔日宗炳卧游四壁山水,仰卧在床观此画册,亦有卧游之趣;但若困倦而以其掩面,更是不需劳神的"观画"之法。在他笔下,不仅山水可"游",花草瓜菜亦可游,人间一切有生趣之物无一不可游。绘画乃随意所观,所观乃天然之趣,亦为幽深之味,此味乃生命最内在的况味,无论是一花一木还是山水蔬菜,都是如此,又何必拘泥于画之题材!题材的问题乃是由吴镇的《墨菜图》题跋者提出,而到沈周这里,他作为画家将写生确认为文人画的题材,最终破除了唐宋以来一直存在的"画科"之论。

吴门后学恽南田也爱画菜,他以自己家乡的一片小园"南田"为名,又有号云"抱瓮客",可见他一生的抱负和对布衣生涯的理解。南田未曾入仕同明清易代有很大的关系,他的家族在顺治年间参与了福建的抗清活动,最终导致父子离散。在其后的生涯中,他虽一度被高官收养为义子,最后还是选择回到家乡甘于清贫的布衣生活。《书画鉴影》卷十七载他有一册页,其中跋《菘菜萝卜》云:"剪蔬曾与故人邀,翠甲肥甘带露烧。我已久忘梁肉味,不须三月待闻韶。"款:"云溪得此真趣"。[1] 南京博物院还藏有他的《题菇蔬图》,上题诗云:"只宜滋淡泊,安足奉膏粱。食肉虽无辱,何如此味长。"[2] 这些诗都道出他甘于淡泊的人生旨趣。他还有《画丝瓜茄子戏作小赞》云:

---

[1] [清] 李佐贤:《书画鉴影》卷十七,清同治十年利津李氏刻本。
[2] 蔡星仪主编:《恽寿平全集》第3册,天津:天津人民美术出版社,2016年,第300页。

 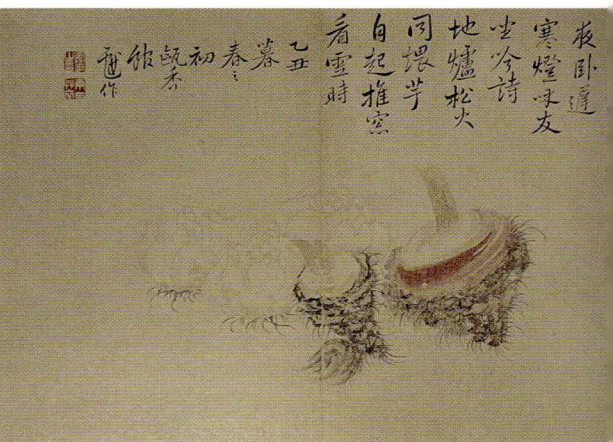

图 10-14　恽南田　蔬果花卉图册（八开之四）　纸本设色　台北故宫博物院

  吾朝而游焉，观其莘莘菁菁，可以悦吾目而畅吾情，夕而游焉，撷其芳而茹其英，可以旨吾腹而曼吾龄，又可以究吾知而通物理，安得不悠然永怀，怡然自喜。[1]

  这一小赞充满了"士人"的气息，与前代画家吴镇和沈周，乃至东坡和山谷的种菜、食蔬之感如出一辙。他将自己一日在菜园中的"游"分为朝夕，早上之"游"乃是去观看那瓜茄萌生的可爱，晚上之"游"则是去采撷英华，在清爽的味道中滋养悠长的岁月。这是一位士人从观物到体物的完整的生命历程。

  比起前辈画家，南田的写生之作在他的作品中尤为突出。如果说董其昌的南北宗主要为山水画一脉定下了"文人画"的正统，那么南田画跋则为文人的写生画定下了典范。恽南田说"写生有高逸一派，明代石田翁、北宋之徐熙也"[2]，写生画自宋徐熙到明沈周一脉，是他心目中的典范。而何为"高逸"？南田有画跋说："高逸一种，盖以脱尽纵横习气，淡然天真，正所谓无意为文乃佳。故以逸品置神品上。"[3] 而徐熙到沈周的"高逸"，向内是心性的修为，向外则是笔墨的表现，恽南田对画菜的许多题跋之中都可以看到二者的结合。普林斯顿艺术博物馆藏的南田《花草山水蔬果》中有一幅"白菜"，上跋云："昔人云：'不可使士大夫一日不知

---

[1]［清］恽寿平：《恽寿平全集》，北京：人民文学出版社，2015年，第488页。
[2] 同上书，第681页。
[3] 同上书，第607页。

此味,不可使天下人一日有此色'。寿平灯下书。"[1] 左侧又以小字跋:"画菜最易俗,不得笔墨意,无有能作此而不入于流俗者。作蔬果须墨汁淋漓尽致,若点色,辄不能佳。抱瓮客。"[2] 画菜易俗,一方面由于画菜乃写生小品,较山水更易落入形似窠臼;另一方面,相对花卉等小品,菜本身就是缺乏观赏性的世俗食材,如果没有得到合适的表达,它身上那种文人的淡泊气息就很难被领会到。恽南田对画蔬果之笔墨的领会是不设颜色,"墨汁淋漓尽致",远离形似而注入生命灵动之气,正是徐熙、吴镇、沈周所立的墨菜画法。

恽寿平在山水画上的笔墨深受董、巨的影响,最开始是由于他伯父恽向的影响。在写给伯父的信中,他说:"伯父称北苑画,笔不露骨,墨不堆肉,如空中缥缈无痕。……因知董、巨笔精,真宇宙奇丽巨观……学者恃敏曜识,以为率而易知者,犹井天蠡海之见耳。古人妙迹,自非冥搜,难以证入。"[3] 在他看来,董巨笔墨的精妙乃是宇宙奇观,远超出山水题材之范畴。他自己说:"写生与画山水用笔则一,蹊径不同。"[4] 他之所以能够开创没骨花卉的画法,同他对董巨的长期研习分不开。他另一则偶记中说画花之法:"写生家日研弄脂粉,搴花探蕊,致有习气。岂若董、巨,长皴大点,墨雨淋漓,吞吐造化之为快乎!"[5] 画瓜菜花果,因是写生静

---

[1] 台北故宫博物院藏《杂画册》十开、上海人民美术出版社藏《杂画册》十开以及广东博物馆藏《瓜果册》八开中亦皆用"不可使士大夫一日不知此味"句,这当然说明当时恽寿平为了补贴家用大量复制了一些作品,不过亦可见此语已成士大夫对"菜"最经典的诠释。
[2] [清] 恽寿平:《恽寿平全集》,北京:人民文学出版社,2015年,第667页。
[3] 蔡星仪主编:《恽寿平全集》第1册,天津:天津人民美术出版社,2016年,第25页。
[4] [清] 恽寿平:《恽寿平全集》,北京:人民文学出版社,2015年,第370页。
[5] 同上书,第658页。

物,最易落入画工习气,倘若用色徐徐勾勒则很难避免流俗,须采用董巨山水的长皴大点、墨汁淋漓,不见其笔,方能脱离小品的窠臼。不过,由于生计所迫,他大部分的花卉作品都是因市场喜好而作,主要还是仿习各家的写生之法;而他的"菜"图,则相对更能如山水画般自由表达心性,因其大量使用了董巨墨法。

南田文集中有一首《墨菜》诗云:"灌园我在城南畹,他日留君花下饭。晓露新抽翠甲肥,春锄更劚黄芽嫩。何烦和鼎问三鬵,盐豉和羹烂似泥。最爱山家风趣好,不将肉味胜金虀。"题后自注:"用巨然泼墨法,以应晦山汤髯翁。"[1]台北故宫博物院藏有南田《写生册》十开,其中除了山水纯以墨笔为之外,其他瓜果蔬菜皆用润笔没骨淡设色,皆鲜灵可爱。(图10-14)其中一幅《墨菜》,自题云:"戏用巨然墨叶法作《青芥图》,深于山水者能通写生之意,斯言信矣。"[2]以巨然山水那种淋漓润秀的墨笔画菜,南田也称之为"戏",这正是自吴、沈建立起的传统。不过,南田并非一位"时史",一味模仿古人,他也不是"一味淋漓",拘于笔墨形式。[3]他说:"写生能师古人,则已脱去流俗畦径,自立体势,然必进而师模造化,方能开辟奇境,神明于法度,为大雅之宗。"[4]自吴、沈到南田,山水画中的董巨笔墨用于写生,这是借前人已寻得的天地自由而表己之性情,以前人作品中的清新育化自我清斋生涯中的天真,当此"戏"用于"山家风趣"的青菜图时,不只山水的墨法可以通于写生,文人在菜味里亦如同神游于造化。"予作画不欲一笔落纸上,直使人游于淡泊萧散要渺不可知之境,造化耶!笔墨耶!"[5]南田甚至不是落纸以"笔画",他画中以淡泊萧散之面目向世人诉说的,是于这一不可知的造化之间的安处。

---

[1] 同上书,第32页。
[2] 蔡星仪主编:《恽寿平全集》第2册,天津:天津人民美术出版社,2016年,第240页。常州博物馆所藏《蔬果册》四开亦有相似的一幅。
[3] 恽南田常提到对"时史"的反对,如他说友人唐匹士的西湖菡萏,"其经营花叶,布置根茎,直以造化为师,非时史碌碌抹绿涂红者所能窥见"。他的后学戴熙也在《习苦斋画絮》中说梅华庵学巨然,"时史一味淋漓,非其真也"。参见朱良志:《一花一世界》,北京:北京大学出版社,2020年,第125—126页。
[4] [清] 恽寿平著,吴企明辑校:《恽寿平文集》,北京:人民文学出版社,2015年,第691页。
[5] 同上书,第626页。

主要参考文献

［汉］班固：《汉书》，北京：中华书局，1962年。

［汉］孔安国传，［唐］孔颖达正义：《尚书正义》，上海：上海古籍出版社，2007年。

［汉］刘熙撰，［清］毕沅疏证，［清］王先谦补：《释名疏证补》，北京：中华书局，2008年。

［汉］刘向：《说苑》，北京：商务印书馆，2018年。

［汉］刘向编著，石光瑛校释：《新序校释》，北京：中华书局，2017年。

［汉］毛亨传，［汉］郑玄笺，［唐］孔颖达疏，［唐］陆德明音释：《毛诗注疏》，上海：上海古籍出版社，2013年。

［汉］司马迁：《史记》，北京：中华书局，1982年。

［汉］宋衷注，［清］秦嘉谟等辑：《世本八种》，北京：中华书局，2008年。

［汉］王充著，张宗祥校注：《论衡校注》，上海：上海古籍出版社，2010年。

［汉］郑玄注，［唐］贾公彦疏：《周礼注疏》，上海：上海古籍出版社，2010年。

［三国魏］嵇康著，戴明扬校注：《嵇康集校注》，北京：中华书局，2014年。

［三国魏］阮籍著，陈伯君校注：《阮籍集校注》，北京：中华书局，2012年。

［三国魏］王弼著，楼宇烈校释：《王弼集校释》，北京：中华书局，1980年。

［晋］常璩著，任乃强校注：《华阳国志校补图注》，上海：上海古籍出版社，1987年。

［晋］陈寿撰，［南朝宋］裴松之注，卢弼集解：《三国志集解》，上海：上海古籍出版社，2012年。

［晋］戴凯之：《竹谱》，宋《百川学海》本。

［晋］杜预注，［唐］孔颖达等正义：《春秋左传正义》，上海：上海古籍出版社，1990年。

［晋］郭象注，［唐］成玄英疏：《南华真经注疏》，北京：中华书局，1998年。

［晋］陶渊明：《陶渊明集》，北京：中华书局，1979年。

［南朝］江淹著，［明］胡之骥注：《江文通集汇注》，北京：中华书局，1984年。

［南朝宋］范晔：《后汉书》，北京：中华书局，1965年。

［南朝宋］谢灵运著，顾绍柏校注：《谢灵运集校注》，台北：里仁书局，2004年。

［南朝宋］谢朓撰，曹融南校注：《谢朓集校注》，北京：中华书局，2019年。

［南朝宋］颜延之著，李佳校注：《颜延之诗文选注》，合肥：黄山书社，2012年。

［梁］皇侃：《论语义疏》，北京：中华书局，2013年。

［梁］刘勰著，黄叔琳注，李详补注，杨明照校注拾遗：《增订文心雕龙校注》，北京：中华书局，2012年。

［梁］沈约：《宋书》，北京：中华书局，2000年。

［梁］萧统编：《文选》，上海：上海古籍出版社，2019年。

［唐］白居易著，朱金城笺校：《白居易集笺校》，上海：上海古籍出版社，1988年。

［唐］杜甫著，［清］仇兆鳌注：《杜诗详注》，北京：中华书局，1979年。

［唐］杜牧著，［清］冯集梧注：《樊川诗集注》，上海：上海古籍出版社，1962年。

［唐］段安节撰，亓娟莉校注：《〈乐府杂录〉校注》，上海：上海古籍出版社，2015年。

［唐］房玄龄等：《晋书》，北京：中华书局，1996年。

［唐］封演撰，赵贞信校注：《封氏闻见录集校注》，北京：中华书局，2005年。

［唐］韩愈著，［清］方世举编年笺注：《韩昌黎诗集编年笺注》，北京：中华书局，2012年。

［唐］韩愈著，马其昶校注：《韩昌黎文集校注》，上海：上海古籍出版社，1986年。

［唐］韩愈著，钱仲联集释：《韩昌黎诗系年集释》，上海：上海古籍出版社，1984年。

［唐］李白著，瞿蜕园、朱金城校注：《李白集校注》，上海：上海古籍出版社，2016年。

［唐］李林甫等：《唐六典》，北京：中华书局，1992年。

［唐］李肇：《唐国史补》，明《津逮秘书》本。

［唐］刘长卿著，储仲君笺注：《刘长卿诗编年笺注》，北京：中华书局，1996年。

［唐］陆羽等著，宋一明译注：《茶经译注（外三种）》，上海：上海古籍出版社，2017年。

［唐］皮日休、［唐］陆龟蒙撰，王锡九校注：《松陵集校注》，北京：中华书局，2018年。

［唐］钱起著，王定璋校注：《钱起集校注》，杭州：浙江古籍出版社，2015年。

［唐］王维著，［清］赵殿成笺注：《王右丞集笺注》，上海：上海古籍出版社，2007年。

［唐］徐坚：《初学记》，北京：中华书局，2004年。

［唐］颜真卿：《颜鲁公文集》，清《三长物斋丛书》本。

［唐］虞世南辑：《北堂书钞》，北京：学苑出版社，1998年。

［唐］元稹：《元稹集》，北京：中华书局，1982年。

［唐］张彦远：《历代名画记》，杭州：浙江人民美术出版社，2011年。

［后晋］刘昫等：《旧唐书》，北京：中华书局，1975年。

［宋］蔡絛：《铁围山丛谈》，北京：中华书局，1983年。

［宋］晁补之：《鸡肋集》，《四部丛刊》景明本。

［宋］陈景沂辑：《全芳备祖》，杭州：浙江古籍出版社，2014年。

［宋］陈骙：《南宋馆阁录》，北京：中华书局，1998年。

［宋］陈师道撰，任渊注，冒广生补笺：《后山诗注补笺》，北京：中华书局，1995年。

［宋］程颢、程颐：《二程集》，北京：中华书局，1981年。

［宋］程颢、程颐：《二程遗书》，上海：上海古籍出版社，2000年。

［宋］道原著，顾宏义译注：《景德传灯录译注》，上海：上海书店出版社，2010年。

［宋］董逌：《广川画跋》，杭州：浙江人民美术出版社，2016年。

［宋］董逌：《广川书跋》，杭州：浙江人民美术出版社，2016年。

［宋］杜绾等：《云林石谱（外七种）》，上海：上海书店出版社，2015年。

［宋］洪适：《盘洲文集》，《四部丛刊》影宋刊本。

［宋］宏智正觉：《从容庵录》，《大正新修大藏经》本。

［宋］胡仔纂集：《苕溪渔隐丛话》，北京：人民文学出版社，1962年。

［宋］黄伯思：《东观馀论》，北京：人民美术出版社，2010年。

［宋］黄庭坚：《山谷别集》，清《文渊阁四库全书》本。

［宋］黄庭坚著，［宋］任渊、史容、史季温注：《山谷诗集注》，上海：上海古籍出版社，2003年。

［宋］黄庭坚著，屠友祥校注：《山谷题跋校注》，上海：上海远东出版社，2011年。

［宋］黄庭坚著，郑永晓整理：《黄庭坚全集辑校编年》，南昌：江西人民出版社，2011年。

［宋］李昉：《文苑英华》，北京：中华书局，1966年。

［宋］李心传：《建炎以来系年要录》，北京：中华书局，2013年。

［宋］林逋：《林和靖集》，杭州：浙江古籍出版社，2012年。

［宋］林希逸著，周启成校注：《庄子鬳斋口义校注》，北京：中华书局，1997年。

［宋］刘敞：《公是集》，北京：中华书局，1985年。

［宋］楼钥：《楼钥集》，杭州：浙江古籍出版社，2010年。

［宋］陆游：《陆游集》，北京：中华书局，1976年。

［宋］吕大临等：《考古图（外五种）》，上海：上海书店出版社，2016年。

［宋］吕惠卿撰，汤君集校：《庄子义集校》，北京：中华书局，2009年。

［宋］梅尧臣著，朱东润编年校注：《梅尧臣集编年校注》，上海：上海古籍出版社，2006年。

［宋］米芾：《宝晋英光集》，《丛书集成初编》本。

［宋］米芾：《宝章待访录（外五种）》，杭州：浙江人民美术出版社，2018年。

［宋］米芾：《米芾集》，杭州：浙江人民美术出版社，2014年。

［宋］欧阳修：《集古录跋尾》，北京：人民美术出版社，2010年。

［宋］欧阳修：《渑水燕谈录 归田录》，北京：中华书局，1981年。

［宋］欧阳修著，洪本健校笺：《欧阳修诗文集校笺》，上海：上海古籍出版社，2009年。

［宋］欧阳修著，李之亮笺注：《欧阳修集编年笺注》，成都：巴蜀书社，2007年。

［宋］普济：《五灯会元》，北京：中华书局，1984年。

［宋］阮阅编：《诗话总龟》，北京：人民文学出版社，1987年。

［宋］沈括：《梦溪笔谈》，北京：中华书局，2015年。

［宋］司马光：《司马光集》，成都：四川大学出版社，2010年。

［宋］苏轼：《东坡志林》，北京：中华书局，1981年。

［宋］苏轼：《苏轼诗集》，北京：中华书局，1982年。

［宋］苏轼：《苏轼文集》，北京：中华书局，1986年。

［宋］苏轼著，邹同庆、王宗堂校注：《苏轼词编年校注》，北京：中华书局，2016年。

［宋］苏辙：《栾城集》，上海：上海古籍出版社，1987年。

［宋］唐庚：《唐先生集》，《四部丛刊》三编影旧钞本。

［宋］王安石著，［宋］李壁笺注：《王荆文公诗笺注》，北京：中华书局，1958年。

［宋］王黼：《宣和博古图》，上海：上海书店出版社，2017年。

［宋］王明清：《挥麈录》，北京：中华书局，1961年。

［宋］文彦博著，申利校注：《文彦博集校注》，北京：中华书局，2016年。

［宋］吴曾：《能改斋漫录》，北京：中华书局，1985年。

［宋］辛弃疾撰，邓广铭笺注：《稼轩词编年笺注》，上海：上海古籍出版社，1993年。

［宋］姚勉：《姚勉集》，上海：上海古籍出版社，2012年。

［宋］赜藏主编集：《古尊宿语录》，北京：中华书局，1994年。

［宋］张抡：《绍兴内府古器评》，北京：中华书局，1986年。

［宋］张世南：《游宦纪闻》，北京：中华书局，1981年。

［宋］赵明诚撰，金文明校证：《金石录校证》，北京：中华书局，2019年

［宋］赵希鹄等：《洞天清录（外二种）》，杭州：浙江人民美术出版社，2016年。

［宋］周密：《周密集》，杭州：浙江古籍出版社，2015年。

［宋］周紫芝著，徐海梅笺释：《太仓稊米集诗笺释》，南昌：江西人民出版社，2015年。

［宋］朱熹：《四书章句集注》，北京：中华书局，1983年。

［金］赵秉文：《赵秉文集》，哈尔滨：黑龙江大学出版社，2014年。

［元］黄公望：《黄公望集》，杭州：浙江人民美术出版社，2016年。

［元］刘因：《刘因集》，北京：人民出版社，2017年。

［元］倪瓒:《清闷阁集》,杭州:西泠印社出版社,2010年。

［元］汤垕:《画鉴》,北京:人民美术出版社,1959年。

［元］陶宗仪:《南村辍耕录》,北京:中华书局,1959年。

［元］陶宗仪:《陶宗仪集》,杭州:浙江古籍出版社,2014年。

［元］脱脱等,《宋史》,北京:中华书局,1985年。

［元］杨维祯著,孙小力校笺:《杨维桢全集校笺》,上海:上海古籍出版社,2019年。

［元］赵孟頫:《赵孟頫集》,杭州:浙江古籍出版社,2012年。

［元］郑思肖:《郑思肖集》,上海:上海古籍出版社,1991年。

［明］曹学佺:《石仓文稿》,明万历刻本。

［明］陈继儒:《妮古录》,上海:华东师范大学出版社,2011年。

［明］陈继儒:《岩栖幽事》,明《广百川学海》本。

［明］董其昌:《容台集》,杭州:西泠印社出版社,2012年。

［明］高濂:《燕闲清赏笺》,杭州:浙江人民美术出版社,2012年。

［明］高濂:《遵生八笺》,杭州:浙江古籍出版社,2017年。

［明］顾璘:《顾璘诗文全集》,清《文渊阁四库全书》本。

［明］计成:《园冶》,杭州:浙江人民美术出版社,2013年。

［明］蒋一葵:《尧山堂外纪》,北京:中华书局,2019年。

［明］李日华:《六研斋笔记 紫桃轩杂缀》,南京:凤凰出版社,2010年。

［明］李日华著,屠友祥校注:《味水轩日记校注》,上海:上海远东出版社,2011年。

［明］林有麟:《素园石谱》,杭州:浙江人民美术出版社,2013年。

［明］凌云翰:《柘轩集》,清《武林往哲遗著》本。

［明］吕震著,洪奔编:《宣德彝器图谱》,杭州:浙江人民美术出版社,2013年。

［明］毛凤苞辑:《海岳志林》,《丛书集成初编》本,上海:商务印书馆,1939年。

［明］祁彪佳:《祁彪佳集》,北京:中华书局,1960年。

［明］祁彪佳:《寓山注》,明崇祯刻本。

［明］瞿汝稷:《指月录》,清乾隆明善堂刻本。

［明］沈周:《沈周集》,杭州:浙江人民美术出版社,2013年。

［明］唐寅:《六如居士集》,杭州:西泠印社出版社,2012年。

［明］唐寅:《唐寅集》,上海:上海古籍出版社,2013年。

［明］汪砢玉:《珊瑚网》,清《文渊阁四库全书》本。

［明］王同轨:《耳谈类增》,明万历十一年刻本。

［明］王佐：《新增格古要论》，杭州：浙江人民美术出版社，2011年。

［明］文震亨、［明］屠隆：《长物志 考槃馀事》，杭州：浙江人民美术出版社，2011年。

［明］文徵明：《文徵明集》，上海：上海古籍出版社，2014年。

［明］徐渭：《徐渭集》，北京：中华书局，1983年。

［明］叶绍袁编，叶德辉重辑：《午梦堂集》，北京：中华书局，1998年。

［明］虞堪：《希澹园诗集》，清《文渊阁四库全书》本。

［明］张丑：《清河书画舫》，上海：上海古籍出版社，2011年。

［明］张岱：《陶庵梦忆 西湖梦寻》，上海：上海古籍出版社，2001年。

［明］郑鄤：《峚阳草堂诗文集》，民国二十一年活字本。

［明］朱存理集录，韩进、朱春峰校证：《铁网珊瑚校证》，扬州：广陵书社，2012年。

［明］祝允明：《怀星堂集》，杭州：西泠印社出版社，2012年。

［清］卞永誉：《式古堂书画汇考》，杭州：浙江人民美术出版社，2012年。

［清］曹溶：《静惕堂诗集》，清雍正刻本。

［清］曹雪芹：《脂砚斋重评石头记》（庚辰本），北京：人民文学出版社，2010年。

［清］陈士珂辑：《孔子家语疏证》，南京：凤凰出版社，2017年。

［清］法式善：《存素堂诗初集录存》，清嘉庆十二年王塽刻本。

［清］高凤翰著，刘才栋、郑文光、高石主编：《高凤翰全集》，北京：北京大学出版社，2014年。

［清］顾文彬、［清］孔广陶：《过云楼书画记 岳雪楼书画录》，上海：上海古籍出版社，2011年。

［清］郭庆藩：《庄子集释》，北京：中华书局，2012年。

［清］黄图珌：《看山阁闲笔》，上海：上海古籍出版社，2013年。

［清］黄宗羲原著，全祖望补修：《宋元学案》，北京：中华书局，1986年。

［清］纪昀：《阅微草堂砚谱》，武汉：湖北美术出版社，2002年。

［清］金农：《冬心先生集》，杭州：西泠印社出版社，2012年。

［清］孔广森：《大戴礼记补注》，北京：中华书局，2013年。

［清］李渔：《闲情偶寄》，西安：三秦出版社，1998年。

［清］李佐贤：《书画鉴影》，清同治十年利津李氏刻本。

［清］厉鹗：《南宋院画录》，杭州：浙江人民美术出版社，2016年。

［清］刘熙载：《艺概》，杭州：浙江人民美术出版社，2017年。

［清］陆绍曾：《古今名扇录》，清钞本。

［清］陆心源纂辑：《穰梨馆过眼录》，上海：上海书画出版社，2018年。

［清］庞元济：《虚斋名画录》，上海：上海古籍出版社，2016年。

［清］彭定求等编：《全唐诗》，北京：中华书局，1960年。

［清］屈大均：《广东新语》，北京：中华书局，1985年。

［清］苏舆：《春秋繁露义证》，北京：中华书局，2009年。

［清］孙希旦：《礼记集解》，北京：中华书局，1989年。

［清］孙诒让：《周礼正义》，北京：中华书局，1987年。

［清］王夫之：《船山全书》第十三册之《庄子解》，长沙：岳麓书院，2011年。

［清］王士禛：《古夫于亭杂录》，北京：中华书局，1988年。

［清］王文治：《王文治诗文集》，北京：人民文学出版社，2014年。

［清］王先谦：《韩非子集解》，北京：中华书局，1998年。

［清］王先谦：《荀子集解》，北京：中华书局，1988年。

［清］翁方纲：《复初斋诗集》，清刻本。

［清］吴见思、［清］李景星：《史记论文 史记评议》，上海：上海古籍出版社，2008年。

［清］吴兰修：《端溪砚史》，北京：中国书店出版社，1992年。

［清］吴荣光：《辛丑销夏记》，杭州：浙江人民美术出版社，2012年。

［清］徐岳：《见闻录》，清刻本。

［清］恽寿平：《恽寿平全集》，北京：人民文学出版社，2015年。

［清］张照、梁诗正编：《石渠宝笈》，清《文渊阁四库丛书》本。

［清］郑燮著，卞孝萱、卞歧编：《郑板桥全集》，南京：凤凰出版社，2012年。

［清］朱彝尊：《曝书亭全集》，长春：吉林文史出版社，2009年。

白化文：《汉化佛教僧人的挂杖、禅杖和锡杖》，《中国典籍与文化》1994年第4期。

北京大学古文献研究所编：《全宋诗》，北京：北京大学出版社，1998年。

本社编：《汉魏六朝笔记小说大观》，上海：上海古籍出版社，1999年。

本社编：《唐五代笔记小说大观》，上海：上海古籍出版社，2000年。

蔡星仪主编：《恽寿平全集》，天津：天津人民美术出版社，2016年。

陈从周：《陈从周全集》，南京：江苏文艺出版社，2013年。

陈芳妹：《青铜器与宋代文化史》，北京：生活·读书·新知三联书店，2004年。

陈贤儒：《甘肃武威磨咀子汉墓发掘》，《考古》1960年第9期。

陈寅恪：《元白诗笺证稿》，北京：生活·读书·新知三联书店，2001年。

陈直:《甘肃武威磨咀子汉墓出土王杖十简通考》,《考古》1961年第3期。

陈志平:《张旭悟笔因缘考辨》,《文艺研究》2014年第9期。

陈忠实、张高举:《佛骨灵光:佛教圣地法门寺》,西安:三秦出版社,2003年。

程树德:《论语集释》,北京:中华书局,1990年。

邓晓东:《唐寅研究》,北京:人民出版社,2012年。

杜朝晖、李洁:《横挑斜曳任所适,去来无定如飞鸿——禅宗与宋代文人的杖》,《历史文献研究》总第33辑,上海:华东师范大学出版社,2014年。

范子烨:《艺术的灵境与哲理的沉思——对陶渊明"无弦琴"的还原阐释》,《北京大学学报(哲学社会科学版)》2010年第2期。

方健汇编校证:《中国茶书全集校证》,郑州:中州古籍出版社,2015年。

傅申:《宋代文人书画评鉴》,上海:上海书画出版社,2020年。

甘肃省博物馆、中国科学院考古研究所编:《武威汉简》,北京:文物出版社,1964年。

顾颉刚:《顾颉刚古史论文集》,北京:中华书局,1988年。

顾颉刚:《史林杂识初编》,北京:中华书局,1963年。

郭沫若:《十批判书》,北京:人民出版社,2012年。

杭侃:《试论唐宋时期椅子在中原地区的传播》,《故宫博物院院刊》2019年第4期。

何建章注释:《战国策注释》,北京:中华书局,1990年。

何炎泉、陈阶晋、陈韵如编:《明四大家特展·沈周》,台北:台北故宫博物院,2014年。

湖北省博物馆编:《曾侯乙墓》,北京:文物出版社,1989年。

黄宾虹、邓石编:《美术丛书》,杭州:浙江人民美术出版社,2013年。

黄正建:《唐代的椅子与绳床》,《文物》1990年第7期。

嘉祥县武氏祠文管所:《山东嘉祥宋山发现汉画像石》,《文物》1979年第9期。

孔凡礼:《苏轼年谱》,北京:中华书局,1998年。

李纯一:《中国上古出土乐器综论》,北京:文物出版社,1995年。

李栋良:《吴道子观裴旻舞剑作画考证》,《美术教育研究》2017年第19期。

李零:《铄古铸今:考古发现和复古艺术》,北京:生活·读书·新知三联书店,2007年。

李零:《我读〈观堂集林〉》,《书城》2003年第8期。

李明:《云南昭通后海子东晋霍承嗣墓葬艺术研究》,《四川文物》2019年第4期。

李如森:《战国秦汉漆器铭文浅论》,《天津社会科学》1987年第5期。

李守奎:《先秦文献中的琴瑟与〈周公之琴舞〉的成文时代》,《吉林大学学报(社会科学版）》2014年第1期。

李水城：《耀武扬威：权杖源流考》，上海：上海古籍出版社，2021年。

李溪：《内外之间：屏风意义的唐宋转型》，北京：北京大学出版社，2014年。

李学勤：《商代的四风与四时》，《中州学刊》1985年第5期。

梁启超：《陶渊明》，北京：商务印书馆，1929年。

梁思成：《梁思成全集》，北京：中国建筑工业出版社，2001年。

刘九庵：《吴门画家之别号图及鉴别举例》，《故宫博物院院刊》1990年第3期。

刘文典：《淮南鸿烈集解》，北京：中华书局，1997年。

逯钦立辑校：《先秦汉魏晋南北朝诗》，北京：中华书局，1983年。

吕品生、段忠谦、贾卫平：《北京市石景山区八角村魏晋墓》，《文物》2001年第4期。

聂菲：《楚系墓葬出土漆木几研究》，《中国历史文物》2004年第5期。

聂菲：《湖南楚汉漆木器研究》，长沙：岳麓书院，2013年。

任中敏著，张长彬校理：《敦煌曲研究》，南京：凤凰出版社，2013年。

《宋画全集》编辑委员会：《宋画全集》，杭州：浙江大学出版社，2008年。

宿白：《白沙宋墓》，北京：文物出版社，2002年。

隋璐：《中国古代佛教文物》，天津：南开大学出版社，2010年。

随县擂鼓墩一号墓考古发掘队：《湖北随县曾侯乙墓发掘简报》，《文物》1979年第7期。

孙机：《汉代物质文化资料图说》（增订本），上海：上海古籍出版社，2011年。

汪涌豪：《中国游侠史论》，上海：上海人民出版社，2016年。

王博：《庄子哲学》，北京：北京大学出版社，2004年。

王重民：《敦煌变文集》，北京：人民文学出版社，1957年。

王国维：《观堂集林》，北京：中华书局，2004年。

王国维：《王国维遗书》，上海：上海书店出版社，2011年。

王洪军：《上古琴、瑟研究》，《交响——西安音乐学院学报》1997年第1期。

王连起：《唐寅书画艺术问题浅说（之二）》，《紫禁城》2017年第4期。

王群栗点校：《宣和画谱》，杭州：浙江人民美术出版社，2012年。

王水照：《苏轼研究》，北京：中华书局，2015年。

王永平：《唐代"剑器"舞考》，《青海师范大学学报（哲学社会科学版）》1990年第3期。

王正华：《艺术、权力与消费：中国艺术史研究的一个面向》，杭州：中国美术学院出版社，2011年。

王子初：《马王堆七弦琴和早期琴史问题》，《上海文博论丛》2005年第4期。

吴诵芬、童文娥、谭怡令编：《明四大家特展·文徵明》，台北：台北故宫博物院，2014年。

徐元诰：《国语集解》，北京：中华书局，2002年。

许维遹：《吕氏春秋集释》，北京：中华书局，2009年。

杨东甫、杨骥编著：《中国古代茶学全书》，桂林：广西师范大学出版社，2011年。

杨国荣：《成己与成物——意义世界的生成》，北京：人民出版社，2010年。

杨琳、井中伟：《中国古代权杖头渊源与演变研究》，《考古与文物》2017年第3期。

杨曾文：《唐五代禅宗史》，北京：中国社会科学出版社，1999年。

俞伟超主编：《中国画像石全集》，郑州：河南美术出版社；济南：山东美术出版社，2000年。

余英时：《中国文化史通释》，北京：生活·读书·新知三联书店，2011年。

张朋川：《酒泉丁家闸古墓壁画艺术》，《文物》1979年第6期。

张曦：《三星堆金杖外来文化因素蠡测》，《四川文物》2008年第1期。

浙江大学中国古代书画研究中心编：《明画全集》，杭州：浙江大学出版社，2018年。

浙江大学中国古代书画研究中心编：《元画全集》，杭州：浙江大学出版社，2012年。

郑珉中：《七弦琴的原始阶段初探——与吴钊君商榷》，《故宫博物院院刊》1995年第4期。

中国艺术研究院音乐研究所、中国古琴研究会编：《琴曲集成》，北京：中华书局，2010年。

种建荣、孙战伟、石磊：《陕西澄城县刘家洼东周芮国遗址》，《考古》2019年第7期。

周道振辑：《唐寅书画资料汇编》，上海：上海古籍出版社，2017年。

朱刚：《苏轼苏辙研究》，上海：复旦大学出版社，2019年。

朱光潜：《诗论》，北京：北京出版社，2014年。

朱良志：《二十四诗品讲记》，北京：中华书局，2017年。

朱良志：《南画十六观》，北京：北京大学出版社，2013年。

朱学文：《有关秦漆器铭文的几个问题》，《考古与文物》2012年第3期。

邹清泉：《虎头金粟影：维摩画像研究献疑》，《故宫博物院院刊》2010年第4期。

〔德〕埃德蒙德·胡塞尔:《内时间意识现象学》,倪梁康译,北京:商务印书馆,2010年。

〔德〕埃德蒙德·胡塞尔:《现象学的观念》,倪梁康译,北京:人民出版社,2007年。

〔德〕埃德蒙德·胡塞尔著,〔德〕克劳斯·黑尔德编:《生活世界现象学》,倪梁康译,上海:上海译文出版社,2005年。

〔德〕弗里德里希·尼采:《悲剧的诞生》,孙周兴译,北京:商务印书馆,2012年。

〔德〕莱辛:《拉奥孔》,朱光潜译,北京:商务印书馆,2013年。

〔德〕马丁·海德格尔:《存在与时间》,陈嘉映、王庆节合译,北京:生活·读书·新知三联书店,2014年。

〔德〕马丁·海德格尔:《林中路》,孙周兴译,上海:上海译文出版社,2004年。

〔德〕马丁·海德格尔:《物的追问——康德关于先验原理的学说》,赵卫国译,上海:上海译文出版社,2010年。

〔德〕马丁·海德格尔:《演讲与论文集》,孙周兴译,北京:生活·读书·新知三联书店,2005年。

〔法〕马塞尔·莫斯:《礼物》,汲喆译,上海:上海人民出版社,2002年。

〔法〕梅洛-庞蒂:《知觉现象学》,杨大春、张尧均、关群德译,北京:商务印书馆,2021年。

〔法〕尚·布希亚:《物体系》,林志明译,上海:上海人民出版社,2001年。

〔法〕瓦尔特·本雅明:《机械复制时代的艺术》,李伟、郭东译,重庆:重庆出版社,2006年。

〔古希腊〕亚里士多德:《尼各马可伦理学》,廖申白译注,北京:商务印书馆,2003年。

〔古希腊〕亚里士多德:《形而上学》,吴寿彭译,北京:商务印书馆,1983年。

〔美〕艾朗诺:《美的焦虑:北宋士大夫的审美思想与追求》,杜斐然、刘鹏、潘玉涛译,上海:上海古籍出版社,2013年。

〔美〕柯嘉豪:《佛教对中国物质文化的影响》,赵悠、陈瑞峰、董浩晖、宋京、杨增译,上海:中西书局,2015年。

〔美〕梁庄爱伦:《"西园雅集"与〈西园雅集图〉考》,《朵云》1991年第1期。

〔美〕马歇尔·萨林斯著,王铭铭编选:《人性的西方幻象》,赵丙祥、胡宗泽、罗扬译,北京:生活·读书·新知三联书店,2019年。

〔美〕乔迅:《魅惑的表面:明清的玩好之物》,刘芝华、方慧译,北京:中央编译出版社,2017年。

〔美〕田菱:《重塑隐士:早期传记作家对陶渊明的建构》,徐俪成译,《中文学术前沿》第10辑,杭州:浙江大学出版社,2016年。

〔美〕西敏司:《甜与权力:糖在近代历史上的地位》,王超、朱健刚译,北京:商务印书馆,2010年。

〔美〕夏含夷:《孔子之前:中国经典诞生的研究》,黄圣松、杨济襄、周博群等译,上海:中西书局,2019年。

〔美〕雅克·巴尔赞:《我们应有的文化》,严忠志、马驭骅译,杭州:浙江大学出版社,2009年。

〔美〕宇文所安:《追忆:中国古典文学中的往事再现》,郑学勤译,北京:生活·读书·新知三联书店,2004年。

〔日〕板仓圣哲:《张雨题〈倪瓒像〉与元末江南文人圈》,《区域与网络——近千年来中国美术史研究国际学术研讨会论文集》,台北:台湾大学艺术史研究所,2001年。

〔日〕东英寿考校,洪本健笺注:《新见欧阳修九十六篇书简笺注》,上海:上海古籍出版社,2014年。

〔日〕冈仓天心:《茶之书》,古意译,北京:北京出版社,2010年。

〔日〕铃木敬:《中国绘画史》,东京:吉川弘文馆,1995年。

〔日〕埋田重夫:《白居易研究:闲适的诗想》,白旭东译,西安:西北大学出版社,2019年。

〔日〕三宅俊彦:《卡约文化青铜器初步研究》,《考古》2005年第5期。

〔意〕吉奥乔·阿甘本:《裸体》,黄晓武译,北京:北京大学出版社,2017年。

〔意〕维柯:《新科学》,朱光潜译,合肥:安徽教育出版社,2006年。

〔英〕柯律格:《长物:早期现代中国的物质文化与社会状况》,高昕丹、陈恒译,北京:生活·读书·新知三联书店,2015年。

〔英〕马尔科姆·安德鲁斯:《风景与西方艺术》,张翔译,上海:上海人民出版社,2014年。

Alain Schnapp, Lothar Von Falkenhausen, Peter N. Miller (ed.), *World Antiquarianism: Comparative Perspectives*, Los Angeles, California: Getty Research Institute, 2013.

Andrzej Warminski, *Material Inscriptions: Rhetorical Reading in Practice and Theory*, Edinburgh University Press, 2013.

Anne de Coursay Clapp, *The Painting of T'ang Yin*, Chicago: The University of Chicago, 1991.

Audrey Spiro, *Contemplating the Ancients: Aesthetic and Social Issues in Early Chinese Portraiture*, Berkeley, Los Angeles and Oxford: University of California Press, 1990.

George Kubler, *The Shape of Time: Remarks on the History of Things,* New Haven: Yale University Press, 1962.

Jan Willem Salomonson, *Chair, Sceptre and Wreath: Historical Aspects of Their Representation on Some Roman Sepulchral Monuments*, Groningen: Ellerman Harmsm, 1956.

Martin Heidegger, *Being and Time*, trans. John Macquarrie and Edward Robinson, New York: Happer & Row, 1962.

Martin Heidegger, *Poetry, Language, Thought,* translations and introduction by Albert Hofstadter, New York: Happer & Row, 1971.

Susan Nelson, "Picturing Listening: The Sight of Sound in Chinese Painting," *Archives of Asian Art*, Vol. 51 (1998/1999), pp. 30-55.

Wu Tong, "From Imperted 'Nomadic Seat' to Chinese Folding Armchair," *Journal of The Classical Chinese Furniture Society*, 3.2.(Spring 1993), pp.38-47.

后 记

永和九年三月初三，王羲之同友人一行曲水流觞后，仰观俯察，感慨情事变迁，生命的快意，转瞬之间，便化作"陈迹"。那时的王羲之也许不会想到，后人对他的怀念，主要也是基于对《兰亭集序》这幅经典书法"陈迹"的痴迷——尽管原作在唐以后已经不存，这反而令其"迹"更有种圣洁的味道。面对历史之物，今日的人们往往不再去关心那个因"兴感"之所契而"喻之于怀"的瞬间，也不愿去回忆这"兴感"背后长久的思想传统。它在时间中逐渐模糊的真伪性、它在一切"文物"系谱中的位置，它作为藏品在当世的价值乃至如何令其更好地保存而延续下去，似乎才是真正对当代人有意义的事。

可是，对中国文人而言，物质性是他们与一件"物"相遇的条件，却并不是一件文人之物被确认为"真"的根由。文人之物的种子，萌生于同王羲之一样的如何以有限的自我存在于天地之间的思索。自先秦以来，由于浸入灵府的齐物精神，以及诗的语言的高度发达，文人先在山水之间找到了生命的自由与安处，而后在中唐到北宋时期，孕育出了这样一个美妙的"物"的世界。这些"物"不像山水是自然的，从器物的分类学看，它们包含家具、乐器、兵器、文房、建筑、行具、饮食以及古代的礼仪之器。但是，这些物却比通常所说的"自由艺术"——绘画更早地在文人的书写和生活中获得了自由。在海德格尔对"艺术作品"的解释中，"艺术"应当是"解蔽"了这些"无情之物"，令其展开了一个"真性"设于其间的"世界"。在现代艺术的逻辑中，19世纪时绘画已经作为一种"自由艺术"得到普遍承认，而"物"是在一个世纪之后才进入艺术的视域之中。但在中国文人史上，情况刚好是相反的：文人之物的出现甚至比文人画更早些。

这个现象的答案需要同时在庄子哲学的思想以及物的叙事中寻找。《庄子》从不离"物"而言"道"。《逍遥游》为惠子口中那棵无用的大树所寻找的可以令人彷徨其侧的"广莫之野"，《齐物论》里那不知为谁却"自喻适志"的蝶梦，乃至

《秋水》中那知晓鱼儿快乐的濠上,都是在通过"物"的世界来言"道",通过确认物的"存在",来确认自我的存在。对物的功利企图变为彷徨,当"我"与物之间不再有彼此的分别,当人不再用逻辑、知识去思考,物与人变得相亲,人也从中获得逍遥,获得快乐。在此处的无分别中,存在显露出它的真容。

这"广莫之野",这梦境的世界,曾一度被解释为虚幻的仙境,进而带来了人的虚无。自陶渊明始,诗人开始探寻于人间之"物"中建筑一个自由的齐物世界的可能。这一寻找同时在物和绘画上发生,可是,绘画在视觉上的对象性让它在如何"齐物"的问题上探索得更为缓慢,而相对地,真实之物同文人在身体上的"亲密",却有助于文人对物之意义的彻底反思。它们更早地敞开了自我的真性,进入"文人的世界"中:日常倚靠的隐几者如何得"闻天籁",避免成为其所否定的"应物时者";琴如何在身畔化出无弦琴的境界,而不是对典故的照搬;一座小亭何以脱去建筑的规定性,向人展开一个天全的世界;手中的竹杖又如何逃离那用年龄定义的"王杖制度",陪伴着行脚者在山间迈开轻盈的步履。这些"物"所追求的首先并不是成为"艺术",而是一种"自在地"因而"真实地"存在于世界之中的方式。恰因如此,它们成了中国艺术的先行者。它们显现为各种各样的实体,并在稍晚的时候成为绘画的主题。

但是,正如庄子在《齐物论》中所言物"一受其形""终身役役"的命运,即便文人之物也不能避免世俗化的危机——或者说这是一种必然的"常态"。当人们再次将这些物作为审美的典范,作为身份的标榜,甚至作为文人的神话时,它们便可能被利用、模仿以致落入尘俗的境地。这种"世俗化"在某一时代常常是被认可的,对赏石范式的规定、对铜器陈设的分类、对一切关于"东坡"的事物的推崇,可以说皆是对此的追求。这一追求很容易理解:一个形象鲜明的偶像或者边界清晰的范式,往往比身边不可知的存在者更能带给人安全感。可是,进而可能出现的,是盲目追逐名石、名器或者符合理想范式的器物,以致出现大量伪作的风气。在这一风气中,古人对"物"之真性的感会、他们展露于物身上的自我,也自然被遗忘了。东坡曾劝人"寓意于物,而不留意于物",说的正是这个道理。

怀抱这样的想法,本书尝试抽丝剥茧,在散乱的辞句中重拾那一个个文人之物的真性曾在的瞬间。倘若读者在阅读之后,比起在现实中去再造一个仿佛的世界,更愿意对文人之物那时的在场展开一种追忆,或许就是本书的价值所在。

本书撰写过程中,得到了学界多位师友的帮助和鼓励,恕在此不一一致谢。

感谢编辑艾英数年来为本书出版付出的辛劳。几位年轻的朋友参与了本书的校对工作，他们阅读中所表现的那种"兴怀"，令我感到他们未来或许会以某种角色，在某个瞬间，成为千古之中那些诗人们的同行者。

李溪

壬寅端午于大疫中